域外汉籍《燕行录》词汇研究

谢士华 著

商务印书馆
The Commercial Press

图书在版编目（CIP）数据

域外汉籍《燕行录》词汇研究 / 谢士华著. -- 北京：商务印书馆，2024. -- ISBN 978-7-100-24485-5

I. K249.03；H131

中国国家版本馆 CIP 数据核字第 2024JL4151 号

权利保留，侵权必究。

域外汉籍《燕行录》词汇研究

谢士华　著

商　务　印　书　馆　出　版
（北京王府井大街36号　邮政编码100710）
商　务　印　书　馆　发　行
三河市春园印刷有限公司印刷
ISBN 978-7-100-24485-5

2024 年 10 月第 1 版	开本 880×1230　1/32
2024 年 10 月第 1 次印刷	印张 14¼

定价：69.00 元

国家社科基金青年项目
"域外汉籍《燕行录》词汇研究（17CYY032）"资助成果。

序 一

在2007—2008两年间，我曾受韩国高丽大学中文系的聘请，至该校任全职教授。当时只带了数种闲书和一台笔记本电脑，别无长物，课余无聊，就到高大图书馆胡乱翻书。有一天，突然看到一整架原东国大学教授林基中先生所编《燕行录全集》100册，随手翻检发现是影印本，皆为古代高丽、朝鲜时期前往中国的使臣用汉语撰写的纪行录。于是便时不时借几册回去，清夜翻读，以遣时日。

在读到朴趾源《热河日记》时，其中一段话引起了我极大的兴趣。朴氏一行跨过鸭绿江，两夜露宿后到达栅门外吃早饭，朴趾源在整顿行装时，发现双囊左钥不知去处，遍觅草中，终未能得。朴氏指责他的奴子张福不存心行装，常常游目，以至于丢了钥匙，"若复行二千里，比至皇城，还恐失尔五脏。吾闻旧辽东及东岳庙，素号奸细人出没处，汝复卖眼，又未知几物见失"。

这个"卖眼"，一下子让我瞳孔放大，兴奋莫名，瞬间想起幼年光景。记得我五六岁时，连哭带闹地硬跟着父亲到漳县城里去赶集，父亲去卖药材，让我看好他正在摆卖的柴背子，我看到路边排队挑水的人们，半堵墙里伸出一只神奇的铁弯头，一拧开就哗哗流水，一关上就滴点不漏，我觉得玄妙稀罕极了，就不自觉地挪到跟前，眼睛直勾勾地盯着看，不知什么时候被父亲一把从水桶阵中拽

1

了出来,指着鼻子训斥:"你这个瓜娃子!让你看好柴背子,你却在这里卖眼,你就不担心柴被人偷走了。"朴趾源笔下的张福,与五十年前的永祥,何其相似乃尔!

我赶忙找各类词典,查"卖眼"之义。《汉语大词典》谓"以眼波媚人",引梁武帝《子夜四时歌·冬歌》"卖眼拂长袖,含笑留上客"等为例。《汉语方言大词典》谓是中原官话,乃"避开正面目标向旁边看"。殊不知今陕甘一带方言中"卖眼"谓"紧盯某物而久视不移,误却正事且丢人显眼"之义。《汉语方言大词典》所释不确,并未体现其内里含义。家父训我之"卖眼",与朴趾源斥责张福的语义场合完全相合,令我欢乐无似,有点找到活化石般纯纯的喜乐。

读到"卖眼"时,我已胡乱翻了二三十册《燕行录》,这个词的发现成了我下决心认真研究《燕行录》的标志与转折点。于是我打算再从第一册读起,当成一件重要事情来做,停下步子,蹲下身来,静心专注地再"卖"一回眼,直至今日尚未游离他处,可谓"卖眼"到底了。

就目前尚存的上千种《燕行录》中,能够反映汉语言词汇的资料,大致可分为两种:一种是朝鲜文人在用汉语记录所闻所见的过程中,自然流露出来的五花八门、极其丰富的词语形态;一种是使团中的质正官,他们来华的任务就是质正文物而求疑问难,其中请教字词之义是主要内容。如朝鲜宣祖七年(明万历二年,1574年)圣节使质正官赵宪,在其《朝天日记》末即附有《质正录》,其中所记如捻物、鳝子、枸尾草、苦蒌、铫铛、越越、黄花菜、丛枣、瘢疤、石油等二十余种,每词下列其质正后的词义解释。明朝中后期及入清后,不再派专门的质正官,但求教礼乐文物、天文算学、音乐医药等方面的记载，仍屡见不鲜。

在我研读诸家《燕行录》的过程中，琢磨有趣的字词，是我能够苦读下去的动力和乐趣。凡遇到好玩的词汇，就抄录考证，比勘异同，先后发表了《〈燕行录〉诸家释解汉语字词例析（50条）》以及《例析续》50条，尚有百余条，未能整理成文，这也只是我随手记录下的一部分罢了。但是我的研究是粗线条的，比如我的敏感度可能判断到这个字词，在中国明清时期已经不怎么用，而朝鲜半岛还在使用；或者这个字词大家都在用，但《汉语大词典》《汉语方言词典》等未收，或者收了但所举例证却是巴金、鲁迅等现代作家作品的用例；或者这个词经过长时期的使用，中国与朝鲜半岛的词义都已经发生了明显的变化；或者这个字词属半岛新创，从未见于中国古籍；等等。我做的是最简单的考证工作，至于追根溯源，并利用各种语言进行比较研究，就超出我的能力范围之外了。

谢士华从事的专业是语言学，有着专门而精细的研究方法。同时她也有韩语基础，能够运用到学术研究中，这对钻研《燕行录》词汇而言，等于多了一把钥匙。士华在十年前已先后发表了《赵宪〈朝天日记〉与许筠〈朝天记〉词汇比较研究——兼论〈燕行录〉语言研究的意义》《韩国燕行文献所记录的语言现象摭析》等多篇论文，已经在《燕行录》词汇研究领域开疆拓土，有了自己的一片新田地。

2021—2022学年，士华来北大中文系做访问学者，我凑数儿做她的指导教师，便和她有了诸多的交流。她特别珍视这个来之不易的机会，早出晚归，惜时如金，整天往来教室与图书馆，就像一位勤奋上进的本科生，这种努力向学的态度，是我最看重和欣赏的。她不仅旁听了我的"中国古典文献学史""朝鲜《燕行录》研究"等课程，还学习了其他老师的相关课程。士华虚心求教，刻苦钻研，很快便完成了国家社科基金项目"域外汉籍《燕行录》词汇研究"、云南省科普项目"明清时期朝鲜来华使节趣闻轶事"两个项目。北大访学进修之行，可以说是士华的充电之旅、成长之旅，更是提高之旅和丰收之旅。

纵览谢士华《域外汉籍〈燕行录〉词汇研究》书稿，窃以为有如下四个方面的特点：

第一，综括全面，分类适当。全书共分为五章，首章综论《燕行录》词汇的来源与特点，指出此类词汇或是文言词，或是近代汉语新词新义，或为朝鲜自造之词，或为朝鲜口语词，或为受满语、蒙古语、日语影响而产生的混合词等，并指出这些词汇具有丰富、多样与驳杂的特点。后面四章，则是对以上诸类，进行深入细致的比较研究。士华认为，《燕行录》词汇呈现出大杂烩的特点；这些源于汉语又有别于汉语的汉字词，或音借，或义歧，或误释，或新创，是一种词汇"变异"现象；研究《燕行录》词汇，不仅对国际中文教育（尤其是华文教育）中的词汇教学具有参考价值，有助于促进域外汉籍的研究，也必将推进国际汉字文化研究。同时，也为《燕行录》的整理与释读，提供扎实可靠的语言证据，有助于准确理解文本，并在此基础上有效地开展其他相关的研究工作。这些论述与见解，极具新意，令人信服。

第二，资料全备，采获颇丰。拙著《燕行录千种解题》中，将燕行文献严格限制在使臣及相关人员所撰纪行录，凡因其他原因（如漂海、求法、观光等）或不得已或自愿的方式来中国者，皆不计算在内，因此如崔溥《漂海录》即不计入正编，而收在《附录》中。同时，在我选编的《燕行录识粹》一书中，还将部分已经发现有大量抄袭情况的书籍，如金学民《蓟程散记》、徐有素《燕行录》等，也排除在采择范围之外，目的就是想尽可能地保有燕行资料的纯粹性与准确性。但从词汇研究的角度而言，则完全无须考虑这些因素，因为燕行使所记录的文字，是他们汉语水平的自然表现，都是最真实的语料。因此，不仅《漂海录》，即使明清时期朝鲜出使日本的通信使所撰各种纪行录，也可以收纳进来，作为资料储备。而士华这本书也正是如此做的，这些朝鲜半岛使臣所撰纪行录，加上明清时期中国相关资料，上下求索，对比研究，自然所获颇丰。

第三，研究组词，详析词义。如果阅读诸家《燕行录》，你就会发现其中的汉语词汇，呈现出与中国不同的丰富而有趣的现象，就是围绕某个名词或动词组词时，出现多种搭配，且各具其义，活灵活现，意趣横生。用士华的专业语言来说，就是"同一个概念，由多个意义相同或相近的语素互相搭配，组成同义词"。如她总结"话"字词就有夜话、侍话、开话、款话、情话、昏话、醉话、邀话、稳话、极话、鼎话、团话、立话、奉话、与话、饮话、斟话、夕话、暮话、午话、暂话、乍话、久话等，多达47个。经过调查与统计，她发现这些词中，《汉语大词典》未收但见于中国古籍的有3个，已收但语义有别的有5个，未收录且未见于中国古籍的有24个，可见大量"话"字词是朝鲜半岛创造的新词。她还指出"这些'话'字词非常生动、形象，体现了《燕行录》语言表达的精细化。《燕行录》的作者对'话'字的极度喜好，说明他们也谙熟中国唐宋以来一些白话性强的典籍"。

第四，纵横类比，直探语源。有些汉语字词在中国本土与朝鲜半岛等地使用过程中，因"时有古今，地有南北"的因素，其义已变，如不加以区分，就会误读误解。如士华对《燕行录》中常见的

"～便"的研究，就是很好的说明。她认为《汉语大词典》中"便"有"指适宜的时机或顺便的机会"之义，与《燕行录》中的"便"字句有联系。日语也有ゆうびん（郵便）一词，指邮政、邮件等。士华经过分析后指出，《燕行录》中的"便"字，与其前的某个人或某种事物常结合一起使用，形成"～便"的固定结构，其结构义可解作"趁……便"，如拨便、状启便、某某便等等，这种句式在现代韩语中仍广泛使用。若不明"便"的这种特殊性，将其看作表便利义或承接义之"便"，在校注燕行文献时，很容易导致标点破句且歧义横生。

汉语发展的历史长河，本身就是杂烩多变的过程。如蒙古语、满语等外族语言的掺入，给汉语增加了新鲜的血液。但将少数民族语言翻译成汉语时，因为"译音无定字""译音有缓急"的影响，产生同一词语却有多种不同写法的特点。例如《燕行录》中，常见有甫古、甫十古、甫十口、甫叱古、拨什库、拨库、拨什、服古等词，令人眼花缭乱，无所适从。据士华考证，中国古籍一般写作"拨什库"，也作伯什户、百什户、拨什户、博硕库等。《汉语大词典》收录"拨什库"，未收其他词形。这些不同的词形都是满语 Bosoku 的音写词，原意为"催促人"，汉语译作"领催"，指负责文书、发放俸禄等行政事务的下级官员。因为朝韩语没有唇齿音，因此对译汉语时，经常双唇音与唇齿音不分，因此"拨什库"写作"甫十古"等，即受此影响所致。

从以上我们所列举的例子可以看出，士华的《燕行录》词汇研究，搜求大量的相关资料，利用多种方式与多种语言，细致入微地进行类比研究，取得了可喜的成绩。但全书也有一些不足之处，例如对词语的探源，有些还可以继续深入，如前述"拨便"之义，古代朝鲜境内各道设有拨站，即急递驿站。而拨便，即拨站员役，类似急递员。需不分昼夜，星夜飞递亟件，所谓"凡拨便，不计昼夜，例也"。燕行使臣在渡鸭江出境前，或返渡鸭江至义州后，均在拨站收发家信，更多时则直接付于拨便。另外，全书各章在论证举例时，尚有不少重复论述与样例列举，似有删省与合并的必要。

谢士华专业基础扎实，聪颖好学，踏实做人，谦逊低调，我相信，她通过自己的努力，在《燕行录》词汇研究方面，必将取得更为骄人的成绩。

陈永祥

2024年初夏匆书于京郊紫石斋

序　二

欣闻友生谢士华《域外汉籍〈燕行录〉词汇研究》即将由商务印书馆出版，先睹为快。

《燕行录》是明清时期朝鲜半岛文人用汉文撰写的中国行纪录。成书于明朝的作品被称为《朝天录》，成书于清朝的则称为《燕行录》，同时学界也常用《燕行录》统称这批域外文献。

《域外汉籍〈燕行录〉词汇研究》是关于《燕行录》词汇的专题研究。确实，《燕行录》的词汇学价值需深入挖掘。《燕行录》采用的是文言体，有大量富有域外特色的词汇。深入分析这些词汇的语义流变、特色用法、构成理据，无疑可以拓展汉语词汇研究的视野，丰富词汇学理论。但目前多数学者只注重挖掘其口语词汇，研究视野不够开阔。该书在对《燕行录》进行了全方位的系统描写和解释的基础上，将传统训诂学、词汇学与韩文结合起来进行研究，揭示了大量的语言接触现象。

该书主要通过词语例释的方式，对朝鲜域外汉籍《燕行录》的词汇构成及其研究价值进行了深入的认识和思考。概括而言，该成果的学术价值主要表现在以下几个方面：其一，指出《燕行录》的词汇来源与词语书写形式极为丰富，其中既大量继承于中国古籍，也有不少来自朝鲜半岛对汉语的发展与创新。其二，指出《燕行录》的语言是一种"混合汉语"，《燕行录》记录了大量的汉语、朝韩语、满语音写词，爬梳这些生僻词，厘清其书写形式的演变过程，挖掘其中的各种借词，并加以追根溯源，对汉语、朝韩语、满语研究以及三种语言之间的接触研究，都不无裨益。其三，指出研究《燕行录》之类的域外汉文文献中的词汇，对国际中文教育（尤其是华文教育）中的词汇教学具有参考价值。其四，指出整理点校《燕行录》作品时，要充分考虑到可能存在的非汉语固有用法，尤其要留意作品所羼入的朝鲜语成分。这些观点建立在扎实的语料研究基础之上，完全成立，对于《燕行录》的进一步研究和学界相关研究都有重要参考价值。

总之，该书丰富了汉语史研究的语料库，拓宽了汉语史的研究领域，有助于促进汉字文化圈各国语言文字的共性与个性研究，对于语文辞书编纂与修订有重要参考作用，同时也为二语习得及国际中文教育研究提供了独特的基于中介语语料库的研究范式。

《燕行录》材料很多。据林基中《燕行录全集·序言》所说，估计有500种左右。林基中《燕行录研究》一书中统计的燕行文献共有549种，裴英姬引用韩国学者崔韶子等人的统计称，目前韩国已整理出568种。漆永祥教授推测说，存世的《燕行录》在700—750种之间（约50位作者）。如果再加上《同文汇考补编》等所收《使臣别单》374种，则总数在1074—1124种之间。《燕行录》数量如此之多，自然不是一本书可以囊括的，其中相当多的语料还需要继续研究。

2013年，谢士华考入暨南大学攻读博士学位，考虑到她懂韩语，又有在韩国进行汉语教学的工作经历，遂商定其博士论文以《燕行录》为研究对象。士华学习、研究极为勤奋，十一年来孜孜不倦，现在已经是《燕行录》词汇研究的专家了。建议士华在现有成果的基础上，继续深入研究，尽可能占有材料，最终成为《燕行录》词汇研究的权威。当然这需要孜孜不倦甘坐冷板凳的精神，然而学术研究从来就是冷门而寂寞的，愿以此共勉。

2024 年 1 月 30 日于广州

目 录

绪 论 ·· 1

第一节 域外汉籍及其语言学价值 ··· 2
 一、域外汉籍的种类及研究现状 ··· 2
 二、韩国汉文文献及其语言学价值 ·· 5

第二节 《燕行录》及其语言学领域的研究现状 ······························· 8
 一、《燕行录》概述 ·· 9
 二、《燕行录》文献的搜集与整理 ··· 11
 三、《燕行录》语言学领域的研究现状 ··································· 15

第三节 《燕行录》的语言学价值 ··· 24
 一、可丰富汉语史研究的语料库，拓宽汉语史研究领域 ··· 24
 二、有助于促进汉字文化圈各国语言文字的共性与个性
   研究 ·· 25
 三、有助于语文辞书的编纂与修订 ······································· 26
 四、可为二语习得及国际中文教育研究提供独特的中介语
   语料库 ··· 32

第四节 语料范围、研究方法等相关问题 ···································· 34
 一、语料范围 ··· 34
 二、研究方法 ··· 37
 三、研究目的 ··· 38

第一章 《燕行录》的词汇来源与特点……39
第一节 《燕行录》的词汇来源……39
一、《燕行录》中的文言词……39
二、《燕行录》中的近代汉语新词新义……43
三、《燕行录》中的朝韩自造汉字词……54
四、《燕行录》中羼入的朝韩语口语词……57
五、《燕行录》中的日语词……71

第二节 《燕行录》的词汇特点……74
一、丰富的同义词……74
二、多样的逆序词……78
三、驳杂的异形词……85

小 结……92

第二章 《燕行录》所见的新形新词与新形旧词……94
第一节 新形新词——朝韩国字构成的词……94
一、形式独一无二的新词……95
二、形式偶合的新词……103

第二节 新形旧词——朝韩国俗字构成的词……115
一、形式独一无二的旧词……115
二、形式偶合的旧词……118

小 结……120

第三章 《燕行录》所见的朝韩国义字构成的新词……123
第一节 读音未变的朝韩国义字及其所构成的新词……123
一、记录名物的朝韩国义字……124

二、记录身份或称谓的朝韩国义字 …………………… 139
　　三、记录行为与性状的朝韩国义字 …………………… 146
　　四、记录度量衡单位的朝韩国义字 …………………… 166
　　五、其他 ……………………………………………… 173
　第二节　读音改变的朝韩国义字及其构成的新词 ………… 181
　小　结 ………………………………………………………… 185

第四章　《燕行录》所见的汉语固有义汉字词 …………… 192
　第一节　汉源汉字词 ………………………………………… 193
　　一、见于中国古籍，但词典失收的词 ………………… 193
　　二、词典未收的词义 …………………………………… 204
　第二节　朝韩汉字词 ………………………………………… 231
　　一、名物类 ……………………………………………… 232
　　二、亲属称谓与职务身份称谓词 ……………………… 253
　　三、行为动作类 ………………………………………… 276
　　四、时间词 ……………………………………………… 319
　　五、性状类及其他 ……………………………………… 324
　小　结 ………………………………………………………… 332

第五章　《燕行录》所见的音写词 …………………………… 335
　第一节　汉语音写词 ………………………………………… 335
　　一、记录名物的音写词 ………………………………… 335
　　二、其他类 ……………………………………………… 347
　第二节　朝韩语音写词 ……………………………………… 355
　　一、名物类 ……………………………………………… 356

二、其他类 …………………………………………… 369
　第三节　满语音写词 ……………………………………… 372
　小　结 ……………………………………………………… 394

结　语 ……………………………………………………… 396
　一、《燕行录》的词汇呈现出大杂烩的特点，是一种
　　　"混合汉语" ……………………………………………… 396
　二、《燕行录》中的汉语词汇变异现象，值得系统研究 ……… 398
　三、《燕行录》词汇研究的应用价值 ……………………… 399

附录：本书所引《燕行录》作品的相关信息 …………… 402
引用古籍书目 …………………………………………… 418
主要参考文献 …………………………………………… 422

绪　论

　　新材料催生新的学术增长点。王国维有一著名论断："古来新学问起，大都由于新发见。"①陈寅恪有过类似的观点："一时代之学术，必有其新材料与新问题。取用此材料，以研求问题，则为此时代学术之新潮流。"②甲骨卜辞、敦煌卷子、居延汉简、明清大内档案这"四大发现"形成了20世纪以来学术研究的新潮流，说明学术研究的发展需要新材料、新问题。1938年，胡适在瑞士举办的国际历史学大会上强调，文史学界除了"四大发现"，还应当重视日本、朝鲜所存的中国史料。③胡适所说的中国史料，指的是日本和朝鲜半岛保存的大批汉文文献，这些文献当时尚未引起学界的重视。20世纪80年代台湾学者朱云影曾痛心地说："（日、韩、越的汉文文献）是东方史料的一大宝库。可是今日那些汉文文献，却被束之高阁……至于中国学者，一向漠视那些汉文文献，当然更谈不上利用那些汉文文献做系统的综合研究。"④步入21世纪，在国际

---

①王国维《最近二三十年中中国新发见之学问》，王国维著《王国维讲考古学》，团结出版社，2019年，第97页。此文是1925年7月在清华大学所作的讲演。
②陈寅恪《陈垣敦煌劫余录序》，载《陈寅恪集·金明馆丛稿二编》，生活·读书·新知三联书店，2001年，第266页。
③葛兆光"文史研究新视野·主持人的话"，《复旦学报》（社会科学版），2010年第2期，第34页。
④朱云影《中国文化对日韩越的影响》，广西师范大学出版社，2007年，第2页。

化、区域化研究的趋势下,"域外汉籍"作为一个重要的关键词在亚洲文史学界频繁现身,胡、朱所期待的东亚汉文文献研究热潮已然形成。

本书对于20世纪50年代以前朝鲜半岛统一时期,使用"朝鲜"指称政权,使用"朝鲜语"指称其语言,半岛分裂后使用"朝鲜"或"韩国"指称政权,能分清语言时使用"朝鲜语"或"韩语",不能分清时使用"朝韩语"。由于本书参考和利用的朝鲜半岛语言文字资料主要来自韩国,因此我们将朝鲜半岛保存下来的古代汉文文献,统称为"韩国汉文文献"。

第一节 域外汉籍及其语言学价值

域外汉籍的研究吸引了越来越多学者的广泛关注,南京大学域外汉籍研究所所长张伯伟教授在《新材料·新问题·新方法——域外汉籍研究三阶段》一文中高度评价域外汉籍的研究价值与意义,认为它"可以和20世纪的新学问——敦煌学相媲美,甚至有以过之"[①]。

一、域外汉籍的种类及研究现状

域外,指中国之外。汉籍,即用汉字撰写的汉文文献(汉文是指用汉字连缀而成的文章)。所谓"域外汉籍"是指"存在于中国

---

① 张伯伟《新材料·新问题·新方法——域外汉籍研究三阶段》,《史学理论研究》,2016年第2期。

之外的用汉文撰写的各类典籍"[①]，大致包括三种：其一，域外所存的中国典籍；其二，域外刊刻抄写的中国典籍；其三，域外人士撰写的汉文著作。[②] 张伯伟、王勇主张重点研究第三种汉籍，这是从文学研究的角度所作的论断，语言学领域的情况有所不同。第一类"域外所存的中国典籍"与第二类"域外刊刻抄写的中国典籍"，都是重要的汉语史研究语料，历来受到重视，相关的研究成果颇为丰硕。如徐时仪《〈朱子语类〉词汇研究》利用韩国所存的朱子著作对现存的各版《朱子语类》进行鉴别与校勘，厘清了其传承渊源以及各本之异同。第三类"域外人士撰写的汉文著作"，从汉语史研究的角度看，这类"准汉籍"又可分为三种：

第一种是汉语官话（或方言）教材，如法国传教士金尼阁《西儒耳目资》、英国驻华公使威妥玛《语言自迩集》、朝鲜时代的汉语教科书《老乞大》《朴通事》《骑着一匹》，以及日本、琉球所编写的一系列汉语教材等，这些域外汉语教材受到汉语史学界的高度重视。随着国际中文教育的兴起，域外汉语教材研究俨然已成一股热潮。突出成果主要有汪维辉《朝鲜时代汉语教科书丛刊》（共4册，

[①] 张伯伟《域外汉籍研究答客问》，《南京大学学报》（哲学·人文科学·社会科学版），2006年第1期，第139—144页。张伯伟还指出："'汉籍'它可能最早是由日本人使用，专用指中国人所写、在中国刊刻的汉文典籍。非中国人的汉文著述称准汉籍，日本刊刻的中国典籍称和刻本汉籍。"参张伯伟《域外汉籍研究入门》，复旦大学出版社，2012年，第1—2页。邹振环提出"华外汉籍"的概念，并将其分为五大类，即"外刻外著汉籍""华刻外著汉籍""外刻华著汉籍""海外古籍佚书""汉外籍合璧本"，进一步厘清了"域外汉籍"的有关问题，有助于我们了解这个研究领域。参邹振环《"华外汉籍"及其文献系统刍议》，《复旦学报》（社会科学版），2012年第5期，第104—114页。更多有关域外尤其是韩国汉文文献的问题，可参王鑫磊《同文书史——从韩国汉文文献看近世中国》，复旦大学出版社，2015年。

[②] 王勇《从"汉籍"到"域外汉籍"》，《浙江大学学报》（人文社会科学版），2011年第6期，第5—11页。

中华书局，2005年），汪维辉等《朝鲜时代汉语教科书丛刊续编》（共2册，中华书局，2011年）①，张美兰《日本明治时期汉语教科书汇刊》（全26册，广西师范大学出版社，2011年），陈明娥、李无未《日本明治时期北京官话课本词汇研究》（厦门大学出版社，2014年），李炜等《清代琉球官话课本语法研究》（北京大学出版社，2015年），李无未《日本汉语教科书汇刊（江户明治编）》（全60册，中华书局，2015年），张美兰《〈官话指南〉汇校与语言研究》（上海教育出版社，2018年），陈泽平《琉球官话课本三种校注与研究》（福建人民出版社，2021年），等等。

第二种是论述语言文字观的著作。韩国现存的一些讨论汉语汉字及朝鲜语的著作值得我们关注和重视。黄卓明指出："朝鲜时代这500多年间，朝鲜学者留下了数量庞大的中国语文学研究文献，可以说是一个尚待开发的中国语文学研究宝库。"② 朴瑄寿《说文解字翼证》、沈有镇《第五游》、洪良浩《六书经纬》、李圭景《五洲衍文长笺散稿》、丁若镛《雅言觉非》、李义凤《古今释林》等讨论有关语言问题的著作，都是研究汉语史、朝鲜语以及中朝语言关系的重要文献。③

第三种是小说、诗集、诗话、游记、史书等体裁的汉文著作。语言学界对这类汉籍的重视程度有很大的差别。有的著作受到普遍

---

① 2021年7月，由上海教育出版社出版了修订本《朝鲜时代汉语教科书十种汇辑》（全4册）。

② 黄卓明《朝鲜时代汉字学文献研究》，上海古籍出版社，2013年，第237页。

③ 关于前三书，可参黄卓明《朝鲜时代汉字学文献〈第五游〉发微》，《河南师范大学学报》（哲学社会科学版），2013年第4期，第164—166页。李圭景《五洲衍文长笺散稿》的《诗文篇·论文类》之"文字"《经史篇·经传类》之"小学""训诂""字书""韵书"是与语言文字学有关的内容。

关注，得到大力开发与研究。日本僧人圆仁撰写的《入唐求法巡礼行记》就是一部受到重视的域外汉籍，从语言学的角度对该书进行研究的成果颇为丰富，董志翘《〈入唐求法巡礼行记〉词汇研究》是巅峰之作。相较而言，其他类似的汉文著作因为口语性弱，被认为是一种"死语言"，因此长期为语言学界所冷落。

关于域外汉籍的研究，张伯伟提出"三阶段"论：第一阶段主要是文献的收集、整理和介绍，属"新材料"阶段；第二阶段主要是就其内容所蕴含的问题作分析、阐释，属于"新问题"阶段；第三阶段是针对文献特色探索独特的研究方法，这是"新方法"阶段。[1] 该论断也适用于域外汉籍的语言学研究。

二、韩国汉文文献及其语言学价值

从汉代开始，以汉字作为互通互鉴的基础与媒介，中国与周边国家、民族或地区逐步形成了汉文化圈。所谓"汉文化圈"，也称汉字文化圈，是指历史上主要以汉字为书写工具的国家和地区，[2] 包括朝鲜、韩国、越南、日本等成员。"汉文化圈"是在漫长的历史发展过程中逐渐形成的，对汉文化的发展与繁荣做出巨大贡献者，中国之外，非朝鲜半岛莫属。[3] 朝鲜半岛较早接受了汉文化，

---

[1] 张伯伟《新材料・新问题・新方法——域外汉籍研究三阶段》，《史学理论研究》，2016年第2期。

[2] 关于"汉文化圈"，参看张伯伟《域外汉籍研究入门・导言》，复旦大学出版社，2012年，第5—9页。另外，也可参张伯伟《作为方法的汉文化圈》，中华书局，2011年。他在该书着重强调了东亚汉文文献对研究东亚历史问题具有重要价值。他指出："汉文化圈中的汉文献整体，不仅是学术研究必需的材料，是古典学研究的对象，也不仅是学术增长点或学术新领域，更是一种新的思考模式和新的研究方法。"

[3] 韩振乾、金光洙《中韩文化关系之力作——评李得春教授主编的〈中韩语言文字关系史研究〉》，《东疆学刊》，2007年第4期，第92—93页。

并且长期使用汉字作为书写工具。尽管汉语和朝鲜语属于不同的语言类型，但由于朝鲜半岛与中国保持着长期且频繁的政治往来与文化交流，从而形成了特殊的民族语言文字关系。372年（小兽林王二年），高句丽设立太学，正式讲授中国汉文。958年，高丽国开始实施科举制度，到朝鲜王朝时期，朝鲜半岛的汉文水平日臻成熟，韩国现存的卷帙浩繁的汉文文献便是极好的见证。

这批数量蔚为可观的域外汉籍，却尚未引起语言学界的足够重视。韩国汉文文献的语言学价值无法与同时代的汉语教科书等量齐观，但它对汉语研究的价值也不可忽视。有几部大型著作，如李睟光《芝峰类说》、李瀷《星湖僿说》、李圭景《诗家点灯》等，具有较多语辞考释的内容。以李睟光《芝峰类说》[①]为例。

> 李白《寻雍尊师隐居》诗曰："花暖青牛卧，松高白鹤眠。"注："青牛，花叶上青虫也，有两角，如蜗牛，故云。"余谓青牛盖用老子事，以尊师隐居不出，故青牛闲卧也，注说误矣。

邝健行等在《韩国诗话中论中国诗资料选粹·前言》中指出："青牛"是细小的昆虫还是巨大牲畜，后人解释不同。清人王琦《李太白诗注》先引《列仙传》"老子乘青牛车去，入大秦"，再引杨齐贤注；最后下按语："'青牛''白鹤'，不过用道家事耳，不必别作创解。"推王琦之意，不以杨齐贤注为然。近人瞿蜕园、朱金城《李白集校注》也不同意"青牛"为"青虫"说，强调"青牛只是用老子青牛事"。又引《神仙传》："封君达服炼水银，年百

---

① 李睟光（1563—1614）撰《芝峰类说》，总二十卷，其中诗话五卷。此书始刊于朝鲜光海君六年（1614），即明神宗万历四十三年。书中评论中国诗作的篇幅很大，涉及语辞考释的内容非常丰富。

岁，视之如年三十许，骑青牛，故号青牛道士。"以为"切雍尊师说"。另外，还指出"花叶上青虫太微细，与下句不甚称，亦与隐居景象无涉"。结论是："说虽新，不必从也。"然则王、瞿、朱三人都主张"牲畜说"了。近人只有郁贤皓的《李白选集》仍据杨注。李晬光的主张属王琦一路。当然应该指出：李晬光明末人，而王琦注本成于清乾隆年间，他是早在王琦之前提出来的。另外他说"尊师隐居不出，故有青牛闲卧也"，就牛所以卧以及句子与题目中"隐居"一词的关系提出合理的说明。瞿、朱二氏批评了"青虫""与隐居景象无涉"，却也不曾进一步指出何以"牲畜说"便跟隐居有涉；李晬光正好在这一点上加以补足了。中国著名注家，以及目中所见近时各种李白诗注本，都不曾在这一点上像李晬光那样清楚阐明。因此说，李晬光对李白诗"花暖青牛卧，松高白鹤眠"中"青牛"的注释，补足了中国注家的阙憾。①

可见，《芝峰类说》对纠补《汉语大词典》的释义、增补词目与义项皆有参考价值。搜集、整理韩国诗话中有关语辞考释的资料并加以研究，对我们的近代汉语词汇研究也会有不少有价值的发现。②

汪维辉指出，朝鲜文献如《朝鲜王朝实录》等史书所载的口谕等白话资料中的口语词汇对于判定语料性质有一定的参考作用。③

---

① 以上内容摘引自邝健行等《韩国诗话中论中国诗资料选粹·前言》，中华书局，2002年，第12—13页。
② 谢士华《论韩国诗话〈芝峰类说〉语辞考释的特点及其对辞书编纂的价值》，《域外汉籍研究集刊》第十一辑，中华书局，2015年，第101—114页。
③ 汪维辉《〈高丽史〉和〈李朝实录〉中的汉语研究资料》，《汉语史学报》（第九辑），上海教育出版社，2010年，第221—241页。

张文冠发现《高丽史》中的某些俗字颇具地域特色，他希望"有更多的汉语史学者致力于《高丽史》等域外汉籍的语言研究，充分挖掘其中富有地域色彩的俗字，进一步探讨各书中所载录的不同时期、不同性质的白话资料，以期在近代汉语研究方面拓宽广度，并不断推进其研究的深入"。[①]可见，利用域外汉籍研究汉语问题大有可为。

第二节 《燕行录》及其语言学领域的研究现状

有一种域外汉籍——《燕行录》，目前正受到学界的热烈关注。邱瑞中率先提出"燕行录学"的概念，[②]随着《燕行录》研究的持续升温，渐趋形成繁荣兴盛的大好局面，漆永祥再次呼吁建立"燕行录学"，他在《"燕行录学"刍议》一文中写道："我们可以谨慎而乐观地判断：建立'燕行录学'的条件已经成熟，而且有其迫切性与必要性。"[③]葛兆光也积极倡导《燕行录》研究。此外，张伯伟、弘华文以及韩国学者林集中、日本学者夫马进等编辑出版了《燕行录》文献集成图书，伴随而来的是学术研究的持续升温，研究成果持续涌现。作为一种高丽至朝鲜王朝七百年间形成的文献，《燕行录》在史学、文学领域已占据一席之地。

[①] 张文冠《〈高丽史〉字词考释五则》，《域外汉籍研究集刊》第九辑，中华书局，2013年，第285—292页。
[②] 邱瑞中《燕行录研究》，广西师范大学出版社，2010年，第235—242页。
[③] 漆永祥《"燕行录学"刍议》，《东疆学刊》，2019年第3期。

一、《燕行录》概述

历史上中国与周边国家建立了长期的宗藩关系，这些国家每年或隔三差五地派遣使臣来中国朝贡，尊称中国为"天朝"。明清时期这种朝贡体系得到进一步发展，且突出地表现在朝鲜半岛。朝鲜王朝向中国明清两朝派遣的使节名目多种多样，分为定例和别行两种。定例就是每年定期派遣的使节，包括冬至使、正朝使、圣节使、岁币使。顺治二年（1645）起，每年四次的定例使节合并为一行。别行是非定期使行，根据需要临时派遣的使节，包括谢恩使、奏请使、进贺使、陈慰使、进香使、告讣使等。所有使节都是派往北京（明初和清初则分别派往南京、沈阳）的，因此称为"赴京使行""燕行使行"。这些朝鲜使节从汉阳出发，所行路线多为陆路，经过的主要城市有平壤、义州、鸭绿江、凤凰城、连山关、辽东、沈阳、沙河、山海关、北京。总路程约三千里，需要五六十天时间，加上在北京逗留约五六十天，往返于汉阳至北京之间大约需四个月时间。朝鲜王朝派遣的来华使臣回国后由国王召见，口头汇报他们所了解到的新闻，同时燕行途中使臣还需要随时撰写书面报告，快马呈递给国王，使团中的其他人员也有私撰出使记闻的习惯。这些由朝鲜使团成员撰写的一系列北京见闻录，被称作"燕行录"。"燕"是北京的古称，"燕行录"可以简单地理解为"北京旅行录"。这个称呼流行于清朝，明朝时期撰写的日记则称作"朝天录"或"朝京日记"。由于"朝天录"这个名称带有浓厚的政治色彩，因此学界常用《燕行录》统称这批域外文献。

《燕行录》具有体裁多样、作者层次广、年代跨度大的特点，多用汉文写成，也有部分作品用朝鲜文撰写。其内容非常丰富，除记载路途里程、使行人员、贡品及沿途的风景名胜外,还涉及当时中国的政治外交、经济贸易、语言文化、社会风俗等。从这些内容可以看出,当时的朝鲜人对中国社会各方面都非常感兴趣。从某种意义上说,《燕行录》也是一种特殊的北京旅游攻略。由于年代跨越近七百年,前赴后继的燕行客可通过阅读前辈们留下的丰富的燕行日记,按图索骥,寻访名胜古迹,拜访名流文士。他们在中国寻访金石书画,竭力搜罗有关中国的新闻,装箱封存,运回朝鲜。"燕行是莫大的文化工程,向朝鲜输入最新的中国,我们能借此窥视朝鲜读书人对中国的感怀与观察,也能从中领略中国的风貌。"[①] 同时,通过《燕行录》的流传,很多没有到过中国的朝鲜人也能借此了解中国。《燕行录》是外国人认识中国的第一手资料,也是研究明清时期中国社会历史情况的宝贵资料,可弥补中国史料的不足。

《燕行录》涉及多方面的问题,诸如何谓"燕行录",名称如何界定,哪些汉籍属于"燕行录",哪些不属于,即范围如何划定,以及《燕行录》的种类、数目、版本等。这些问题与《燕行录》某些领域密切相关,但与词汇研究关系不甚紧密,故此从略。[②]

---

① 吴政纬《燕行录里的中国》,《羊城晚报》2020年6月7日,网址:http://ep.ycwb.com/epaper/ycwb/html/2020-06/07/content_7_274667.htm。

② 邱瑞中说《燕行录》"是从高丽到朝鲜七百年间形成的一种文献形式,专门记载在中国的所见所闻",这是较简略的说法(《燕行录研究》,广西师范大学出版社,2010年,第1页)。徐东日提出用"使华录"来统称这批域外汉籍(徐东日《朝鲜使臣眼中的中国形象——以燕行录为中心》,中华书局,2010年)。张伯伟认为"朝天""燕行"都含有政治意味,主张使用"中国行纪资料"这个称谓(读书班《朝鲜时代中国行纪资料解题稿(十七种)》,《域外汉籍研究集刊》第八辑,中华书局,2012年,第117页)。台湾学者张存武把这批资料称作"华行录"(参韩东《韩国燕行文献研究综述》,《中国文学研究》,2015年第1期)。由于大批文献原稿自题为"朝天录"或"燕行录",这些学者提出的名称并未流行开来,目前学界仍多用"燕行录"一名。

二、《燕行录》文献的搜集与整理

正如张伯伟的"三阶段论"所言，域外汉籍研究的第一阶段是对文献的搜集与整理，《燕行录》研究亦是如此。目前《燕行录》搜集与整理方面的成果主要有：

（一）影印出版类

1960—1962年，韩国成均馆大学校大东文化研究所首次对《燕行录》进行初步搜集与整理，影印出版了《燕行录选集》（共2册，30种），2008年又出版了《燕行录选集补遗》（共3册，20种）。

1978年，台北珪庭出版有限公司在《中韩关系史料辑要》第二卷第1—4册中，收录了明代36种《朝天录》（共4册）。

2001年，韩国学者林基中编纂《燕行录全集》（共100册，东国大学校出版部）。《燕行录全集》的面世，尤其是PDF版在网络上的流传，使得国内外学者能够轻而易举地接触大量燕行作品，进而引发《燕行录》研究持续升温。[①] 同年，林基中与日本学者夫马进合编《燕行录全集日本所藏编》（共3册，33种，东国大学校出版部），对收藏于日本的33种《燕行录》做了解题，包括书名、卷数、版本、作者、燕行路线、燕行事由等，颇具参考价值。2008年，林基中继而推出《燕行录续集》（共50册），由韩国的尚书院出版。《燕行录全集》与《燕行录续集》是对韩国燕行文献进行的大规模搜集，也是迄今为止收录《燕行录》作品最为全面、丰富的大型丛书。[②]

[①] 该套书也存在许多问题，如编者对所汇集《燕行录》未做任何解题，不便于利用，又有混淆作者、同文异目、弄错燕行时间等方面的纰漏。

[②] 《燕行录全集日本所藏编》中的作品同时也收录于《燕行录续集》。

2011年，复旦大学文史研究院与韩国成均馆大学东亚学术院大东文化研究院合编《韩国汉文燕行文献选编》(共30册，复旦大学出版社)。该套书精选优良版本且字迹清晰的《燕行录》影印出版，并于篇目前对各部作品进行了较为详细的解题，使用非常方便，不足之处是收录的作品数量较少。

2010—2016年，弘华文主编的《燕行录全编》第1—4辑(共46册，广西师范大学出版社)陆续出版。[1] 该收录的《燕行录》范围最广泛，不仅包括一般意义上明清两朝的作品，还收录了高丽人崔致远在唐留学时所写的汉文，以及宋朝时高丽人游行中土时所作的汉文。各编目之前亦有解题可参考。

网络资源方面，"韩国古典综合DB"点校了部分《燕行录》，支持关键词查询、检索，并提供中文、韩文、英文、日文服务，极为方便。2013年韩国又推出了电子网络资源《燕行录丛刊》(增补版)数据库。[2] 北京书同文数字化技术有限公司研发了"韩使燕行录全文检索系统"[3]，提供检索查询、原文图片对照等服务。但由于燕行文献存在大量的俗字，该系统无法正确识读，因此造成不少文字错误，影响检索的准确性。此外，该数据库仅收录《燕行录全集》中的作品，未收《燕行录续集》，乃一大缺憾。

究竟一共有多少种燕行文献？据林基中《燕行录全集·序言》所言，估计有500种左右。林基中《燕行录研究》一书中统计的燕行文献共有549种，裴英姬引用韩国学者崔韶子等人的统计称，

---

[1] 第一辑共12册，第二辑共10册，第三辑共10册，第四辑共14册。
[2] "韩国古典综合DB"网址：http://db.itkc.or.kr。《燕行录丛刊》(增补版)网址：http://www.krpia.co.kr。
[3] 韩使燕行录全文检索系统网址：http://guji.unihan.com.cn/web#/book/YXL。

目前韩国已整理出 568 种。漆永祥推测说："存世的《燕行录》在 700—750 种之间（约 50 位作者）。如果再加上《同文汇考补编》等所收《使臣别单》374 种，则总数在 1074—1124 种之间，这应该是存世《燕行录》所能达到的数量极限了。"① 漆先生认为《燕行录》的搜集已进入尾声，即使继续挖掘出新的著作，估计其量也仅有 100 种左右。

（二）点校、注释、解题类

《燕行录》数量庞大，但可资利用的点校、注释版著作却非常稀缺。周振鹤曾在 2007 年香港城市大学举办的"韩国汉籍与中韩文化交流：千载毗邻——历史上的中韩关系"讲座上表示，非常希望能将赵宪和许筬的燕行日记整理并出版。② 可见，对《燕行录》进行点校是学界不少人的期待与愿望。点校出版高质量的《燕行录》作品，方便各领域的学者研究与利用，这个工作很有意义。目前国内点校版的《燕行录》主要有：

朴趾源《热河日记》，朱瑞平点校本（上海书店出版社，1997 年）。葛振家《崔溥〈漂海录〉评注》（线装书局，2002 年）。该书第一版名为《崔溥〈漂海录〉点注》，于 1992 年面世。刘顺利《王朝间的对话——朝鲜领选使天津来往日记导读》（宁夏人民出版社，2006 年）及《朝鲜文人李海应〈蓟山纪程〉细读》（学苑出版社，2010 年）。两书重在疏通文史背景知识，对刚接触《燕行录》的学者有一定的帮助，但字词注释方面存在不少错误。邝健行点校本《干净同笔谈》，收录于《干净同笔谈·清脾录》（上海古籍出版

---

① 漆永祥《关于〈燕行录全集〉之辑补与新编》，《文献》，2012 年第 4 期，第 149—157 页。

② 林丽《燕行录研究综述》，《炎黄文化研究》，2008 年第 4 期。

社，2010年）。《干净同笔谈》是洪大容在逗留北京期间，与浙江学子严诚、潘庭筠等人的笔谈资料，具有很高的学术价值。洪大容的《湛轩燕记》受到学界高度关注，然至今未见点校本面世。钱慧真点校的许篈《荷谷朝天记》（2023年）、谢士华点校的《老稼斋燕行日记》（2024年）皆由南京师范大学出版社出版。

张伯伟、徐毅、陈俐编校的"朝鲜时代文献所见笔谈资料汇编》（全三册），点校整理了120多部燕行作品，2022年12月由凤凰出版社出版。

国外也出了不少点校或译注本，主要集中于几部经典作品。最早受到关注的是崔溥《漂海录》，1769年日本清田君锦的译本《唐土行程记》，1965年美国John Meskill《锦南漂海录译注》，2006年韩国朴元熇《崔溥漂海录校注》（高丽大学校出版部）[①]，等等。其次是《热河日记》，1946年韩国李允宰、金圣七已译注了《热河日记》的部分内容，1968年由李家源完译，名曰《国译热河日记》（民族文化推进会），1982年又有尹在瑛的译本（博英文库）。1978年日本今村与志雄也有译注本《热河日记》（平凡社）。[②]此外，1976—1982年韩国民族文化推进会将部分《燕行录》翻译成韩语，即《国译燕行录选集》（全12册）。

为卷帙浩繁的燕行文献解题也是一项重要的基础性工作。漆永祥耗时十年完成的力作《燕行录千种解题》（全3册，北京大学出版社，2021年），对1000多种《燕行录》作了非常详尽的介绍，包括版本、作者、出使事由、汉文水平及其学术价值，厘清了《燕

[①] 2013年该书又由上海书店出版社再次出版。
[②] 参林荧泽《韩国学：理论与方法》第98页脚注及林丽（2008）《"燕行录"研究综述》。

行录全集》中大量有误之处，成为研究《燕行录》必备的参考书。在此之前，读书班《朝鲜时代中国行纪资料解题稿（十七种）》、孙成旭《十九世纪燕行录解题》也提供了35种燕行文献的解题。[①] 韩国、日本方面也有不少成果，如1976年黄元九《〈燕行录选集〉解题》，2003—2005年林基中《燕行录解题》（全2册），2003年夫马进《日本现存朝鲜燕行录解题》，等等。[②]

以上成果倾注了众多前贤时哲的智慧与心血，为各学科需要利用《燕行录》从事相关研究的学者提供了极大的便利，也为我们研究《燕行录》词汇提供了便利和启发。

三、《燕行录》语言学领域的研究现状

近年来，历史、政治学、地理学、文学、民俗学、建筑学等领域的学者积极投身于《燕行录》研究行列，尤其是历史学领域，葛兆光提出"从周边看中国""揽镜自鉴"的观点，开启史学研究新视野，受到广泛的关注。[③] 张伯伟主编的《域外汉籍研究集刊》刊发中、日、韩、越等国学者研究域外汉籍的论文，其中有关《燕行录》的研究论著引领学界。史学、文学、政治等领域的成果相当丰富，可参林丽《"燕行录"研究综述》、王禹浪等《近二十年中国〈燕行录〉研究综述》、韩东《韩国燕行文献研究综述》、金柄珉等

[①] 两文分别载《域外汉籍研究集刊》第八辑第117—152页（2012年）、第十辑第177—204页（2014年）。
[②] 参林丽《"燕行录"研究综述》，《炎黄文化研究》，2008年第4期。
[③] 朱自奋《"从周边看中国"：中国文史研究的新视野——访复旦大学葛兆光教授》，《文汇读书周报》，2007年12月21日；葛兆光《揽镜自鉴——从域外汉文史料看中国》，《光明日报》2008年1月24日；葛兆光《预流、立场与方法——追寻文史研究的新视野》，《复旦学报》（社会科学版），2007年第2期，第1—14页。

《对中国"燕行录"研究的历时性考察》、谷小溪等《〈燕行录〉文献研究综述》[①]。值得一提的是林丽《"燕行录"研究综述》,该文对中、韩两国诸多领域的《燕行录》研究论著作了较为翔实的评述,收录的成果最为丰富。近年来,国内外以《燕行录》研究为题的硕博士学位论文日渐增多,可以说,需要对新涌现的研究成果加以总结的又一个阶段已经来临。

历史、文学、政治等领域的研究可谓如火如荼,相比之下,《燕行录》的语言学研究则显得非常薄弱。语言学界普遍认为《燕行录》属文言体,不反映当时的口语实际状况,因此作为语言学尤其汉语史研究的语料,其价值甚微。尽管如此,越来越多的学者开始关注这批文献的语言学价值,并陆续产出了一些研究成果。

(一)《燕行录》语言研究成果评述

林丽首次提到《燕行录》的语言研究,据她所言,当时只看到一篇有关语言的研究论文,即蔡瑛纯《试论朝鲜朝的对译汉音与中国官话方言之关系》,"该文通过参与燕行的朝鲜译官所记载的有关资料,讨论了中国某些地区官话方言的语音特征,并将其与朝鲜的对译汉音进行比较,探讨了二者之间的关系"。[②]金柄珉、金刚也关注到了《燕行录》语言学领域的研究成果,但仅论及汪银峰《域外汉籍"燕行录"与东北方言研究》一文。[③]据我们目力所及,《燕行录》

[①] 更多有关《燕行录》研究的论著,可参漆永祥《燕行录千种解题》附录部分以及一些网络资源,如乐浪公博客之"燕行录相关研究论著目录",网址:http://blog.sina.com.cn/s/blog_4d40cc3d0100fivh.html。

[②] 关于蔡瑛纯文章的发表年份及发表刊物等信息,林丽没有交代。参林丽《"燕行录"研究综述》,《炎黄文化研究》,2008年第4期,第246页。

[③] 金柄珉、金刚《对中国"燕行录"研究的历时性考察》,《东疆学刊》,2016年第1期。

语言学研究主要从以下几个方面展开:

1. 揭示《燕行录》语言学价值

较早关注《燕行录》语言价值的是葛振家教授,他在《崔溥〈漂海录〉探析之二——比照历史上域外记述中国的著述》一文中写道:"《漂海录》是崔溥用汉文写成的。书中载录了大量与官民笔谈对话。严格地说,笔谈——以笔交谈,用笔写出来的话,不是完全的口语,但有相当口语成分。《漂海录》在语言学方面的学术价值,应该由语言学专家去探究。"[①] 汪如东《朝鲜人崔溥〈漂海录〉的语言学价值》、梁世旭《崔溥的〈漂海录〉在汉语方言词汇史上的价值》对此略有补充。

真正意义上关注《燕行录》语言研究价值的论著,当属丁锋《〈燕行录全集〉所见朝鲜使臣的明清语言记录》,该文从六个方面揭示《燕行录》的语言学价值:其一,朝鲜使团的汉语状况和语言环境;其二,汉语汉字的有关记录,如所记录的汉语及其方言、诗词用韵及汉语发音、汉语词语、汉字、语言教育等;其三,朝鲜语与汉语;其四,其他语种与汉语,如满语与汉语,其他外族外国的语言文字与汉语、日语的记录;其五,汉语著作及汉语学者;其六,语言论述专题。[②] 这些论述很全面,几乎涵盖了语言学的全部领域,很有启发意义。此外,谢士华《赵宪〈朝天日记〉与许篈〈朝天记〉词汇比较研究——兼论〈燕行录〉语言研究之意义》、钱慧真《"燕行录"的语料特征及语言学价值》也提出了相同的主张。

林丽《"燕行录"研究综述》重点讨论了《燕行录》的语言学

---

① 葛振家《崔溥〈漂海录〉评注》,线装书局,2002年,第199—223页。
② 丁锋《如斯斋汉语史丛稿》,贵州大学出版社,2010年,第306—341页。

价值，指出语言问题的研究是《燕行录》研究的一个薄弱环节。她以朴趾源《热河日记》中的"房主"为例，说明《燕行录》受到朝鲜语的影响，"读者若不求甚解，阅读时似乎也不易察觉。……若我们能进行深入分析、探究，可以有助于更准确地理解文本本身，同时也能发现作者之所以这样或那样表达的原因"。又以"鸳鸯腿"为例，说明《燕行录》记录了当时活生生的口语方言、俚语俗谚、民谣等，认为对这些语词"细加整理、辨析，对于研究汉语、韩语的相关内容都应该会有所裨益"，所论甚是。林丽具有汉语母语的优势，又谙熟韩语，因此她能敏锐地察觉《燕行录》语言的独特性，认识到研究这些汉文的词汇对汉语、朝鲜语及两种语言的接触史研究所具有的重要价值。

韩国学者姜允玉《朝鲜时期〈漂海录〉及其近代汉语语文学语料》在分析《漂海录》文字、词汇、语法现象的基础上，探讨了该书在近代汉语研究中的语料价值。除此之外，以下所列举的诸多论文也强调了《燕行录》语言研究的价值。

2. 基于《燕行录》探究明清汉语（官话或方言）及满语使用状况的成果

汪银峰等人发表了系列论文，如《域外汉籍〈入沈记〉与清代盛京语言》《域外汉籍"燕行录"与东北方言研究》《朝鲜朝燕行文献与清代前期语言的使用——以金昌业〈老稼斋燕行日记〉为中心》《朝鲜朝燕行使笔下的满语》《域外视角下朝鲜燕行使对清代汉语的认知与观感》。汪银峰主持的国家社科基金项目"域外汉籍《燕行录》语言研究"亦属此类研究。另有于冬梅《〈热河日记〉与清代汉语官话史研究》，利用朴趾源《热河日记》中记录的语言现象，讨论了汉语的官话史问题，并指出该文献使用了一些辽东半岛东北官话词语。此外，梁世旭《崔溥〈漂海录〉与明初方言语汇》、丁锋《〈燕行录全集〉所见朝鲜使臣的明清语言记录》也讨论了语言使用状况方面的话题。

3.《燕行录》词汇研究

专书词汇研究成果，主要有康燕《〈热河日记〉文献整理与语言研究》第四章"词汇研究"、陈雪莹《〈荷谷朝天日记〉复音词研究》、曹婷婷《〈湛轩燕记〉词汇研究》、宋晓丹《〈老稼斋燕行日记〉词汇研究》、郭婷婷《〈老稼斋燕行日记〉字词考》等。宋文用一章的篇幅对《老稼斋燕行日记》中羼入的朝鲜语进行了较为详尽的解析，指出这些词的来源与发展，发现了一些不易察觉的特殊词汇，包括甘冬（甘同）、造岳、干钉、毛浮等11个记音词（原文称语音造词），以及料米、扶嘱、发说、陪持、蹲柿、受由、别付、次知、执頉、递儿等69个朝鲜自造汉字词（原文称语法造词）。这是我们所倡导的朝鲜语离析法，若能采用这种方法研究每部作品，不管是对解读《燕行录》文本，还是对朝韩汉字词及中朝语言接触研究都不无裨益。康文的相关章节也采用了这种方法解析《热河日记》中的朝鲜语词汇，但创获不如宋文多。

作为一种特殊的《燕行录》，《漂海录》的语言研究受到学界尤其是韩国学者的格外重视。如元钟敏《文淳得〈漂海始末〉中所见的三种外语及其研究价值》、《〈漂海录〉所记录的东亚语言》，不仅注意到这些作品中的汉语、朝鲜语，研究视线还涉及日语、菲律宾语、冲绳语、阿伊奴语，甚至欧洲各国的语言，视角独特，观察细致。另有梁世旭《崔溥的〈漂海录〉明初方言语汇》一文，与其讨论《漂海录》语言学价值的文章，内容和观点皆大同小异。

以《燕行录》作为整体研究对象的成果主要是谢士华的系列论

文,如《韩国燕行文献中的方言词撷析》《韩国燕行文献中的满语词研究》《燕行文献中羼入的朝鲜语词汇撷析》《域外汉籍〈燕行录〉所记录的朝鲜服饰词集释》《〈燕行录〉中的韩国固有汉字研究》《从燕行文献的餐食词语看朝鲜文人对汉语的接受与创新》《韩国燕行文献中的两个特殊动词》等。这些文章既对一些特殊的汉语词作了例释,又着力挖掘《燕行录》中的非汉语成分,这也是对朝鲜语离析法的充分运用。

漆永祥《〈燕行录〉诸家释解汉语字词例析(50条)》也是词语汇释性质的文章,作者以札记的方式解释了见于《燕行录》的50组词,有些词不仅释其义,而且阐述词语背后的历史文化信息,颇具参考价值。

另有以两部作品为考察对象的研究,如韩国学者하재철《18世纪〈燕行录〉使用的观光用语——以〈老稼斋燕行日记〉〈热河日记〉为中心》。[1]文章辨析了《老稼斋燕行日记》中的观、望、见、观光、看、视、游览、游人、游山等词,认为《热河日记》观光用语更加多样具体。

4.《燕行录》语言现象与语言特征研究

林丽对《热河日记》中的语言现象观察较为深入,撰有《〈热河日记〉中的几个汉语语音问题试析》《对〈热河日记〉中所反映出的一些语言现象的考察》,前文着重探讨《热河日记》中涉及汉语与朝鲜语语音对译的问题,梳理了几个外来语译音词,主要目的在于帮助读者理解原著。同时考察了《热河日记》中的明清口语

---

[1] 原题目为:18세기 연행록에 나타난 관광용어 -《노가재연행일기》와《열하일기》를 중심으로。

词、俗谚以及一些非汉语固有的语言现象,指正了某些点校本《热河日记》在译注、校勘上的问题。谢士华《韩国燕行文献所记录的语言现象摭析》也是此类研究。

《燕行录》语言特征的考察研究,主要有韩国学者李在敦的两篇文章,即《〈燕行录〉早期资料所反映的明清汉语口语的特征》《朝鲜后期〈燕行录〉所反映的清代口语研究》。李在敦指出:"朝鲜时代用汉字记录的文献很多,如用汉文创作的小说、诗集、史书,以及当时的汉语教科书《老乞大》《朴通事》《骑着一匹》等。这些资料作为研究近代汉语宝贵的一手资料是相当珍贵的。《燕行录》也是其中之一。"① 这个论断值得重视。

5.《燕行录》语用学、修辞学及语言接触研究

语用学与修辞学方面的成果有孙宝国、崔昌源《崔溥〈漂海录〉的汉语语篇特点分析》,祝晗《〈漂海录〉中存现句的运用及语用意义》等。康燕《〈热河日记〉文献整理与语言研究》第五章"从《热河日记》看汉、朝语言的词汇接触"讨论了汉、朝词汇接触的诱因、历史背景与路径、作用机制(传播、借用、仿造、创造)以及条件、过程与结果。对诸如"真末""闊失""畓洞""卜物"等朝鲜自创的汉字或义项做了一定的追根溯源,有助于理解韩国汉文中的一些特殊词汇。惜其所论词语过少,且《热河日记》毕竟只是一部《燕行录》作品,不能代表整批文献的词汇状况。

6.《燕行录》的俗字研究

《燕行录》作品多,版本也多,写本文献对东亚俗字研究具有

---

① 李在敦《朝鲜后期〈燕行录〉所反映的清代口语研究》,《中国语文学志》第39辑,2013年,第395页。

重要的参考价值。也有学者开展了这方面的研究，如周玳《韩国写本〈漂海录〉俗字类型分析》、许梦霞《〈燕行录全集〉异体字整理研究》、康燕《〈热河日记〉文献整理与语言研究》第三章"俗字研究"、谢士华等《手抄本〈老稼斋燕行录〉异写字研究》、徐娟娟《探析域外汉籍编辑整理过程中的定字问题——以〈燕行录〉整理为例》以及韩国学者姜允玉《崔溥〈漂海录〉六种版本俗字探讨》等等。研究韩国汉文文献的用字对汉字发展与传播史研究、对汉字辞书的编纂以及中朝古籍整理都具有重要的意义。

7. 其他

张辉等《〈老乞大〉与"燕行录"》考察了《老乞大》与《燕行录》之间的关联，并讨论了朝鲜时代汉语教科书的语言基础与来源问题。

此外，韩国学者对韩国汉文所记录的语言词汇做了大量研究，如韩国学者崔承熙《韩国古文书研究》一书系统研究了韩国汉文文书用语，这类成果涉及不少《燕行录》词汇。朝鲜半岛对汉文文献词汇的研究，其成果集中体现为大量语文辞书的诞生（如《韩国古典用语辞典》等），最值得一提的是檀国大学东洋研究所编的《韩国汉字语辞典》（全4卷），该词典收录了韩国汉文中常见的汉字词，包括字数不等的史文皆有释义。但因其采用韩文释义，对于不解朝韩语的中国学者，利用起来较为不便。

（二）《燕行录》语言研究动态

虽然《燕行录》的语言研究取得了一些成果，但还有诸多需要大力拓展的领域。

首先，《燕行录》需得到语言学界足够的重视。目前的研究队伍只有区区一二十人，笔者搜集的研究成果仅42篇论文，未见专著。对于数量高达 1000 多种的《燕行录》而言,无论是研究队伍还是研究成果,都实在太少了。

其次,《燕行录》语言本体研究亟待开展。笔者所见的 42 篇论文,有 23 篇论文是利用《燕行录》所记录的语言现象讨论语言学问题,或者评介《燕行录》语言及其研究价值,只有 19 篇论文关注《燕行录》语言本体研究,但也多是某部作品的词语例释,未能展开系统研究。

再者,《燕行录》的词汇学价值需深入挖掘。《燕行录》有大量富有域外特色的词汇,深入分析这些词汇的语义流变、特色用法、构词理据,无疑可以拓宽汉语词汇研究的视野,丰富词汇学理论。但目前多数学者只注重挖掘其口语词汇,研究视野不够开阔。

最后,专书研究有待加强。《燕行录》著作有 1000 多种,但目前专书研究的对象集中于崔溥《漂海录》和朴趾源《热河日记》,仍有众多有价值的《燕行录》作品无人问津。

通过对《燕行录》及韩国其他汉文文献的语言学解读,有助于我们重视在阅读中国古籍中某些长期以来习焉不察的语词或语言现象,亦有益于更深入而细致地了解历史上汉字汉语对"汉文化圈"其他国家产生过怎样深远的影响。正如张伯伟《域外汉籍研究入门》一书所言:"当我们把历史上的汉字文献赋予一个整体意义的时候,我们的眼光自然就超越了国别的限制;当我们观察问题的视野超越了一乡一国而扩大到天下整体的时候,我们所得出的结论就会具有不同凡响的意义。"[①]

[①] 张伯伟《域外汉籍研究入门》,复旦大学出版社,2012 年,第 19 页。

第三节 《燕行录》的语言学价值

从语言学的角度研究《燕行录》，具有诸多可为之处，如前揭，近十多年来学者们纷纷撰文阐述此理。我们认为《燕行录》的语言学价值主要体现在四个方面：

一、可丰富汉语史研究的语料库，拓宽汉语史研究领域

如前揭，目前语言学界对待由域外人士撰写的汉文著作持不同的态度。佛经、日僧游唐记、朝鲜时代汉语教科书、欧洲传教士旅华记等已受到广泛关注和重视，而小说、诗集、诗话、游记、史书等体裁的汉文著作却一直被冷落。《燕行录》绝大多数作品属汉文著作，但它又不同于教科书之类的汉语史语料。首先，作者（或编者）不同。已得到开发利用的域外汉籍的作者（或编者）都是能用汉语口语会话的外国人，而《燕行录》的作者绝大部分不懂汉语口语，不能用口语交流，他们只能用汉文写作、笔谈。[1] 这种语料可谓是绝无仅有。其次，语言性质不同。前者口语性较强，后者以文言为主，同时混杂许多白话。因此，有必要将《燕行录》纳入汉语史语料库。

对《燕行录》展开语言学研究，有助于进一步揭示汉语的特点，从而推动汉语词汇史研究。党怀兴撰《语言学史梳理要加强断

---

[1] 也有些朝鲜文人（如李廷龟、洪大容、权时亨等）热衷于学习汉语口语，他们的燕行著作口语成分特别多。

代专书研究》一文,强调断代专书研究的重要性。①《燕行录》作为专类书,是一种特殊的"专书",值得重视。专类书数量庞大,内容丰富,具有很大的语言共性,词汇重现率较高。研究专类书的语言,有助于进一步揭示汉语的特点,推动汉语词汇史研究。

二、有助于促进汉字文化圈各国语言文字的共性与个性研究

汉字曾是东亚各国的通用文字,汉字和汉语词汇传入各国以后,在继承的基础上又发生了不同程度的变异。

汉字方面,产生了与中国本土文献写法不同的字形,有些字属于异体字、俗字,有些是他们新创造的汉字型文字,如朝鲜半岛创造了"畓""垈""巭""乭"等,日本创造了"辻""畑""凪"等。这些独见于各自国家的文字,被称作"国字"。但是正如张磊(2021)在《日韩汉字的传承与创新三题》一文中所言,日本、朝鲜半岛、越南等地的汉字,"传承和变异是主流,创新是补充"。在考察东亚汉字发展史,判断"创字权"时,《燕行录》具有重要的参考价值。

语言方面,域外人士用文言创作的汉文,既有一些从中国本土文献继承而来的旧词旧义,也有一些是他们新创造的新词新义。追踪旧词旧义的来龙去脉,有助于促进汉语词汇研究,为辞书编纂提供参考。挖掘新词新义,考察汉语在域外传播过程中发生的变异现象,既有助于推动汉语词汇研究,也有助于增进对日、韩本国语言历史与现状的了解。如通过阅读《燕行录》,我们关注到"鼎话"一词,进而发现"鼎谈"一词,又通过检索,了解到当代日本仍普

---

① 党怀兴《语言学史梳理要加强断代专书研究》,《中国社会科学报》,2014年3月10日第7版。

遍使用"鼎谈",可见"鼎～"具有强大的生命力。又如"摊饭"一词,原是中国人所创,用于指午睡。该词传入朝鲜半岛后,产生了进食或午饭义。由修辞用法回归其字面含义,这种词义演变途径值得重视。又如《诗经·鄘风·柏舟》中的诗句"母也天只,不谅人只",经过朝鲜文人的解读,"天只"产生出母亲或父母的意思。这种因错解原文而产生新义的词义演变方式,也是汉语词汇史研究很关心的现象。

朝鲜半岛在使用汉字过程中,赋予一些汉字特殊的意义,这些汉字是朝韩"国义字",该义项是朝韩"国义"。如"卜"的行李、包裹义,"太"的大豆义,"泡"的豆腐义,"药"的蜂蜜义,"册"的书籍义,"木"的棉布义,以及一些用于标记朝鲜半岛度量衡单位的特殊量词"把""围""负(卜)""结""帖"等。阅读朝鲜半岛汉文不能不熟知这些特殊的国义字。这些特殊义项有时令人感到莫名其妙,但很多都是从汉语固有用法中引申而来的,只是有的引申线索比较隐晦,未能得到很好的解释。

以域外文言作品为对象,细致梳理其中有价值的语言文字现象,深入研究,总结其共性与个性,剖析其中的继承成分与创新成分,意义重大。相信这样的工作必将对当代汉语汉字的传承与传播研究,起到一定的启发作用。

三、有助于语文辞书的编纂与修订

就汉语史研究而言,语文辞书的编纂与修订是最必要、也是最重要的一项总结工作。目前,作为语言学界最重要的两部大型语文工具书,《汉语大字典》和《汉语大词典》的修订工作均已启动。但就目前的情况看,域外汉文文献对编纂和修订汉语辞书的作用,并没有充分发挥出来。我们在梳理《燕行录》词汇的过程中，发现《汉语大词典》《汉语大字典》在收词、释义、书证方面均有待完善之处。

首先，可为词典查补失收的词语。

如"未明"，指天未亮之时。《燕行录》中俯拾即是：

<u>未明</u>，送金衡入三河驿，讨骑而出。（丁焕《朝天录》：3/95）[①]
<u>未明</u>，驰往慕华馆溪边。（金中清《朝天录》：11/562）

从用例数量、使用语境、同步构词等角度看，"未明"已成词。中国本土文献也有用例，汉代已经产生，如《汉书》卷五十一《邹阳传》："始孝文皇帝据关入立，寒心销志，不明求衣。"颜师古注引臣瓒曰："文帝入关而立，以天下多难，故乃寒心战栗，未明而起。"[②] 又《后汉书》卷七十二《董卓传》："卓远见火起，引兵急进，未明到城西，闻少帝在北芒，因往奉迎。"[③]《汉语大词典》失收。

又如"柳狗儿"：

其称柳絮为<u>柳狗儿</u>者，与东人土话暗合，亦不可晓也。（洪大容《湛轩燕记》：42/241）

柳狗儿，即柳树的花穗，也称"柳树狗""柳狗子"。现当代文学作品中可见不少用例。如《俗文学集一·春香闹学》："柳狗儿多着呢，管揪一捆，桃花儿当是少么，够拉一车。"[④] 郝延超散文《故

[①] 例句后括号里的内容为：作者、燕行作品及其所在《燕行录全集》或《燕行录续集》的册数和页码。下皆同。
[②] 汉班固撰，唐颜师古注《汉书》第8册，中华书局，1962年，第2341—2342页。
[③] 宋范晔撰，唐李贤等注《后汉书》第8册，中华书局，1967年，第2323页。
[④] 范伯群、金名《中国近代文学大系》第7集第20卷，上海书店，1992年，第58页。

国山河》:"河岸的柳条在春风中摇曳了一阵,便吐狗儿了,鹅黄的柳狗儿在柳条上坠着,鼓溜溜的象玉琢的一般。"[1] 姚惜云整理的曲子《游春》:"姑嫂两个人,二十来岁,梳着马尾纂,带着柳狗儿,嫂子机灵鬼,小姑子小淘气。"[2] 由清代八旗子弟首创的讲唱文学《子弟书》也记录了该词,如《车本》:"柳狗儿一枝桃花儿一朵,青的青来红的红。两鬓斜插多俏丽,一身打扮更鲜明。"[3] 形成于清中期的另一种八旗艺术岔曲也常使用该词,如《春景闲游》:"……,见几个使女丫鬟,她把那掐了来的柳狗儿桃花戴满头。"[4] 由于"狗"字太过鄙俗,因此也被写作"苟",如清让廉《春明岁时琐记》:"惟清明日妇女儿童有戴柳条者。斯时,柳芽将舒,苞如桑椹,谓之柳苟。"[5] 何申《热河一梦》:"四个凉菜分别是咸鸡蛋、曲麻菜、拌柳苟、瘦肉丁,……。"[6] 据载,北方有清明节头戴柳树花的习俗。《春明岁时琐记》载:"谚云:'清明不戴柳,死后变黄狗。'其意殊不可晓。或曰:'清明不戴柳,死在黄巢手。'盖黄巢造反时,以清明为期、带柳为号,故有是谚也。"[7] 满族人对"柳狗儿"情有独钟,今天在某些满族人家还保留这种习俗。

洪大容曰"其称柳絮为柳狗儿",将"柳狗儿"和"柳絮"视

---

[1] 郝延超《故国山河》,长江文艺出版社,1993年,第75页。
[2]《曲艺选》第二集(单弦),百花文艺出版社,1961年,第40页。
[3] 郭晓婷《子弟书与清代旗人社会研究》,中国社会科学出版社,2013年,第158页。
[4] 金启平、章学楷《北京旗人艺术:岔曲》,北京师范大学出版社,2007年,第228页。
[5]《燕京岁时记:外六种》,王碧滢、张勃标点,北京出版社,2018年,第201页。
[6] 何申《热河一梦》,河北教育出版社,2009年,第133页。
[7]《燕京岁时记:外六种》,王碧滢、张勃标点,北京出版社,2018年,第201页。

作一物，其实二者所指并不同。《中华国语大辞典》："柳狗儿结了籽儿，上头有毛似的东西，叫柳絮。一般人误以为是花儿。"① 柳狗儿是条状物，形似狗尾巴，故曰"狗儿"。柳絮形似棉花，团形，轻飘，故曰"絮"。现今河北一些地方以及天津、老北京话仍称柳树花为"柳狗儿"。该方言词有一定的历史，《汉语大词典》《汉语方言大词典》等大型语文辞书失收，可补。

以《燕行录》为线索，可以查补出许多我们习焉未察且辞书失收的词语。

其次，可为词典查补失收的义项。

如"梛槌（掤搋）"一词：

> 时遇赭衣者，一车载数十人，问之多是挖掤搋。挖掤搋者，采参犯罪之称。其以铁锁系颈者，罪重当死。（洪大容《湛轩燕记》42/220）

> 尝见一人被发徒跣，以铁锁系颈而行，闻是死囚待时将刑者，行乞求食云。且闻采参犯罪者，称以挖梛槌。（金景善《燕辕直指》：72/355—356）

掤搋、梛槌，又作"棒槌""棒棰""棒锤"，是东北对人参的土俗叫法。同样的说法也见于朝鲜时代的汉语教科书，如《汉语》："你们里头挖掤搋的也有么？"《老乞大新释》："你不知道，这几年我们那里挖梛槌的少，所以价钱狠贵了。"② 众多辞书已收该词及该义项，如许宝华、宫田一郎主编《汉语方言大词典》、曲彦斌主编

---

① 陆衣言《中华国语大辞典》，中华书局，1947年，第450页。
② 汪维辉《〈汉语·华语抄略〉札记》，《中文学术前沿》第七辑，2014年，第74页。

《中国隐语行话大辞典》、李治亭主编《关东文化大辞典》等皆收录。张拱贵主编《汉语委婉语词典》"棒棰"条解释了该词的构词理据："旧时传说，人参通灵气，故采参时讳言参字，因其形似棒棰，故以婉称。"文学作品中也多见指人参的棒槌、棒棰、棒锤等，如王宗汉《关东响马》第一章："他的西宫娘娘得了抽风病，专想咱关东的棒棰吃。"端木蕻良《花石宝人参》："采参的避口不吐参字，都用棒锤两字来做它的名字。因为一提起参字，人参就知道自家被人发现了，不待来挖，它就先逃走了。"[①]漆永祥指出："洪大容出使中国在乾隆三十年，则知'棒棰'一词指人参至晚清中叶已在东北地区出现矣。"[②]《汉语大词典》"棒槌"条未收该义项，当补。

再者，可更新或补充词典书证。

如"角"作量词，用于指称文书的件数，《燕行录》多见：

> 往礼部见堂，仍呈咨文十二<u>角</u>。（李廷龟《庚申燕行录》：11/39）

> 密云军门差官亦授紧急公文一<u>角</u>、书一封。（李忔《雪汀先生朝天日记》：13/60）

《汉语大字典》收录，但所举书证为《红楼梦》与《官场现形记》的用例（卷7第4175页），明显过晚。《燕行录》中最早用例见于上举李廷龟《庚申燕行录》，李廷龟出使中国在明万历四十八年（1620），远远早于《红楼梦》《官场现形记》。"角"在明代《朝天录》中使用非常频繁，说明《汉语大字典》的例证有待更新与

[①] 以上用例参张拱贵《汉语委婉语词典》，北京语言文化大学出版社，1996年，第230页。

[②] 漆永祥《〈燕行录〉诸家释解汉语字词例析（50条）》，《北京大学中国古文献研究中心集刊》第十五辑，2016年，第98页。

补充。

又如《汉语大词典》"正使"条义项二"外国派来或派往外国的正式使臣",首举清魏源《圣武记》中的用例(卷5第313页),明显偏晚。"正使"一词已见于宋代文献,如宋薛居正等撰《旧五代史》卷一百〇一《汉书三》:"壬午,帝被衮冕御崇元殿,授六庙宝册,正使宰臣苏禹珪及副使大府卿刘皞赴西京行礼。"[①]宋李心传撰《建炎以来朝野杂记》甲集卷十《官制·环卫官》:"其法:正任除上将军,遥郡除大将军,正使除将军,副使除中郎将,使臣以下左右郎将,皆有添给及从人。"[②]《燕行录》沿用之,最早用例见于明隆庆六年(1572)出使中国的许震童所撰日记:

正使韩世能先到塔山所云。(许震童《朝天录》:3/306)

由于《燕行录》是朝鲜使燕著作,"正使""副使"等相关的职务词极多,容易引起我们的关注,进而发现词典需改进之处。

又如"掌柜的",《燕行录》最早的两例为:

余亦戏叫:"掌柜的,拣着好东西来。"(洪大容《湛轩燕记》:49/263)

今时看车掌柜的都会了,非为风流雅士也。(朴趾源《热河日记》:53/402)

洪大容、朴趾源分别于清乾隆三十年(1765)、四十五年(1780)来的中国,说明最晚在这个时期已有"掌柜的"一词。《汉

[①] 宋薛居正等撰《旧五代史》第5册,中华书局,1976年,第1352页。
[②] 宋李心传撰,刘规点校《建炎以来朝野杂记》上册,中华书局,2000年,第209页。

语大词典》首举书证为清末刘鹗《老残游记》的用例（卷6第634页）[①]，显然偏晚。

对照《燕行录》，还可完善《汉语大词典》某些词条的释义语言。如"百步灯"，《汉语大词典》释义为"马灯"，而"马灯"的释义为"一种可以手提的、能防风雨的煤油灯，骑马夜行时能挂在马身上"。该释义指明了"马灯"的构词理据，但不能说明"百步灯"的构词理据，因此不够妥帖。《燕行录》中有一处关于"百步灯"的描写：

> 百步灯，或称照贼灯，为能照贼于百步，而贼不能见人。
> （洪大容《湛轩燕记》：42/468）

洪大容的记载不仅说明了百步灯的功用和得名之由，且指出"或称照贼灯"，汉语词典或可借鉴。此外，"百步灯"条所举书证为章裕昆《文学社武昌首义纪实》例，而"马灯"条的书证为马烽《三年早知道》、魏巍《东方》，皆过晚。[②]

研究《燕行录》词汇不仅对当前权威性的大型语文辞书编纂与修订有重要的参考作用，对韩国汉字语词典的编纂也有重要的参考价值。

四、可为二语习得及国际中文教育研究提供独特的中介语语料库

《燕行录》是一个特殊的二语习得中介语语料库。作者不学习

[①] 参漆永祥《〈燕行录〉诸家释解汉语字词例析（50条）》，该文所举词条多有此类观点。

[②] 以上参《汉语大词典》卷八第228页、卷十二第787页。

汉语口语,仅通过阅读书面语文献,进而模仿创作。从这个角度看,这批文献可谓独一无二,具有独特的语料价值。因此,离析《燕行录》中羼入的朝鲜语,不仅对二语习得理论与实践研究,而且对国际中文教育尤其是书面语教学研究具有重要的启发意义。

《燕行录》羼入了许多朝鲜语,有些语言偏误现象可作为中介语语料加以研究。如表示返回义的"来",在《燕行录》中频繁使用,这是作者受母语影响的结果。至今韩国留学生在使用汉语造句、写作文时仍存在这样的偏误。又如《燕行录》中经常出现的"草家""瓦家",也是作者受母语的影响而发生的书写偏误。[①]细致分析这种书写偏误,有助于教师预判朝韩留学生在汉语写作过程中可能出现的偏误,以便实施针对性的指导和干预措施,帮助他们减少或避免这些根深蒂固的书写偏误。

冯胜利、李如龙提出要让汉语学习者掌握汉语的构词规律,培养他们的构词能力,不仅包括口语学习,还应注重学习书面语。[②]不谙汉语口语的朝鲜文人却能娴熟地运用书面汉语撰写丰富多彩的汉文,不仅因为他们掌握了汉语的构词方法和规律,也因为他们能够非常自由地使用汉字。来自"汉字文化圈"国家的汉语学习者,天然地具有母语和历史文化背景的优势。

朝鲜半岛历史上遗存下来的、卷帙浩繁的汉文文献说明,国际中文教育(尤其是华文教育)需要深入推进,更上一个台阶,培养高端的汉语人才以至于汉学家,从而对其所在国的中文教育形成更

---

① 有关"来"与"家"的偏误分析参第一章第一节。
② 冯胜利《汉语韵律语法研究》,北京大学出版社,2005年,第482—484页;李如龙《关注汉语口语词汇与书面语词汇的研究》,《陕西师范大学学报》(哲学社会科学版),2007年第2期,第110—116页。

强的影响力和带动力,就不能忽视汉语书面语的教学。陆俭明先生在多个场合强调"汉语教学必须重视汉语书面语教学",认为"学习掌握汉语书面语的关键是抓好汉字教学"。[①] 某种意义上说,书面语教学重于口语教学,因为书面语学好了才能学好中国文化,才能理解甚至走进中国厚重而优秀的传统文化。文化传播如此,以文化传承为主的华文教育尤其如此。其特殊的教学对象决定了书面语教学的重要性胜过口语教学,当前的华文教学面临着诸多尚未解决的问题和困境,而词汇教学首当其冲。

此外,《燕行录》还记录了当时各种身份人员的汉语或朝鲜语水平,以及当时汉族人学习满语或满族人学习汉语的情况、当时社会的语言教育状况等。这些资料对中朝语交流史、汉满语接触史等方面的研究都有一定的参考价值。

研究《燕行录》中来源复杂的词汇,也有助于整理这批域外文献。文献整理是开展各种学术研究的前提,而语言研究尤其是词汇研究是文献整理的基础。全面系统地研究《燕行录》的词汇,可为《燕行录》的整理、校勘提供扎实的语言证据。

第四节 语料范围、研究方法等相关问题

本书具体的语料范围及研究方法等相关问题,交待如下:

一、语料范围

本书涉及的语料包括韩国汉文文献与中国本土文献两种。

---

① 陆俭明《话说汉语走向世界》第三讲,商务印书馆,2019年,第31—40页。

（一）韩国汉文文献

1.《燕行录》作品

以《燕行录全集》收录的汉文作品为基本语料来源。少数语例来源于《燕行录续集》《韩国文集丛刊》中的作品。收录于《燕行录全集》的作品构成情况非常复杂，从语言上看，汉文占绝大多数，用朝鲜谚文写成的只有极少部分。①中国学界研究的对象主要是汉文，本文所称"燕行录"也仅指汉文部分，不包括用朝鲜谚文创作的作品。从体裁上看，有日记、诗歌、书信、公文、笔谈、闻见录、杂识等。我们的研究以日记体《燕行录》为主，但其他体裁的作品必要时也纳入考察范围。

有一种被称作《漂海录》的特殊作品，它们的作者因遭遇海难而漂流至中国境地，这类著作是否属于《燕行录》，学界尚存争议。漆永祥认为："窃以为就广义而言，凡履迹及中国之朝鲜人所著书，皆可谓之燕行录；若就狭义而言，则专以朝鲜国王遣往中国之使臣或随从所著之书，方可谓之燕行录。""《燕行录全集》所收，当以狭义之燕行录为收录原则，即非燕行使团中诸人所作者，皆不可谓之燕行录。否则，若崔志远《桂苑笔耕集》等书中，凡涉中国之诗文皆谓之燕行录，则必泛滥而无崖涘矣。"②按此狭义原则，《漂海录》当不属于《燕行录》。但崔溥的《漂海录》是一种极具特色的中国行纪资料，作者所经之路线，所逢之遭遇，与

---

① 如洪大容《乙丙燕行录》就是用朝鲜谚文写的，据说是洪氏为了给妻子阅读而撰写的。参读书班《朝鲜时代中国行纪资料解题稿（十七种）》，《域外汉籍研究集刊》第八辑，中华书局，2012年，第117—152页。

② 漆永祥《关于"燕行录"整理与研究诸问题之我见》，《域外汉籍研究集刊》第七辑，中华书局，2011年，第37—66页。

奉命入华的使行团迥异，其语言学价值尤不可低估。且《燕行录全集》既已收录，我们视作《燕行录》，不排除在外。

出使日本的朝鲜通信使所撰写的日本纪行作品自然不属于《燕行录》范围，但这类作品与《燕行录》的语料特征高度雷同，用词造句颇类《燕行录》，因此《燕行录全集》已收录的作品（如洪景海《随槎日录》）纳入考察范围，未收录的作品则不作为语料来源。

本书所举《燕行录》例句的来源作品，将以表格形式附录于后，内容包括作者姓名及生卒年、作品名称、出使年、所在《燕行录全集》中的册数等信息。

2. 韩国其他汉文著作

《燕行录》以外的韩国汉文，一方面，来源于"韩国古典综合DB"中收录的《韩国文集丛刊》《韩国文集丛刊续》及《朝鲜王朝实录》《承政院日记》等；另一方面，参考檀国大学东洋研究所编《韩国汉字语辞典》及 NAVER 词典网提供的"디지털 한자사전 e-한자"（笔者译：电子汉字词典 e-汉字）及百科知识网中的《韩国民族文化大百科》。

3. 数据库利用

《燕行录》用词数据统计主要利用"韩使燕行录全文检索系统"，同时辅以人工手动统计。其他汉文文献主要通过"韩国古典综合 DB"网站检索获取。

现代韩语释义与例句来源，主要有刘沛霖《韩汉大词典》、韩国国立国语研究院编《표준국어대사전》（标准国语大词典）[①]、韩

[①] 韩国国立国语研究院《표준국어대사전》（标准国语大词典）网址：https://stdict.korean.go.kr/main/main.do。

国高丽大学民族文化研究院编《고려대한국어대사전》(高丽大韩国语大辞典）等。

（二）中国本土文献

中国古籍用例主要通过以下几种方式获取：

1. 工具书

某个词语在中国古籍中的使用情况，主要参考的工具书为《汉语大字典》《汉语大词典》，同时辅助利用台湾《重编国语辞典修订本》(网络版）[①]、《汉语方言大词典》等。

2. 数据库

词典未收录的词语，通过中国基本古籍库、北京大学CCL语料库、汉籍电子文献数据库检索。个别问题研究过程中使用了陕西师范大学"汉籍全文检索系统"（软件版）。

二、研究方法

本书主要采用了数据统计法、对比分析法、考证法、因声求义法、宏观与微观相结合等多种研究方法。

1. 数据统计法

利用数据库检索系统，穷尽性统计了绝大部分词语在《燕行录》中的使用情况，包括用例数及使用的作品数等。

2. 对比分析法

采用历时比较法以探讨词语的来源或出现的早晚，采用共时比较法考察词语在韩国汉文与中国古籍中的使用情况，以判断该词的

[①] 台湾《重编国语辞典修订本》，2021年更新检索网址：https://dict.revised.moe.edu.tw/search.jsp?md=1。

性质或归属。两种比较相结合也是本书常用的方法。

3. 考证法

词语考释是本书的重要内容，通过考证法考释疑难词语，阐释词语的构词理据，弄清楚它们的来龙去脉。

4. 因声求义法

利用因声求义法，寻找不同词形之间的语音联系，从而挖掘其中的异形词与记音词，同时离析渗入作品中的朝鲜语和满语词。

此外，本书还使用宏观与微观相结合的研究方法，从宏观角度阐述《燕行录》的词汇来源与特点，又从微观角度分析具体词语的性质及使用情况。同时尝试使用跨学科研究法，结合历史学、文学、社会政治学、民俗学等学科知识，积极吸收各领域的研究成果。

三、研究目的

本书主要有以下三个预期目标：

首先，揭示《燕行录》的词汇性质，总结其词汇特点，并探讨这种由域外人士用汉文撰写的著作在汉语研究方面的价值。

其次，探析《燕行录》中一些特殊词汇或词义的形成动因，并揭示其产生的机制。

最后，助推《燕行录》及其他韩国汉文文献的整理，促推"燕行录学"进一步发展。

第一章 《燕行录》的词汇来源与特点

历史上朝鲜半岛的文人从小阅读中国古籍，惯熟文言创作，因此，《燕行录》的语言具有很强的文言性质，多采用文言句式和文言词语。但这批文献毕竟是由域外人士撰写的作品，不可避免地会羼入作者的母语，出现一些中介语现象。

第一节 《燕行录》的词汇来源

《燕行录》的体裁多样，内容丰富，作者众多，历时层次广，因此它的语料特征非常复杂，既有大量的文言词、近代汉语新词新义，又羼入了许多朝鲜语、满语词。

一、《燕行录》中的文言词

《燕行录》是由一批不懂汉语口语的朝鲜文人所作，他们自小学习的是传统儒家典籍，模仿创作的是文言文。这就决定了他们撰写的《燕行录》也是文言性质的作品。首先，单音节词所占比重大，双音节词占比较小。其次，频繁使用文言副词、连词、介词、代词、助词、语气词等，如亦、甚、极、皆、而、仍、则、与、于、所、以、何、之、哉、乎、耶、矣、也、者等。否定副词多用"无""未""勿",甚至"蔑",几乎不用口语词"没""没有"。叙述语中作主语表示作者本人的第一人称绝大多数用"余",而极少用"我"。对话体中多用"吾",也很少用"我"。再者,某些实义性动词或形容词极具书面语色彩。如置于直接引语前表示"说(话)"类的词多用"曰""道",而不用"说"。

以人称代词的使用情况为例。我们考察了20部《燕行录》,发现这些作品的第一人称代词呈现出以下几个特点:

其一,"我"使用最多,一般作定语,用在集体领属的语境中("我国""我人""我处")。这种用法在文言作品中很常见。"我"作主语或宾语时一般出现在对话体中,如:

> 余等趋揖,吴答揖,语谦等曰:"……从官倘有闲,须图访我,你辈出入已说了提督云。"(丁焕《朝天录》:3/114)

其二,对话体中作主语的第一个人称代词主要使用文言代词"吾"。该词也用于所有格,由于他们根深蒂固的文言思维,甚至使用文白相杂的"吾们""吾的"①,如:

> 礼部侍郎德明送言曰:"吾们昨奉皇旨安南王及从臣、朝鲜、南掌、缅甸使臣等,皆令今日谒文庙。"(徐浩修《热河纪游》:51/487)

> 有一人以丙午年登科小录来示臣曰:"此吾的登科第榜录也。"又指点录中"张辅"二字曰:"此吾的姓名也。"(崔溥《漂

---

① "吾们""吾的"这种文白语素组合而成的形式也见于中国早期白话作品。如明陶辅《花影集》、明凌濛初《二刻拍案惊奇》、清吴敬梓《儒林外史》、清文康《儿女英雄传》等小说。中国早期报刊也曾大量使用这两个形式。朝鲜汉文中又见2例"渠们",中国本土文献未见。

海录》：1/365）

其三，"余"一般出现在叙述语中，是作者的自称。如：

余散步外廊，王抱书数十卷来卖，不售，则因来要余曰："宰相可买此书？"余绐曰："我不识字，买书何用？"（李恒福《朝天记闻》：8/457）

"余"偶尔出现在对话语中，但这种情况比较少见。如：

余曰："足下现在何官？寓居何坊？"答曰："余以秀才，方旅居玉河桥畔。"（金正中《燕行录》：75/213）[①]

第一人称代词"余"的大量使用，说明日记体《燕行录》的文言特征较明显。[②]

指示代词"伊"的使用也可以看出《燕行录》的文言性。作定语的指示代词"伊"，最早见于《诗经》，如《秦风·蒹葭》："所谓伊人，在水一方。"《诗经》中"伊"作代词时绝大多数只作定语，很少单独充当句子成分，更不作人称代词使用。[③]《燕行录》使用了大量作定语的指示代词"伊"，如：

伊贼既弥漫于我国边上，声言冲突，势甚鸱张。（权快《石

[①] 此处的"余"乃清人的自称，可能是笔谈时清人用"余"自称，而朝鲜人根据笔谈材料照录未改。朝鲜文人不晓汉语口语，无法与中国人口头交谈，只能采用笔谈方式交流，他们常将笔谈纸带回，并誊录在日记中。
[②] "余"之所以使用量大，与《燕行录》的文体特点有关系。《燕行录》属游记，这类作品有一个显著特点，即作者的参与性非常强，文本记录的内容即作者的所见所闻、所思所感，文本语言中处处见"余"，理所当然。
[③] 参赵道青《论人称代词"伊"的发展演变》，《现代语文》（学术综合版），2015年第3期。

塘公燕行录》：5/15）

> 自是淫风遂绝，<u>伊</u>人之政善矣。（赵宪《朝天日记》：5/205—206）

双音节词有"伊时"（49例）、"伊日"（20例）等，如：

> 新城中尚有<u>伊时</u>宫殿，粉墙宛然，旧垒只余基址。（李濆《燕途纪行》：22/69）

> 偕正副使诣阙，盖<u>伊日</u>即朝参也。（吴道一《丙寅燕行日乘》：29/181）

《诗经》中的"伊"还可作句首助词，用于语词之前，表加强语气。如《诗经·小雅·何人斯》："伊谁云从？维暴之云？"后世便将"伊谁"用作一词，表示"谁"。明陈继儒《大司马节寰袁公家庙记》："而幸免协济，免为他邑代庖，其伊谁之赐？"（《汉语大词典》卷1第1220页）《燕行录》中"伊谁"有9例，如：

> <u>伊谁</u>修馆宇，凿井在墙东。（郑梦周《赴南诗》：1/93）

> <u>伊谁</u>操戈能入室，世皆爬痒仍隔靴。（裴三益《朝天录》：3/520）

又，"堇"用同"仅"，表范围小或程度浅，《燕行录》中俯拾即是，如：

> 到东岛下石屿间，几至撞破，<u>堇</u>得无事。（赵濈《燕行录》：12/279）

> 逾高岭，冰雪漫山，马蹶堕蹲，<u>堇</u>得扶持，得免重伤。（李景严[①]《赴沈日记》：15/433）

---

① 《燕行录全集》原题作者为"李景稷"，今据《燕行录千种解题》改。

第一章 《燕行录》的词汇来源与特点

"堇"作范围副词,上古汉语就已流行。《集韵·稕韵》:"仅,亦省作堇。"《史记》卷一百二十九《货殖列传》:"豫章出黄金,长沙出连、锡,然堇堇物之所有,取之不足以更费。"裴骃集解引应劭曰:"堇,少也。"宋陆游《书室杂兴》:"衰疾虽向平,不死亦堇堇。"(《汉语大字典》卷1第483页)朝鲜文人熟读中国史书,自然容易习得"堇"的这个用法。

《燕行录》的文言特征还体现在语法和句法上,如大量使用文言句式,多使用"所"字结构、"之"字结构、"者"字结构,而很少用"的"作结构助词。句子较短,一般是4—7字,且讲究句式的整齐性。以上数例大体说明了《燕行录》的文言特征。实际上,只要阅读原著,我们很容易感受到这些作品的文言性。

二、《燕行录》中的近代汉语新词新义

《燕行录》虽属文言作品,主要采用的是文言的语法和词汇,但也记录了不少口语词,其中大量使用动词"～话"类词,便是《燕行录》的一个重要特点。

(一)"～话"类动词

据汪维辉考察,"话"的历时演变大致经历了这样一个过程:名词性"话"出现很早,《诗经》已有,但出现频率很低,且带有褒义色彩,唐代大量使用,尤以《祖堂集》为最,并且出现了前所未见的组合,如说话、问话、举话、答话、领话等[①]。动词性"话"较早见于南北朝,但都是同义连用,如谈话、言话、话说,且不带宾语。到唐代发展成了及物动词,且大多单用。《敦煌变文集》《入

---

① 据我们考察,《祖堂集》主要使用的组合形式是"语话",其他形式重现率不高。

唐求法巡礼行记》中的"话"大部分是动词，但宋代以后动词"话"被"说"取代，名词"话"则一直保留了下来。[①] 也就是说，明清时期"话"一般只作名词[②]，但《燕行录》中的"话"可用作名词，也可作动词。以下我们重点考察动词性的"话"。

尽管表谈话的"话"南北朝已见，但"话"作动词广泛使用则是在唐宋时期。我们从《燕行录》中搜集了47个"话"字词。其中，《汉语大词典》已收且词义相同的词有15个，即：夜话、对话、会话、侍话、谈话、讲话、说话、打话、问话、开话、回话、通话、访话、细话、款话。《汉语大词典》未收但见于中国古籍的词有3个：禀话、同话、共话。《汉语大词典》已收但语义有别的有5个：情话、昏话、醉话、讨话、陪话。《汉语大词典》未收录，且未见于中国古籍的词有24个：邀话、留话、就话、引话、稳话、极话、鼎话、团话、坐话、立话、奉话、赐话、交话、与话、笔话、饮话、斟话、昏话、夕话、暮话、午话、暂话、乍话、久话。这些"话"字词非常生动形象，体现了《燕行录》语言表达的精细化。《燕行录》的作者对"话"字的极度喜好，说明他们也谙熟中国唐宋以来一些白话性强的典籍。

下面以《汉语大词典》已收的款话、夜话、对话、访话4个词为例，介绍《燕行录》中"话"类动词的使用情况，其他未收的词或义项见第四章。

---

① 参汪维辉《汉语"说类词"的历时演变与共时分布》，《中国语文》，2003年第4期，第329—342页；汪维辉《〈老乞大〉诸版本所反映的基本词历时替换》，《中国语文》，2005年第6期，第545—556页。

② 当然这是就通语情况而言，在许多方言（如客家方言）中"话"仍然是一个很活跃的动词。

1. 款话

款话，指亲切交谈，即恳谈。2例，即：

> 夕田杨来寓，<u>款话</u>而去。（许筠《己酉西行录》：13/247）

在诗句中有"款款话"的组合，如：

> 张灯<u>款款话</u>，相对慰新年。（金南重《北行酬唱①》：18/343）

同义词有"款语"，6例，如：

> 使以厥姊集及《列仙传》与之览，方<u>款语</u>，余适往，乃罢。（金中清《朝天录》：11/465—466）

中国古籍里也有"款话""款语"，如唐刘长卿《颍川留别司仓李万》诗："客里相逢款话深，如何歧路剩沾襟。"唐王建《题金家竹溪》诗："乡使到来常款语，还闻世上有功臣。"（《汉语大词典》卷6第1448页）

2. 夜话

夜话，晚间叙谈。《燕行录》中用例甚多，不暇计数，如：

> 与李君美同宿，交足<u>夜话</u>。（苏世让《阳谷赴京日记》：3/490）

> 御史姜绅入府，仍与<u>夜话</u>。（裴三益《朝天录》：4/15）

"夜话"在中国古籍中也很常见，如唐白居易《招东邻》诗："小榼二升酒，新簟六尺床。能来夜话否？池畔欲秋凉。"（《汉语大

---

① 《燕行录全集》原题"野塘燕行录"，今据《燕行录千种解题》改。

词典》卷 2 第 362 页）清代文献也有用例，可知该词产生于唐代，此后沿用不绝。

"夜话"也可作名词，指夜间的谈话，多用作书名，宋代已有，如僧人惠洪《冷斋夜话》、石茂良《避戎夜话》。沿用至今，如宁航一著有《夜话》（陕西师范大学出版社，2007 年）。《燕行录》中也有用例，如朴趾源《热河日记》有《玉匣夜话》，金南重《北行酬唱》有《夜话应呼二首》诗，等等。《汉语大词典》"夜话"条仅收录其动词用法，未收名词用法，可补。

3. 对话

对话，用于交谈义，最早见于近代文献，如《三国演义》第五十九回："却说曹操回寨，谓贾诩曰：'公知吾阵前对话之意否？'"[①]《燕行录》中有 30 多例，如：

> 问僧以岳庙兴废之由，良久对话而出。（苏巡《葆真堂燕行日记》：3/377）

> 令洪纯彦等对话，皆辽东人为獐子所抢去，逃来本国。（许篈《朝天记》：6/51）

"对话"也可作名词，指相互间的交谈，如：

> 昨因谒圣，与诸公相逢，作此对话，甚幸。（沈乐洙《燕行日乘》：57/64）

《汉语大词典》"对话"条只收录该义项的名词用法，漏收动词用法，且仅举现代文学作品中的用例，当补正。（卷 2 第 1303 页）

---

① 明罗贯中著《三国演义》，人民文学出版社，1985 年，第 501 页。

4. 访话

访话，即拜访交谈，强调主动前往某地拜访谈话对象。1例，即：

> 庆禧，余之故人，即访话。（许霆童《朝天录》：3/266）

其他汉文也见，如闵昱《石溪集》卷三《丙辰以后日记》五月十七日："无聊之际，敏进来学、裴敬叔访话，暂破郁抱。"[①] 可见，"访话"在韩国汉文中并不鲜见。中国古籍也见，如唐裴铏《传奇·元柳二公》："尊师语夫人曰：'与安期生间阔千年，不值南游，无因访话。'"（《汉语大词典》卷11第92页）

（二）其他近代汉语双音节词

近代汉语是汉语产生双音节词的重要时期。《燕行录》中出现了大量这一阶段产生的新双音节词。略举数词，以窥一斑。

1. 多幸

多幸，即万幸、庆幸。17例，如：

> 薛给事之如是翻然回意，诚所未料，极为多幸。（李廷龟《庚申燕行录》：11/47）

> 所谓奏文完本取而详览，则措语颇好，便是直请，多幸多幸。（李喆辅《丁巳燕行日记》：37/495）

《汉语大词典》"多幸"条的首例为唐韩愈《与大颠师书》："缘昨到来，未获参谒，倘能暂垂见过，实为多幸。"（卷3第1178页）

[①]《韩国文集丛刊续》第11辑页130上栏。

"多幸"在现代汉语中已被"万幸"代替,却保留在现代韩语中。①

2. 军牢

军牢,原指军营和官衙内负责管理罪人的军卒,《燕行录》中指护卫军,是一种下级军士,最早用例为:

> 羊才所见者,不是军兵,只是在庭供给之人与禁喧军牢也。(申忠一《建州见闻录》:8/155)

《汉语大词典》"军牢"条释作"为官府服役的卫兵",首举书证为清孔尚任《桃花扇·投辕》:"左右军牢,小心防备,着他膝行而进。"(卷9第1206页)台湾《重编国语辞典修订本》则举《金瓶梅》《儒林外史》中的句子为例。可知"军牢"一词流行于明清时期,《燕行录》中的"军牢"是直接从中国古籍中继承发展而来的。

3. 信物

信物,即礼物,据董志翘考证,该词为唐五代习语。②《燕行录》有3处用例,如:

> 欲表信物,顾我行李,一无些子之储,所有者只此衣耳。(崔溥《漂海录》:1/409)

> 玉河馆副使郭忠道送拜帖要见,辞以病,盖欲求信物也。(赵濈《燕行录》:12/335)

"信物"也指作为凭证的物件,《汉语大词典》首举书证为元郑

---

① 现代韩语写作"다행 [ta/hŋ]",如일이 잘 해결되어 다행이다(笔者译:事情很好地解决了,真是万幸)。参《高丽大韩国语大辞典》,来自 NAVER 词典网。
② 董志翘《〈入唐求法巡礼行记〉词汇研究》,中国社会科学出版社,2000年,第115页。

光祖《㑳梅香》第一折："先相国在日，并不曾言兄妹之礼，况兼小子见将着玉带为信物。"（卷 1 第 141 页）则该义项也产生于近代汉语阶段。《燕行录》有 2 处用例，如：

> 女子则自幼稚之时已有定婚之处，先受信物礼币。（徐有素《燕行录》：79/150）

4. 昆布

昆布，即海带，又名纶布，《燕行录》用例如：

> 土官李得春、营吏崔屺等三十八人各送文鱼、大口鱼、昆布等物，以备照仪。（李安讷《朝天后录》：15/258）

> 其所买之物不过行中刷马人辈所赍纸束、昆布若干货。（赵珩《翠屏公燕行日记》：20/213）

现代韩语仍保留着该词，如称海带汤为곤포탕 [kon/pʰo/tʰaŋ][①]、곤폿국 [kon/pʰos/kuk]，以及곤포차 [kon/pʰo/tsʰa]、곤포쌈 [kon/pʰo/s'am] 等。今日语也称海带为昆布。[②]

5. 趯程、趯行

趯，见于《广雅·释言》，义为惊散的样子。（《汉语大字典》卷 6 第 502 页）宋代以后产生"赶；快走""加快""催促，逼使"等多个引申义。如《朱子语类》卷十六："才剔拨得有些通透处，便须急急蹑踪趯乡前去。"（《汉语大词典》卷 9 第 1155 页）《燕行

[①] 本书朝韩语后标注的现代韩语国际音标全部来自韩国釜山大学发布的韩文 IPA 对照表与 IPA 转换器，网址：http://pronunciation.cs.pusan.ac.kr/?continueklag=6556029cba978aIa4ac09c91b20c196d。

[②] 董志翘《〈入唐求法巡礼行记〉词汇研究》，中国社会科学出版社，2000 年，第 103 页。

录》中的"趱"为"赶,加快"义,有33例,主要以双音节词趱程(18例)、催趱(6例)、趱行(5例)、趱进(2例)的形式出现,如:

今则老爷已给答咨,岂不欲即日趱程?(黄汝一《银槎录》:8/409)

别定勤干任译,领率卜车,催趱行走。(韩德厚《燕行日录》:50/74)

倍道昼夜趱行,必不逾十日。(金允植《天津谈草》:93/281)

初昏有北风,更为趱进,至岛边而止。(全湜《槎行录》:10/400)

另有"趱日程"(1例)及单用"趱"(1例)的情况:

塞外经年客,天涯趱日程。(李肇源《黄梁吟》:61/345)

自此右挟北山,左挟西海,而路趱西南间去。(高时鸿《燕行录》:92/42)

《汉语大词典》收录"趱行""趱程",首举书证皆出自《西游记》。又收录"趱路"一词,首举书证为元无名氏《隔江斗智》楔子中的用例。(卷9第1155页)

6.吾们

吾们,即"我们",41例,如:

他是吾们一条人,吾乃猪八戒之子孙。(李田秀《入沈记》:30/152)

吾们昨奉皇旨,安南王及从臣,朝鲜、南掌、缅甸使臣等,

皆令今日谒文庙，宜即进待于文庙。(徐浩修《燕行记》：51/62)

"吾们"也见于中国古籍，明清时期白话小说以及早期报刊曾大量使用这种文白夹杂的形式。《汉语大词典》已收录。如明冯梦龙《二刻拍案惊奇》卷二十四："等他出来，你自走过来觌面见他，须与吾们无干。"[1]"吾们""吾的"可能是朝鲜文人通过阅读中国小说习得的，也可能是朝鲜文人受其母语影响所致。南九万《丙寅燕行录》言：

今汉音则歌韵与麻韵大异，读"我"字与我国"吾"字音同。(南九万《丙寅燕行录》：23/332)

现代韩语有三个第一人称，即나 [na]、저 [tsʌ]、우리 [uri]，前二者发音显然与"我"无涉，只有第三个우리 [uri] 发音相似。우 [u] 音同"吾"，与"我"近似。现代韩语中该词多用作复数，如"我国""我校"是우리 나라 [u/ri/na/ra]、우리 학교，甚至"我妻子""我丈夫"也称우리 아내、우리 남편。这也许是朝鲜文人偏爱"吾"的原因，朝鲜文人耳听或心想着"我的""我们"，笔下却写作"吾的""吾们"。[2] 这种文白夹杂的口语特征强的词，也是《燕行录》记录近代汉语新词的一个表现。

---

[1] 明凌濛初编著《二刻拍案惊奇》，中华书局，2009年，第282页。
[2] 我们还从其他汉文中检得2例"渠们"，如郭钟锡《俛宇集》卷十三《答李丈元吉骏永（甲戌）》："童辈之相从，未始不为闲界一谈之助，而但在我者无推及之实，渠们又别无实心求益之人。蒙之六四，亦可吝也。"(《韩国文集丛刊》第340辑页292上栏) 姜必孝《海隐遗稿》卷三《答徐景濂》："虽百忙中，一心常要整贴，不失自家家计，方有进步处，幸以此督之。如何？吾辈皆衰晚，所恃而强颜者，惟在渠们，故每临书烦其耳。"(《韩国文集丛刊续》第108辑页75上栏) 中国本土文献未见。

（三）新产生的近代汉语单音节词

《燕行录》中所见的近代汉语新词，不仅有双音节词，还有新产生的单音节词，以量词"圆""围"及人称代词"伊"为例。

1. 圆、围

圆，作量词，指称圆形的东西。《汉语大字典》首例为《徐霞客游记·滇游日记》："有澄池一圆。"又清王士禛《池北偶谈·荷兰贡物》："大自鸣钟一座，大琉璃灯一圆。"（卷2第780页）可知"圆"的这个用法盛行于明清时期。《燕行录》中也有用例，如指称糖类物，2例：

> 如沙糖一圆，其大如掌。（洪大容《湛轩燕记》：42/432）
> 稍晚又自御膳房颁克食，猪肉二片，糖属二圆也。（金景善《燕辕直指》：71/319）

指称念珠，3例：

> 百八念珠，分为四件，则每串九圆三线也；分为三件，则每串九圆四线也。（徐庆淳《梦经堂日史》：94/378）

用于指称车轮（1例）、酿酒或制酱时引起发酵的曲（1例）：

> 大抵如淀浦水车，而车轮五圆，次次磨转，如自鸣钟。（洪景海《随槎日录》：59/523）
> 曲则牟麦外，各谷皆造之，曲一圆不过拳之大。（徐有素《燕行录》：79/160）

"围"作量词，用于四周有围栏或可用以围裹的东西，《汉语大字典》所举书证为《徐霞客游记·滇游日记三》与《红楼梦》的用

52

例（卷2第779页）。可见，"围"的这个用法也盛行于明清时期。《燕行录》中见2例，如：

> 九王送毡幕<u>一围</u>。（《昭显沈阳日记》：24/431）
>
> 则火自筒中嘘起，窸窸之声如雷轰天，而铃铃飞散，散而复落于庭，若<u>一围</u>风炉覆自空中而散下。（李海应①《蓟山纪程》：66/303）

前例指称毡幕，后例指称倒置的风炉，二者皆是圆形物。从《燕行录》的使用情况来看，"圆"用于小型物，而"围"用于大中型物体。这一点似与中国古籍有所不同。《徐霞客游记》中，一曰"大塘一围"，一曰"澄池一圆"，则"圆"与"围"皆可指称池塘。

2. 伊

如前揭，《诗经》中的"伊"主要用作指示代词或句首、句中助词。汉代以后，"伊"的指称性开始变强，逐渐由指示代词发展为第三人称代词，这一用法在六朝隋唐时期占有重要地位。宋以后第三人称代词"他"的广泛使用，导致"伊"作第三人称的用法逐渐减少。②《燕行录》中"伊"作第三人称代词的情况很多见，可作主语、宾语、定语，如：

> 因<u>伊</u>不在，且无告处。（李忔《雪汀先生朝天日记》：13/152）
>
> 宣朋友少年落拓嗜酒，家徒壁立，弟辈劝<u>伊</u>奋志读书，发科甲。（李田秀《入沈记》：30/280）

---

① 《燕行录全集》原题作者为"徐长辅"，今据《燕行录千种解题》改。
② 赵道青《论人称代词"伊"的发展演变》，《现代语文》（学术综合版），2015年第3期。

守堡官金三品因公干往宽奠子，<u>伊</u>下人将礼物入于本官家内云。（金诚一《朝天日记》：4/262）

既作单数，也作复数形式，如：

墨庄曰："<u>伊</u>属倭子，此事其国人甚秘之，故不便入纪矣。"（柳得恭《燕台录》：60/272—273）

有时<u>伊</u>遇着狂风大作，但赖船主伙长等之善策。（金景善《燕辕直指》：70/369—370）

柳得恭与李鼎元（号墨庄）在谈论日本之事，此处的"伊"指日本国人，金景善所言"伊"则指英国人。蒋冀骋指出："'伊'，六朝时多用作第二、第三人称代词，同一本书中有时既用作第二人称，又用作第三人称，究竟是第几人称，要依据上下文而定。'伊'在后世主要用作第三人称代词，有些作品中专门用来代指女性。"[①]《燕行录》中的"伊"未见第二人称的用法。

尽管所举词例有限，但只要我们稍加留意，便会发现《燕行录》中使用了很多近代产生的新词新义。

三、《燕行录》中的朝韩自造汉字词

《燕行录》记录了不少非汉语固有成分，有的是朝韩自造汉字词，有的是朝韩语固有词。自造汉字词较容易辨别，朝韩语固有词既有易识者，也有难别的。若不细细玩味，或不解朝韩语，便难以体会它们的异质气息。何华珍指出："所谓汉字词，是指一切用汉字记写的词，而不管其读音如何。它包括中国汉字词、日本汉字

---

① 蒋冀骋《近代汉语代词"伊""与么"考源》，《语文研究》，2015年第2期。

词、韩国汉字词。"[①]陈榴将韩国汉字词分为三类，即汉源汉字词、日源汉字词、韩源汉字词，其中韩源汉字词又被称作"韩（朝）语固有汉字词"。[②]我们所称朝韩自造汉字词，是指朝鲜人根据汉字的语素义，并利用汉语的构词规律，将两个汉语语素组合成一个新的双音节或多音节词。这些新词不是他们从中国典籍或其他汉语作品中学习而来的，而是他们的新创造。《燕行录》中的"鼎话""益谢"就是非常典型的朝韩自造汉字词。

1. 鼎话

鼎话，指三人围在一起交谈。10例，见于6部作品，如：

> 三人鼎话之际，谁问谁答，初无论序。（李田秀《入沈记》：30/68）

> 方伯亦来到，半饷鼎话。（赵最寿《壬子燕行日记》：50/356）

其他汉文也多见，如金锡胄《息庵集》卷二十一《西行日录》："翌朝，往见方伯李公正英于迎慰寓舍，又偕至倅使所，鼎话至已。"[③] 洪大容《湛轩燕记》记载了中朝两国文人关于"鼎话"的一段戏谈：

> 余曰："当令等候，惟衙门之意未可知，或见拒。当择门外干净去处，从容鼎话，岂不便好？"彭曰："或在庶吉士馆亦可。"又问"鼎话"何意，余笑曰："三人会话，俗谓之鼎话。"彭与

[①] 何华珍《日本汉字和汉字词研究》，中国社会科学出版社，2004年，第204页。
[②] 陈榴《东去的语脉——韩国汉字词语研究》，辽宁师范大学出版社，2007年，第98页。
[③] 《韩国文集丛刊》第145辑页496上栏。

吴及周生皆大笑。彭曰："三人曰鼎话，四人则谓何话？"又戏曰："当谓隅话。"皆笑。（洪大容《湛轩燕记》：42/23—24）

"余"是朝鲜文人即作者洪大容的自称，另外三人（即彭、吴、周生）都是清朝官员。三个中国人都看不懂洪大容写的"鼎话"，说明这个词不是汉语词。"鼎"是古代一种烹煮器物，一般三足两耳，因此引申出"三方并立或对峙"义。除"鼎话"外，《燕行录》"鼎坐"的用例也甚多，如：

一行暂避街北萧大谏家，鼎坐厅事上。（黄汝一《银槎录》：8/299）

因此，可以认为"鼎话"是"鼎"与"话"直接组合而成的汉字词，因为"鼎"具有三足而立的义素特征。也可以认为"鼎话"由"鼎坐相话""鼎坐而话""鼎坐共话"等表达凝缩而来。

又有"鼎语"，见于洪翰周《海翁文稿》卷一《与俞海泉镇五书》："与旧伴吴老人日夕鼎语，虽非芳缘，亦足慰一时之无聊。"①但《燕行录》未见。还有"鼎谈"，《电子汉字词典 e-汉字》收录，但在"韩国古典综合 DB"网站未检索到用例，《燕行录》也未见。在百度、韩国 NAVER 网检索"鼎谈"，出现大量的日语文章及日语词典释义，如"三谷幸喜さん、大竹しのぶさん、清水ミチコさんの鼎谈から（笔者译：三谷幸喜、大竹忍和清水美智子三位先生的谈话）"。可见"鼎谈"一词主要流行于日语书面语，且至今沿用。

---

① 《韩国文集丛刊》第 306 辑页 448 上栏。

2. 益谢

表示感谢的词也有不少是朝鲜自造的汉字词,"益谢"尤有特色,如:

> 天使曰:"苏赞成在远不忘,连致土宜,<u>益谢</u>。"(权橃《朝天录》:2/297)

《燕行录》中仅此1例,韩国其他汉文中觅得数例,如赵靖《黔涧集》卷二《答孙几道昆季》:"感慰之余,益谢佥念,愈久不替也。"[①]但用例并不多。从原文看,该词似出自明朝官员龚用卿之口,但在中国本土文献中未见其踪影。我们推测,这是权橃对龚用卿话语的转述,并非其原话。权橃听朝鲜译官李应星汇报事情经过后,将龚用卿的话转写进日记中,如此中国人口中的"多谢"便成了朝鲜文人笔下的"益谢"。因嫌"多谢"过于白话,故用文言"益"代替"多",从而造出"益谢"一词。

诸如此类的汉字词在《燕行录》以及韩国其他汉文中比比皆是,下文将有专节讨论,此处从略。

四、《燕行录》中羼入的朝韩语口语词

域外人士用汉文撰写的著作,或多或少都会羼入作者的母语词汇,《燕行录》也不例外。有些是作者有意识地使用,如记录有关名物的朝韩语,这种羼入显而易见,很容易识别出来。有时作者使用"俗名"的方式随文注释,明确指明汉语与朝韩语的不同说法,如:

[①]《韩国文集丛书》第61辑页228下栏。

鱼，我国所有：脸残鱼（<u>俗名白鱼</u>）、鳜鱼、鲻鱼（<u>俗名秀鱼</u>）、重唇鱼、鲤鱼、鲥鱼及<u>俗名苎蛤、竹蛤</u>。所无：白鱼、舫鱼。（金昌业《老稼斋燕行日记》：32/328—329）

作者在原文中明确标记了"俗名"的"白鱼""秀鱼""苎蛤""竹蛤"就属于朝韩语。有时记录名物的词采用的是朝韩语，但作者并不标记，如：

中朝每人赏银二十六两、段子五匹、衣三领、靴一部、<u>月乙吾只</u>二件云。（黄汝一《银槎日录》：8/317）

"月乙吾只"指皮袜，是朝韩口语词，但原文没有"俗名"之类的标记语，这种情况是隐秘的羼入，需要读者自己识别或判断是否属于朝韩语。

有些羼入现象并非名物类词，更不易觉察，产生的原因大概是作者的汉文水平不高，导致无意识地母语代入。运用最普遍的是"家""便""认""来""送"等词，以及一些不太普遍的无意识羼入现象，如将"看"误作"见"、"有"误作"在"等。

1. 草家、瓦家

草家、瓦家，即草屋、瓦屋。将房屋称作"家"，是一种隐秘的羼入。如：

自凤城至周流河，<u>草家</u>居多。自周流河至山海关，土屋居多。自有土屋以后，间有<u>瓦家</u>，而绝不见<u>草家</u>，此无草而然也。（金昌业《老稼斋燕行日记》：32/320）

登城西门楼俯瞰，则城中村家皆是杰阁，无一<u>草家</u>，亦无<u>平房家</u>矣。（崔德中《燕行录》：39/494）

第一章 《燕行录》的词汇来源与特点

现代韩语的집 [tsip̚]，有多层含义，其一指建筑物，如집을 짓다（盖房子）；其二特指由家庭成员居住的住所，如너의 집이 어디야（你的家在哪儿）。① 也就是说집 [tsip̚]分担了汉语的"家"与"房屋，屋子"两个义项。正因为如此，《燕行录》中常见用"家"指房屋，"草家""瓦家"就是"草屋""瓦屋"。其他韩国汉文也很多，如申最《汾厓遗稿》卷二十《南行日录》："朴主有素封之号，瓦家百余间，弥满一洞。"② 有时"家"与"屋"交错使用，如上举金昌业日记例中既有"草家""瓦家"，又有"土屋"，说明作者将"家""屋"看成同义词处理。《汉语大词典》"家"条第一个义项为"人所居；住房"，如《庄子·山木》："夫子出于山，舍于故人之家。"（卷3第1457页）该义项与《燕行录》中常见的"草家""瓦家"之"家"有所不同。

2. ～便

"便"有"趁……便"解，不足为奇，然而《燕行录》中有一种置于固定句式中的"便"，这样的"便"字句非中国本土文献所能见到的现象。如：

因越江启闻便，奉书螭庭，仍寄家信。（李滝《燕途纪行》：22/58）

余亦修平安二字附先来军官金敬膺、金箕永、崔国贞便。（金正中《燕行录》：75/228）

"便"与其前的某个人或某种事物结合一起使用，形成"～便"的固定结构，其结构义可解作"趁……便"，如拨便、状启便、某

---

① 刘沛霖《韩汉大词典》第1511页。
② 《韩国文集丛刊》第129辑页571下栏。

59

某便，等等。这种句式在现代韩语中仍广泛使用，固定结构为"(사람) 편에"，即某人便，"편 [pʰyʌn]"的对应汉字是"便"，即"乘机，借机，就便"义。韩语"친구가 가는 편에 보냈다（乘朋友前往之便捎去了）"①，这句话译成古文即"友（往）便送之矣"。此句式与上举《燕行录》之"便"例甚合。再如"시내에 가는 사람 편에 책을 사오라고 부탁했다（趁有人上城里的机会，托他买一本书回来）"，又"B 편에 물건 보낸다（我让 B 顺便给你捎去点东西）"。刘沛霖《韩汉大词典》"편（便）[依名]"，据其《凡例》所言"依名，依附名词，或称不完全名词、形式名词"，则《燕行录》之"便"符合"依名"的特点。因此，可以断定《燕行录》中诸如"拨便""某某人便"的表达是渗入了朝鲜语口语词。

《汉语大词典》"便"条所列第七个义项"指适宜的时机或顺便的机会"，这个用法与《燕行录》中的"便"字句有联系。相关的汉语"便"字词还有"便人（受托顺便代办某事的人）""便羽（指托便人带的书信）""便邮（顺便传递邮件，亦指顺便代人传递书信的人）""邮便（邮政）"等。韩语的"편 [pʰyʌn]"还有搭乘义，如항공 편（搭乘飞机）、기차 편（搭乘火车）等。又有우편（邮便），指"邮政，邮件"等。日语也有ゆうびん（郵便）一词，指邮政、邮件，如書留郵便（挂号邮件）、速達郵便（快递邮件）、航空郵便（航空邮件）、郵便を出す（寄邮件）等。又如"郵便が戻ってくる（信件被退回来）""大雪の影响で郵便が遅れている（大雪把信件耽搁了）""午後 郵便局へ 荷物を 出しに 行きます（下午去邮局寄包裹）"。可见，以上《燕行录》中的"便"是汉语"便"字用法的进一步引申。值得注意的是，"便"的这种固定句式较早见

---

① 刘沛霖《韩汉大词典》第 1682 页。

于李渷《燕途纪行》,此后该用法便频频现身于《燕行录》中,而《朝天录》未见该类"便"字。若不明"便"的这种特殊性,将其看作表便利义或承接义之"便",在校注燕行文献时,很容易导致误点误注。①

3. 认

认,义为了解、知道、发现等,根据语境的不同,具体含义不同。如:

> 我本国使臣来在一刻间,若于路上相逢,则不过一揖而过,我姑留待,以认本国家山之事。(崔溥《漂海录》:1/541)
>
> 路逢扛抬画本者数三人,认是地图欤,白头山长白山之形,今始毕画故也。(崔德中《燕行录》:40/78)
>
> 两侍郎览讫,举手曰:"认得矣。"(徐浩修《燕行纪游》:51/435)
>
> 今又认肤为咸水所砭而换,足为徒跣险阻而伤。(崔溥《漂海录》:1/401)
>
> 贡马系在馆里,夕间认得骟马一匹不在,令人跟寻。(赵翊《皇华日记》:9/155)
>
> 吾曾以此楼认为望海楼矣,壁上题咏皆以澄海楼书之,俗传误矣。(李正臣《燕行录》:34/262)

"认"在各句中的含义略有不同。第一例为了解义,第二、三

---

① 如刘顺利《王朝间的对话——朝鲜领选使天津来往日记导读》第25页"学徒安浚道到。便见家书,今月初六日出也""状启,便付家书",第26页"进香使渡江状启。便付家书",第53页"皇历赍咨官吴庆然。便付家书",都误将"便"字属后读。第23页注释曰"'便'的意思是'加急发出'",误注。

61

例为知道义,第四、五例为发现义,第六例为以为、认为义。《汉语大词典》"认"条列 8 个义项:认识,辨别;认为,看作;承认;应允承担,愿意承受;记得;认命,认吃亏;用同"任",任凭;用同"仍",沿袭。(卷 11 第 251 页)这些义项都无法解释以上所列举的"认"。

汉语的"知道,明白"与"发现,察觉",韩语都用"알다 [al/da]"表达,如"이 일은 내가 알았다(这事我知道了)"。"알다 [al/da]"还有"认识"义,如"나는 그를 압니다(我认识他)"。[①] 外国人学汉语很容易把"知道"误说或误写成"认识",常常造出这样的句子——"你认识厕所在哪儿吗""那儿有个很大的商场,你认识吗"。朝鲜燕行使犯了同样的错误,这在韩国汉文中俯拾即是,如李济臣《清江先生诗话》:"洪上舍裕孙……于金刚山石崖题诗曰:'身先檀帝戊辰岁,眼及箕王号马韩。要与永郎游水府,偶牵春酒滞人间。'时人以为神仙所作。后闻洪往来,始认洪之所为。"[②]这里的"认"是"知道"的意思。可见"认"是朝鲜文人受母语影响而羼入的朝鲜语。[③]

4. 来

《燕行录》中频繁使用位于句末的"(而/以)来",如:

[①] 刘沛霖《韩汉大词典》第 1044 页"알다"条列 6 个义项:懂,理解;明白,知道;了解;认识,相识;判断,辨别;斟酌;过问,相关,理会。

[②] 蔡美花、赵季主编《韩国诗话全编校注》第一册,人民文学出版社,2012 年,第 648 页。

[③] 西南官话及陕西渭南等方言区的"认"也承担了"知道""认识"两个义项,因此造出这种句子"草海服务区在哪点?我认不得"。例句来源于西南官话语料库http://swm.yuwengu.com/。

受书目回送而来。(崔溥《漂海录》:1/282—283)

令世瀛往礼部受事完回文而来。(权橃《朝天录》:2/320)

早晓归,见书状、质正而来。(苏巡《葆真堂燕行日记》:3/353)

命韩润辅、李海龙二译人同书状、序班往太仆寺受银三千两而来。(郑昆寿《赴京日录》:4/376—377)

今次下人多病死,万里无事往还,赍奉敕书而来。(裴三益《朝天录》:4/51)

是日李橵往太仆寺受银子而来。(权悏《石塘公燕行录》:5/66)

李海龙往兵备见官,觅得终养正先锋揭报以来。(郑昆寿《赴京日录》:4/387)

我们利用古籍检索软件,通过穷尽性检索考察了22部中国正史,即《史记》《汉书》《后汉书》《三国志》《晋书》《宋书》《南齐书》《陈书》《梁书》《魏书》《北齐书》《周书》《隋书》《旧唐书》《新唐书》《旧五代史》《新五代史》《宋史》《辽史》《金史》《元史》《明史》,未找到与以上所举《燕行录》一致的"(而/以)来"。

首先,《燕行录》中的"(而/以)来",其前所叙述的内容多是某一天的行程安排,或派遣翻译去官衙办事,或进宫领取赏赐,或外出游玩,或外出与人相谈、喝茶(或饮酒)等。并且常常在连续几天的日记中频繁使用"(而/以)来"。中国史书中的"(而/以)来",其前的内容非常丰富,并不限于具体的行程,且短篇幅内并不频繁使用。

其次,《燕行录》中"来"前的连词"而/以"起并列或承接的作用，语意重心在前，强调"去做了什么"，"（而/以）来"则可有可无。如第三例，语义重心在"见书状、质正"，末尾"而来"可有可无。第六例意在说明李檍去了太仆寺领银子，"而来"并非必要成分。中国史书中的"而/以"前后成分是修饰与被修饰的关系，其语意重心在后，强调主语现在某处，"（而/以）来"绝不可省。如《新唐书》卷八十五《窦建德传》："隋兵胜，必长驱而来，吾不能独支。"[①]意指隋军将顺利到达这里，"而来"为关键成分，不可少。

再者，《燕行录》中，"（而/以）来"总是处于句末，其后无相关内容。"来"后隐含的宾语一般是说话者的住所，有时也指说话者所在之地。中国史书中的"而来"多有后续成分，以表明"来"之后的结果会如何。即使没有后续成分，句义中隐含的"结果味"也是非常清楚的。"来"后的处所可以是具体的地点，也可泛指归附。

《燕行录》中的"（而/以）来"乃"返回"义。刘沛霖《韩汉大词典》第424页"돌아오다"条第一个义项为"回，回来，返回"，如"집에 돌아오다.回家"。又第347页"다녀오다"条释义为"去，去一趟"，如"어머니, 학교에 다녀오겠어요.妈妈，我上学校去。""집에 다녀와야겠습니다.我得回家一趟。"又如"지난주 수요일에 나는 소주를 한 번 다녀왔다.上周三我到苏州去了一趟。""다녀오다 [ta/ɲyʌ/o/da]"用以表示前往某处又回来，尤指惯性或短途出行，其含义为去过某地回来了，或要去某地一趟。韩语说"잘다녀오다"，直译成现代汉语就是"好往来"，意译则是"一路顺风""一路平安"。《燕行录》中有多处"往来""好往来"的用例，如：

---

① 宋欧阳修、宋祁撰《新唐书》第12册，中华书局，1975年，第3697页。

食后内医人等及李馨长、梁孝元等副使馆所往来。(李瑛《燕山录》:19/567)

余乃告辞,僧言:"好往来。"(金昌业《老稼斋燕行日记》:32/414)

上曰:"卿等须好好往来。"(李坤《燕行记事》:52/276)

同样的语境,也使用"(而/以)还"句。如:

冬至使往朝天宫参冬至再度习仪而还。(权橙《朝天录》:2/29)

送李櫶呈辞朝报单于鸿胪寺而还。(权悏《石塘公燕行录》:5/66)

"(而/以)来"与"(而/以)还"构成异文,"来"即"还"也。以上分析说明,韩语习惯在句末用上"오다[o/da]"一词,表示去过某处回来了或要去某处再回来,因此朝鲜文人写作时发生母语代入,导致《燕行录》等汉文文献中频繁出现"(而/以)来"句。《汉语大词典》"来"条第三个义项为"回来,返回",如《易·杂卦》:"萃聚,而升不来也。"韩康伯注:"来,还也。方在上升,故不还也。"(卷1第1296页)但与《燕行录》中"(而/以)来"的用法有别。据周小兵主编《对外汉语教学入门》,韩国人学习中文时常用"来"表"回来"义,造出"他去了两个小时了,怎么还不来"之类的偏误句。[①]可见,这是一个历史遗留问题,同时也佐证了我们对《燕行录》中"(而/以)来"句的分析与判断。

---

① 周小兵主编《对外汉语教学入门》(第三版);中山大学出版社,2017年,第74页。

5. 送

《燕行录》中还有个隐蔽的朝鲜语,即"(而/以)送",与"(而/以)来"颇为相似。"(而/以)送"出现的语境主要有以下三种:

第一种,朝鲜人到明朝官员的处所,如:

其子薛一举出见相揖,引入内厅,设馔馈酒而送。(权橃《朝天录》:2/296)

第二种,他人到朝鲜使臣的处所,多是因赠送礼物或为求赠礼物而来,如:

知府设宴需,担送下处,以扇刀分给下人而送。(全湜《槎行录》:10/409)

第三种,朝鲜人或他国使臣互访彼此住处,如:

牧使张汉公、通判郭安邦、支待族亲苏思礼、苏宪、苏霆等来谒,馈酒食而送。(苏巡《葆真堂燕行日记》:3/357)

在玉河馆,称会宁居挈人慕义来谒,馈酒而送。(苏巡《葆真堂燕行日记》:3/406)

我们用相同的方法考察了22部史书中的"(而/以)送"句,结果表明中国文献不存在这种"(而/以)送"。又考察了十几部笔记,均未见此类用法。首先,《燕行录》中"(而/以)送"常出现的以上三种语境,中国古籍中的"(而/以)送"没有这个特点。其次,《燕行录》中的"(而/以)送"多置于句末,其后极少再接其他成分。中国古籍中的"(而/以)送"其后多带人物或目的地宾语，如《史记》卷八十六《刺客列传》："太子及宾客知其事者，皆白衣冠以送之。"① 《魏书》卷二十一上《北海王传》："高时惶迫，以为详必死，亦乘车傍路，哭而送至金墉。"② 也有其后不接任何成分的，如《新唐书》卷一百二十四《姚崇传》："玄宗初立，宾礼大臣故老，雅尊遇崇，每见便殿，必为之兴，去辄临轩以送，它相莫如也。"③ 此为送别义。

《燕行录》中的"送"有"打发（离开）；送客"义。李瑢默主编《中韩辞典》（第三版）"打发"条的第一个义项是"보내다，파견하다"，举例有：나는 벌써 그를 찾으려고 사람을 보냈다（我已经打发人去找他了），우선 차를 보내라（你先把车打发了吧），환자를 모두（치료해서）보냈다（把所有病人都打发了）。④ 句末动词皆为"보내다 [po/nɛ/da]"，该词与汉字词"송 [sʰoŋ]"（送）在多个义项上构成同义词。刘沛霖《韩汉大词典》"보내다"条第一个义项为"送"，包括赠送（礼物）、发送（信号）等；第二个义项为"寄"，即寄送（包裹）；第五个义项为"送别，作别"。⑤ 同时收录汉字词"송객（送客）、송달（送达）、송별（送别）、송영（送迎）、송병（送兵）、송부（送付）"等，这些词都可用"보내다 [po/nɛ/da]"表达。这说明"보내다 [po/nɛ/da]"的一些意思在韩国汉文中常用"送"来表示。

"（而/以）送"作"打发；送客"义解，还可从"送"的用例中得以证明，如：

---

① 汉司马迁撰《史记》第8册，中华书局，1963年，第2534页。
② 北齐魏收撰《魏书》第2册，中华书局，1974年，第562页。
③ 宋欧阳修、宋祁撰《新唐书》第14册，中华书局，1975年，第4387页。
④ 李瑢默主编《中韩辞典》（第三版），民家书林，2009年，第383页。
⑤ 刘沛霖《韩汉大词典》第693页。

总兵官道下程，冬至使及书状官待送。（权橃《朝天录》：2/278）

吴给事中使家人吴天定问寒暄于三使，送《山西乡试录》，使接待以送。（丁焕《朝天录》：3/122）

徐大人亦致下程，如前答送。（权橃《朝天录》：2/279）

俄而小甲报侍郎起去，亦不送。（黄汝一《银槎日录》：8/342）

"待送"即"接待以送"的缩略形式，"答送"即"答谢以送之"，"不送"即"不出门送客"。

韩语的"보내다"，用汉字"送"标记，表"派遣，打发（某人做某事）"义，《燕行录》中也随处可见，如：

送李应星于礼部，探问敕书及赏赐等事。（权橃《朝天录》：2/318）

总兵官处及御史布政司衙门，只送通事行礼。（许震童《朝天录》：3/325）

6. 见

"看""见"这对容易混淆的近义词，是对外汉语教学的一个重难点。汉语中的"见"表示客观事物反映到人的视觉范围中，是"看"的结果。单表观察则不能用"见"，故有"视而不见，听而不闻"的说法。[1]留学生在使用"看""见"时经常混淆二者的区别。《燕行录》有不少该用"看"的地方错用了"见"。如：

---

[1] 董志翘《〈入唐求法巡礼行记〉词汇研究》第60—61页。

第一章 《燕行录》的词汇来源与特点

> 方物交付清人，清人解裹<u>见</u>之，则无一物沾污之处。（洪命夏《甲辰燕行录》：20/271）

> 一年少女子，姿色亦美，员役争先出入<u>见</u>之。（洪命夏《甲辰燕行录》：20/281）

以上"见"字皆单表观察，为察看、观看义，应作"视"或"看"。《燕行录》中写作"见"，是因为韩语的"보다[po/da]"兼有表观察的"看"与表结果的"见"两个义项。唐文宗时来华日僧圆仁所撰《入唐求法巡礼行记》以及宋神宗时来华日僧成寻所撰《参天台五台山记》都见此现象。[①]这也是作者受其母语的影响而产生的语言偏误。

7. 在

区别"有""在"也是国际中文教育领域的一个教学重点，留学生容易将"有"错写成"在"，有些《燕行录》也犯同样的错误。如：

> <u>在</u>襄阳女人状如得介者，在于庄土里家云。（李瑛《燕山录》：19/547）

> 虽一户，随其所<u>在</u>人夫数捧银，而业文者独免役。（洪命夏《甲辰燕行录》：20/267）

> 故使性淡买三斤黄肉，以行中所<u>在</u>陈酱作酱肉。（权时亨《石湍燕记》：91/336）

第一例，其意为"有个和得介长得很像的襄阳[②]女人，现在正在庄土里家。"明末清初，战乱导致朝鲜半岛很多百姓流落或被俘

[①] 董志翘《〈入唐求法巡礼行记〉词汇研究》第61—62页。
[②] 此襄阳是朝鲜半岛的地名，非指我国湖北省襄阳市。

至辽东半岛，使臣途经其地时有朝鲜人来拜见，甚至恳求赎还。李瑛之言即是这种语境。第一个"在"便是"有"的意思。第二例，其意为"根据一户人口数交纳赋税"，"所在"即"所有"。第三例，其意为"将牛肉配上厨房所带的酱菜，这么吃最美味"，"所在"亦即"所有"。

有时将"在"改作"存"更为妥帖，但视作"有"义也可，乃留存、留有义。如：

> 无已则赏银余在者可以副送之意言送崔汝俊。（李瑛《燕山录》：19/592）
>
> 品马则以留在粟米换给。（李瑛《燕山录》：19/606）

"余在"应是"余存"，"留在"应是"留存"，因已成词，故当用"存"。韩语的"있다 [it'/t'a]"可表示某人拥有某物，或某物占据某个位置，如할아버지의 서재에는 오래된 책들이 많이 있다（爷爷的书房里有很多旧书），也可以表示某人在什么地方，如그는 내일 집에 있는다고 했다（他说他明天在家）。翻译成汉语，前句某个位置或空间作主语，故需用"有"，后句人物作主语，故需用"在"，而韩语并无区别。上举《燕行录》例将两种情况都混用"在"字表达，非规范汉语。

唐宋时期，日本与朝鲜半岛一些僧人撰写的汉文也存在混淆"在""有"的现象。如日僧圆仁撰《入唐求法巡礼行记》卷二中的"北台在宋谷兰若"应为"北台有宋谷兰若"（"宋谷兰若"即宋谷寺），新罗僧慧超撰《往五天竺国传》中的"女人在发""女人在头"应为"女人有发""女人有头发"[①]。日僧成寻撰《参天台五台山记》

---

① 韩语"머리 [mʌ/ri]"既可指"头"，也可指"头发"，汉语也如此。

这类错误更常见。① 日本京都大学人文科学研究所出版的《慧超往五天竺国传研究》指出："古代新罗语有与日本语相同之处，就如日语的一个'ある'实分担着汉语'有'、'在'两个词的作用，慧超就是在汉语应该用'有'的地方误用了'在'。"② 正如董志翘所言，研究、利用外国人撰写的汉文文献时务必将受作者母语影响而产生的语言现象剖析出来。

五、《燕行录》中的日语词

《燕行录》还记录了不少满语词或蒙古语词，以及一些日语词。满语词，以清朝官职词为主，第五章第三节将专门讨论，此处从略。现对《燕行录》中记录的日语词略作介绍。

1. 手斗

手斗，是当时日本使用的一种容量单位，相当于"升"。该词主要出现在乾隆十二年洪景海出使日本时所撰写的《随槎日录》中，如：

> 使臣则上酒十五<u>手斗</u>，甘酱五<u>手斗</u>。（洪景海《随槎日录》：59/284）

其他涉日作品中都有提及，如姜弘重《东槎录》10月12日："而使臣每日各五手斗，堂上译官三手斗，正官二手斗，中官一手斗半，下官一手斗也。……所谓手斗，即升也，容入我国二升七合云。"任絖《任参判丙子日本日记》10月9日："所谓一手斗，即我国三升

---

① 该部分内容主要参考了董志翘《〈入唐求法巡礼行记〉词汇研究》第72—73页。
② 转引自董志翘《〈入唐求法巡礼行记〉词汇研究》第73页。

71

容入者也。"① 可知，日本的"手斗"相当于朝鲜"升"的近三倍。

2. 俵

俵，日本使用的一种容量单位，相当于"石"。如：

> 留馆时各房用余剩米八十八<u>俵</u>、炭四百三十二<u>俵</u>。（洪景海《随槎日录》：59/509）

> 以一<u>俵</u>为一石，一<u>俵</u>即三十手斗。（徐有素《燕行录》：83/68）

据徐有素言，"一俵"即一石。现代日语中"一俵"，根据不同的装载物所指具体的重量不同，如大豆、小麦、米约等于 60 千克，马铃薯、大麦约等于 50 千克，荞麦约等于 45 千克，木炭约等于 15 千克。②现代日语中的"俵"也指草袋子，"一俵"即一草袋，用于盛米的袋子称"米俵"。又有"土俵"一词，指（相扑）比赛场。③

3. 畠、畑

畠，即旱田。如：

> 居民力农，而<u>畠</u>多田少。倭人以水田为田，旱田为<u>畠</u>云。（洪景海《随槎日录》：59/308）

有学者指出，中国晋代文书中有"白田"一词，指种麦的旱

---

① 以上两例分别参复旦大学文史研究院编《朝鲜通信使文献选编》第二册 21 页、108 页。
② 菅原昭二『穂別高齢者の語り聞き史（昭和編）大地を踏みしめて 上 十四歳の丸太馬搬と畳屋半世紀の話』穂別高齢者の語りを聞く会，2014 年，第 271 页。来源于维基百科 https://ja.wikipedia.org/wiki/。
③ 孔繁志编著《这样学日语最有效：速记日语汉字 1945 个》，中国宇航出版社，2007 年，第 243 页。

地，日本将两字合二为一，创造了"畠"字。①"畑"原也指旱地，后多用作日本人姓名，《燕行录》中仅作地名用字。日本主要种植稻米，因此"田"即代表水田，为表示区别于水田的旱田，创造了"畠""畑"两个汉字。②

5. 挽茶

挽茶，由叶子尚未绽开的茶叶制作的茶水。如：

挽茶一器，叶茶一袋。（洪景海《随槎日录》：59/309）

挽茶为日本招待朝鲜通信使的日常生活供应之一。《韩国汉字语辞典》卷二"挽茶"条引《农政新编3·六部耕种上·叶》曰："茶者，叶之佳也。早采曰茶，晚采曰茗。茶之采未开叶者，制为挽茶，用于点茶。采既开叶者，用于煎茶也。"（第548页）该词在韩国汉文中使用甚稀，"韩国古典综合DB"未检索到用例，在现代日语中却非常活跃，意思与《农政新编》所言"茶之采未开叶者，制为挽"不同。《デジタル大辞泉》释作"上等の叶茶をひいて粉末にしたもの。抹茶"（笔者译：上等茶叶碾成粉末、茶末），《日中对訳辞书》释作"一种叫做粉茶或绿粉茶的茶"。③

《汉语大字典》"挽"条义项六："用同'绾'，编结。"唐柳宗元《贞符》诗序："雪霜风雨雷雹暴其外，于是乃知架巢空穴，挽草木，取皮革。"（卷4第1996页）盖"挽"的核心义为将物体卷裹起来，未绽开的茶叶，其形如卷状，故称"挽茶"。

---

① 贾华编著《双重结构的日本文化》，中山大学出版社，2010年，第131页。
② 康传金《当代日本语言与文化发展研究》，东北师范大学出版社，2017年，第53页。
③ 参在线词典"Weblio 国语辞书"，网址：https://www.weblio.jp/。

第二节 《燕行录》的词汇特点

《燕行录》的词汇有一个显著特点，即同义词和异形词非常丰富。

一、丰富的同义词

明清时期朝鲜半岛派往中国的使行团达到历史巅峰，七百多年来，一批批使行团前赴后继地往来北京，他们行走的路线基本是固定的，甚至使事也大同小异，因此《燕行录》逐渐形成了一套固有的创作模式。作为旅行日记，在记录时间、餐食、住宿等方面，更是表现出严重的趋同性。尽管如此，同一个概念，也产生出丰富多彩的同义词或近义词。接下来的几个章节都将涉及同义词或近义词的讨论，此处主要介绍《燕行录》中的复音节同义词现象。

（一）同一个概念使用多个换素同义词

同一个概念，由多个意义相同或相近的语素互相搭配，组成同义词。如表示买卖、贸易这个概念，《燕行录》使用了至少9个词形，即买卖（243例）、卖买（137例）、交易（104例）、贸易（80例）、换贸（8例）、交贸（5例）、换买（5例）、贸买（2例）、换易（1例）等。这些词由买、卖、贸、易、交、换6个表示购买、出售、交换义的语素交替组合而成。[1]

---

[1]《汉语大词典》收录买卖、卖买、贸易、贸买、交贸、交易6个词形，另外3个词形未收。

表出发义、索要财物义的两类词也有这个特点。出发类词有发行、起程、登途、登道、登程、登路、启程等。索要财物类的词有征索、求索、需索、索赂、要索、侵索、索贿、邀赂等。又如捷径、径路、近路、捷路都是指"近便的小路"。"捷径"是一个常用书面语，"近路"则非常口语，"捷路"的构词理据也很明显，只有"径路"比较特别。"径"原指"道路"，后因"捷径""径捷"这组使用频率较高的逆序词而沾染上了"捷"义，故有了"径路""径道"。该词大约流行于中古时期（《汉语大词典》卷3第978页）《汉语大词典》未收"捷路"，但《燕行录》有50多处用例，如：

过双庙子，东有小途，乃千山<u>捷路</u>。（李澑《燕途纪行》：22/71）

自此舍大路，径由<u>捷路</u>作行。（崔德中《燕行录》：39/492）

由"替"和"递"构成的一系列双音节词，对应的两个词便成为一组同义词，如"替把"与"递把"、"替马"与"递马"、"替归"与"递归"等。替，替代也。"递"有"交替"义，《说文·辵部》："递，更易也。"《尔雅·释言》："递，迭也。"（《汉语大字典》卷7第4129页）故"替""递"为同义词。各组词的用例如：

海西驿马到此与大同夫马<u>替把</u>。（姜时永《輶轩三录》：73/354）

守令差员入谒，如例<u>递把</u>驿马。（赵荣福《燕行日录》：36/192）

本驿又不<u>替马</u>，日没时始得发行。（权㤼《石塘公燕行录》：5/18）

递马沙河铺，朝饭白塔铺。（金海一《燕行日记续》：28/237）

沈阳章京一人、甫十古二人、甲军十六名，到此替归。（韩泰东、韩祉《两世燕行录》：29/277）

路逢官人之行，乃永平旧知府递归者也。（成以性《燕行日记》：18/161）

方物领去差使员连川倅（李源达）来见，自此替还云。（金景善《燕辕直指》：70/261）

江南布政使去九月递还，未及授职。（李宜显《庚子燕行杂识》：35/398）

"替把"17例，"递把"1例。"替马"16例，"递马"25例。"替归"5例，"递归"4例。"替还"14例，"递还"2例。"替"略占上风，盖因"递"字笔画复杂，书写较烦，故朝鲜文人喜用"替"。当然"替"本身具有交替义也是原因之一。

韩国汉文中有"递职""递任"，表示官员更换职务，《韩国汉字语辞典》将"递"的这个义项视作国义。（卷四第388页）《燕行录》中有2例"递职",1例"替任"，"递任""替职"未见用例。《韩国汉字语辞典》收录"递职""递任"，但未收"替任""替职"。

（二）同一个语义场使用词义相关又微殊的词群

同一个语义场，使用多个同义中心语素，并由这些中心语素与其他语素组合成双音节词，进而构成一个词义相关又微殊的词群。如表示住宿的概念，《燕行录》使用了"宿""寓""接""住"等同义语素，它们与"止""投""留""歇""归""旅"等其他行为或性质语素搭配组合，构成众多双音节新词。"宿"类词有50多个，如"止宿、投宿、寓宿、留宿、到宿、歇宿、归宿、抵宿、来宿、往宿、入宿、还宿、停宿、炊宿、历宿、憩宿、下宿、露宿、陪宿、驰宿、分宿、接宿、移宿、递宿、直宿、旅宿、卧宿、过宿、出宿、退宿、进宿、借宿、寄宿、假宿、僦宿、容宿、野宿、夕宿、草宿、例宿、信宿、斋宿、洋宿、经宿、烂宿、稳宿、潜宿、连宿、同宿、偕宿、独宿"等。"寓"类词有19个，如"寄寓、留寓、僦寓、移寓、入寓、徙寓、流寓、分寓、止寓、权寓、同寓、别寓、借寓、来寓、出寓、避寓、旅寓、客寓、寓接"等。"接"类词有11个，即"住接、留接、居接、接宿、入接、止接、出接、容接、分接、寓接、许接"。这些同义中心语素也可以互相组合，如"寓宿、寓接、接宿、住宿、住接"。此外，又有"存住"和"止住"两个特殊的同义词。

类似的词群现象同样体现在谈话用语和感谢用语中。表交谈义的"～话"有50多个，前文已述，从略。表感谢义的"～谢"也有50多个，如"摧谢、致谢、申谢、深谢、感谢、鸣谢、稽谢、寄谢、谢谢、逊谢、修谢、喜谢、称谢、恭谢、陈谢、辞谢、多谢、回谢、拜谢、起谢、进谢、恳谢、肃谢、历谢、知谢、遥谢、益谢、跪谢、私谢、揖谢、拱谢、候谢、默谢、迁谢、报谢、面谢、叩谢、遗谢、领谢、敬谢、道谢、登谢、铭谢、禳谢、奉谢、仰谢、厚谢、愧谢、惭谢、躬谢、可谢、亲谢"等。

（三）由文白语素构成多样化的换素同义词

由文白程度不同的语素，构成多样化的换素同义词，甚至产生一些不伦不类的汉语词。如前揭，《燕行录》的词汇存在文言与白话共存、融通的特点，从同义词角度看，既有来自时代较早的上古汉语词，也有产生于近代汉语时期的新词，还有一些由文言语素和白话语素组成的同义词。如由表示方式的限定语素"周"与表行为动作的近义语素"视""望""观""瞻""见""看"组合成6个换素同义词：周观（20例）、周视（19例）、周望（7例）、周瞻（7例）、周见（2例）、周看（1例）。这些词都是指四处游览或巡视。6个动词性语素的文白程度不等，"视""观""瞻"的文言性强，"望"其次，"看""见"非常口语。故"周视、周观、周瞻"显得更加文言，书面语色彩较浓，其次是"周望"，"周看"显得很口语，而"周见"则不伦不类。[①]

使用文白程度不同的语素构成多样化的换素同义词，并非《燕行录》独有的语言特点。中国本土文献也存在利用文言或白话语素构成同义词的情况，如"酒食"与"酒馔"、"宴会"与"宴席"、"状元"与"状头"、"乞假"与"告假"、"冶容"与"修容"、"馒头"与"馒首"、"行止"与"动止"等。[②]《燕行录》在遵循中国本土文献用词规则的基础上又表现出一定的灵活性，创造了一些未见于中国古籍的"怪词"。

二、多样的逆序词

这里的逆序词指同素逆序词，是指构词语素相同而语素顺序相反的两个（或称一组）双音节词。这种词汇现象又被称作颠倒词、倒序词、同义逆序词、同素反序词、同素异序词、字字对换的双音

---

① 《汉语大词典》收录"周视、周望、周观"，未收"周瞻、周看、周见"。"周见"是一种语言偏误，应作"周看"，参前文。
② 部分例词参考了陈婷《〈北梦琐言〉双音节同义词研究》（湖南师范大学硕士论文，2012年），陈婷认为形成这种词汇现象的原因有三：历时的积累；方俗语侵入，与原有的书面语共存，是共时平面构成同义词的重要原因；修辞手法的使用。

词[1]等。有些同素逆序词意义完全相同，所以也属于同义词。同素逆序词是汉语的一个特点，区别于印欧语的构词方式。同素逆序词由来已久，上古汉语就已存在，中古时期取得迅速发展，并对朝韩语、日语产生了很大的影响。[2]基于汉语、朝韩语、日语三种语言中同素逆序词现象的对比研究成果极为丰硕。从《燕行录》出发，可窥见同素逆序词在韩国汉文的使用状况，从而加深对现代朝韩语相关问题的理解。

语料的广博性和多层次性，使得《燕行录》存在大量的同素逆序词。我们搜集了40组词，其用例数量及汉语、韩语词典的收录情况，参表1-1、表1-2。

表1-1 《燕行录》名词类同素逆序词使用情况统计表

序号	词语	用例	汉语大词典	韩国汉字语辞典	韩国网络词典
1	茶叶	61	收录	未收	收录
	叶茶	8	未收	收录	收录
2	译员	83	收录	收录	收录
	员译	113	未收	未收	未收
3	寓所	29	收录	收录	收录
	所寓	28	未收	未收	未收
4	寓馆	32	收录	未收	未收
	馆寓	8	未收	未收	未收

---

[1] 如郑奠《古代汉语中字字对换的双音词》，《中国语文》，1964年第6期。
[2] 张美兰、穆涌《称谓词"弟兄"的历时发展与地域分布》，《语言研究》，2015年第1期，第74—83页。

续表

序号	词语	用例	汉语大词典	韩国汉字语辞典	韩国网络词典
5	馆所	约1000①	未收	收录	收录
	所馆	201	未收	未收	未收
6	商胡	20	收录	收录	未收
	胡商	8	未收	未收	收录
7	膳物	1	未收	收录	收录
	物膳	13	未收	收录	收录
8	馈物	126	未收	收录	收录
	物馈	3	未收	未收	未收
9	菜蔬	18	收录	未收	收录
	蔬菜	21	收录	收录	收录
10	客人	17	收录	收录	收录
	人客	13	收录	未收	未收
11	场市	37	未收	收录	收录
	市场	8	收录	未收	收录
12	街市	52	收录	未收	未收
	市街	75	收录	未收	收录
13	语言	33	收录	未收	未收
	言语	245	收录	收录	收录

---

① 《燕行录全集》存在重复收录作品的弊病，因此通过"韩使燕行录全文检索系统"检索的数据需要人工手动排查，当数量过多且统计意义不大的情况下，我们仅记录约数，下同。

续表

序号	词语	用例	汉语大词典	韩国汉字语辞典	韩国网络词典
14	朋友	35	收录	未收	收录
	友朋	13	收录	未收	未收
15	知旧	38	收录	未收	收录
	旧知	25	收录	未收	收录
16	早朝	约300	收录	未收	收录
	朝早	9	未收	未收	未收
17	午正	11	收录	收录	收录
	正午	5	收录	未收	收录
18	卜船	26	未收	收录	收录
	船卜	2	未收	收录	收录
19	卜驮	约160	未收	未收	未收
	驮卜	12	未收	未收	未收
20	物货	约200	收录	未收	收录
	货物	约100	收录	收录	收录

表1-2 《燕行录》动词、形容词同素逆序词使用情况统计表

序号	词语	用例	汉语大词典	韩国汉字语辞典	韩国网络词典
1	请求	1	收录	未收	收录
	求请	12	未收	收录	收录
2	笔谈	228	收录	收录	收录
	谈笔	4	未收	未收	未收

续表

序号	词语	用例	汉语大词典	韩国汉字语辞典	韩国网络词典
3	候待	1	未收	未收	未收
	待候	36	未收	收录	收录
4	馈送	7	收录	未收	收录
	送馈	9	收录	未收	未收
5	拜谢	33	收录	未收	收录
	谢拜	7	未收	未收	未收
6	应酬	8	收录	收录	收录
	酬应	37	未收	未收	未收
7	介绍	1	收录	未收	未收
	绍介	16	收录	收录	收录
8	察觉	1	收录	未收	未收
	觉察	8	收录	未收	收录
9	代替	1	收录	未收	收录
	替代	19	收录	收录	收录
10	发觉	15	收录	未收	收录
	觉发	3	未收	未收	未收
11	洗澡	1	收录	未收	未收
	澡洗	4	收录	未收	未收
12	贸换	3	收录	未收	未收
	换贸	8	未收	收录	未收

续表

序号	词语	用例	汉语大词典	韩国汉字语辞典	韩国网络词典
13	点检	约100	收录	未收	收录
	检点	2	收录	未收	收录
14	歇宿	9	收录	未收	收录
	宿歇	2	收录	未收	未收
15	齐整	77	收录	未收	收录
	整齐	约100	收录	未收	收录
16	安慰	5	收录	未收	收录
	慰安	1	收录	未收	收录
17	慰喜	10	收录	未收	未收
	喜慰	9	收录	未收	未收
18	要紧	3	收录	未收	收录
	紧要	29	收录	未收	收录
19	热闹	17	收录	收录	收录
	闹热	6	未收	未收	未收
20	欢喜	25	收录	未收	收录
	喜欢	3	收录	未收	未收

（一）多数逆序词从中国古籍沿用而来，同一组词各自的命运不同

绝大多数的逆序词是直接从中国古籍中吸收过来的，但经过历史长河的洗涤，这些词的命运有所不同。根据"优者取胜""众者取胜"的规律，其中有些词在现代汉语中得以保留，有些词则被

淘汰。另一方面，保留于现代汉语中的那些词被现代韩语淘汰，被现代汉语淘汰的那些词反而保留在现代韩语中。如"介绍"与"绍介"，现代汉语选用了前者，韩语选用了后者，"午正"与"正午"的情况却相反。又如"语言"与"言语"，两个词在现代汉语中各有分工，而韩语选用了"言语"。现代汉语使用"语言"时，韩语叫"언어 [ʌ/nʌ]"（言语）。再如"客人"与"人客"，现代汉语和韩语都选用了前者，后者则保留在汉语方言中。

（二）朝鲜新造了不少同素逆序词

有一部分逆序词是朝鲜创造的新词，是他们在汉字使用过程中随意发挥的结果。如"叶茶—茶叶""员译—译员""寓所—所寓""馆所—所馆""胡商—商胡""物膳—膳物""笔谈—谈笔"等，有些词形未见于中国古籍，是朝鲜文人的创造。同时也反映了文言系统的书面汉语中，一些双音节词尤其是并列式双音节词，其词形的稳定性较弱，书写者往往可随意调换语素的位置，形成同素逆序词。心理学家的实验研究结果表明，词汇认知过程中，逆序词的呈现不但能促进与之有联想关系的目标词的词汇判断（即语义启动），而且能促进其逆序形式的词汇判断（逆序启动）。[1]"换言之，当一对逆序词中的一个词呈现给认知者时，它的逆序词也得到启动。按构词语素识别词语的观点，人们认知双音词时，启动的是该词的语素表征。例如，当'语言'呈现时，'语'和'言'的语素表征被启动。"[2]当接触一个新词时，学习者往往记住的是单个语素的意

---

[1] 彭聃龄等《汉语逆序词的加工——词素在词加工中的作用》，《心理学报》，1999年第1期，第36—46页。
[2] 张巍《韩国语同素逆序汉字词研究》，《外语与外语教学》，2010年第1期，第87—91页。

义，二者的先后位置容易造成记忆模糊，加上文言系统中的双音节词本身缺乏稳固性，因此，朝鲜文人在组合词语时表现出更大的随意性。如"膳物"与"物膳"、"馔物"与"物馔"两组逆序词，"膳""馔"都是汉语表餐食义的语素，"膳物""馔物"与汉语的"食物"相似，理据清楚，且符合汉语的构词规律。"物膳""物馔"则莫名其妙。从使用数量上看，"馔物"远高于"物馔"，合情合理，而"物膳"多于"膳物"，则有违常理。①

三、驳杂的异形词

异形词，指书写形式不同而意义和用法完全相同的词。自有书面文字以来，就有异形词现象，而近代汉语阶段的异形词现象更加错综复杂。曾昭聪师将近代汉语异形词界定为"近代汉语阶段中，同时或先后产生的同音、同义而书写形式不同的词语"②，并指出近代汉语的异形词有多种来源，有因古今字、异体字、正俗字而形成的异形词，也有因通假字、古今音变、方言音转、听音为字、连绵词、外来词而形成的异形词。③《燕行录》中的异形词，其来源不出以上几种情况，但也体现出一定的域外特色。

---

① 我们对《燕行录》同素逆序词现象的考察并非穷尽性的，难免遗漏其他更有价值的词语。
② 曾昭聪《近代汉语异形词来源释例》，《汉语史学报》第十三辑，上海教育出版社，2013年，第221—233页。他指出所谓"近代汉语"，是指自唐代至清初汉语发展的历史阶段；同音，包括方言音变和历史音变；同义，指一个及以上义位（即辞书中的义项）相同。
③ 曾昭聪《明清俗语辞书及其所录俗语词研究》，上海古籍出版社，2015年，第346、360页。

（一）因异体字、正俗字而形成的异形词

历代文献中，造成异体字的原因很多，或因笔画略有差异，或因构词方式不同，又或因组字部件不一样，等等。《燕行录》中的异体字很多，如馈—餽、饭—飰、烟—煙、洒—灑、你—儞、铺—舖、馆—舘、吃—喫、坮—台、婿—壻，等等。有学者专门研究了韩国汉籍中的异体字，如吕浩《韩国汉文古文献异形字研究之异形字典》以韩国出土文献（包括木简牍文、金石文、砖瓦文等）、传世文献（包括古辞书、古文书、古经传诗词等）为资料来源，对韩国历史上的汉字字样进行了非常全面的梳理。该字典可帮助我们识读《燕行录》中很多难辨的汉字。张文冠也认为域外汉籍中的"同形字"很有特色，值得研究。[①] 韩国汉文还有很多不见于中国古籍的俗体字，如"幕"写作"帍"，"儒"写作"仅"，"归"写作"敀"，"暮"写作"合"，等等，由这些朝韩国俗字构成的复音节词与见于中国古籍的词形构成异形关系（参第二章）。

（二）因通假而形成的异形词

《燕行录》中存在不少因通假而形成的异形词。通假字，即用读音相同或相近的字替代本字以记录语言中的某个词。王云路认为"听音为字"包括误听误记，相近之字，变生涩为熟悉、变抽象为形象具体。[②] 曾昭聪师进一步指出："听音为字有时包括方言音转；有时相当于通假字，但通假字一般有本字，而听音为字则不一定能

[①] 张文冠《〈高丽史〉字词考释五则》，《域外汉籍研究集刊》第九辑，2013年。
[②] 王云路《中古汉语词汇史》，商务印书馆，2010年，第667页。

找本字。"[①] 要严格区分两类异形词并非易事，且通假字的一个很重要来源就是听音为字。下面重点讨论《燕行录》中由"卞""辨"构成的异形词。

《燕行录》中"卞"通"辨（辩）"的用例俯拾即是。单用的情况，如：

> 不须多卞，不卞亦自明矣。（黄汝一《银槎录》：8/363）
> 闾阎扑地，人物甚众，街路之外，咫尺难卞。（洪命夏《甲辰燕行录》：20/315）

前例通"辩"，后例通"辨"。还可组成双音节词卞说、卞正、卞诬、卞明等，与辨说、辨正、辨诬、辨明等构成相应的一组异形词。"卞说"（1例）与"辨说"（8例），如：

> 此亦不待卞说而自明矣。（黄汝一《银槎录》：8/253）
> 是山之非首阳，不待辨说而明矣。（李海应《蓟山纪程》：66/405）

"卞正"（1例）与"辨正"（3例），如：

> 界民往往入彼地采参，恐被捉告于凤城及潘阳卞正云。（徐有闻《戊午燕录》：62/165）
> 数日后当还，未辨正之前不可出送云。（《昭显沈阳日记》：25/623）

[①] 曾昭聪《明清俗语辞书及其所录俗语词研究》，上海古籍出版社，2015年，第372页。

"卞诬"（20例）与"辨诬"（68例），如：

举国含冤，君父被陷，非今日陈奏使卞诬之比。（黄中允《西征日录》：16/82）

此系辨诬重事，今若未蒙准请，则我殿下必期于得请而后已。（权橃《朝天录》：2/303）

"卞明"（8例）与"辨明"（9例），如：

陪臣等欲将冤痛事情，面诉卞明，望老爷可怜见。（黄汝一《银槎录》：8/353）

门凡十，扇五，蜿深如窟室，过百余步，始可卞明。（李在学《燕行日记》：58/125）

事极冤枉，国王上奏辨明，昨已呈奏于鸿胪寺。（黄汝一《银槎录》：8/327—328）

"卞"不及"辨"使用广，但势头也不弱。《韩国汉字语辞典》将"卞"的"辨析；辩解"义视作国义（卷一第707页），可知"卞"的这个用法在韩国汉文中的普遍性。《汉语大字典》"卞"条列6个义项，但未列"通辨（辩）"义。实际上，中国古籍中也有"卞"用作"辨（辩）"的情况，如宋罗烨《醉翁谈录》丁集卷二《嘲人面似猿猴》："刘文树，口卞，善奏对，明皇每嘉之。"《武王伐纣平话》卷下："尔信妲己之言，剖孕妇，卞阴阳，是八过也。"（《汉语大词典》卷1第986页）皆为近代汉语产生的新用法，但不多见。

又如表示"擅自进入不应该进的地方"，有4个词形：拦入（30例）、阑入（20例）、滥入（4例）、栏入（1例）。《汉语大词典》收录"阑入"，另外三个词形未收。（卷12第130页）《玉篇・门部》："闌，妄也。无符传出入为闌。今作阑。"①《睡虎地秦墓竹简・法律答问》："告人曰邦亡，未出徼阑亡，告不审，论可（何）殹（也）？"②可知应以"阑入"为正形，"拦""栏""滥"为其通假字。《韩国汉字语辞典》收录"拦入"（卷二第616页），未收其他词形，这与"拦入"在《燕行录》用例较多的情况相吻合。有的作品甚至混用多种词形，如：

> 而从者一齐拦入，老宦大怒，即皆驱出。（金景善《燕辕直指》：71/398—399）
>
> 故阍者必阻搪，而阑入不已，是诚可闷。（金景善《燕辕直指》：71/292）
>
> 如鸿胪寺演仪时，盖三十正官之外不许滥入。（金景善《燕辕直指》：71/323）

因义近而形成的同义词，若发音相似或相同，且无所谓本字与否，则不宜称为"异形词"，也不属"通假异形词"，如前揭"递"与"替"组成的各组双音节词，只能认为是同义词，而非异形词。

（三）因听音为字而形成的异形词

《燕行录》中听音为字造成一词多形的现象也非常普遍。当作者试图使用汉语口语词书写时，最容易造成听音异形词。如动量词"趟"，在《燕行录》中被写成"塘""荡""堂"等多种形式：

> 指吾们傍人曰："这个人几塘来（华语几次）。"首译答曰：

---

① 王平、刘元春、李建廷编著《〈宋本玉篇〉标点整理本》，上海书店出版社，2017年，第177页。
② 《睡虎地秦墓竹简》，文物出版社，1990年，第104页。

"初塘来。"又曰:"初塘来,我们的话狠会也。"(李田秀《入沈记》:30/82—83)

但曰:"吾们的粗荡,你们的话头不知多。"彼乃顾笑而去。盖北人以初音为粗,堂音为荡。初堂者,即初行之称。(李有骏《梦游录》①:76/413)

余问曰:"你京里几荡来?"答曰:"头一荡来。"余曰:"老爷头一荡来,你也是头一荡来?"(洪大容《干净同笔谈》②)

记录沿途地名时,《燕行录》也常采用听音为字的办法。如玉田县附近有个地方叫枯树店,这是朝鲜燕行使的必经之地,这个地名让他们展开了丰富的想象。

西北山上有大树,或言此乃枯树,村名以此而得。闵参判圣猷今夏归自北京,言此树枯死已久,若生叶则真主起,自古传说如此,而近来此树又有生气,人皆异之云。(金昌业《老稼斋燕行日记》:32/522)

其后相关记载层出不穷,记载大多雷同。但据咸丰十年(1860)出使北京的申锡愚考证,此地非曰"枯树店",而是"孤树店":

枯树在玉田县西三十里,彩亭桥西十里。店之北有山,山凹处有一树亭亭然,远望之,婆娑不高,传为不生不死,故得

---

① 《燕行录全集》原题作者"李遇骏",原题书名"梦游燕行录",今据《燕行录千种解题》改。
② 洪大容、李德懋著,邝健行点校《干净同笔谈·清脾录》,上海古籍出版社,2010年,第58页。

枯树之名。余驻车，命从者问于店人，答云："春夏发叶开花，花色黄，非枯树也。"然则以枯树称未知何故。尹学士稚沃曰："此树独立于山麓，谓之孤树，其时从者之所告云。"其言或近是欤？（申锡愚《入燕记》：77/198）

实际上，早在万历三十八年（1610）到中国的黄是就写作"孤树"：

二十一日，过彩亭桥、孤树铺、真武墓。（黄是①《朝天录》：2/507）

嘉庆十八年（1813）到北京的李时秀所撰《续北征诗》也指出"枯树店或称孤树"（57/390）。现代韩语的"孤""枯"都写作고[ko]，发音相同，可以推断，当时二字亦音同或音近，故出现"枯树""孤树"两种写法。②相同的地名书写现象还有狼子山（娘子山）、薛刘站（也称雪里站、松站）、十三山（参第五章）等。

《燕行录》记载了很多非汉语词，除唐宋以前吸收并沿用的外来语，还有朝鲜语、满语、蒙古语等，用不同的汉字来记录这些非汉语词，也会形成异形词。③甚至记录人名时，同一部作品也存在前后用字不同的现象。如权时亨《石湍燕记》中同一人名被写作

---

① 《燕行录全集》原题作者为"黄士祐"，今据《燕行录千种解题》改。
② 黄晸《癸卯燕行录》也记录了一种说法："行三十里，历枯树店，俗传此店昔有一树，以枝叶之荣悴验稼穑之丰歉矣。树忽枯死，故以此名店云。"（37/277）金昌业是康熙五十一年（1712）去的北京，黄晸是雍正元年（1723）去的，仅比金昌业晚去了11年，但知道黄晸这个说法的人似乎很少，不见燕行后辈提及，盖因黄晸《癸卯燕行录》知名度不高，流传不够广。
③ 曾昭聪师将此类现象看作"因记录外来语而形成的异形词"，我们认为这同属于听音为字现象。

"崔相郁""崔尚郁",因韩语中"相"与"尚"皆作상[sʰaŋ],故也。朝鲜文人没有字形规范意识,个人用词用字习惯不一样,甚至随意而为。因为记忆汉字非常困难,创作日记的过程中不可能时时查阅、核实,只能凭记忆写字。这是形成《燕行录》异形词驳杂的主观因素。

小　结

《燕行录》是一批非常特殊的文献,语料性质很复杂。首先,作者的特殊性决定了这批域外文献与中国本土文献的语言(尤其是词汇)有很大的不同。一方面,尽管以汉语词为主,但他们使用汉字汉语的能力毕竟不能与中国人相比,他们创作的汉文势必存在或多或少的非标准、不规范的汉语词。另一方面,任何作者在撰写文本时都会不同程度地、有意识或无意识地将个人的母语或方言词汇渗入作品之中,《燕行录》也是如此。再者,清朝入主中原这一重要历史事件的发生,以及朝鲜半岛自古以来的华夷观,客观上促进了《燕行录》创作的发展与繁荣。入清后的《燕行录》,相较于明代的《朝天录》,内容更加丰富,形式更为多样,词汇更显复杂。大量满语词活跃在《燕行录》中,且往往以同名异形的方式出现,这种现象给解读这批文献增添了不少障碍和负担,但同时也为文献语言学、汉语词汇史、语言接触研究提供了新的研究材料。

林丽通过分析《热河日记》中的一些语言现象指出,我们"应该充分重视其语言本身的复杂性,即如前所论——既包含有近代汉语的成分,特别是词汇方面多反映了明清时期的语言实际;同时又受作者母语影响,存在不少非汉语固有的语言现象",并认为"只有把握了《热河日记》语言上的这些特征,扫除阅读上的障碍,才可能准确地理解文本,并在此基础上有效地展开其他相关研究工作"。[①]这个观点同样适用于其他燕行作品的研究。如果着眼于几百乃至上千种《燕行录》,我们会发现,这批文献所呈现出的语言特征,实际上比林丽说的还要复杂得多。

[①] 林丽《对〈热河日记〉中所反映出的一些语音现象的考察》,《中国学论丛》第37辑,2012年。

第二章 《燕行录》所见的新形新词与新形旧词

所谓新形新词，指由朝韩特有国字或国俗字构成的词。朝鲜半岛接受汉字以后，在继承为主流的基础上，也有自己的创新和补充，创制了一些独有的汉字。这些字未见于中国古籍，因此称新形。其中，为表达某些特殊概念而创造的新字，为朝韩国字。在中国汉字的基础上，通过简省、繁化或更换部件而创造的新字形为朝韩国俗字。由朝韩国字构成的词，因表达了新义或新概念，产生了新的词语，故称为"新形新词"。由朝韩国俗字构成的词，只产生新的词语形式，未产生新的词，故称为"新形旧词"。

第一节 新形新词——朝韩国字构成的词

朝韩国字是朝鲜半岛在继承中国汉字的基础上新创的独有字形。何华珍认为，朝韩国字和日本倭字一样，都是异域国在学习中国汉字之后，全新创造的汉字，也称作整体变异，他将朝韩国字的类型分为象形、会意、形声、合音四种。[1] 我们将朝韩国字分为两种：一种是字形仅见于朝鲜半岛；另一种是字形并非仅见于朝鲜半

---

[1] 何华珍《俗字在域外的传播研究》，中国社会科学出版社，2018年，第223—224页。

岛，也见于汉字文化圈其他国家，之所以同形，纯属偶合，彼此并无意义关联。

一、形式独一无二的新词

根据"字形仅见于朝鲜半岛"这个原则，我们搜集了十多个字形独一无二的朝韩国字，现对其构词及使用情况考述如下：

1. 柱、长柱

柱，读생[sʰɛŋ]，有二义，一指木签，二指标志路程的木桩。《燕行录》有不少第二义的用例，且多使用双音节词"长柱"（6例）。如：

> 又作一间门，悬牌白而书曰县东几里，我国长柱之制，而即邮签也。（闵仁伯《朝天录》：8/23）

也作"长丞"（7例），如：

> 出店西行始见交界牌，此即我国长丞之类。（李田秀《入沈记》：30/250）

李圭景《五洲衍文长笺散稿·东国土俗字辨证说》："柱，音生，讹音承。……里堠木人曰长柱，讹呼长丞。"①《韩国汉字语辞典》"长丞"条释义为"在路旁设置的形似人脸的木桩，在人脸上书写里数，或五里或十里设一个"。②"柱"写作"丞"，因二者发

---

① 李圭景《五洲衍文长笺散稿》下册，明文堂，1982年，第427页。
② 释义原文为：장승．잇수를 나타내기 위하여 길가에 세워 놓은 푯말．사람의 얼굴을 새기고 잇수를 적어서 10리 또는 5리마다 세워 놓는다．长柱（卷四第677页）。

95

音相似。李义凤《古今释林·东韩译语》"释地"条曰："长丞，本朝。今官道十里、五里立木偶人，戴帽形，中书地名道里，谓之长丞，汉语谓之土地老儿。"[①] 不知何以将里数标记牌称为"土地老儿"？恐是李义凤的误解。

2. 檄、檄子、檄子木

檄，读산[sʰan]，指设在屋顶上的横木。(《韩国汉字语辞典》卷二第1116页）一般作双音节词"檄子"，如：

> 椽上构檄子，直铺数重芦箪。（朴趾源《热河日记》：53/300）

也可以在"檄子"的后面加上"木"字，以明确词义，如：

> 凡造屋每五七，其梁柱高洽过数仞，不设檄子木，及仰土或代以板木，或铺以芦箪。（朴齐寅《燕行日记》[②]：76/259）

"檄"是个形声字，"木"为义符，"散"为声符。

3. 欌、壁欌、彩欌、列欌

欌，读장[tsaŋ]有两个义项。其一，指收藏书籍、衣物的柜子。[③] "欌"的构词能力很强，根据所藏物品的种类，有册欌、衣欌、碗欌、鞋欌等，此外还有欌柜、欌缠、壁欌等词。《燕行录》有6例，如：

---

① 李义凤《古今释林三》卷二十七，亚细亚文化社，1977年，第711页。
②《燕行录全集》原题作者"朴齐仁"，原题书名"燕槎录"，今据《燕行录千种解题》改。
③ 释义原文为：a 장．물건을 넣어 두는 가구의 한 가지．넣어 두는 물건의 종류에 따라 책장·옷장·찬장·신장 등 여러 가지가 있다．b 감실（龕室）을 달리 이르는 말（《韩国汉字语辞典》卷二第1144页"欌"条）。

第二章 《燕行录》所见的新形新词与新形旧词

外门内又有木栅四间，各置一大欌，藏以二虎、二熊。（李㘾《燕行记事》：52/486）

炕之一边设壁欌，而欌上积置宝器、玉盘等物。（李宜显《庚子燕行杂识》：35/402）

此家列置泥金画朱欌四部，以泥金书《关雎》三章，且书七言律一首。……盖北俗当新婚必备给彩欌，故家家有列欌，新者可知其为新婚，故者可知其为经婚之久矣。（李宜显《壬子燕行杂识》：35/487）

也写作"藏"，单用的有3例，如：

正统年间帝所为，八万大藏藏于斯。（南龙翼《燕行录》：23/164）

北壁下置朱红三层厨（厨，俗名藏也）。（金昌业《老稼斋燕行日记》：33/243）

汉语用"厨（橱）"的地方，韩国汉文写作"藏（欌）"。如盛设餐具或食物的橱柜叫"馈欌"，把放衣物之类杂物的衣笼，称作"笼欌""欌笼"。①《燕行录》中也有很多由"藏"组成的双音节词，诸如柜藏（3例）、壁藏（3例）、木藏（2例）、饭藏（3例）、册藏（1例）、衣藏（1例）、彩藏（1例）、楼藏（1例）等。

其二，指放牌位的龛室或棺椁。（《韩国汉字语辞典》卷二第1144页）此义在《燕行录》中皆写作"藏"（3例），如：

前朝旧王之陵，则不过如今卿相之墓，而恭愍始为石藏。

---

① 《电子汉字词典 e-汉字》收录，参 NAVER 词典网：https://dict.naver.com/。

（赵宪《东还封事》：5/444）

路傍有两冢毁发，乃吴三桂祖与父之<u>藏</u>也。（韩泰东、韩祉《两世燕行录》：29/218）

现代汉语中的"藏"作动词时读 cáng，收藏义；作名词时读作 zàng，指储存东西的地方。中古音也是如此，根据《广韵》记载，"藏"有两读，作动词，为"昨郎切"，属平声；作名词，为"徂浪切"，属去声。用声调区分动词和名词。在"藏"字基础上增添义符"木"，创造名词义的"樴"字，则是书面语区别词义的一种方式。但在实际书写中，为图省力，一般不严格执行这种分工，因此出现了"藏"既用于动词的"收藏"义，也用作名词的"柜子"义。正如"鱼"与"渔"，一为名词，一为动词。

4. 烔、铳烔

烔，读통[tʰoŋ]，一种用于发射火药的武器，一般以双音节词"火烔"的形式出现，也写作"火桶""火筒"。《燕行录》未见"火烔"，有 3 例"铳烔"，皆见于崔溥《漂海录》，如：

军卒带甲束戟，<u>铳烔</u>、彭排夹道填街。（崔溥《漂海录》：1/338）

因发射材料是火药，且多以双音节词"火烔"的形式使用，朝鲜文人在"桶"的基础上改造出了一个"烔"字，"火"为义符。

5. 獤、獤皮、狆皮

獤，读돈[ton]，貂皮，一般以双音节词"獤皮"（3 例）的形式出现，如：

毛獜卫酋胡老佟以战马七十余匹、<u>獤</u>皮百余令为礼。（申

第二章 《燕行录》所见的新形新词与新形旧词

忠一《建州见闻录》：8/179）

"獤"也写作"狆",《韩国汉字语辞典》卷三引《梅泉野录1下·甲午以前·高宗21年》曰："貂皮之产西北者，俗称狆皮。"（第359页）《燕行录》有3例，如：

身着狆皮周衣（实时服），顶挂念珠，帽有珊瑚顶子。（姜时永《轺轩续录》：73/133）

何以将"貂皮"称作"獤皮"或"狆皮"？黄胤锡《颐斋遗稿》卷二十五《华音方言字义解》曰："雕、敦古通，故东俗'貂'亦呼'獤'。"[①] 指出"貂皮"称"獤皮""狆皮"，乃因语音相近而导致的结果。

6. 縇、金縇

縇，读선 [sʰʌn]，指围在衣服或坐垫的边缘做装饰的小布条。[②]《燕行录》有6例，如：

或全红，或縇黑，或黑而縇红。（成祐曾《茗山燕诗录》：69/276）

抹首缘縇，则官贵者貂皮，其余各以猸皮、羊皮之属。（洪昌汉《燕行日记》：39/129）

金縇十匹，白大绫二十匹。（徐有素《燕行录》：83/236）

以上名词例，也可作动词，如：

[①]《韩国文集丛刊》第246辑556页。
[②] 释义原文为：옷이나 방석의 가장자리에 좁은 헝겊을 둘러 대어 꾸밈. 또는 그 꾸민 헝겊（《韩国汉字语辞典》卷三第801页）。

99

团扇缅以金色者百余双。（成祐曾《茗山燕诗录》：69/269）

"缅以金色"指用金色布条镶边。

7. 襨、衣襨次

襨，读대[tɛ]，指国王、王妃、世子、世子妃等人的上衣，多以双音节词"衣襨"出现。（《韩国汉字语辞典》卷四第65页）若专指国君的衣服，则称"御衣襨"①，《燕行录》见1例"衣襨次"，指制作衣襨的布料：

郑译来传皇帝所送嫔宫衣襨次、貂皮、匹段等物。（《昭显沈阳日记》：26/369）

何以国王、王妃等人的上衣称为"衣襨"？可能来源于量词"对"。《韩国汉字语辞典》卷二引《经国大典注解·后集上·御衣襨》曰："凡帝王所临所服用皆曰御，取统御四海之义。襨，《高丽史》及《经济六典》皆作'对'。《高丽志》云：'宋赐衣二对，公服一领。'"（第381页）又有"衣对"一词，指一套衣服，如《韩国汉字语辞典》卷四引《高丽史·文宗世家》："往彼宣谕，赐尔衣对、彩段、银器。"（第44页）这里的"衣对"，指一套衣服。朝鲜的传统服饰非常复杂，国王、王妃等人身份尊贵，衣服自然非常讲究，不是由单件构成，而是成套使用。因此，指称一套衣服便浓缩为"衣对"这个专名，后该词用于专指国君、王妃等人的衣服，于是又在"对"的基础上添加部件"衤"，以明确所指为

---

①《韩国汉字语辞典》卷四 "襨" 条仅列义项一，释义仅提及国王的衣服（임금의 옷），而"衣襨"条列两个义项：a. 임금·왕후·세자·세자빈 등의 옷을 이르는 말； b. 무당이 굿할 때에 입는 옷을 이르는 말（第65页）。

衣物。

8. 侤、侤音、捧侤

侤，读고 [ko]，指招供或供词。①《燕行录》有2例，如：

将论礼男托病落后之罪，已捧<u>侤音</u>。(郑士信《梅窗先生朝天录》：9/353)

若延时日，必生脱身奸谋，故招致湾尹，使<u>捧侤</u>成案，率皆服罪，无他辞。(李㴭《燕途纪行》：22/206)

"侤音"即供词。《韩国汉字语辞典》卷一引《吏文辑览》曰："供，即供招，国俗所谓侤音也。""捧侤"为"捧侤音"之省，即招供，指交待犯罪事实。"侤"可能来自"告发"之"告"，因多用于刑讯招供，故借用了"拷"的字形，以表"拷打"强行之义。

9. 馛、馛饥

馛，读표 [pʰyo]，指饥乏时进食。多以双音节词"馛饥"的形式出现，如：

出烧酒、药果<u>馛饥</u>，亦分与守者。(金昌业《老稼斋燕行日记》：33/88)

同样的意思又写作"疗饥"，如：

上下行人并未朝饭，出行中药果<u>疗饥</u>。(申厚命《燕行日记》：28/116)

---

① 释义原文为：다짐. 다짐을 둠. 억지로 다그쳐서 확실한 대답을 받는 일 (《韩国汉字语辞典》卷一第292页)。

101

《燕行录全集》中,"馋饥"仅见4例,"疗饥"有近60例。"馋"来源于"疗",由于经常以双音节词"疗饥(飢)"的形式出现,受后语素"饥(飢)"的影响,将义符类推成"飠",从而创造了"馋"这个字。

10. 夞、人夞

夞,是"功"与"夫"的合体字,义为人工或人夫。多用双音节词"人夞",如:

闸官开闸,令<u>人夞</u>牵上臣船以过。(崔溥《漂海录》:1/462)

李圭景《五洲衍文长笺散稿·东国土俗字辨证说》曰:"夞,音功夫,俗训功夫。功夫,《高丽史》'元宗朝,上书中书省有工匠人夞三万五百名',即役工之称。《魏志·王肃传》:'太极已前,功夫尚大。'盖'功夫'即'工夫',而丽人合为'夞'字也。"[①] 李圭景认为"夞"应读全称,即读"功夫",《韩国汉字语辞典》则标作"부[pu]",只取"夫"音。可能单用时读作"功夫"音,以双音节词(如"人夞")的形式出现时,仅读"夫"音。因古籍书写习惯从上至下竖着写,"功夫"二字紧缩成"夞"一个字。这种现象并不鲜见,另一个朝韩国字"畓"也是相同的造字原理。

11. 乭、䂹、㻹

乭,读[tol],是人名、地名用字。如:

卜<u>乭</u>率双轿来迎。(李田秀《入沈记》:30/325)

又如近代朝鲜义兵运动领袖申乭石、韩国当代围棋高手李世

---

① 李圭景《五洲衍文长笺散稿》下册,明文堂,1982年,第427页。

乭。据言，李世乭的韩文名为"이세돌"，汉字写作"李世乭"，中国人称为"李世石"。因为汉语没有[tol]这样的读音，而"돌[tol]"即"石头"义，且"石"是"乭"的构字部件，故以"石"音代替。该字也用于标记地名，如"乭长岭"。

用于人名的国字还有㗡（엇[ʌ]）、乻（얼[ʌl]）等，如：

表咨文马头顺安官奴㗡福。（金昌业《老稼斋燕行日记》：32/299）

乻巨王即孙大臣之女婿也。（郑太和《壬寅饮冰录》：19/390）

有些吏读字也是朝鲜自创的汉字，如"旀""弥""旀"等[①]。《燕行录》中主要用作吏读字，出现在状启中，如：

朝廷火急完给文书，使不至迟滞为白乎旀。（李民宬《癸亥朝天录》：14/536）

吏读字是朝鲜半岛一种特殊的语言文字现象，我们将在第三章小结部分略加介绍。

二、形式偶合的新词

虽然有些字形并非只见于朝鲜半岛，也见于汉字文化圈其他成员国，但彼此并无意义上的关联，因此这类字也是朝鲜半岛独创，属朝韩国字。我们搜集了8字，现对其构词与使用情况考述如下：

1. 閪、閪失

閪，指丢失、遗失，一般以双音节词"閪失"（14例）的形式

[①] "弥"也是"弥"的俗体变形，参《韩国汉字语辞典》卷二第706页。

出现。如：

> 内医所持腊药封裹车辇<u>閪失</u>，中使马头觅纳。（李瑛《燕山录》：19/513）
> 夜半礼房杻笼<u>閪失</u>，翌朝推得。（李滍《燕途纪行》：22/134）

关于这个字的读音，《韩国汉字语辞典》标为"서 [shʌ]"（卷四第 708 页），与韩语表方位的"西"读音相同，现韩国首尔有一处名叫"서원"的地方，汉字写作"閪院"。① 遗失义何以写作"閪"？可能与"闪失"的"闪"有关。首先，"闪""閪"的字形相似。其次，"闪"在现代朝韩语中写作"셤 [shʌm]"，读音与"서 [shʌ]"的差别仅在于有无闭口韵尾。可以推断，朝鲜时代"閪""闪"音同或音近。那么，由"闪"变成"閪"的过程就可以很好地得到解释：由于"闪"字并非一个形声字，部件"人"不能起到标音的作用，需要加以改造，韩语中的"西"读作"서 [shʌ]"，与"闪"发音相近，能起到表音的作用，且书写也很简单，于是"闪"的部件"人"被换成"西"，创造了"閪"这个形声字，从而达到形音合一的效果。

汉语中的"閪"为方言词，读 xī，粤语中用于称女性的外生殖器。（《中华字海》第 1777 页）韩国汉文中的"閪"与此毫无关联，纯属字形偶同。

2. 畓、畓洞、水畓、田畓、位畓

畓，读답 [tap]，水田也，是用会意法创造的字。"畓"在韩

---

① 参《首尔地名词典》（2009 年），来自 NAVER 知识百科网。

国汉文中极为常见,《燕行录》中也俯拾即是。朴趾源《热河日记》:"畓本无字,我东吏簿'水田'二字,合书作会意,借音沓。"(55/467)"畓"可单用,如:

> 此堡左边野中开垦数十石畓。盖高丽堡云者,即被虏高丽人别作种落,自成一村,而各其子孙仍居之村,故能从本国之俗,垦土作畓而为农云。(李正臣《燕行录》:34/277—278)

也有不少双音节词,如"畓洞、水畓、田畓、位畓"等。"畓洞"是地名,用例甚多,如:

> 宿畓洞。(李尚吉《朝天日记》:9/226)

"洞"为朝韩语,指街道、村庄。今韩国仍将有农田的村庄称为"畓洞",如位于首尔市西大门洪恩洞东白莲山下的村庄种有稻田,故该村名曰"畓洞(답동 [tapʾ/toŋ])"。又仁川广域市中区、庆尚北道尚州市都有名叫"畓洞"的地方。[①]

水畓,即水田,"畓"前再加"水"以明确词义,区别于无水的农田。5例,如:

> 未知关内更无水畓可作之处而然耶?(李正臣《燕行录》:34/277—278)

《韩国汉字语辞典》"水畓"释义为"水多的肥田",未举书证。[②]《电子汉字词典 e-汉字》列两个义项:积水的农田;容易浇

[①] 参《首尔地名词典》(2009年),来自 NAVER 知识百科网。
[②] 释义原文为:골답.물이 흔하고 기름진 논.水田(《韩国汉字语辞典》卷三第63页)。

水的农田。① "畓"本是相对于无水的旱田而言，但渐渐地，该字的"水"义逐渐淡化，于是又在其前添加一个语素"水"，以明确此义。看似冗余，但符合语言实际使用的规律。

田畓，农田的统称，如：

老哥庄有若干<u>田畓</u>，丙丁虏乱被虏朝鲜人所居之地也。（徐有闻《戊午燕录》：62/173）

《韩国汉字语辞典》"田畓"条释义为"水田和旱田"。（卷三第429页）则"田"专指旱田，与"畓"连用，以统称农田。

位畓，指为祭享所需而购置的田地，也称"位土畓""位土田"。②此外，还有"畓结（水田税）、畓谷（水稻）、畓农（水田农）、畓主（水田主）、畓土（水田地）"等（《中华字海》第1772页），但《燕行录》未见。

"畓"未见于中国本土文献，但古壮语有其同形字。壮语的"畓"读 dumh[tum⁶]，是（大水）淹没田地的意思。③该字可能记录的是南方发大水时田地被淹没的情形。

3. 垈、家垈、空垈、于家垈、王保垈

垈，读대[tɛ]，义为家宅、地基。丁若镛《经世遗表》卷八："宅廛者，今所谓家垈也。（吾东别作'垈'字，以号宅廛）俗称瓦

---

① 释义原文为：물이 괴어 있는 논；물을 쉽게 댈 수 있는 논（《韩国汉字语辞典》卷三第63页）。
② 释义原文为：제사（祭祀）또는 위에 관련（关联）된 일에 드는 비용（费用）을 마련하기 위（为）하여 장만한 토지（土地）. 위토답（位土畓）. 위토전（位土田）등（等）이 있음（《电子汉字词典 e-汉字》）。
③ 参《古壮字字典》，广西民族出版社，2012年，第142页。

屋垈田，皆入一等。"① 双音节词有"家垈""垈地""垈田"等。《燕行录》也有不少用例，如：

关外则地皆闲旷，故家<u>垈</u>俱甚阔大。（李坤《燕行记事》：53/39）

其余空<u>垈</u>数百亩，行商贩之徒各设篝屋而居之。（金景善《燕辕直指》：71/165—166）

但主要用于地名，如"于家垈""王保垈"等。中国古籍也有该字，是地名用字。（《汉语大字典》卷1第465页）

4. 稤、稤奴

稤，读令 [s^{h}uk˺]，有两个义项：仓库名；王宫中各房里做事的下人。② 仅1例：

晋安尉房<u>稤奴</u>郑继龙在于二十里之地。（李瑛《燕山录》：19/498—499）

"稤奴"指在王宫里负责文书工作的随从。又有稤宫、稤尺、稤仓等词，但《燕行录》未见。何以仓库名和王宫随从人员写作"稤"？一方面，该字从"禾"，可知与粮食、谷物有关，故有"稤仓"。另一方面，该字又从"京"，即京城也，代指王宫，故有"稤奴""稤宫"等。《韩国汉字语辞典》卷三引《南汉志》曰："盖稤仓即户曹、赈恤厅、常平厅三司各谷所储库也，凡诸祭享之需、赈济之资、夫刷之价皆出于此库。"（第670页）可知，"稤"并非一

---

① 《定本与犹堂全书》第25辑《经世遗表Ⅱ》，茶山学术文化财团，2012年，第183页。

② 《韩国汉字语辞典》仅列第一个义项（卷三第670页）。

般的仓库名，只有户曹、赈恤厅、常平厅三处储存谷物的仓库才称为"稌"。故"稌"属会意字，从禾从京，指人的用法则是由"仓库名"义引申而来的。大概最初是指看管稌仓的人，后来发展扩大指在宫里负责其他事务的人，但其身份低贱这层含义仍然未变。

中国古籍中的"稌"是"掠"的讹字。(《汉语大字典》卷5第2799页)

5.膁、膁熟、胖

膁，读양[yaŋ]，指牛胃或牛肚。《韩国汉字语辞典》卷三引《东医宝鉴·汤液篇·兽部·牛黄》曰："肚，양，即胃也，俗名膁，补五脏，益脾胃，止消渴。"(第907页)《燕行录》见1例"膁熟"，即牛肚熟片，指将煮熟的牛肚切成的薄片：

> 姜柱一自北京来谒，呈纳膁熟、柿、梨等物。(李瑛《燕山录》：19/558)

"膁"又作"胖"，丁若镛《雅言觉非》卷三"牛胃"条："东俗牛胃曰胖(吾东之造字也，去声)。"[①] 又《昼永编》："兽胃称胖(胖，音양)。"(《韩国汉字语辞典》卷三第896页)《燕行录》中也有1例：

> 胖一斤，还酒三饎，白米三斗，米食一升。(姜长焕《北辕录》：77/344)

"膁"为形声字，"月"表义，"襄"表音。但"襄"的笔画太多，不易书写，于是改换了一个笔画少的声符"羊"。故"膁"是本字，

[①] 丁若镛《雅言觉非》，金钟权译注，一志社，1976年，第305页。

"胖"为后起俗字。

中国古籍中的"䑋",读 rǎng,肥胖义,如《方言》卷二:"䑋,盛也……梁、益之间,凡人言盛,及其所爱,讳其肥臧,谓之䑋。"郭璞注曰:"肥䑋多肉。"《说文·肉部》:"䑋,益州鄙言人盛,讳其肥,谓之䑋。"又指植物肥壮。(《汉语大字典》卷 4 第 2281 页)"牂"指公羊,读 zāng,《改并四声篇海·羊部》引《龙龛手鉴》曰:"牂,羝羊也。"(《汉语大字典》卷 6 第 3333 页)可知,中朝之"胖""䑋",彼此无涉。

6. 頉、执頉、有頉、无頉、頉禀、頉报、悬頉、生頉、頉下、见頉、集頉

頉,朝韩语탈[tʰal] 的记音字,意思是变故、生病、意外等。[①]《电子汉字词典 e-汉字》列了五个义项:①意料之外的变故或事故;②病;③怪;④借口或找茬儿;⑤因说不好的话让事情产生不好的结果。[②]"頉"的构词能力非常强,双音节词有"中頉、悬頉、应頉、执頉、称頉、后頉、杂頉、病頉、私頉、頉报、頉禀、頉启、頉给、頉处"等。《燕行录》中"頉"很常见,且多作双音节词,有"见頉、集頉、有頉、无頉、执頉、悬頉、頉禀、頉报"等。单用例,如:

> 方物岁币是日始为呈纳,而厚油纸有磨而成孔,仅容锥末者为<u>頉</u>,其余皆无弊捧之。(沈之源《癸巳燕行日乘》:18/100)

[①] 释义原文为:탈.곧 사고나 변고·병·핑계 등을 이르는 말(《韩国汉字语辞典》卷四第 851 页)。

[②] 释义原文为:(뜻밖에 일어난) 변고 (變故) 나 사고 (事故);병 (病);탓;핑계 또는 트집;(용언 (用言) 으로 쓰이어) 어떤 좋지 않은 결과 (結果) 를 만드는 원인 (原因) 으로 되는 것。

明日以国忌望殿礼顷敢禀。(《沈阳日记》：27/142)

执顷，义同"执难""刁难"，找借口或理由故意刁难。用例最多，有12例，如：

以卜物驮数少差于文书行中牵去驴子数匹，故为执顷。(赵荣福《燕行日录》：36/334)

有顷，可指生病、死亡或其他意外事件。5例，如：

公兄金夏九者以为，与其冷而有顷，宁温之。(金景善《出疆录》：72/412)

无顷，为"有顷"的反义词，即平安无事、顺利完成某事之义。6例，如：

一行始皆出来，车卜并无顷分输，可幸。(姜长焕《北辕录》：77/351)

今年则冰雪半释，底地未解，一行无顷过去。(权时亨《石湍燕记》：91/367)

"无顷"义同"无事"，经常出现在朝鲜国王与使臣的对话语境中，如：

上以"远路无事往还"之意下问，臣等起伏，正使对以"王灵攸赖，无顷稳返"。(姜长焕《北辕录》：77/359)

《燕行录》中，"无顷""无事"交替使用的情况很常见，如：

上曰："远路老人无事往还，而一行无顷乎？"上使曰：

第二章 《燕行录》所见的新形新词与新形旧词

"王灵攸暨,无事往还,而一行亦皆无顷矣。"(李容学[①]《燕蓟纪略》:98/99)

"无顷"出现之处也常用"无弊",如:

> 午后方物、岁币、别献等物无弊即纳。(李瑛《燕山录》:19/563—564)

顷禀,指向上级或长辈禀告某种意外情况的发生,用例虽多,但仅见于《昭显沈阳日记》,如:

> 明日书筵以嫔宫受针日,故顷禀。(《昭显沈阳日记》:26/123)

顷报,同"顷禀",2例,即:

> 原郡守金致九以病顷报,不为出待。(李坤《燕行记事》:52/301)

悬顷,指因发生灾害或其他事故而免除某种职责(如任职、服役、税金、罪责等事件)。2例,如:

> 昨日礼部知会,明日当参参宴演礼云,而上使以病患呈文悬顷。(朴来谦《沈槎日记》:69/94)

此外,"顷下、见顷、集顷、生顷"各有1例,如:

> 夕点考,后南柳刷马二四并为顷下。(李瑛《燕山录》:

[①]《燕行录全集》原题作者"未详",据左权、漆永祥考证,作者为李容学,光绪二年(1876)谢恩兼岁币使赴燕,李容学为副使。

111

19/595）

摘奸见顩，莫重祭享，有此未尽尝，该官吏并推考，何如？（《沈阳日记》：27/95）

当初西行陪从员役入达，打点集顩，而宾客任絖年老，且有脚病，故未得陪从。（《沈阳日记》：27/133）

而一行人马无一生顩。（权时亨《石湍燕记》：91/381）

"顩下"指因发生意外而被排除或淘汰。①"见顩"指发现问题或弊病等。"集顩"指各种各样的变故。"生顩"指发生意外。

何以将事故、变故、生病等意外事件的发生称作"顩"？这是为记录朝韩语固有词"탈[tʰal]"而自造的字。"탈[tʰal]"原是傩戏中使用的假面具，傩戏与祛邪治病有关，人们便用它来借指病痛、意外等不好的事情。且"页"这个构字部件原本指头部或脸部，故用于指面具，甚为恰当。"止"与"탈[tʰal]"发音差距很大，并非声符，当是义符，或因"止"像人戴着面具跳舞，看不见人脸之形？待考。

中国古籍中的"顩"为"颐"的俗字，指面颊。见于《龙龛手鉴》："俗。与之反。正作颐，养也，颔也。"后被《改并四声篇海·页部》转引（《汉语大字典》卷8第4648页），《字汇补》《康熙字典》承引。上述"顩"字，《字典释要》《新字典》皆视作韩国国音字②，但何以用颐养之"顩"表示意外或疾病义以及读音是如何

---

①《韩国汉字语辞典》释义为"탈하: 특별한 사정이나 탈로 인하여 대상에서 빼어 냄"（卷四第851页）。

② 参河永三《韩国固有国字之结构与文化特点——兼谈〈异体字字典〉之〈韩国特用汉字〉》。金钟埙《韩国固有汉字研究》也考察了朝鲜汉文中的"顩"字及其所构成的复音节词（集文堂，1983年，第166—167页）。参杨瑞芳《〈承政院日记〉载〈康熙字典〉研究》，《中国传统文化研究》第3辑，2021年。

发生改变的,未作解释。我们认为韩国汉文中的"䫨"与"颐"之俗体"䫨"只是形式偶合,应视作朝韩国字。

7. 娚、妻娚、妾娚、娚妹

娚,读남[nam],是女性对其兄或弟的称呼。单用例,如:

> 其娚李大春,水铁匠云。(李瑛《燕山录》:19/524—525)

双音节词有"妻娚(妻子的兄弟)、妾娚(妾室的兄弟)、娚妹(兄妹)"。如:

> 闻镇守总兵官李成梁之子,即三大人苏国赋妻娚也。(许篈《朝天记》:6/126)

> 仍言系是尚州人,姓权,小名鹤,乃是厓相妾娚子。(李恒福《朝天录》:8/503)

> 以乱枪刺其两腋,嫁娶不避宗从娚妹。(徐有素《燕行录》:83/267)

又有"娚侄",指兄弟之子,即侄子,《燕行录》未见。李圭景《五洲衍文长笺散稿·东国土俗字辨证说》认为"娚"是"嫐"的误写:"娚,音男,男兄弟曰娚,《正字通》'嫐'字之讹也。《松溪曼录》曰'同气之男者曰娚',今俗婿称妇之男兄弟曰妻娚。"(下册第427页)关于"娚"的来源,丁若镛《雅言觉非》卷二:"娚者,语声也,本与'喃'通。唯束晢之赋有此娚字。东俗妻之兄弟谓之妻娚。不唯是也,人有一男一女,辄云生此娚妹(《高丽史·选举志》云,文武官许一子荫官,无直子者许侄娚、女婿)。大抵女子妇人谓其兄弟曰娚(方言兀阿卑),无攸据矣。"(第288页)

汉语中的"娚"为象声词，同"喃"（《汉语大字典》卷 2 第 1126 页），显然与韩国汉文中的"娚"字无涉。

8. 鐥、三鐥

鐥，读선 [shʌn] 一种量酒的器物，也用作量词。如：

> 还烧酒煮取时，以五十五鐥煮成十三鐥半云。（李瑛《燕山录》：19/517）

"鐥"即汉语的"匜"，指盛酒或洗手水的器具。"匜"汉语读 yí，韩国汉文中盥洗用的器具称作"大匜"，又讹变为"大也""大耶"。李义凤《古今释林》卷二十八《东韩译语·释器》："大耶，高丽。《鸡林类事》曰：'方言盂曰大耶，今俗称盥颒之器曰大匜。'"（第 813 页）较之酒器，盥洗盆是大具，故称。丁若镛《雅言觉非》卷二："鐥者，量酒之器，吾东之造字也。今郡县馈赠以酒五盏，谓之一鐥（中国无此字）。方言谓之大也，盥器亦谓之大也，惟大小不同耳。按，匜者，酒器，亦称盥器，然则去鐥从匜，不害为书同文矣。"（第 292 页）"盏"是小杯子，五盏酒谓之一鐥酒，则一鐥相当于五小杯。

"鐥"也写作"饍"，如：

> 还酒三饍，白米三斗。（姜长焕《北辕录》：77/344）

"鐥"源于"饍"，因用于酒器，故义符"食"换作"金"。且多见"酒饍"例，如：

> 馈以酒饍，庚楼因请余笔迹，使龟任篆赠一笺。（朴来谦《沈槎日记》：69/72）

丁若镛以为"中国无此字",实际上中国本土文献也有"镥"字,见于《改并四声篇海》,指一种长把大镰刀,后又出现了一种仿造镥刀形式而改制的兵器,称作"齐头镥"。(《汉语大字典》卷8第4587页)

第二节　新形旧词——朝韩国俗字构成的词

韩国汉籍保留了很多俗体字形,其中大部分可见于中国本土文献,但也有不少朝鲜半岛流行的特有写法。台湾学者金荣华在《韩国俗字谱·自序》中指出:"揆度事理,则当时流行于中国之俗字当亦行之于新罗,而新罗之书写汉文者,亦当有其变体。……宋板既兴,俗字之孳乳或缓。然而韩国之情形稍异于中土:其时韩国称高丽,国中教育固以汉籍为教材,然所需数量不多,不足称雕板刊印之所费。其后虽有活字之发明,而营销量不多之著作,仍以钞写为流传之方法。下迄朝鲜王朝,莫不然也。"[1] 见于中国古籍的汉字经简省或繁化或更换部件而创造的汉字,是朝韩国俗字,可分为两种,即形式独一无二的俗字、形式偶合的俗字。由这些字构成的词属于新形旧词。

一、形式独一无二的旧词

形式独一无二,指不见于中国本土文献,且字形具有独特性。这些俗字主要是通过省写笔画而成,如"幕"写作"帒","梦"写

---

[1] 金荣华《韩国俗字谱》,亚细亚文化社,1986年,第9页。

作"夗"。

1. 佾、毡佾、佾裨、帘佾

佾，是"幕"的省写体。8例，如：

> 内廡皆板门，垂以帘<u>佾</u>，寒节有难御风，亦无风纸之法。（李在洽《赴燕日记》：85/171）

"幕"在《燕行录》中是使用频率极高的词，但"佾"仅有8例，且仅见于三部作品，可见"佾"这个字形使用不甚广。《说文·巾部》："幕，帷在上曰幕；覆食案亦曰幕。从巾莫声。""幕"为形声字，"莫"为声符，"巾"为义符。而"佾"为会意字，"巾"为义符，"入"则是形似帐幕的象形部件，可看作是形符。"佾"拆开即"入巾"，指进入帐幕中，很好地表达了"幕"的用途和特征。"佾"的构字部件简单，笔画少，易于书写，这大概是朝鲜创造该字形的动因。

2. 夗、醉生夗死

夗，是"梦"的省写体。8例，如：

> 夜色明如许，百年元似<u>夗</u>。（徐有闻《戊午燕行录》：62/302）

"梦"非稀见词，但"夗"仅8例，且只见于3部作品，可见该字仅是部分朝鲜文人的习惯写法。《说文·夕部》："梦，不明也。从夕瞢省声。""梦（夢）"属形声字，但其声符难写难记，也很难起到标音的作用，因此代之以笔画简单的"入"，且"入"可看作屋形，同时取其"进入"义，"夗"整字可表入夜（入夕）义，也可表示入夜后回屋休息。

3. 炪、灯炪

炪，"烛"的俗体。3例，如：

> 左右直房灯炪晃晃，如同白昼。（权时亨《石湍燕记》：91/71）

"烛（燭）"属形声字，"蜀"为声符，部件笔画太多，不易记，书写难，极有必要简省笔画或更换其他表声的部件。除"炪"外，还有"狆（独）""舳（触）"。部件"蜀"何以被写作"市"？何华珍认为，《玉篇·犬部》"独"古文作"犻"，"吊"讹作"市"，如同"姊"作"姊"，故"独"被写作"狆"，"舳""炪"缘此类推。①

4. 仦、仦然

仦，"俨"的俗写。如：

> 庭中有五笏石碑，皆是明清所立，正室仦然中处。（权时亨《石湍燕记》：90/471）

"俨（儼）"写作"仦"属类推简化，因"严（嚴）"省作"叺"（参下文）。省略字之大部分，以小部分代全体，为俗写的一种情形。中国古籍未见将"俨"写作"仦"，但有写作"偘"的情况。如清邢澍撰《金石文字辨异》卷八上声炎韵"俨"字曰："唐《朗空大师塔铭》'偘禅师等'案，偘即俨。"②

---

① 何华珍《俗字在域外的传播研究》，中国社会科学出版社，2018年，第177页。
② 参时建国《金石文字辨异校释》，甘肃人民出版社，2000年，第771页。

二、形式偶合的旧词

有些朝韩国俗字的字形也见于中国古籍,但二者意义不同,也无任何关联,字形相同纯属偶合。

1. 坍、先农坍、坍面、神坍

坍,"坛"的俗写。如:

> 先农坍不受风,故不设篱,地势然也。(金昌业《老稼斋燕行日记》:32/15)

> 由洞入门,则设坍筑石,刻于坍面,曰九畴坍。(李海应《蓟山纪程》:66/34)

"坛(壇)"写作"坍",原因有二:其一,部件"亶"的笔画太多,不便书写,"丹"笔画少,易书写;其二,"丹"与"亶"具有相同的表声功能。另一方面,"坛"写作"坍"中间可能经历了一个"珊"字阶段。《燕行录》中常见"珊"字,如:

> 此去山棱有一神珊,每当此时则入燕驱人辈以纸钱粟包来此赛神,以祈无事往返。(权时亨《石湍燕记》:90/337)

"册"作部件时常省写作"丹",如"栅"写作"枬":

> 午后开枬门,数百清人一拥出来,乍见骇怕。(金昌业《老稼斋燕行日记》:31/319)

> 复至枬外,望见枬内间阁皆高起五梁,苫草覆盖。(朴趾源《热河日记》:53/279)

那么,"珊"可类推作"坍"。中国古籍中的"坍"为"坍塌"

义。(《汉语大字典》卷 1 第 464 页)《改并四声篇海·土部》引《搜真玉镜》曰"圸,他甘切",《字汇补·土部》"圸,音坍"。明诸圣邻《大唐秦王词话》卷一:"只见岭边一所圸塌的庙宇。"也作地名用字(《中华字海》第 223 页),崔溥《漂海录》的"圸墟铺"就是地名。

2. 合、日合

合,同"暮"。13 例,如:

驻马良久,日合路远,不得已前进。(洪景海《随槎日录》:59/516)

"暮"写作"合",与"幕"作"帟"同,即将构件"莫"写作"入"。"合"的写法也有一定的理据可言。

中国古籍中的"合"有两义,一指男性对女性实施的性行为,一同"财",《龙龛手鉴·入部》:"合,古文,音财。"(《汉语大字典》卷 1 第 149 页)可见,与韩国汉文中的"日暮"之"合"毫无意义联系,纯属字形偶合。

3. 犻、犻乐寺

犻,即"独"的俗字。55 例,除"犻乐寺"外,皆单用例,如:

故今此衙门官员亦不着公服,一行何犻冠带冒雨行礼?(洪命夏《甲辰燕行录》:20/322)

犻滦河之鱼恰似我国生鲜之滋味。(李正臣《燕行录》:34/274)

《说文·犬部》:"犻,过弗取也。从犬,市声,读若字。"《汉语大字典》"犻"列三个义项:①犬暴戾不顺;②犬怒貌;③同

"吠",狗叫。(卷3第1432页)与"独"之俗体"犻"无涉。

4. 吅、吅禁、吅束、吅密

吅,"严"的俗写。如:

甲军十余辈多有作乱之事,常命闻之,送人<u>吅禁</u>。(李正臣《燕行录》:34/258)

渡江后十分<u>吅束</u>,无敢犯法。(韩德厚《燕行日录》:50/74)

"严(嚴)"作"吅",采用的是部分代整体的俗写方式。《韩国俗字谱》亦收。① 中国古籍也见"吅"字,同"喧",《说文》:"吅,惊呼也。从二口。凡吅之属皆从吅。读若讙。"又同"讼",《广韵·用韵》:"吅,争言也。""讼,古作吅。"(《汉语大字典》卷2第625页)但未见将"严"写成"吅"的情况。

小　结

汉字发源于黄河流域,并逐步向长江流域和珠江流域迁移,甚至向国内少数民族地区和国外传播。一路向东,传到朝鲜半岛和日本;一路向北,传到历史上的契丹、女真和西夏;一路向南和西南,传到越南,以及云贵川的少数民族。这些国家或民族仿造或创造了与汉字相似的三十多种表意文字,周有光先生称之为"汉字型

---

① 《韩国俗字谱》"严"条"吅"下标注"8-585",指该字形见于韩国东国大学韩国文学研究所编《韩国文献说话全集》第8册585页。参该书正文第37页,"编辑说明"第15页。

文字"。这些文字经历了传播阶段、假借阶段、仿造阶段、创造阶段的演变过程。①汉字传入朝鲜半岛后，也经历了一系列的演变，这是汉字本土化的体现，也是更好地发挥汉字语言记录功能的必然要求。周有光还指出："跟日本一样，中间也缺少一个明显的仿造民族汉字的阶段。朝鲜也仿造了一些简化的朝鲜汉字。字数极少，不能构成一个仿造的演变阶段。"②何华珍考察了韩国坊刻本《九云梦》等汉籍中的俗字，进一步指出："尽管朝鲜亦有仿造汉字的经历，但从整个历史文字使用的角度看，其地位与作用，是不能与占据朝鲜正式文字一千七八百年之久的汉字文言相提并论的。"③《燕行录》的用字情况也是如此。

朝鲜半岛的特殊汉字，已有不少学者做过研究，产出了丰硕的成果，如池锡永《字典释要》、崔南善《新字典》、鲇贝房之进《俗字考》、金钟埍《韩国固有汉字研究》、金荣华《韩国俗字谱》、何华珍《俗字在域外的传播研究》等。2000年台湾发布在网上的《异体字字典》附有《韩国特用汉字》，2004年又正式发布了第五版，其附录《中日韩共享汉字表》里附有《韩国特用汉字表》。④

河永三认为"为了反映韩国固有情绪而创造或变用的这些汉字可称之为'韩国固有汉字'。……包括国字、国音字、国义字三方面"，其中，国字是"不存在于中国与日本等其他国家而唯一存在

---

① 周有光《汉字和文化问题》，辽宁人民出版社，2000年，第74页。
② 周有光《汉字文化圈的文字演变》，《民族语文》，1989年第1期。
③ 何华珍《俗字在域外的传播研究》，中国社会科学出版社，2018年，第225页。
④ 参河永三《韩国固有国字之结构与文化特点》及金荣华《韩国俗字谱》。

于韩国的汉字"。① 这个界定本身没有问题，但具体到某个字形是否属于朝韩国字，研究者根据所掌握资料的多寡，结论有所不同。如《韩国汉字语辞典》将大量存在于中国古籍的字形标记为"国字"，将一般意义上的异体字或俗字也标作"国字"，引起了一些学者的质疑。河永三指出："以往的研究还存在着不少问题，譬如资料不全，研究时忽略了易见于文献或字典之各种资料。还有，固有汉字之定义不分明，国字、国音字、国义字之间的界限颇为模糊，常常混在一起，甚至将异体字包括在国字范畴之例也相当多。不仅如此，已经出现于《说文》等中国字典的汉字，或与存在于中国汉字的义项完全一致之汉字当作韩国国字之例也存在。"② 所言甚是，但仅见于朝鲜半岛的异体字（或俗字）也不应忽视，可另归一类，称为"朝韩国俗字"。

某个字形是否属于朝韩国字或国俗字，涉及"创字权"归属问题。正如一些学者所强调的，在考察东亚汉字发展史过程中，对待"创字权"问题，需要正本清源。③ 目前有不少被认为是朝鲜半岛或日本国字的汉字，实际上在中国本土文献中早有使用。

---

① 河永三《韩国固有国字之结构与文化特点——兼谈〈异体字字典〉之〈韩国特有汉字〉》，《中国文字研究》第六辑，广西教育出版社，2005年。
② 同上。
③ 如张磊《日韩汉字的传承与创新三题》，载《中国语文》，2021年第6期。

第三章 《燕行录》所见的朝韩国义字构成的新词

有些常用汉字虽存在于中国，属于基本词汇，但在朝鲜半岛发展出了他们独有的新义，这些新义被称作朝韩国义，具有新义的汉字则被称作朝韩国义字。由朝韩国义字构成的词，属于旧形式新义。河永三根据读音变化与否，将这类汉字分为韩国国音字和国义字，用于特殊义项时有读音变化的汉字称为韩国国音字，没有读音变化的汉字称为韩国国义字。[①] 我们认为，界定朝韩国义字的一条重要且唯一的标准，应该是新义项是否为朝鲜半岛所特有，如果一个意义只流行于朝鲜半岛，而不见于其他国家，那么承担这个义项的字便是朝韩国义字。至于读音是否改变，则应另当别论，义项特殊且读音发生变化的汉字可看作特殊的国义现象。

第一节 读音未变的朝韩国义字及其所构成的新词

韩国汉文中朝韩国义字很多，如不识这些字及其所构成的特殊词语，将有碍于韩国汉文的阅读。我们从《燕行录》中搜集了30

[①] 河永三《韩国固有国字之结构与文化特点——兼谈〈异体字字典〉之〈韩国特用汉字〉》，《中国文字研究》第六辑，2005年。

个朝韩国义字,现加以分类考述:

一、记录名物的朝韩国义字

所谓的名物,指生活所用的物品,用于称呼这些物品的词就是专名。陆宗达、王宁指出:"从词义学的观点来看,名物讲的是一些专名的词义。"[①] 我们从《燕行录》中觅得9个比较常见的名物国义字,即太、唐、泡、药、册、木、堗、造、清等,其中前面7个能直接指称名物,可单用,而"造""清"用于表性状,做形容性成分,不能直接指称名物,必须与其他名词性语素结合才能作名物词。

1. 太、熟太、马太、粮太、米太

太,即大豆。《燕行录》中多用指喂给马吃的食料,用例甚夥,如:

> 给银四钱,买太一唐斗,乃三斗五合也。(李瑛《燕山录》:19/608)

> 行过即七八日始喂熟太。(李坤《燕行记事》:52/62)

因多指喂马的食料,故有"马太"一词,如:

> 粮米及马太自户部出给。(郑光忠[②]《燕行日录》:39/45)

"粮米""马太"常连用,故又产生了"粮太"(5例)、"米太"(3例)。如:

[①] 陆宗达、王宁《训诂与训诂学》,山西教育出版社,1994年,第68页。
[②]《燕行全集》原题作者"未详",今据《燕行录千种解题》改。

第三章 《燕行录》所见的朝韩国义字构成的新词

自凤城始给一行<u>粮太</u>。（赵显命《燕行录》：38/74）

诸邑倅皆告归，咸从倅以<u>米太</u>资卜马之粮，可谢。（崔德中《燕行录》：40/129）

"粮太""米太"相对应的汉语词是"粮料"，如：

军中染病者十名，<u>粮料</u>乏绝者四十四名云。（金诚一《朝天日记》：4/272）

顺治以后户部供<u>粮料</u>，工部供柴炭、马草、器皿。（金昌业《老稼斋燕行日记》：32/306）

金昌业《老稼斋燕行日记》"户部供粮料"，在其同行人员崔德中的日记中写作"自户部运入粮太"（40/19），可知"粮太"同"粮料"。金昌业所谓"粮料"指"粮"与"太"，但"粮料"有时也不同于"粮太"，如李瑱《燕山录》载"措办给料，只是马太"，可知，"料"所指范围更大，此乃"浑言则同，析言则异"是也。

何以称大豆为"太"？李圭景《五洲衍文长笺散稿·农家奇文异字辨证说》有一段话值得注意：

东国农书亦有奇异文字，如姜希孟《衿阳杂录》"黑太"，黑大豆也，"黄太"，黄大豆也。[①] 按《齐民要术》"黄高丽豆、黑高丽豆"[②]，古则单称太曰黄、黑，火太（赤大豆），青太（青

[①] 姜希孟《衿阳杂录》收录于《私淑斋集》卷十一。"黑太""黄太"句，见《韩国文集丛刊》第 12 册 146 页下栏。

[②] 《齐民要术·大豆第六》原文为："黄高丽豆、黑高丽豆、燕豆、豍豆，大豆类也。"见北魏贾思勰撰《齐民要术》，李立雄、蔡梦麒点校，团结出版社，1996 年，第 41 页。

大豆)。《思斋拓言》:"青菽曰青太,东方俗语。以大豆单作'太'者,借大豆之大,下加一点,象菽形,仍为菽名,即《说文》假借、象形也。"(上册第710页)

据李圭景说,朝鲜半岛早先是根据颜色的不同给大豆命名,称黑色大豆为"黑",黄色大豆为"黄",并举《齐民要术》为证。李晬光《芝峰类说》卷十九《食物部·谷》:"古书凡言豆者,谓大豆也。其黑而小者,为雄豆也。其屑为豆黄,其芽为黄卷。今俗谓豆为太,甚无理。"① "豆黄""黄卷"的称呼,是"黄"指称大豆的佐证。李圭景所引《思斋拓言》语,解释了"太"用作"大豆"的原因,认为"太"是个象形字,"大"像一棵大豆树的样子,在其下加的一点则像长在豆树上的豆子。听起来有一定的道理,但有牵强附会之嫌。事实上,"太"用指大豆,是从"大豆"之"大"引申发展而来的。"大""太"本为同一字,后来发生分化,在历代文献中都可以看到二字混用的现象。传入朝鲜半岛后,情况也是如此。《燕行录》就有大量"大""太"混用的情况。取其中一个语素称呼某种外来事物,这也不是孤例,如朝鲜半岛用"唐"指称高粱,即来自于"唐黍"这个双音节词,称木棉布为"木"也是这样的情况(参下文)。

2. 唐、唐黍、唐竹

唐,指高粱。丁若镛《牧民心书》卷三"奉公"第一条"文报"曰:"吾东吏文,大豆曰太(太者菽也),薥黍曰唐(其米曰唐

---

① 朝鲜古书刊行会编《朝鲜群书大系续》第22辑,日本大正四年,第290页。

米）。"① "蜀黍"即高粱。又丁若镛《雅言觉非》卷二："蜀黍者，高粱也（其秆高丈余）。一名芦穄（《尔雅疏》），一名芦粟，一名荻粱（其秆高有似芦荻），一名木稷（如高棉，称木棉），其黏者谓之蜀秫。"（第281页）由"唐"构成的双音节词有唐黍（4例）、唐竹（7例）等②。如：

饭多<u>唐黍</u>，而炊必多水。（崔锡鼎《椒餘录》：29/423）
阡陌多种蜀黍（一名<u>唐竹</u>）。（金正中《燕行录》：75/300）

"唐米"指高粱米，有5例③，如：

盛京一省出本钱，贸取小<u>唐米</u>各十万石，船运以来。（李基宪《燕行日记》：65/61）

"唐"也写作"糖"④，如：

饭米、<u>糖米</u>各十二斗。（金中清《朝天录》：11/517）
板上覆以<u>糖黍</u>之干，车过而无声。（姜时永《輶轩续录》：73/124）

何以称高粱为"唐"？丁若镛《雅言觉非》卷二曰："吾东忽以此物名之曰唐，其米曰唐米（或作穤），不知何故？方言曰垂穗。"（第281页）他也对这个问题表示疑惑。韩国汉文中有"唐根"一

---

① 《定本与犹堂全书》第27辑《牧民心书》，茶山学术文化财团，2012年，第184页。
② 《韩国汉字语辞典》未收录"唐竹"，可补。
③ 李基宪《燕行日记》中出现2例，而《启本》又出现此2例，故未重复计算。
④ 或写作"穤"（《韩国汉字语辞典》卷三第677页），但《燕行录》未见。

词,指胡萝卜。大概朝鲜半岛的高粱和胡萝卜都来自中国,故冠以"唐"字。朝鲜半岛称胡萝卜为"唐根",因从中国传入,胡萝卜实则原产亚洲西部阿富汗一带,元代传入中国。

> 我人至今以汉唐称中国,语曰汉语,物曰唐物,称人不曰汉人,则曰唐人,盖以汉唐之威令久行于天下故也,中国人之高丽我然犹是耳。(李鼎受《游燕录》:124/129)[①]

3. 泡、豆泡、泡炙、泡局、造泡寺

泡,指豆腐。多使用双音节词"豆泡",7例,如:

> 黄酒六瓶,豆泡二斤,沉菜三斤。(徐有闻《戊午燕行录》:62/279)

又有"泡炙",指油煎豆腐。如:

> 去夜梦以一串泡炙进母主前,母主一尝,觉来悲感。(赵溦《燕行录》:12/321—322)

泡局,指做豆腐或卖豆腐的铺子("局"在《燕行录》中可指店铺),如:

> 入泡局,则乞钱之女现居于此,问厥由,曰向日抵此遇夫,仍开泡局云。(徐庆淳《梦经堂日史》:94/236)

造泡寺,指设置在国王陵园旁、制作豆腐的寺院。丁若镛《雅言觉非》卷二:"诸陵诸园,各有僧院,以供豆腐,名之曰造泡寺。"

[①]《燕行录续集》第124册页129。此例从漆永祥教授处得知,谨此申谢。

(第283页)

> 沿路左右盖多坟园及寺刹，寺亦为守护而设，如我国造泡寺云。（金景善《燕辕直指》：71/155）

用"泡"指称豆腐，可能是由"豆泡"省称而来，犹如汉语将豆腐称作"腐"，进而有"腐乳""腐皮"等词。至于"豆泡"的命名之由也不难理解。从豆腐的制作过程来看，称之为"腐"，着眼于豆子的最终状态；称之为"泡"，则着眼于豆子最初的处理方式——泡水。另一方面，与文化心理有关。"腐"的常见义是腐烂、腐臭、迂腐等，皆为负面的、不良的状态或性质。出于禁忌心理，忌用"腐"字，而选择另一个色彩较中性的"泡"字。丁若镛《雅言觉非》提出过类似的看法："豆腐者，菽乳也。豆腐之名，原自雅训，东人认为方言，别名为泡。……泡者，水之浮沤也，不可作食物之名也。《事物纪原》云，豆腐，本淮南王刘安所造，明孙作改称菽乳，谓豆腐之名不雅也。"（第283页）据丁若镛言，朝鲜人不知"豆腐"之名原自典籍，以为是个方言词，嫌它不够文雅，于是改称"泡"。

4. 药、药酒、药饭、药果、煎药

药，指蜂蜜。丁若镛《雅言觉非》卷三"药果"条："东语，蜜谓之药，故蜜酒曰药酒，蜜饭曰药饭，蜜果曰药果。"（第309页）"药酒"是将蜂蜜和荞麦粉混合在一起所酿造的酒，如：

> 义州馔物入来，始尝我国之沉菜与药酒。（徐有素《燕行录》：81/331）

"药饭"是一种添加了蜂蜜的糯米饭。大致做法是：在糯米饭里放入白糖、香油、酱油、煮好的栗子、大枣、松子等，然后再放进蒸笼里蒸。用例甚夥，如：

> 上副厨房各供一器药饭，作故国上元。（李基宪《燕行日记》：65/209）

成伣《慵斋丛话》卷二《药饭》记载了一个有关"药饭"起源的传说：

> 新罗王于正月十五日幸天泉亭，有乌衔银榼置于王前。榼里有书，封之甚固。外面书曰："开见则二人死，不开则一人死。"王曰："二人殒命，不如一人殒命。"有大臣议曰："不然。一人谓君，二人谓臣也。"于是遂开见之。其中书曰："射宫中琴匣。"王驰还入宫，见琴匣，持满射之。匣中有人，乃内院樊修僧与妃通者也，将谋弑王，其期已定。妃与僧皆伏诛。王感乌之恩，每年是日作香饭饲乌，至今遵之，以为名日美馔。其法：洗蒸黏米作饭，细切干柿、熟栗、大枣、干蕨、乌足茸等物，和清蜜清酱而再蒸之，又点松子、胡桃之实。其味甚甜，谓之药饭。俗言食饭当于鸦未起之时，盖因天泉之事也。（《韩国汉籍民俗丛书》第一辑第七册页42—43）

药果，也叫油蜜果，制作方法：在荞麦粉中加入蜂蜜、油、姜汁等，揉成方块状后，放入油中，炸好后再抹上蜂蜜或糖浆。用例甚夥，如：

> 边受饮一杯，手持药果曰："此似中国油香。"（姜时永《輶轩三录》：73/481）

又有"煎药",也是一种加蜂蜜、香油等制作而成的食品。如:

我国之豆酱、药饭、煎药,彼人所珍爱。(洪大容《湛轩燕记》:42/432)

为何称蜂蜜为"药"?据李睟光《芝峰类说》卷十九《食物部·食饵》言:"蜜果,谓之药果者,麦为四时之精,蜜是百药之长,油能杀虫之故也。"① 他指出,蜜蜂是百药之长,具有很好的药用价值,故称其为"药"。

5. 册、书册、册子、册房

册,指书籍。可单用,如:

寺僧持一册来示,即舍施名录。(洪翼汉《花浦先生朝天航海录》:17/138)

也可组成书册、册子、册房等双音节词。书册,同义语素连用,"书"可明确"册"之所指。如:

余使译官求见书册于提督。(金堉《朝京日录》:16/486)

册子,亦指书籍,通过添加无实义的后缀"子"构成。值得注意的是,此"册子"与现代汉语的"册子"所指有别。

我国入三韩以前,学字音于中国,后来只从册子上传习,与日用语音不相交涉。(南九万《丙寅燕行杂录》:23/334)

---

① 朝鲜古书刊行会编《朝鲜群书大系续》第 22 辑,日本大正四年,第 284 页。

册房，即书房。如：

> 其册房妆以潇湘班竹，炕前面垂蓝纱帐。（洪命夏《甲辰燕行录》：20/290）

汉语中的"册"指书简，古代文书用竹简，编简名为册。清徐灏《说文解字注笺·册部》："凡简书皆谓之册。"后凡簿籍均可称册，如名册、画册、纪念册。（《汉语大字典》卷1第114页）韩国汉文中的"册"继承了汉语"书简"之"册"，同时引申泛指一切的书籍。现代韩语仍把书称为"册"。

6. 木、木布、木匹、青木、蓝木、白木、红木、丹木、木绵布、交木

木，指棉布。经常单用，但其后多跟数词加量词"匹"构成的数量结构，如：

> 龙湫、义立，皆旧主人之子，特给木一匹。（金堉《朝京日录》：16/440）

> 李寿山木、单衫各一，出给木一匹，约价一两。（李瑛《燕山录》：19/583）

木布，同"棉布"，语素"布"可起到明确词义的作用，如：

> 巡按及张巡抚俱许以复业免罪，量赏木布，感悦而去。（赵宪《朝天日记》：5/337）

木匹，添加量词语素"匹"，同汉语"房间""书本""人口""车辆"等构词方式相同。如：

第三章 《燕行录》所见的朝韩国义字构成的新词

> 近来刷马驱人等偷窃方物中纸卷、木匹之弊，无岁无之。（姜铣《燕行录》：29/27）

也可在"木"前添加颜色词，构成青木、蓝木、白木、红木、丹木等。有时"青木（蓝色棉布）"也简称"青"，如：

> 从人则只给绢衣一领、青二匹。（赵翊《皇华日记》：9/168）

又有将"木绵"和"布"连用，如：

> 大布乃我国木绵布，到处堆积，无人不穿，乃布之至贱者也。（李田秀《入沈记》：30/378）

有一种特殊的布料被称作"交木""交织"。李义凤《古今释林·东韩译语·释织》："本朝，交织者，以绵丝为纬，绸丝为经而织成者，亦谓之交木，华人珍之。"（第794页）也见于《燕行录》，如：

> 杂物稍头一百八十包，白木五十匹，交木二十匹。（李坤《燕行记事》：52/339）

关于朝鲜语各种布的名称，以及棉布何以称作"木"，朴趾源有过详细论述：

> 我国深衣之必以麻布，而不以绵布者，非也。织麻则当曰麻布，织苎则当曰苎布，织绵则当曰绵布，乃方言训布为保（补外翻），读布曰保。布，独织麻之家专名为布，由是织而麻布之市曰布廛，苎布之市曰苎布廛，至于绵布则无以区

133

别。方言绵花曰木花,遂名织绵曰木,殊不识绵布者乃大布也,不名绵布为大布,而号其市曰白木鏖,以至两税之赋,大布而曰田税木,大同木布之大者,遂为别件物事,以此号登于官府文簿,通国行之。何谓大布也?纯素之物,称布帛之文而绵,乃织之大本也,不可以饰绣五采,其质俭而其色纯,有无文之文,故曰大布之衣者是也。曰完且不费者,绵布之谓也。大布之衣,既深衣也,中国三升布杂羊毛于绵,而同缲为布者也。我国市人转卖三升布者,独名青布鏖,兼卖大市曰大俠,亦曰门三升,以博倍价。而白木鏖不得察纠者,不校名实之故也。中国衰服皆绵布,今行道路所逢衰服者,无一麻布,所着头巾,亦皆绵布。(朴趾源《热河日记》:54/258—259)

"木"是木绵(棉)的简称,现代韩语写作"무명[mumyʌŋ]",指棉布、土布、粗布,如무명 한 필(一匹棉布)、무명두루마기(棉布长袍)、무명 솜옷(棉袄)。[①]丁若镛《经世遗表》卷七:"棉布,俗谓之白木,可怪。今拟以柿代之。"[②]认为用"木"指称棉布很怪异,因此主张改写成"柿"字。

7. 堗(埃、突)、房堗(埃、突)、温堗(埃、突)、暖堗(突)

堗,读돌[tol],指暖炕或有暖炕的屋子。可单用,也可组成双音节词"房堗、温堗、暖堗"等,如:

[①] 参《Eduworld 标准韩韩中词典》《标准国语大词典》"무명"条,来自 NAVER 词典网:https://dict.naver.com/。

[②]《定本与犹堂全书》第25辑《经世遗表Ⅱ》,茶山学术文化财团,2012年,第112页。

院舍虽陋，<u>房堗</u>颇温。(孙万雄《燕行日录》：28/324)

且到处所留之炕，无非<u>温堗</u>矣。(金舜协《燕行录》：38/458)

副使病甚，别寓人家<u>暖堗</u>，服独参汤。(郑太和《壬寅饮冰录》：19/413)

至今韩语仍称暖炕为"温堗"，写作"온돌[ondol]"，《标准国语大词典》《高丽大韩国语大辞典》均收录。①

"堗"也作"碤"，如《韩国汉字语辞典》卷三引《毕依斋遗稿·庚午燕行录》："初九日丁丑，阴。夜里房碤过温。"(第599页)。《燕行录》中也见，如：

屋下作<u>温碤</u>烘之，尚有温气。(李在洽《赴燕日记》：85/33)

据《韩国汉字语辞典》，还有"燢""嵲"②的写法(卷三第287页)，但《燕行录》未见。也可将"土""石""火"等表材料或功能的部件省略，直接写成"突"。如：

南方无烧炕，仕官于京者，虽冬寒不求<u>温突</u>，只设卧榻。(李海应《蓟山纪程》：66/528)

汉语中的"堗"是"烟囱"义，《汉语大字典》"堗"条："同'突'，灶上的烟囱。"《广雅·释室》："(灶)其窗谓之堗。"(卷1第501页)烟囱与暖炕，二者具有相同的构造原理，烟囱将火排出

---

① 参《高丽大韩国语大辞典》第4524页及《标准国语大词典》官网。
② "嵲"在中国古籍中用于双音节词"嵲屼""屼嵲"，义为山峰高耸的样子，与暖房无关。

屋外，而温堗将燃烧产生的热气用于取暖，词义相通，因此，表暖屋的"堗"是由烟囱义的"堗"引申而来的。

8. 造、造果、造岳

造，用于某些事物名词前，指人工的、假的、非自然的。如"造清"指人工制作的蜜糖，即糖浆。丁若镛《雅言觉非》卷三"药果"条："星翁云'药果谓之造果，犹言假果也（东语凡非真者谓之造）'，古者以蜜面造为果子之形，或如枣栗，或如梨柿，名曰造果。"（第309页）"药果"是一种添加蜂蜜的食品，也称为造果。造果，即人工制作的果子，《燕行录》有6例，如：

> 而临发时衙门送造果三柜、糜食一袋、杂肉及脯一柜，使备行资。（《昭显沈阳日记》：25/281）

金昌业《老稼斋燕行日记》有1例"造岳"：

> 通官文凤先送切饼一盘，我国所谓造岳亦在其中。（金昌业《老稼斋燕行日记》：32/564）

"造岳"是一种糯米做的油炸食品，原称"造角"，源于汉语的"角黍"，即粽子，状如三角，用黏黍制作，故称。（《汉语大词典》卷10第1351页）唐徐坚《初学记卷四·岁时部下·五月五日》："周处《风土记》曰：'仲夏端午，烹鹜角黍，进筒粽，一名角黍，一名粽。'"[1]角黍传入朝鲜半岛后被称作"造角"，意思是假角、人做的角。语音发生讹变后，又产生了造岳、造握、糙角、助岳等各种写法。丁若镛《雅言觉非》卷三"角黍"条曰："角黍者，粽也。

---

[1] 唐徐坚等著《初学记》（上），中华书局，2004年，第73页。

第三章 《燕行录》所见的朝韩国义字构成的新词

楚俗备见诸书,吾东乃以煎饼裹馅者谓之角黍,非矣。……其小如松叶馎子者,名曰造角,谓有两角如角黍,而犹是假作也(今又音转为造握,是本造角也)。"(第311页)李瀷《星湖僿说》卷四《万物门》"角黍"条:"东俗以面煎作饼,如圆叶,馅以肉胾及菜楝,卷叶裹之为两角,重五设之,此正是角黍也。古者饭曰黍稷,则角黍者谓裹饭而有角也。今俗又有所谓造角者,角音转为岳,米粉作饼,馅以豆屑,亦两角而油煎。此亦角黍之假成者也。"①刘沛霖《韩汉大词典》"주악"条未标汉字(第1465页),可补。

汉语"造"有"伪造;虚构"义,如《诗·王风·兔爰》:"我生之初,尚无造。"毛传:"造,伪也。"《周礼·地官·大司徒》"七曰:造言之刑",郑玄注:"造言,讹言惑众。"(《汉语大字典》卷7第4096页)现代汉语还有"造谣"一词。由"造"构成的双音节词"造言""造谣"是动宾式动词,指某种具体的伪造和虚构行为,不是指伪造所产生的事物。而韩国汉文中的"造果""造岳"虽然也是动宾结构,但作名词用,指伪造所产生的事物,而不是伪造某物的行为。汉语要表达"造"的这个特殊义项,单音节词用"假"或"赝",如"假山""假话""虚情假意""假币""赝品""赝本"等,双音节词用"人造""人工",如"人造革""人工湖"等。

9. 清、清蜜

清,指蜂蜜。可单用,也可组成"清蜜、石清、石清蜜"等复音节词。清蜜,后接同义语素"蜜"以明确"清"之所指。10例,如:

送军官致谢昨日送<u>清蜜</u>二升。(李瑛《燕山录》:19/612)

---

① 李瀷《星湖僿说》第二辑,民族文化推进会,1989年,第39页上栏。

137

"石清""石清蜜"是指在岩石缝里筑巢的蜜蜂所酿的蜂蜜。如《韩国汉字语辞典》卷三引《广才物谱·饮食部·蜜》曰:"石蜜,셕쳥(生岩石者)。石清、石饴、岩蜜。"又引《乡药采取月令》曰:"石蜜,乡名石清蜜,一名石饴。"(第590页)但《燕行录》未见。

汉语"清"可以指"滤去酒糟的甜酒",如《周礼·天官·酒正》:"辨四饮之物:一曰清,二曰医,三曰浆,四曰酏。"郑玄注:"清谓醴之沛者。"孙怡让正义:"凡沛皆谓去汁滓。"也指淡薄的饮料。《周礼·天官·膳夫》"饮用六清",郑玄注:"六清:水、浆、醴、醇、医、酏。"(《汉语大字典》卷3第1756页)朝鲜半岛至今闻名遐迩的"清酒"即继承和保留了汉语的这个用法,《燕行录》也有不少用例,如:

酒有黄酒、烧酒二种,黄酒即<u>清酒</u>也。(李田秀《入沈记》:30/371)

这是古义的保留,"清"用于指"蜂蜜"也与此相关。另一方面,"清"的叫法可能还与其甜味有关。现代韩语中的"甜",有两种写法,一种是固有词汇"달[tal]",另一种是汉字词"첨[tsʰʌm]",组成双音节汉字词时一般使用后者。如香瓜叫甜瓜,写作"첨과[tsʰʌmgwa]"或"참외[tsʰam/we]",荞麦叫甜荞,写作"첨교[tsʰʌm/kyo]"。邓丽君演唱的歌曲《甜蜜蜜》在韩国颇为流行,这首歌的歌名译成韩语是"첨밀밀[tsʰʌm/mil/mil]"。"甜(첨[tsʰʌm])"与"清(쳥[tsʰʌŋ])"皆为阳声韵,且声母、主要元音都相同。韩国汉文中"蜂蜜"也称为"药"。这是着眼于蜂蜜的不同特点而产生的两种叫法。因其色泽与味道,故称为"清";因其具有药用功效,故称为"药"。

二、记录身份或称谓的朝韩国义字

表示职务身份以及各类称谓（包括亲属称谓和社会称谓）的概念，与汉字使用国的语言文化密切相关，因此极易产生出富有本国特色的词或义项。朝鲜文人在使用汉文创作过程中，新创了一些表示身份或称谓的词义。

1. 寸、三寸、四寸、外三寸

寸，表示血缘关系的远近，一般在其前加数字构成双音节词，如三寸、四寸，如：

> 梁重孟三寸翊济、四寸得孟亦来谒。（李正臣《燕行录》：34/205）

> 国俗多有同居一室者，或有七八寸而不分析者。（俞彦述《燕京杂识》：39/289）

三寸，即叔父或舅舅，四寸为堂兄或表兄姊妹。表示舅舅还可以在"三寸"前面加上"外"，称"外三寸"。七寸、八寸则谓关系较疏远的亲族。至今韩语仍把叔叔、舅舅称作"三寸"。丁若镛《雅言觉非》卷一："三寸以称其叔父，亦陋习之当改者。东语伯父、叔父曰三寸，伯父、叔父之子曰四寸，从祖祖父曰四寸大父，其子曰五寸叔父。过此以往，皆如此例。以至于八寸兄弟、九寸叔父，谓之寸内之亲。其法，盖以父子相承为一寸（伯叔父为三寸者，我与父一寸，父与王父又一寸，王父与诸子又一寸，共三寸也。四寸、五寸皆如此例）。虽族兄弟谓之八寸，必自己身溯而上之，以至高祖计得四寸（己与父一寸，父与祖一寸，曾祖一寸，高祖一寸）。又自高祖顺而下之，计得四寸，是之谓八寸也。高丽之时已自如此。"（第286页）丁若镛解释了用"寸"计算亲属关系的具体操作方法以及该词的历史。但这种表示亲属关系远近的"寸"从哪儿来的？丁若镛没有说明。

张涌泉指出，魏晋以来的草书中常见"等"字写作"寸"字，韩语中的"三寸""四寸"即"三等""四等"，认为"寸"乃"等"的讹变俗字。[①]此说很有道理。台湾现在仍用"等"以表亲属关系的远近，包括血亲和姻亲，如"一等亲"指父母、子女、公婆、岳父母、媳、婿，"二等亲"指祖父母、外祖父母、兄弟姊妹、孙子女、外孙子女、弟媳、嫂、姊夫、妹夫、妯娌、连襟，"三等亲"指曾祖父母、外曾祖父母、舅、叔、伯、姑、姨、曾孙子女、外曾孙子女、舅母、婶、姑父、姨父。[②]但中国古籍中尚未见到"等"的这个用法，该问题尚待进一步考证。

2.主、父主、母主、兄主、叔主、父母主、祖母主、叔父主、叔母主、书房主

"主"置于称谓名词后表尊敬体，相当于韩语的"님[nim]"。父主（即父亲）8例，母主（即母亲）4例，叔主（即叔叔）28例，兄主（即兄长）5例，如：

> 不意<u>父主</u>行到珍山，闻赴京奇，犯夜驰来。（苏巡《葆真堂燕行日记》：3/348）

> 今日<u>母主</u>忌日，家间无事行祭乎？（赵溦《燕行录》：12/362）

> 这业畜决非人子所养，<u>叔主</u>牵去云。（权时亨《石湍燕记》：

[①] 张涌泉《韩、日汉字探源二题》，《中国语文》，2003年第4期。
[②] 据台湾朋友告知，台湾的法律明文规定了等亲的计算方法。

90/427）

奉别金正郎兄主之江南。（李好闵等①《赴京别章》：12/206）

也可置于双音节词后，构成叔父主、仲父主、祖母主、父母主、叔母主、书房主等三音节词。"书房主"有2例，皆见于朴趾源《热河日记》：

汝善陪书房主，不惮险而来，奇特矣。（朴趾源《热河日记》：54/330—331）

"书房"作称谓语，有两个义项。一是妻子对丈夫的俗称，《韩国汉字语辞典》卷二引《朝鲜解语花史》曰："我俗婚姻에 馆甥于书房故로 书房이 仍为熟语┌야 谓夫曰书房이라。"（第789页）现代韩语还用于称呼女婿、妹夫等。二是对无官职人员的称呼。赵在三《松南杂识·方言类》"令监大监"条曰："我国俗，无官者尊少之称为书房，言在读书房也，即书生之谓也。"（第165页）丁若镛《雅言觉非》卷二："又子女未成曰书房，子女既婚曰生员（私言之称谓），皆绝无义例，不知何故。"（第299页）按他的说法，年轻的读书人称为书房，年老的称为生员。现代韩语的老师、教授称作선생님 [sʰʌn/sʰeŋ/ɲim]、교수님 [kyo/sʰu/ɲim]，便是由汉字词"先生""教授"加"님 [nim]"构成的，直译成汉字词就是"先生主""教授主"。

3. 色、色吏、色官、承言色

色，指承担或负责某种事务的部门或人员。常与"官""吏"

---

① 《燕行录全集》原题"金中清"，今据《燕行录千种解题》改。

等连用，构成双音节词"色吏""色官"等。如：

> 到通远堡，日甚高，义州馔物色吏来到。（李德懋《入燕记》：57/340）

> 而诸所散云麾使、治仪正、整仪尉等三色官，并书五六七数。（崔德中《燕行录》：40/64）

"三色官"即负责三项事务的官吏。"承言色"指传达王世子命令的内官，如：

> 中使承命宣醖，承言色亦以世子下令馈酒。（沈之源《癸巳燕行日乘》：18/100）

传达国王命令的人则称"承传色"，国王的命令称为"传"，王世子的命令则只能是"言"，故有此二称。《燕行录》未见"承传色"。黄胤锡《颐斋遗稿》卷二十五《华音方言字义解》曰："元制必阇赤（阇音舍），掌文书者，华言秀才也，今清呼笔帖式，东俗所谓色吏者。自高丽已然，呼非赤，非即必阇二合声。"[1] 黄胤锡认为"色吏"是掌管文书工作的官吏，相当于汉语的"秀才"，蒙古语的"必阇赤"，满族语的"笔帖士"。

那么，何以管"吏"叫"色"？汉语的"色"有品类、种类义，如现代汉语所说的"各色各样"。又如《靖康要录》卷一："其余士庶诸色人，并仰于两日内罄所有金银立便送官。""色"作官吏解，乃品类、种类义的引申。同样，宋代特指教坊乐工类别的"色"也是此义的引申。宋吴自牧《梦粱录·妓乐》："散乐传学教坊十三

---

[1] 《韩国文集丛刊》第246辑页557下栏。

部，唯以杂剧为正色。……色有歌板色、琵琶色、筝色、方响色、笙色、龙笛色、头管色、舞旋色、杂剧色、参军等色。"（《汉语大字典》卷6第3274页）现代汉语说的"角色"也是此义。韩国汉文中的"色吏""色官"即源于此。《燕行录》多见"诸色军吏""诸色军兵""各色军"等说法，其中的"色"即种类义。如：

> 诸色军吏视而效之。（赵宪《东还封事》：5/484）
> 则其他诸品官、各色军及用下之银必夥。（崔德中《燕行录》：40/29）

"诸色军吏""诸色军兵"是指各种军兵和官员，用以统称所有相关人员。"色"前置"诸"字，又"品""色"对举，其种类、名目义了然。李学逵《东事日知·该色》指出"色"的这个用法产生于高丽时代，李朝沿袭之：

> 今京外各官司有该色之目。京司，如吏曹有政色，兵曹有一军色、二军色，宦寺有承传色。州郡，如官厅色、大同色、田税色是也。盖色者，名色之谓也。其名始于胜朝。《高丽·崔瑀传》："自忠献擅权私取政案，注拟除授，以党与为丞宣，谓之政色承宣。忠烈王六年，监察司言，顷在江都，贡税粗足。今左右仓之入顿减，而又致大坊厨外漆色、鞍色、阿阇赤等各所赐食，皆仰给右仓，请除之。"此外如净事色、官马色、盘缠色等类，多不尽举，至今遵用之。（李学逵《洛下生集》第20册522页）

4. 典、上典、典仆

典，奴仆与主人之间的称呼，也用于臣子称呼君主。奴仆称主

143

人或臣子称君主为"上典",主人称奴仆为"下典"。《朝鲜王朝实录》世宗四年七月辛酉:"国俗,奴仆称其主为上典,臣下谓君上亦为上典。"[①]《燕行录》有6例"上典",如:

> 二人之奴俱恳以:"<u>上典</u>有病,请代受。"(赵宪《朝天日记》:5/179)

> 主家有老婆来见,仆仆累拜,呼余以<u>上典</u>,盖从国俗,亲敬之称也。(韩泰东、韩祉《两世燕行录》:29/215)

典仆,指隶属于官衙的下级官吏。6例,如:

> 礼部衙门深邃,乔木满庭,翠色甚浓,左右月廊,<u>典仆</u>居之云。(洪命夏《甲辰燕行录》:20/324)

新罗时代的官衙也称作"典",《三国史记·职官志》:"麻典,景德王十八年改为织纺局,后复故。"景德王曾把官吏名改作"典",如《三国史记·职官志》:"奉圣寺成典……衿荷臣一人……景德王改为典,后复称史。"(《韩国汉字语辞典》卷一第489页)"上典""下典"之称大概源于此。

汉语"典"有"主持,掌管"义,如《广雅·释诂三》:"典,主也。"《书·舜典》:"帝曰:'咨,四岳,有能典朕三礼?'佥曰:'伯夷。'"孔颖达疏:"掌天神、人鬼、地祇之礼。"《宋史·太祖纪一》:"庄宗爱其勇,留典禁军。"(《汉语大字典》卷1第125页)执掌刑狱事务的狱官称典狱,主持考试事务的人称典试,可知汉语中"典"也可作官名或职务名。因此韩国汉文中称君主或主人的

[①]《朝鲜王朝实录2·世宗实录》卷十六,第487页a栏。

"典"来源于主持、掌管义。

5. 监、令监、大监、别监

监，官吏名或用于对某些人的尊称。"令监"有三种用法：对老年男子的敬称；妻子对丈夫的称呼；对正三品、从二品官吏的敬称。(《韩国汉字语辞典》卷一第250页)"大监"是对正二品以上官员的尊称。"别监"乃乡官的一种，是朝鲜时代地方自治机构乡厅的头目，也称座首。[1]如：

正使大噱曰："令监必不能穷吾辈所到处耳。"(吴道一《丙寅燕行日乘》：29/194)

译官与大小通官语称大监、大令监则喜之，不然则怒之。(徐有闻《戊午燕录》：62/282)

俄而别监引余进诣司饔院近处。(沈之源《癸巳燕行日乘》：18/80)

"别监"也泛化为一种尊称。《韩国汉字语辞典》卷一引《朝鲜女俗考·对婢之称》曰，朝鲜时代的奴仆互称有雅号，如男仆称别监，婢女称汉任，汉任是姮娥(即嫦娥)的讹音，"盖宫奴曰别监，女曰姮娥，冒习效之也"。(第550页)赵在三《松南杂识·方言类》"奴谓别监"条："芝峰曰：《霍光传》云爱幸监奴冯子都，今士夫家奴谓别监出此。"(第174页)

汉语中"监"有三个相关义项：①官署名，如中书监、秘书监、钦天监；②国子监或监生的省称；③古代诸侯方伯的泛称。

---

[1] 参《韩国汉字语辞典》卷一第550页，《Eduworld标准韩汉中词典》，来自NAVER词典网。

(《汉语大字典》卷5第2748页）韩国汉文中的"监"作官吏名及尊称用法，是从汉语的三个义项中引申出来的。

三、记录行为与性状的朝韩国义字

某些记录行为动作、形态性状的汉字，在传入朝鲜半岛后也发生了意义变化，产生了一些特殊的义项，成为朝韩国义字，进而组成一系列的新词。以下撷析《燕行录》使用较频繁的8个国义字及其组成的复音节词。

1. 教、下教、上教、传教、教令、教命

教，指长辈或尊者发言，用于引述被尊敬者的话语，作动词时相当于"言""说"等，作名词时相当于"言论""话语"。如：

> 前日陪臣所禀会议，老爷有另单分付之教，今欲讨去回报国王。（黄汝一《银槎录》：8/428）

> 仲兄大有愠教，虽告之以独去之意，曾已禀定。（李田秀《入沈记》：30/129）

前例中的"教"实际上是"吩咐，指使"义，后例中的"教"指"话语"，因发话人为长者，故不用一般的言语动词，而使用"教"以作敬语。这样的情况普遍使用在朝鲜国王与臣子之间的对话语境中。

"教"是自上而下的行为，故有"下教"一词，《燕行录》约有40例，如：

> 上下教，令今日政元子外家三代并追赠议政。（赵显命《燕行录》：38/58）

第三章 《燕行录》所见的朝韩国义字构成的新词

于是都司下教曰:"他日若知你行赍参,重治不饶。"(金中清《朝天录》:11/447)

前例是朝鲜国王对臣子说话,后例是对一般发话人的敬语。国王的命令也称"上教",如:

斗寿曰:"上教极当,唐兵霜落则出来矣。"(郑崑寿《赴京日录》:4/355)

上教只令赠议政而已,则不必并赠领议政。(赵显命《燕行录》:38/58)

"传教"即传话,主要用于皇帝、国王、王妃等。如:

皇帝特为传教曰:"闻玉河关甚为狭陋,趁速改造云。"(孙万雄《燕行日录》:28/354—355)

大妃殿问安,好为往还事传教。世子宫问安,以不平不得出见,好为往还事下令。(李瑛《燕山录》:19/482)

第二例中的"传教"指大妃的话,世子的话曰"下令"。"教令"指国王的命令,也称"教命",如:

但以谚书四十八字,略用真书数十字杂之为状闻教令,为薄牒书简,以通上下之情。(徐有素《燕行录》:83/83)

上命使臣进前,下劳勉之,教命近侍宣赐扇药各种,使臣跪受,手擎而退。(洪钟永《燕行录》:86/440)

中国古籍中的"教"可指古代官府所出的教令、谕告,如《玉篇·支部》:"教,教令。"《荀子·大略》:"以其教出毕行。"杨倞注:

147

"教，谓戒令。""教"还可作使令动词,《集韵·爻韵》:"教，令也。"《左传·襄公二十六年》:"通吴于晋，教吴叛楚。"(《汉语大字典》卷3第1563页）韩国汉文的"教"用于对尊者言语的敬称，与此二义相通，因此是汉语引申出来的义项。《燕行录》中也有使令义的"教"例，如：

> 夕后有三胡过去，伯父教马头双同叫来。（李田秀《入沈记》：30/80）

此"教"不能看作简单的使令动词，它还含有指使义，是尊者对卑者的言语行为。

2. 捧、捧上、捧纳、捧入、收捧

捧，有两个义项：①向官府交纳财物；②官府授予某人财物。表示义项①的词有"捧上、捧纳、捧入、收捧"等。缴纳是一种自下而上的上交行为，故称"捧上""捧纳"。如：

> 而皮物、岁币木、白绵纸品劣之故，捧上官员不无生梗之意。（姜铣《燕行录》：28/547）

> 苎布等属捧纳于体仁阁下库中，草席、皮物等属输纳于昭德门傍库中。（朴齐寅《燕行日记》：76/219）

同理，从接收方的角度看，这又是财物入账、收获财物的行为，故还有"捧入""收捧"等词。如：

> 致刘使御前礼物于政院，礼房柳公亮一一点数捧入。（许筠《己酉西行录》：13/255）

> 若然则严督各营各司趁速收捧，亦自政府三县铃申饬也。

（洪钟永《燕行录》：86/473）

表示义项②的词有"捧授"，是自上而下的行为，义同"授予；给予"。如：

> 盖在沈阳捧授之际，虽有杂颁，非我人所知。（李喆辅《丁巳燕行日记》：37/484）
>
> 银子捧授于义州贵咨官便输入，盖畏皇帝敕旨内勿捧礼物之故也。（徐有闻《戊午燕录》：62/242）

也写作"逢授"，如：

> 朴有烁归路来谒，鱼物、石汤罐等二立处逢授。（李瑛《燕山录》：19/509）
>
> 白绵纸九卷逢授于上通事，使之一依户曹条目作银还纳是白乎旀。（李坤《燕行记事》：52/510）

朝韩语中"逢""捧"音同，皆读作"봉[poŋ]"，故也。丁若镛《雅言觉非》卷二曰"以捧为受"，指出"捧""受"同义，一为上交，一为授予，看似矛盾，但却是常见的语言文字现象。

汉语"捧"可同"奉"，承受、接受义，《集韵·肿韵》："奉，《说文》'承也'，或作捧。"（《汉语大字典》卷4第2000页）"奉"有进献义。《广雅·释言》："奉，献也。"同时又有给与、赐予义。《广韵·肿韵》："奉，与也。"（《汉语大字典》卷1第574页）可知，韩国汉文中施受同形的"捧"即汉语的"奉"。

3. 接、住接、留接、接宿、居接、寓接、许接、容接、止接、入接、出接、分接

接，指入住。可单用，如姜铣《燕行录》："玉河馆段大鼻獞子

149

方为来接。"（29/30）由"接"构成的住宿类双音节词非常多，主要通过同义连言的方式构成，如"住接（19例）、留接（14例）、接宿（6例）、居接（3例）、寓接（2例[①]）"等。如：

> 冬至使一行入来，同为住接于馆内。（姜时永《輶轩续录》：73/322）

> 无铺盖者，店房不许留接，疑其奸究也。（朴趾源《热河日记》：53/313）

> 闾家极粗，水味亦恶，不得接宿。（李㴌《朝善君癸卯燕京录》：24/424）

> 使之居接于各其所掌之城，毋得迁移。（李坤《燕行记事》：53/33）

> 明时我使到燕，寓接于礼部近处旅邸。（金景善《燕辕直指》：71/163）

此外，还有"存接"，如《朝鲜王朝实录》宣祖三十一年六月甲寅："各别下谕于京畿、江原、黄海、平安道及开城留守处，访问流民多少，存接形止，而上年启下公事行举与否，并令启闻为当。"[②]但《燕行录》未见。

其他类"接"字词还有"许接（6例）、容接（3例）、止接（2例）、入接（2例）、出接（1例）、分接（1例）"等，如：

> 故凡其因买卖往来者，路傍之人摈，不许接于村居近处。

[①] 另有1例见于李尚健《燕辕日录》，但该句抄自金景善《燕辕直指》，未入计。
[②]《朝鲜王朝实录23·宣祖实录》卷一〇一，第443页d栏，同参《韩国汉字语辞典》卷一第1159页。

（赵荣福《燕行日录》：36/418）

察院狭窄，庭除泥泞，人马无容接之处。（洪命夏《燕行录》：20/277）

罗城者古则无之，自辛巳年以后筑此城，以备行人出入者之依接。（郑士信《梅窗先生朝天录》：9/294）

吴三桂部下窜配之人有止接察院者。（未详《燕中闻见》：96/320）

烟台军人并家口二户入接，满一年相递。（申忠一《建州见闻录》：8/169）

又或有贵家富户，当暑节则率家眷入，以为避暑之所，如我国人之出接江亭云。（权时亨《石湍燕记》：90/502）

村舍可以分接，落后雇车则到松店后当更留一二日以待之矣。（赵荣福《燕行日录》：36/353）

这些双音节词的大量使用说明"接"即住宿义。汉语"接"有接待义，如《孟子·万章下》："其交也以道，其接也以礼。"（《汉语大字典》卷4第2016页）"接"的住宿义由此义引申而来。《燕行录》中也见表接待义的"接"，如：

监司邀与对饭于练光，使寓于此，故屡接于此亭。（赵宪《朝天日记》：5/130）

若离栅则无可接之所，自副房欲预待当日早饭，分付措备矣。将进之际，有本京书信，三房又遭三寸叔母服制，不能进接，还甚没色。（权时亨《石湍燕记》：90/351）

依据上下文，可知例句中的"接"为接待、招待，而非指入宿。如无明确的语境，有时接待抑或入宿，不容易判断。韩国汉文中"接"还表示读书人聚在一起研讨诗文。如《韩国汉字语辞典》卷二引柳得恭《京都杂志·风俗》曰："儒生夏课诗赋，聚于山寺、野亭曰接。"（第573页）《韩国汉字语辞典》将该义项视作国义，其实这也来自于汉语"接"的交接、会合义。

4. 递、递职、递（替）任、递儿

递，官员更换职务或轮换承担某项工作，有"递职、递任、递儿"等双音节词。"递职"有2例，如：

> 西洋国人亦有仕者，凡有职秩者，无罪戾则久不<u>递职</u>。（金舜协《燕行录》：38/378）

> 或云文官<u>递职</u>终丧，武臣用百日之制云。（俞彦述《燕京杂识》：39/297）

未见"递任"的用例，但有1例"替任"：

> 西门重任专委于君，实难一时离送，而江都之行非许遂莫可，须限二日<u>替任</u>以行。（《沈阳日记抄》：27/28）

"递儿"是朝鲜时代为年老或离任的官员继续享受俸禄而设立的虚职，只享受俸禄，并无实际的职务，是一种名誉职。林锡东《朝鲜译学考》认为是"定额专为安排失势或年老官员之称者也"。[①]《朝鲜王朝实录》世宗五年四月辛未："吏曹启：吏兵曹、承政院吏典独有他司所无禄官递儿，只受其禄，不仕其职，有违官爵

---

① 林锡东《朝鲜译学考》，亚细亚文化社，1983年，第93页。

除授之法。"[1]隶属于司译院的递儿职有"元递儿""新递儿""别递儿"之称。也见于《燕行录》中，如洪大容《湛轩燕记》"渡江人马数"所列人物有蒙学别递儿前金正金道邻、汉学偶语别递儿前金正金宅瑞、蒙学元递儿前金正白任大、清学别递儿前主簿李东亿。（42/552）韩德厚《燕行日录》"座目"有偶语递儿闵宽世、元递儿赵时彬、放料递儿刘圣锡。（50/288）姜时永《輶轩续录》"行中员额座目"有训上元递儿堂上崇政大夫玄在明、常仕元递儿堂上折冲将军朴明壎……蒙学元递儿前金正李一打、清学新递儿前判官韩启运。（73/337—338）

"递"取其更易、更替义。《韩国汉字语辞典》卷四引《经国大典注解·后集上·吏典·递儿条》："递儿，递者，更易也，又传递也。儿，语辞。"递儿职没有固定人员，根据其工作业绩和考核成绩评定等级，故称递儿。又引柳馨远《磻溪随录·职官之制》云："递儿，无定录而四时考讲，以其分数，递相高下付录，谓之递儿。"（第387页）林锡东《朝鲜译学考》认为："递儿职为闲散之官，员额本无定制，而其薪资，依其工作绩效，及考核成绩，而有高下之别，故谓之递儿。"[2]

随使行赴北京的递儿职，又有元（原）递儿和别递儿之分。前者是每行固定赴京的译员，有明确的职责和任务（如掌菜种贸易），后者则实行轮岗制，轮流派遣。《通文馆志·沿革·等第》："押物通事五十员（康熙丙戌，宋裕绩等上言，又复其一递儿，而增置十员，一则以礼曹取才，准二分者，差于节行。掌内农圃菜种

---

[1]《朝鲜王朝实录2·世宗实录》卷二〇，第537页d栏。
[2] 林锡东《朝鲜译学考》，亚细亚文化社，1983年，第102页。

贸易，谓之元递儿。二则每行按次差送，谓之别递儿。"又《通文馆志》述其制云："等第（赴京递儿之称）：堂上元递儿（无定员），堂上别递儿（十七员），汉学上通事（二十员），……，偶语别递儿（十员）。蒙学元递儿（十员），别递儿十员，……，清学通上通事十员，被选别递儿各十员，新递儿十员，选别十员。……，偶语新递儿十员。"(《韩国汉字语辞典》卷一第566页"别递儿"条)

新递儿是入清后为与清朝政府打交道而设置的满语翻译之职，掌管栅门出入及日常生活用度等事务。《通文馆志·沿革·等第》："新递儿十员，丁丑后，以被掳赎还人中晓解清语者八人隶于备局，谓之清译。有司果一窠、司勇七窠应付。每于使行差送一人，俾管彼地栅门出入、支供馔物等事。且敕使接见时，随行御前通事。康熙庚申，老峰闵相国鼎重启请移属本院。其时余存者四人外，又择清学中善解语者六人，汇作一厅，名曰新递儿。而四人中已有堂上，故仍以为例，有阙则毋论堂上、堂下择差。其差任与付禄，许令依旧。"《万机要览·财用编·燕使》："员额……清学新递儿一员（掌栅门出入及支供馔物等事）。"[①]

汉语"递"有"交替"义，《说文》："递，更易也。"《尔雅·释言》："递，迭也。"(《汉语大字典》卷7第4129页)韩国汉文中的"递职、递任、递儿"之"递"都是由交替义引申而来。"儿"在韩国汉文中可指军吏，除"别递儿"，尚有摆拨儿、儿房、儿房守等称呼。摆拨儿，同"摆拨军"，《朝鲜王朝实录》宣祖二十九年六月丙辰："护军柳永庆曰：'我国奉使之臣，例为迟缓，未易前去，今

[①] 参《韩国汉字语辞典》卷四第387页"递儿"条、卷一第382页"元递儿"条、卷一第566页"别递儿"条、卷二第696页"新递儿"条。

则以摆拨儿急急驰送可矣.'"①"儿房"指王宫内供将臣歇息住宿之所。《韩国汉字语辞典》卷一引《银台条例·故事》曰："二品以上，儿房启辞时，客与主壁及东西壁相拜后，诣承旨出坐启辞，则客直传于宣传色。"又引《党议通略·肃宗朝》曰："锡胄自燕还，乃谓益勋曰：'往儿房密启事下鞫厅，则可为也。'儿房者，阙内将臣歇宿处也。"管理儿房的人员则称之为儿房守或儿房值。《通文馆志·事大·房排》："大通官前陪（各儿房守一名，军牢二名）。"（《韩国汉字语辞典》卷一第 397 页）"儿"的这个用法，可能仿自元时"汉儿"一词。

5. 歇、价歇、紧歇

歇，有三个特殊义项：价钱便宜；事情或物品不重要；容易，轻易。表价钱便宜时，多以"价歇""价甚歇"的组合出现，如：

盖北香比南香品逊而<u>价歇</u>故也。（姜时永《辎轩续录》：73/256）

此城中有眼药，即所谓羽眼药，行中多买，余亦使人买得，<u>价甚歇</u>也。（权时亨《石湍燕记》：91/348）

也可作动词"降价"义，如《朝鲜光海君日记 7·即位年 8 月乙卯》："歇价和卖。"《续大典 2·户典·诸田·廪田》："各营各邑，毋得歇价买驿复户。"（《韩国汉字语辞典》卷三第 6 页）《韩国汉字语辞典》"歇"条仅列动词用法的书证，漏收形容词用法的书证。

表示事情或物品不重要时，可组成双音节词"紧歇"。如：

---

① 《朝鲜王朝实录 23·宣祖实录》卷七六，第 17 页 d 栏，同参《韩国汉字语辞典》卷二第 616 页。

无论役之大小，事之紧歇，而此是何处，乃有土木之役乎？（《昭显沈阳日记》：25/440）

兄以情与之，弟以情受之而已，其有无与紧歇，不须论也。（洪大容《湛轩燕记》：43/48）

紧，重要也；歇，不重要也。这是由两个反义语素连用构成的词。"歇"还有做事情很容易的意思，如：

而凡诸刻板皆以土板，故工夫甚歇，册名甚繁，不可尽见矣。（崔德中《燕行录》：40/31）

《说文·欠部》："歇，息也。一曰气越泄。"有休息、停止、竭尽、歇息、凋零、消散等多个义项，其中与上述"歇"义最紧密的是凋零、衰败义。此义至晚初唐便已产生。（《汉语大字典》卷4第2299页）

6. 剂、剂药

剂，动词，配制药物。可单用，如：

余之感气无减，恐有弥留之虑，夜剂三苏饮三贴。（金舜协《燕行录》：38/252）

问其剂法，答："此西湖藕也，剂甚易，榨藕取汁，水飞晒干而成。"（柳得恭《燕台录》：60/237）

还可构成剂药、剂服、剂送、剂用等双音节词。剂药，指将多种药材混合调制成药贴。9例，见于5部作品，皆为动词。如：

闻室人患痾苦痛，即告叔主，命剂药于政府。（许震童《朝天录》：3/319）

朝闻中使自昨日患病，令内医二人看病，<u>剂药</u>五六贴以送。（李瑛《燕山录》：19/515）

剂服、剂用，指配制药物以服用。各1例，如：

余感冒益深，失音头疼，<u>剂服</u>华盖散。（成以性《燕行日记》：18/155）

柴灵汤姑勿剂用，仍小柴胡汤一二服加用事，医官处言之。（李瑛《燕山录》：19/528）

剂送，3例，皆见于李瑛《燕山录》，如：

郑使有病患，发散之剂，愿为<u>剂送</u>，参苏饮数贴，令朴升馨<u>剂送</u>。（李瑛《燕山录》：19/568）

又有"剂煎"一词，《韩国汉字语辞典》卷一引《朝鲜光海君日记》10年12月丁巳："凡治病如治国……必用对证之药，而剂煎之时，御医亲执监剂。"（第621页）但《燕行录》未见。

"剂"在汉语中无动词用法，只作名词，指配制而成的药，或量词，用于若干味药配合起来的汤药，如一剂药。（《汉语大字典》卷1第368页）汉语无"剂药"一词，但有"药剂"，指根据药典或处方配制而成的药物。盖因"药剂"未采用典型的、表种属关系的构词方式"～药"，且受朝韩语动词后置语序的影响，将"剂"解读成了动词，进而将错就错地构造出了一系列"剂～"。

7. 点、点心、点午、昼点、点饭、点茶、打点

点，进食义。单用例，如：

十六日癸亥，阴，<u>点</u>碧蹄，宿坡州。（黄中允《西征日录》：

157

16/17）

一行从间道进发，历西宁堡，点林家墩。（黄中允《西征日录》：16/40）

黄中允《西征日录》逐日记载皆使用"点"表示吃午餐义，这是"点心"一词的省略。《燕行录》中的"点心"指途中吃简餐，用例甚多，不胜枚举。如：

夜雪下深尺余，点心于中路。（苏巡《葆真堂燕行日记》：3/459）

拖到申牌时候，以饼汤果肉等物点心后始登车。（李尚健《燕辕日录》：95/254）

"点心"一直活跃于近现代汉语口语中，指正餐前吃小食以充饥，如唐孙頠《幻异志·板桥三娘子》："有顷，鸡鸣，诸客欲发，三娘子先起点灯，置新作烧饼于食床上，与诸客点心。"也指糕饼之类的食品，如宋周密《癸辛杂识前集·健啖》："闻卿（赵温叔）健啖，朕欲作小点心相请，如何？"（《汉语大词典》卷12第1349页）中朝文献中的"点心"虽都作动词，指吃小食，但略有别。中国本土文献中的"点心"是指正餐前吃小食，而韩国汉文中的"点心"是指吃小食以代替午餐。

《燕行录》中的"点心"也有名词的用法，但数量较少，且出现较晚。如：

主人云："已令人买点心去了，且坐一回。"（李在洽《赴燕日记》：85/80）

一行诸人环坐平原，各讨点心。（权时亨《石湍燕记》：

90/337）

"点心"还指吃午餐。朝鲜李圭景《五洲衍文长笺散稿·家计民产辨证说》："国俗谓午饭曰点心。点心，字出于《礼书晨羞》之称，注谓'小食，点心也'。今人早起白粥，谓之早饭；当午顿食，谓之点心。"（上册第354页）现代韩语还用该词，写作점심[tsʌmɕim]。《燕行录》中的"点心"有时也可看作是吃午餐，如：

点心后与来源及郑进士出行观玩。（朴趾源《热河日记》：53/289）

至永安桥中火站点心讫，为赶车的之所催，忙忙起行。（李尚健《燕辕日录》：96/91）

由于"点心"一词的广泛使用，韩国汉文中的"点"逐渐有了进食义，既不再限于"点心"这个组合，也不再限指午餐。如出现了点午、昼点、点饭、点朝等词。点午，指吃午饭。《燕行录》有19例，主要见于李淯《燕途纪行》，如：

午到坡平馆点午。（李淯《燕途纪行》：22/26）

其他汉文也有不少用例，如权榘《屏谷先生文集》卷七《戊申录》："适领议政李公光佐大监自鞠厅出来点午。"[①]金景善《燕辕直指》有1例"点午"用于表时间，指吃午饭的时候：

二十三日，朝雨，点午大风阴霾。（金景善《燕辕直指》：72/169）

[①]《韩国文集丛刊》第188辑页123下栏。

又有"午点""午点心",如李廷馣《四留斋集》卷八《行年日记下》:"午点于仁川韩滉家。"① 柳希春《眉岩集》卷四《上经筵日记别编》:"午点心后,除迎逢,诣牟木洞斋室。"②《燕行录》未见用例。

昼点,也指午餐或吃午餐。28例,如:

> 茶后至葱秀山看碑,抵安城馆<u>昼点</u>。(权橙《朝天录》:2/269)

> 质明发行,行六十里辽河城外<u>昼点</u>,未时渡河。(《昭显沈阳日记》:26/575)

其他汉文也见,如权斗文《南川集》卷二《虎口日录》:"踰岘岘底路边有一倭先至,凿地燃火,俱汤具而卧,此贼倭昼点处也。"③ 又有"昼点心",如柳希春《眉岩集》卷四《上经筵日记别编》:"朝饭于慕华馆,昼点心于太平馆大门外。"④

点饭,即吃饭,2例,即:

> <u>点饭</u>后仍往南坛围丘。(赵濈《燕行录》:12/404)

> 以猱子纷拿,来入吾馆,序班房<u>点饭</u>而出。(赵濈《燕行录》:12/407)

点朝,指吃早饭,如权榘《戊申录》:"点朝于荣川,都事入客舍。"但《燕行录》中未见用例。同时出现了"点午馔""点午饭""点午饷"等组合,如:

---

① 《韩国文集丛刊》第51辑页350下栏。
② 《韩国文集丛刊》第34辑页303上栏。
③ 《韩国文集丛刊续》第5辑页295下栏。
④ 《韩国文集丛刊》第34辑页232上栏。

后与书状因登百祥楼点午馔而归。(洪钟永《燕行录》:86/445)

又郑逑《寒冈集》卷九《游伽倻山录》:"点午饭小许,仍酌酒一杯。"① 金龟柱《可庵集》卷十七《东游记》:"点午饷于是处,题名于第一石峰,而还宿新溪寺。"②

还有两个相关的"点"字词,即"点茶""打点"。点茶,指泡茶或饮茶。18例,如:

屋中有一老僧,延坐炕上,点茶以待。(金昌业《老稼斋燕行日记》:32/557)

仍出宣武门,路经琉璃厂,少憩册肆点茶。(金景善《燕辕直指》:71/233)

又有"点午茶",如:

访书状,本尹亦来会,点午茶而归。(洪钟永《燕行录》:86/447)

又李衡祥《瓶窝集》卷十三《立岩游山录》:"点午茶且发。"③ 中国古籍也见"点茶",有三个义项:泡茶;备办茶饭;点抹茶食。(《汉语大词典》卷12第1352页)点茶是唐宋时期流行的一种烹茶法,即将沸水徐徐注入杯中的茶叶上,"点"为用开水冲泡义。点

---

① 《韩国文集丛刊》第53辑页274上栏。
② 《韩国文集丛刊续》第98辑页310下栏。
③ 《韩国文集丛刊》第164辑页447下栏。

抹茶食之"点"为涂抹义。① 而备办茶饭义的"点"则来自于"打点",为准备、备办义。《燕行录》中有不少"打点"的用例,指旅途中吃午餐。主要出现于李田秀《入沈记》、金允植《领选日记》,如:

> 金石山七里打点(华语中火),有雨意,故饭后促发。(李田秀《入沈记》:30/79)
>
> 四十里至抚宁县。打点后,步登东城谯楼。(金允植《领选日记》:23)②
>
> 鸡一叫发行,邦均店一百十里打点。(金允植《领选日记》:25)③

《汉语大词典》"打点"条收录四个义项:①收拾,整理;②准备,打算,考虑;③行贿以请托他人疏通、照顾;④振作。(卷6第334—335页)这些义项都与午餐义无涉。《汉语方言大词典》卷一第1024页"打点"条收录七个义项,其中第四个义项是"吃早点;吃点心",为中原官话(陕西渭南)和客家话(江西上犹社

---

① 《汉语大字典》"点"条所举例为明王锜《寓圃杂记·脂麻通鉴》:"盖吴人爱以脂麻点茶,鬻者必以纸裹而授。"用开水冲泡从"中、着"义引申而来,涂抹义则从衬饰、点染义引申而来,如白居易《春题湖上》:"松排山面千重翠,月点波心一颗珠。"(卷8第5060—5061页)
② 金允植《领选日记》收录于《燕行录选集补遗》,《韩国汉文燕行文献选编》第30册也收录了原文影印本。关于该书详情,可参王鑫磊整理《领选日记》前言(上海古籍出版社,2020年),本例来自该整理版。
③ 刘顺利《王朝间的对话——朝鲜领选使天津来往日记导读》第47页注曰:"'打点'本来的意思是整理行装,这里的意思是中间休息。"释义有误。金允植一行十三日至抚宁县"打点后,步登东城谯楼",十四日到"永平府打点",接着又说"饭后步登城楼",两处语境相似,前曰打点后登城楼,后曰饭后步登城楼,则"打点"当为动词,指午餐。

溪)。笔者家乡话将正餐前略微进食也称"打点"。这个义项的"打点"与《燕行录》中的午餐义有关,但又有所不同。两部《燕行录》将"打点"用作午餐义,可能受三个因素的影响。其一,如前所述,韩国汉文中的"点"有进食义,且"点"常与饮食类词语或语素组合;其二,明清时期有"打点午饭"之类的用法,如明金木散人编白话小说《鼓掌绝尘》第十四回:"一壁厢吩咐打点午饭相待,一壁厢着人到书房里去,请出那一个相知来会面。"[1] 其三,受"打尖"的影响,"打尖"指旅途中短暂停留以休息或吃饭。如清福格《听雨丛谈》卷十一"打尖"条曰:"今人行役,于日中投店而饭,谓之打尖。"[2]《镜花缘》第六十三回:"即如路上每逢打尖住宿,那店小二闻是上等过客,必杀鸡宰鸭。"[3] 现代韩语中的"点"写作"점 [tsʌm]","尖"写作"첨 [tsʰʌm]",发音近似。汉语中,二者在中古时期也有相似的读音。据《广韵》,尖,子廉切,平声,盐韵,精母。点,之廉切,平声,盐韵,章母。[4](《汉语大字典》卷2 第609页、卷8 第5062页)

权时亨《石湍燕记》有一种不常见的"点",10例,如:

> 一行诸人各<u>点</u>床桌,或三四同桌,或五六并床。(权时亨《石湍燕记》:90/371)

> 大寿家在宁远,城内所居称文场,城外所居称玉堂,今为

---

[1] 明金木散人编《鼓掌绝尘》,华夏出版社,2012年,第120页。
[2] 清福格撰,汪北平点校《听雨丛谈》,中华书局,1997年,第223页。
[3] 清李汝珍著,张友鹤校注《镜花缘》,人民文学出版社,2012年,第432页。泛指休息,如阿英《滩亭听书记》:"说至一半,则稍停以间之,曰打尖,亦曰小落回。"参《汉语大词典》卷6 第313页。
[4] 据《汉语大字典》卷8 第5062页"点"条有4个读音,这里是第三个。

别人所点。(权时亨《石湍燕记》：90/436)

我是东海人，龙井相去万里远，所见皆劣品，那得点其真？①（权时亨《石湍燕记》：91/262）

"点"后接的对象多为桌椅、炕舍、座位等，也可以是房屋和茶叶等，当释作"占据；占有"义。目前尚未见其他《燕行录》有此用法的"点"。

8. 由、受由、给由

由，指休假、放假。以双音节词"受由""给由"的形式出现。受由，指准许告假，亦即告假、度假。41例，见于15部作品，如：

牧使张汉公受由归家，判官郭安邦出迎。(苏世让《阳谷赴京日记》：2/413)

县监李真望受由，往其叔父厦成信川任所。(金昌业《老稼斋燕行日记》：32/345)

《朝鲜王朝实录》中宗五年八月丙申："童清礼每年受由（犹赐暇在告之称）往北道五镇等处。"②给由，指给予（某人）假日，亦即准许告假。6例，如：

上曰："三南守令之税谷装发前，道臣若不给由，则不得上京乎？"左相曰："曾前则税邑守令之税谷装发前，道臣不许给由矣。"上曰："申明旧规，装发前勿许给由，则装载似速矣。"(洪钟永《燕行录》：86/473)

---

① 黄爵滋赠予权时亨两蜡瓶龙井茶，故权时亨作《龙井茶歌》以谢之。
②《朝鲜王朝实录14·中宗实录》卷十二，第456页c栏。

受,即接受也。受由,字面解释,接受告假的请求。给,给予也。因所涉人物角色不同,所用的动词语素也不同。"由"乃"假"义,故又可直接写作"受假",如《韩国汉字语辞典》卷一引《大典会通》曰:"朝士见在职者,勿许赴乡试(若承差受假者,不在此限)。"(第736页)但《燕行录》未见。

"由"何以有休假义?一方面,这是语义引申的结果。"由"有"原因;缘由"义,"受由""给由"可以看作是接受或给予告假的理由,其休假义源于此。"由"也有"凭据"义,可构成"给由"一词,如《金史·选举志四》:"承安三年,敕监察给由必经部而后呈省。"(《汉语大字典》卷5第2705页)此例中的"给由"即出具凭证或依据,与休假义的"给由"语义相近。明清时期有给由制度。"明制,官员遇有升补时,该管官将其履历、文结等咨送吏部,谓之给由。各官给由到部,限五日付勘完备,以凭类选铨注。清制,凡遇有应升官员时,该管上司先行咨文吏部,查核该员履历及有无处分事件,由吏部查明缘由咨复,称为给由。"[①] 这种"给由"的"由"也是"原因;缘由""凭据"义。故"由"的休假义是从"原因;缘由"义引申而来的新用法。另一方面,也可能受到音近因素的影响。"由"与"休",上古皆属幽部。根据《广韵》,二者的中古音也相似,皆为平声、尤韵,"由"属以母,"休"属晓母。现代韩语的"由"写作"유[yu]","休"写作"휴[hyu]",发音也相似。"休"的休假义已见于《后汉书·蔡邕传》:"臣属吏张宛长休百日。"李贤注:"休,假也。"唐宋沿用至今,如唐王勃《滕

---

① 李鹏年、刘子扬、陈锵仪编著《清代六部成语词典》,天津人民出版社,1990年,第17页。

王阁序》:"十旬休暇,胜友如云。"(《汉语大字典》卷1第150页)现代韩语仍沿用"休暇"一词,写作"휴가[hyuga]"。但《燕行录》中未见"受休""给休"的用例,词典也未收。因此,这不能认为是音近通假,与"休"音近,恐只是起了推波助澜的作用。

中国古籍有"在告"一词,指官吏在休假期中。如《资治通鉴·唐宪宗元和十四年》:"常侍与监军副使有宴,军将皆在告。"胡三省注:"在告,谓休假在私室也。"(《汉语大词典》卷2第1010页)也见于《燕行录》中,2例,如:

　　尚书冯琦以病在告,凡议覆公事各司郎中往禀于第。(李民宬《壬寅朝天录》:15/50)

这个"告"也是休假义,已见于上古汉语,如《汉书·高帝纪上》:"高祖尝告归之田。"颜师古注:"告者,请谒之言,谓请休耳。"宋苏轼《乞郡札子》:"遣使存问,赐告养疾。"(《汉语大字典》卷2第638页)

韩国汉文有"受告""给告"两个词,与"受由""给由"同义。(《韩国汉字语辞典》卷一第736页、卷三第777页)但中国古籍未见,《燕行录》也未见。

四、记录度量衡单位的朝韩国义字

朝鲜半岛通过词义引申的方式,自创了很多度量衡单位词。有的词在汉语中不属于量词,有的虽是量词,但在朝鲜半岛引申出了新用法。

1. 把、一把、拱把

《汉语大字典》"把"的量词义下罗列了五个用法:①一手所握

的，如一把米；②用于有柄的器具，如一把刀；③用于手的动作，如一把抱起；④用于某些抽象的事物，如一把年纪；⑤用于领导职务，前面限用序数词，如第一把手。(卷4第1951页)《燕行录》中的"把"不同于这些用法的有三种情况：

其一，用于衡量条形物的长度或方形物的宽度。如：

> 所谓鸣鞭者，一大索，长可三四把，向空挥之。(黄中允《西征日录》：16/124)

> 只插七个鸟铳，长几一把，竖而负之。(金昌业《老稼斋燕行日记》：32/331)

> 川有浮桥，其广可六十余把，名曰猪滩。(金舜协《燕行录》：38/178)

> 驼则羔头马身，牛蹄骡尾，喙尖项细，毛深灰色，高为丈余，长过二把。(李坤《燕行记事》：52/374)

前两例指鸣鞭和鸟铳的长度，第三例指桥的宽度，第四例形容骆驼的身长。

其二，用于衡量圆形物的围度、周长，说明其粗细、大小。如：

> 圆柱之纷立阙之虚中者，皆三把之材。(丁焕《朝天录》：3/120)

> 塔周五十六把，高可百余丈。(李田秀《入沈记》：30/110)

> 烟台之制，或方或圆。方者一面可三丈余，圆者其围十九把，高五丈以上。(金昌业《老稼斋燕行日记》：32/422)

> 当中有一大佛，高可十余丈，围可四五把。(李容学《燕蓟纪略》：98/79)

这四句分别用于说明圆柱、砖塔、烟台、佛像的周长围度或粗细大小。在这个用法上形成一个新词，即"拱把"，指人张开双臂形成一抱的大小。① 如：

> 三河、蓟②州等地风俗，冢上植木，几至<u>拱把</u>。（李尚吉《朝天日记》：9/213）

其三，用于衡量物体之间或两个地点之间的距离。如：

> 岭之北峰上又三石对立，其间不过数<u>把</u>。（金舜协《燕行录》：38/220—221）

> 两面皆有石栏干，过桥十余<u>把</u>，外原上立青。（李正臣《燕行录》：34/226）

前例用于衡量山峰之间的距离，后例用来指所行路程的远近。

"把"的这些用法都是由汉语引申而来的。丁若镛《雅言觉非》卷一："一把者，一握也。拱者，抱也。以一手度圆物，其一握者谓之一把。以两手度圆物，其一抱者，谓之一拱。孟子所谓'拱把之桐梓'，亦圆物也。乃东语以一庹为一把。"（第285页）用一只手估量物体，称"一握"，也就是"一把米"的"一把"。用两只手估量物体，称一抱，即一拱。这个用法的"把"来自汉语的"一庹"。庹，读 tuǒ，指成人两臂左右平伸时两手之间的距离。《字汇补·广部》："庹，两腕引长谓之庹。"也见于现代文学作品之中，如杨朔《金字塔夜月》："塔身全是一庹多长的大石头垒起来的。"

---

① 该义也用"抱"表示，如崔德中《燕行日录》："当面又设石门，行人可出入，围则二十抱。"（39/477）

② 蓟，原书作"苏"，今据文意改。

(《汉语大字典》卷2第951页)

"把"用于丈量船只的大小，十尺为一把。丁若镛《雅言觉非》卷一："尝见均役事目，其度船长短，皆云一把、二把，读之如一丈、二丈，后人何以征矣？"（第285—286页）"把"还是土地面积单位。《韩国汉字语辞典》卷二引《经国大典·户典》曰："实积一尺为把，十把为束，十束为负，百负为结。一等田一结准三十八亩，二等田四十四亩七分，三等田五十四亩二分，四等田六十九亩，五等田九十五亩，六等田一百五十二亩。"（第527页）《燕行录》的用例如：

> 小邦田制，十把为束，十束为负，百负为结，而中国田制，十步为分，十分为亩，百亩为顷。是小邦之结负，即中国之顷亩也。然小邦量尺准周尺七尺，中国弓尺准周尺六尺，故一把为正方周尺四十九尺，一步为正方周尺三十六尺。所以结与顷之实积有多少也。（徐浩修《燕行记》：51/22—23）

2. 帖（贴）

帖（贴），作量词，可指称多种物件。用于指称脯类物（肉脯、药脯等），如：

> 脯十贴……干脯肉十贴（赵宪《朝天日记》：5/134—135）
> 药脯三贴。（姜长焕《北辕录》：77/344）

用于指称饼类食物、腌制的白菜、贝类海鲜，如：

> 有顷以三帖饼供之。（李在洽《赴燕日记》：85/81）
> 细折盐菜五帖。（李忔《雪汀先生燕行日记》：13/192）

全鳆十一<u>贴</u>，文鱼五尾。（李坤《燕行记事》：52/412）

"帖"可指公文或书画、碑帖，中国古籍习见，《燕行录》亦多用，如：

> 书状买董其昌笔法二<u>帖</u>于毛寅，赠余其一。（金堉《朝京日录》：16/517）

> 有人携一年少者持一<u>帖</u>以示。……见其<u>帖</u>，首帖大书"曹氏遗谱之宝，胡安国书"。（李宜显《庚子燕行杂识》：35/362）

盖脯类、饼类、白菜和贝类海鲜皆呈片状，如字帖一般，故称以"帖"。《韩国汉字语辞典》"帖"条未收此义项，可补。汉语的"帖"本指中药的方剂，后用作量词，用于配合起来的若干味汤药，药一剂称药一帖，也写作"贴"。（《汉语大字典》卷2第844页、卷7第3872页）韩国汉文"帖（贴）"的用法是此义的衍伸。

3. 笏、墨笏

笏，原指古代君臣朝会时手中所拿的狭长板子，后引申出量词用法，为金银的计算单位，因铸金银成笏形，故一枚称作一笏。如五代刘崇远《金华子杂编》下："众情危惧，共请主人，愿以白金十笏赎之。"也指成锭的东西，如墨一笏。（《汉语大字典》卷5第3148页）《燕行录》中常见"笏"用于指称墨的情况，如：

> 以纸百五十张及<u>墨</u>一<u>笏</u>为赠。（苏世让《阳谷赴京日记》：3/464）

> 上副使各纸十张、笔十枝、墨十<u>笏</u>、砚一面。（李田秀《入沈记》：30/318）

第三章 《燕行录》所见的朝韩国义字构成的新词

谨领心经两卷，顶烟^①一笏，珍玩移时，欣感并挚。（朴思浩《燕蓟纪程》：86/68）

用例甚夥，故而产生了双音节词"墨笏"，如：

余以五言短律题赠之，仍以墨笏致情。（金中清《朝天录》：11/548）

年前石坡赠我墨笏，刻此四字。（郑健朝《北楂谈草》：78/322）

此外，韩国汉文中的"笏"还引申出了其他多种用法。用于指称石碑，如：

行到四同碑边，路傍有穹碑四笏。（朴趾源《热河日记》：53/493）

其余碑石如林，殆过百笏。（徐庆淳《梦经堂日史》：94/313）

用于指称居室，如：

遂同至罗汉洞，洞口依左壁为室，一笏数僧同居。（金昌业《老稼斋燕行日记》：33/425）

幽居十笏傍城西，篱菊繁时过客迷。（柳得恭《并世集》：60/138）

用于指称纸牌，如：

---

① 顶烟，也叫"上烟"或"头烟"。制墨的烟炱，无论松烟、油烟、漆烟，都是用窑烧成的。烟炱距离火最远，在窑的四边或顶上的叫"顶烟"，属上品，是最好的醇烟。（《汉语大词典》卷12第223页）

171

纸牌之法：用笺百笏，表里皆写唐谚，中置廿笏，而四人各分廿笏环坐，各出一笏，而辄翻视中置之一笏，或惊或笑。（金景善《燕辕直指》：72/371）

石碑、居室、纸牌等，与笏形的金银、墨一样，因形似而指称，理据甚明。

4. 丁、墨锭

丁，用于指称墨的量词。中朝两国文人之间非常盛行互送笔墨，因此《燕行录》中有关墨的记录甚夥，指称墨的量词也多样化，其中有不少"丁"的用例，如：

余等报之以笠帽二事、油扇十把、笔二管、墨二丁。（许篈《朝天记》：6/208）

某又来访，赠真墨四丁，兼致四律一诗。（崔斗灿《乘槎录》：68/472）

也大量使用"笏"（见上文）与"锭（定）""丸"，如：

紫玉光霞墨小二锭一匣、古样成装狻猊墨一锭一匣。（洪大容《湛轩燕记》：42/517）

德修送高丽墨三丸，皆随贡使精品也。（申锡愚《入燕记》：77/234）

笏、锭、丸，用于指称墨，在中国本土文献乃习以为常的现象，但没有使用"丁"的情况。"丁"的这个用法，实际上源自"锭（定）"。二者的上古音皆属耕部，中古音相似，[①] 现代韩语中皆作

[①] 据《广韵》，丁，当经切，平青端；定，徒径切，去径定；锭，丁定切（又徒径切），去径端。

"정[tsʌŋ]",盖音同而混用,且"丁"字笔画简单,易于记忆和书写。韩国汉文有"墨丁"一词,如《朝鲜王朝实录》中宗三十一年十二月壬午:"冬至方物,豹皮、虎皮各三张,白鹿皮六张已来矣。墨丁则厢库所藏,可以用之,此等物,勿谕外方,以除其弊。"① 又有"墨锭":

> 连见路旁卖盐块,印出如墨锭而大数倍。(李有骏《梦游录》:76/452)

可见,"丁"与"锭"通用。汉语有"墨丸"一词,《汉语大词典》收录。墨丸、墨锭、墨丁,与前揭"墨笏"构词理据相同。

五、其他

朝韩国义字现象很普遍,不限于以上诸类,见于《燕行录》的还有"奇""别"等。

1. 奇、奇别、的奇、拨奇、京奇

奇,即消息、信儿,也指朝廷下达的有关近期政事动态的朝报。《燕行录》中使用很广泛,单用的情况较多,如:

> 苍头渭滨蒙赤驰拨传信,始闻沈尚书谘夫人卒逝之奇。(李滧《燕途纪行》:22/55)

> 全宽闻厥母病重之奇,冒夜先去。(崔德中《燕行录》:40/132)

---

① 《朝鲜王朝实录18·中宗实录》卷八三,第1页b栏,同参《韩国汉字语辞典》卷一第985页。

双音节词有的奇、京奇、拨奇、奇别等。的奇，指确切的消息，6例，如：

传说甚汹汹，今闻<u>的奇</u>，可以降心。（姜时永《輶轩三录》：73/520）

严饬马头崔琦謓更为躬往，期于探得<u>的奇</u>以来。（李承五《燕槎日记》：86/212）

京奇，有关京城（指朝鲜李朝的都城）的消息，指朝报。3例，如：

是夕见<u>京奇</u>，闻父主拜群山，何喜如之。（苏巡《葆真堂燕行日记》：3/361）

因<u>京奇</u>闻景福宫回禄之灾，满心惊悚。（李容学《燕蓟纪略》：98/99）

拨奇，拨军所带的朝报，如：

送任译又探别使消息于迎送官，少选誊来<u>拨奇</u>。（金景善《燕辕直指》：72/150）

奇别，指消息、新闻，如：

叔主直诣阙肃拜，即御思政殿引见，问中朝<u>奇别</u>。（苏巡《葆真堂燕行日记》：3/444）

"奇别"也指朝报。李义凤《古今释林·东韩译语·释文》曰："奇别，本朝，朝报或称奇别。"（第758页）也写作"记别"，如赵在三《松南杂识·方言类》"朝报"条曰："《宋史》，王安石诋《春秋》谓'断烂朝报'，则宋时已有之，今谓记别。"（第206页）据《韩国汉字语辞典》，也写作"寄别"，但未举书证。

韩国汉文中"奇"的该义用例甚夥，使用最多的是"的奇"。同义词还有"定奇"，如洪彦弼《默斋集》附录卷二《中宗实录拔汇》："但征兵之奇若的实，则入居之事，难可一时俱举，姑先刷还在逃之徙民，徐待中原定奇，然后更议，何如？且中原之奇，不可泛然探问，须以权宜秘密闻见。"[1]《语录解》也记录了"定奇"一词，如"端的：犹定奇"（郑本17a下）、"端的：犹定奇。○정히"（南本25a下）。[2]

"奇"何以有消息义？《汉语大字典》未收录该义项，亦未见其他辞书收录。该义可能来自"奇别"之简称。"奇别"原指朝报，朝鲜时代承政院把前一天处理的事情记下来，每天早晨发往各地传阅，这种记录朝廷每日政事的文件称作朝报，也称奇别纸，抄写奇别纸的官吏称奇别书记，传播奇别纸的军士称奇别军吏。尹宣举《鲁西遗稿续》卷二《书松江邢正辨后示宋李诸益》："大凡邸报之播也，上司及三司则即日逐条以告之（所谓分发），各司及庶官则翌朝都书一张而轮之（所谓奇别），例也。"[3]也就是说，"奇别"（寄别）的本义是朝报，是"奇别纸"的简称。而"奇别"又源于"寄

---

[1]《韩国文集丛刊》第19辑页302上栏。
[2]《语录解》是十七世纪中期朝鲜刊行的、主要解释唐宋以来汉语口语俗语词的系列辞书。最初是朝鲜著名学者李滉（号退溪）与柳希春（号眉岩）及李滉弟子们对宋朝《语录》一书的注释，后郑瀁将李、柳二人的注释合并整理，于朝鲜孝宗三年（1652）刊行，取名《语录解》。安秉禧《语录解》解题（附《语录解原刊本、改刊本影印》），载《韩国文化》4集，韩国文化研究所，1983年。汪维辉《〈语录解〉札记》、谢士华《〈语录解〉疑难问题考探》对此"奇"字皆有讨论，可参。
[3]《韩国文集丛刊》第120辑页443上栏。

别",奇别纸亦即"寄别纸"。"纸"有信件、文件义,则"寄别"可理解为寄往别处(指地方行政机构)的信件。至今韩语仍将消息称之为"奇别",写作"기별[ki/byeol]",同时用作动词,有捎信儿、传消息、通知、告诉、传达等多个意思。[①]那么,可以推断朝鲜时代的"奇别(或寄别)"也可能名、动同形。当作名词时,"奇"胜于"寄",进而"奇"代替本字"寄"流行开来。

这种朝报制度高丽时代已经产生,"奇别(寄别)"这个词在使用过程中发生书写讹变,在所难免。安鼎福《顺庵集》卷九《答李仲命别纸(甲午)》曾批评朝鲜后期朝报制度徒有虚名:"架阁本宋官,掌两府文书,亦史官之类也。尝见今谏院宪府有草奇别(俗以邸报谓之奇别),细书以藏,其意亦好。余考视之,断烂遗失,无一可观。立法之意虽好,而不能遵行,奈何。"[②]

另外,联系"편에(~便)"(参前文),"奇别""寄别"有可能是"寄便"的书写变体,且确有"寄便"的文献用例,如金友伋《秋潭集》卷一《赠金舍人晦卿(光爀)》诗曰:"安得一相逢,十日语諵諵。题诗无寄便,何由见芳缄。"[③]权相一《清台集》卷七《与成天祥》:"岂不欲尺纸相贺,而村居甚僻,无转寄便,尚今阙然,惭汗惭汗。"[④]"寄便"由"转寄之便""寄呈之便"等形式凝缩而成。

还有一种解释,"奇""寄"的消息义来自朝韩语表示乘机、顺

[①] 参《Eduworld 标准韩韩中词典》,来自 NAVER 词典网:https://dict.naver.com/。
[②]《韩国文集丛刊》第 229 辑页 535 下栏。
[③]《韩国文集丛刊续》第 18 辑页 27 下栏。
[④]《韩国文集丛刊续》第 61 辑页 343 下栏。

势义的"김[kim]"。《高丽大韩国语大辞典》"김"条标记为依存名词，释义为"组成'-은/는 김에'的结构使用，表示做某种事情的机会或契机"，相当于汉语的"既然……，就……"，例如"말이 나온 김에 아주 다 털어 버립시다（笔者译：既然说出来了，就让我们一吐为快吧）"，又"그는 목이 마르던 김에 표주박에 가득 받은 물을 다 마셔 버렸다（笔者译：他太渴了，随即把瓢里装满的水都喝光了）"①。语音上看，口语中"김에"的"김[kim]"尾音"ㅁ[m]"与后语素"에"连读，久而久之，尾音脱落，变成了"기[ki]"，故可用汉字"奇（寄）"记录。②

以上三种看法缺乏足够的证据，"奇"的消息义究竟如何得来，有待进一步考证。

2.别、别纸、别单、别使、别味、别赐、别盘缠、别人情、别递儿

别，放在名词前，表示与其他同类事物有区别。可以构成双音节词别纸、别单、别使、别味、别赐等，也可以放在其他双音节前构成三音节词（或组合），如别盘缠、别人情、别递儿等。"别"即"另外；特别"义。

别纸，指随书信或公文一起的纸张或便条，即附页、附纸、附

---

①《高丽大韩国语大辞典》第976页，释义原文为"-은/는 김에'의 구성으로 쓰여，어떤 일을 행하는 기회나 계기를 나타내는 말"。

② "寄"的消息义与表乘机、顺势的"김"有关，来自于《东亚文献研究》外审专家提供的意见，原话如下：긔별（寄别），刘昌惇《李朝语辞典》未标汉字（그 긔별 드르시고．《释谱详节六2》听闻其消息）。南广祐《古语辞典》也未标汉字，但解释提供汉字긔별（寄别）释义。因为汉字"寄"不具有消息、音信等意思，可能与韩文固有词김（乘机、顺势，古语作 pski-m 或 ski-m）有关。但辞源上，还是 pskɯ, pskɯi 等、때（时）之意思。其中 pskɯi 与寄 kɯi（긔）更为接近。

件等，如：

> 问答之辞详在状启及别纸。（郑崑寿《赴京日录》：4/372）
> 答书以红帖子面书正字，内云"年家眷弟刘松龄顿首拜"，别纸书"领谢"二字。（洪大容《湛轩燕记》：42/43）

朝鲜时代文人之间盛行在传递信件的同时，附呈别纸，以交流学问。如金榦《厚斋集》卷五《答李君辅（世弼）》："今见惠寄别纸，实与鄙见吻合。"① 郑齐斗《霞谷集》卷三《答从子书》："文字有追及事，略寄别纸。"② 《韩国文集丛刊》收录了大量别纸，属之于书信类，如安鼎福《顺庵集》卷九有《答李仲命别纸（甲午）》。也作别便、另纸、另张、另函。现代韩语仍使用"别纸"，写作별지 [pyʌl/ts'i]，如특별히 덧붙일 말씀이 있으시면 별지에 적어서 서류와 함께 제출해 주십시오.（如有别的话需要补充，请填写在另一张纸上，并连同文件一起提交）。③

别单，指呈递给国王的报告中所附录的文章、名册等材料。如：

> 别单之外，或有沿路可闻之事耶？（徐文重《燕行日录》：24/226）

《燕行录全集》收录了部分别单，如俞拓基《沈行录沈使还渡江状启别单》（第38册），姜长焕《北辕录》收录了别单（第77册）。

---

① 《韩国文集丛刊》第155辑页87下栏。
② 《韩国文集丛刊》第160辑页108下栏。
③ 参《高丽大韩国语大辞典》"별지（别纸）"条，别便、另纸、另张、另函等词亦可参该词典。

也称"闻见别单",如:

> 大小事情元状启一道,焰焇难贸事状启一道,贸谷船、先来船急急还送事状启一道,闻见别单各一道,各衙门呈文誊本六道。(洪翼汉《花浦先生朝天航海录》:17/241)

"别单"也用于指普通的单子,即随某些东西一起附送的单子。如:

> 大春又出别单告曰……主事取单见之,多有喜色。(许篈《朝天记》:6/175)

别使,指非定期、因临时需要而派遣的使节,如:

> 或我国别使与冬行相值,则分寓西馆,年前别使先寓于鱼胡同,锦城尉以冬至使寓于西馆。(朴趾源《热河日记》:54/85)

别味,指味道很好的美食,也指美酒、小吃等,如:

> 此中无别味,唯有药果、脯酒而已。(金舜协《燕行录》:38/247)

> 沈阳素称多别味,如当归菜、锦鳞鱼,酒之梨花、竹叶青、史国公、葡萄酒,及鹿茸膏、山查饼之属。(李海应《蓟山纪程》:66/121)

现代韩语仍有该词,写作"별미 [pyʌl/mi]",如"그 집 순두부찌개 맛은 별미이다(这家店的鲜豆腐汤味道特别好)"。[①]

[①] 参《标准国语大词典》"별미"条。

别赐，指定例外君主额外赐予的东西，如申叔舟《海东诸国纪》"朝聘应接记"："别赐。如有国事引见，则有别赐，临时承政院启定（因人紧不紧有多寡）。"[①]《燕行录》用例如：

> 盖以为贵公子拔例盛待之意也，副使则与上使同，而无别赐。（孙万雄《燕行日录》：28/372）

> 颁赦之后则使臣一行亦有别赐之物。（郑太和《壬寅饮冰录》：19/393）

别盘缠，相对于原定路费的"元盘缠"而言，指额外的路费。如：

> 元盘缠丁银一百二十两，别盘缠丁银九十六两。（姜铣《燕行录》：29/23）

别人情，指因打点人际关系而特别赠予他人的礼物或钱财。如：

> 行中所赍别人情元是不敷，而已尽于登州雇骡、德州雇船、天津雇车。（赵㴐《燕行录》：12/320）

"别递儿"相对于"元递儿"而言。"递儿"是朝鲜时代为年老或离任的官员继续享受俸禄而设立的虚职，只享受俸禄，并无实际的职务，是一种名誉职。隶属于司译院的递儿职有"元递儿""新递儿""别递儿"之称，也见于《燕行录》中。

[①] 复旦大学文史研究院编《朝鲜通信使文献选编》第一册，第155页。

第二节　读音改变的朝韩国义字及其构成的新词

有些朝韩国义字不仅产生出新义项，而且被赋予了朝韩语发音，这种国义字不多见。常被提及者即"卜"字，该字承担了两种义项，一指行李，二指土地面积单位。本节重点讨论"卜"所构成的新词，同时论及两个作土地面积单位的"负""结"。

1. 卜、卜物、卜駄、駄卜、卜车

卜，读"짐 [tsim]"，指放在马背上驮运的东西，也指背上驮着东西的马，又有行李、包袱义。可单用，如：

> 以车两不齐，令通事催督，领卜而来。（苏世让《阳谷赴京日记》：3/484）
> 贡马及方物诸卜咸至，无落后。（丁焕《朝天录》：3/101）

双音节词有卜物、卜駄、駄卜、卜车等。如：

> 兵部差送委官郭指挥来，验卜物而去。（郑崑寿《赴京日录》：4/383）
> 观验卜駄，或有犯者即付烈焰之中。（苏巡《葆真堂燕行日记》：3/370）
> 守仁手持朵子（华语，駄卜）愁乱独立之状，极可笑也。（李田秀《入沈记》：30/331）
> 午间卜车五辆先到。（金景善《燕辕直指》：72/198）

中国本土文献使用"駄"来表示牲畜所负载之物，《说文新附》：

"驮，负物也。"现代文学作品中也见，如李纳《刺绣者的花》第七章："大汉和众人将马驮挨个卸下来。"也写作"駄"，但只作动词，表示马负载货物。如《类篇·马部》："駄，马畜负物也。"《正字通·马部》："駄，从太，俗。"《大藏经·华严经第七十一》："值迦罗鸠孙駄如来，承事供养。"(《汉语大字典》卷8第4832页、4834页）

何以用"卜"表示行李、包裹？丁若镛《雅言觉非》卷二曰："任者，担也，人所负也。《易》曰力小而任重，《论语》曰任重而道远，《孟子》曰治任将归，皆担负之谓也。东语任转为朕（终声之相近），以朕为占（初声又相近），以占为卜（东语卜曰占）。于是一负曰一卜，二负曰二卜（田籍例）。辎重之駄曰卜马，装办之载曰卜物，任重曰卜重，官駄曰官卜，私装曰私卜。用之书启，载之法典。"（第296页）丁若镛《雅言指瑕》又曰："任之为卜，抑何义哉？方言谓任为朕，谓卜为占，朕与占声相近也（重物之须担者，谓之任，犹孟子云'治任将归'之任也）。"[①]丁若镛认为，这个"卜"来源于汉语"任"。"任"有名词"担子"义，传入朝鲜半岛后，改读为"朕"音。任，임 [im]；朕，짐 [tsim]。二字韵（包括韵腹和韵尾）相同（即 [im]）。另一方面，又因为"朕"（짐 [tsim]）与"占"（점 [tsʌm]）的声母相同，即皆为ㅈ [ts]。"占"有占卜义，而占卜又称"卜"。于是"卜"通过语音联系代替本字"任"流行开来，读作짐 [tsim]。（参见图3-1）

[①]《定本与犹堂全书》第37辑《与犹堂全书补遗Ⅲ》，茶山学术文化财团，2012年，第104页。

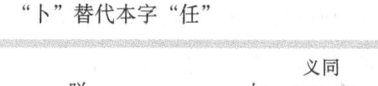

第三章 《燕行录》所见的朝韩国义字构成的新词

```
            "卜"替代本字"任"
    ┌─────────────────────────────────────┐
    │                         义同         │
任(担子)        朕           占         卜(占卜义)
임 [im]   ⇒  짐 [tsim]  ⇒  짐 [tsim]      짐 [tsim]
           音变          音近
```

图 3-1　"任"演变为"卜"示意图

"卜"还用作土地面积的计算单位，同"负"。

2. 负、结、结卜、结负

负、结，都是土地面积计算单位。《经国大典·户典·量田》："实积一尺为把，十把为束，十束为负，百负为结。一等田一结准三十八亩，二等田四十四亩七分，三等田五十四亩二分，四等田六十九亩，五等田九十五亩，六等田一百五十二亩。"①《燕行录》中也有相关的记录，如徐浩修《热河纪》记载了徐浩修与清朝人讨论两国有关田地测量法及税收的内容：

> 彭曰："……贵国结负法、中国顷亩法之同异，可得闻乎？"余曰："小邦田制十把为束，十束为负，百负为结，而中国田制十步为分，十分为亩，百亩为顷。是小邦之结负即中国之顷亩也。然小邦量尺准周尺七尺，中国弓尺准周尺六尺，故一把为正方周尺四十九尺，一步为正方周尺三十六尺，所以结与顷之实积有多少也。"（徐浩修《热河纪》：51/22—23）

根据徐浩修的论述，朝鲜的土地政策，十把为一束，十束为一负，百负为一结，且以七尺为基准，一把相当于周尺四十九尺（49），一束为四百九十尺（490），以此类推，一负

---

① 《韩国汉字语辞典》将"负"视作国义字，此例出自该词典。

183

为四千九百尺（4900），一结为四十九万尺（490000）。而中国丈量土地的单位有步、分、亩、顷，且以六尺为基准，则一步为三十六尺（36），一分为三百六十尺（360），一亩为三千六百尺（3600），一顷为三十六万尺（360000）。简而言之，当时朝鲜的田地面积单位"把""束""负""结"，相当于但略大于中国的"步""分""亩""顷"。

"负"也作"卜"，有人认为这个用法源于"亩"的异体字"畒"，如：

> 老人曰："田论亩否？一亩田应完多小钱粮？或尚收五谷否？"余曰："亩有多小，故俗称结卜。随土品上、中、下为定，一结公税为四十斗，一卜为数三升矣。"老人曰："卜字系亩（畒）字否？"余曰："概言之则似是亩（畒）字之义，而亦有异焉。一卜落种不过数升矣。"（沈乐洙《燕行日乘》：57/75）

根据沈乐洙的记载，一结交税四十斗，一卜交税数三升。二者可连用，组成双音节词"结卜（结负）"。这个意义上的"负"读如"卜"，即"짐 [tsim]"。盖因"卜"即"任"之音变，义为担负或担子，而"负"的核心义即担负或担子，故"负"沾染了"卜"的土地面积单位义。

"结"也是土地面积的计算单位。《高丽史·食货志·田制》："靖宗二十三年，定量田步数。田一结方三十三步，二结方四十七步（六寸为一分，十分为一尺，六尺为一步）。"关于"结"的计算方法，前文已论。《韩国汉字语辞典》视作国义字，并指出读音为"곁 [kyʌl]"，但据《万机要览·财用编·田结·田制》："一握者谓之

把，递以上之至于结。十把为束，十束为负（或称卜，今每一负出租一斗），百负为结（俗音먹），八结为夫（或称矣。佃夫中择定户首，收纳八结应纳之役）。"（《韩国汉字语辞典》卷三第774页）所谓俗音，是指朝鲜当时的口语音，则该意义上的"结"应读作"먹[mʌk]"，与"结"的汉字音"결[kyʌl]"迥异。

小　结

朝韩国义有多种产生途径，绝大部分属于汉语义的引申，有的引申义能看出很明显的汉语痕迹，有的比较隐晦，有些则来源不明，至今仍是难解的谜团。

除以上所论的朝韩国字、国俗字、国义字之外，朝鲜半岛还有一种极其特殊的汉字，即所谓的吏读字。如前所述，历史上周边国家或地区在汉字影响下创造了丰富的汉字型文字，这些文字书写的语言有的属汉藏语系，有的属阿尔泰语系。由于语言差别很大，用汉字型文字记录阿尔泰语系的语言，势必会遇到障碍。朝韩语与汉语分属于不同的语系，两种语言有各自的语言体系，很多语法范畴与汉语有很大差别。利用汉字记录朝韩语势必会遇到许多不便之处，如朝韩语有专用于标记主格、宾格、与格、方位格等语义格的特殊助词，纯用汉文无法表达这些语言成分之间的关系。于是朝鲜半岛根据自身的语言特点，创制了一种特殊文体，即吏读。所谓吏读，简而言之，是在汉文中加入标记朝韩语体系的一些助词，换言之，用来书写的文字是汉字，用来构词成文的法则是朝韩语，又称作吏文、吏头、吏道、吏吐、吏套、吏刀、吏札等。①

吏读与汉文不同,它有四个方面的特点:一是吏读使用了大量汉文不用的自创文字;二是吏读具有自己的独特词汇;三是吏读有自己的特殊词序;四是吏读在实词后边附加表示语法意义的助词。② 用以实现朝韩语语法功能的汉字被称为吏读字。朱松植将"吏读字"界定为:"古代朝鲜人模仿中国汉字的结构方式,自行创造的文字体系。……即古代朝鲜人所创造的方块汉字,酷似汉字,音义却不同。"③ 檀国大学东洋学研究所编《韩国汉字语辞典》收录了不少吏读字,并做了标注和释义。

吏读字与国字、国义字不同,国字、国义字是实词,有实际意义,每个字可单独表义。吏读字则是虚词,无实义,有的不可单用,必须多个字连用才能表达一个语法意义。吏读字有的是朝鲜半岛独有的国字,有的是普通汉字。如"净兜寺良中"的"良中"是吏读字,相当于"에서 [e/sʰʌ]",表示与格或位格,标记对象或处所。"净兜寺良中"意即"向净兜寺"或"在净兜寺"。又如"君隐父也"的"隐"也是吏读字,为添意助词,相当于朝韩语的主语或话题标记"는 [nɯn]"或"은 [ɯn]","君隐父也"等于说"君,父也"。再如"八十以上果十岁以下"的"果"为吏读字,作具格助词,相当于"과 [kwa]"或"와 [wa]",用于连接并列成分,与"和、与"同。④ "隐""果"的读音与汉语相似,但"良中"则与

---

① 除吏文、吏札外,其他词形皆是朝韩语"이두 [idu]"的记音。
② 金喜成《试论古代朝鲜的"吏读"》,《满族研究》,1989年第4期,第74—76页。
③ 朱松植《汉字与朝鲜的吏读字》,《延边大学学报》(社会科学版),1987年第4期。
④ "隐""果"例,参朱松植《汉字与朝鲜的吏读字》,《延边大学学报》(社会科学版),1987年第4期。

汉语音迥异。吏读字还可以是朝鲜半岛创造或仿造的国字，如旀、弥、厼等。

《燕行录》中的状启、别单是燕行使臣向朝鲜国王递交的书面报告，多采用这种吏读体。《燕行录全集》中收录了一部分状启，有的是单行本，如第65册李基宪《燕行日记启本》。多数则夹杂或附录于日记中，如第14册李民宬《癸亥朝天录》中有在玉河馆秘密状启、册封准完事先来状启、别状启，第16册金堉《朝天录》收录7封状启，第24册徐文重《燕行日录》附有"状启草"，第26册姜铣《燕行录》附有入栅状启、渡江启闻、沈阳状启、山海关状启、还渡江状启共5封状启，第50册韩德厚《承旨公燕行日录》也附有平壤府查对后状启、渡江状启、入栅状启、皇历赉给官赵光璧回还时状启、先来状启、还渡江启草、别单誊书。

状启使用的吏读字比较程序化，固定的几个吏读字连用，表示一定的语法意义，一般置于句末。以李民宬《癸亥朝天录》中"在玉河馆秘密状启（九月二十九日）"为例：

去八月二十八日，译官申应溟、军官姜澳赍持状启去后，九月初五日，毛都督差官陈都司自京里发还椵岛<u>为白去乙</u>。厚给人情，付送状启一道、辨诬呈文誊书一道，约以中路递付申应溟，如不得递付，则到都督营下，即传接伴使李尚吉处，以便拨上驰启<u>为白有如乎</u>。未知中间得免浮沉<u>为白乎喻</u>，日夜忧虑<u>为白在果</u>。本月初八日，臣等诣西长安门外辨诬呈文，则阁老韩爌受而览过，驻立良久，仍问我国事情，令译官李馪等措辞以对，则阁老曰"已为晓得，封典则等待查回，朝廷必为准完。准完则自然辨诬，只在早晚"<u>是如为白齐</u>。继而礼科给事

187

中彭汝楠诣阙，臣等已书呈文一道，进前呈之，且陈我国被诬之状。彭给事立而倾听，受其呈文而入阙，当从容见之云云。当初行查文书，兵部题请顺付毛都督差官假衔参将汪崇孝，而（缺）累日之后，缓缓起身，臣等极为闷郁。十一日，诣兵部呈文，则兵部即为拨上行文于袁抚院，催促汪崇孝前赴<u>为白齐</u>。观其行文，且加闻见，则查官只听毛总镇差送，而袁抚院则但管文书覆奏云。当初叶阁老所言，只到毛文龙行查云者，果为不虚<u>是白乎旀</u>。只会到毛督府查来，非但为除弊实，为存查之名，以重其事，而督府将我国事情已为上本，更无所查，必不稽缓<u>是白去等</u>。查官文书，可便急图，于都督前十月内罔昼夜入送，庶及期会，得完大事，万一迟缓回来，守冻海中，今年内不得回报，则事机渐迟，一日为急，极为可虑<u>叱分不喻</u>。叶阁老颇主我国之事，向日累次呈文时，亲听丁宁之语，不幸近日牢定退去之意，累上辞本，杜门不出。皇上不准其辞，敦谕勉留，查事若回此时，则此正机会<u>是白乎旀</u>。所谓查勘者，别无他事，只受文武百官等领状以来<u>是如为白去等</u>。惟在朝廷火急完给，快快入送北京事，自朝廷各别速速通恳于毛都督前，期于无失其会。毛都督差官都司骆惟信，自初都督另差护送臣等，一时到北京，至今留滞，其为我国勤苦至矣。渠请臣等作禀帖于督府前，谢其前后恩典，兼及当身勤劳之事，事体当然云。故臣等依其言，作禀帖以送<u>为白乎旀</u>。（李民宬《癸亥朝天录》：14/542—545）

这封状启一共出现了12处吏读，依次为：为白去乙、为白有如乎、为白乎喻、为白在果、是如为白齐、为白齐、是白乎旀、是

第三章 《燕行录》所见的朝韩国义字构成的新词

白去等、叱分不喻、是白乎旀、是如为白去等、为白乎旀。① 这些吏读文表示固定的语法意义参表 3-1。

表 3-1 吏读文对应的现代韩语及其语法意义 ②

序号	吏读文	对应的现代韩语	表示的语法意义
1	为白去乙	- 하삽거늘 - 하옵거늘	삽, 表谦让, 谦虚; 옵, 表恭敬 거늘, 表原因、理由
2	为白有如乎	- 하였삽다는 - 하옵셨다는 - 하였삽다 하므로 - 하옵셨다 하므 - 하였삽더니 - 하옵셨더니	以谦让的态度表示直接引用过去时态 하옵셨다는 -, 用恭敬的态度直接引用过去时态 하므로 -, 表原因、理由 더니 -, 回顾过去所发生的事情, 或所经验过的事
3	为白乎喻	- 하사온지 - 하옵신지 - 하사올지 - 하옵실지	ㄴ지/은지, 带有疑问将其与后节的事实或判断相关联的连接语尾 ㄹ지/을지, 不确定、推测
4	为白在果	- 하옵거니와 - 하옵시거니와	- 와/과 (果), 表示并列关系
5	为白齐	- 하옵니다 - 하옵십니다 - 하옵소서 - 하십시오	表示陈述 - (恭敬) 命令 - (恭敬)

① 旀, 读며 [myeo], 朝鲜自创的文字, 用于标记朝鲜人名或地名, 也作吏读字。其中"是白乎旀"重复出现 1 次。
② 以下吏读文对应现代韩语来自檀国大学东洋研究所编《韩国汉字语辞典》。又, 所表示的语法意义由延边大学权美花教授译注, 谨表谢忱。

189

续表

序号	吏读文	对应的现代韩语	表示的语法意义
6	是如为白齐	- 이라고 하옵니다	表示恭敬的态度，用于说明或直接引用，相当于"所谓的"
7	是白乎旀	- 이시오며	表肯定，相当于"是"，시오表恭敬的态度，为敬语体
8	是白去等	- 이옵거든	거든 -，表示前提，或者前面的实事如此，后面就更是如何的意思
9	叱分（哛）不喻	- 뿐 아니라 - 뿐 아닌 것	表递进关系，相当于"不仅……，而且……"

李坤《燕行记事》也收录了数封状启，如：

臣等一行今月初三日到黄州牧，翌日例行查对<u>是白如乎</u>。与丰川府使臣郑启淳，安岳郡守臣李明中，各项文书眼同查对，则别无差误处<u>是白乎等以</u>，缘由驰启<u>为白卧乎事</u>。（李坤《燕行记事》：52/299）

其中位于句末的"是白如乎""是白乎等以""为白卧乎事"都是吏读文，它们对应的现代韩语及其表示的语法意义参表 3-2。

表 3-2 吏读文对应的现代韩语及其语法意义

序号	吏读文	对应的现代韩语	表示的语法意义
1	是白如乎	- 옵다는 - 이옵다고 하므로 - 이옵다고 하기에	옵다는，表直接引用 表原因、理由

第三章 《燕行录》所见的朝韩国义字构成的新词

续表

序号	吏读文	对应的现代韩语	表示的语法意义
2	是白乎等以	- 이사온 줄로 - 이사온 바로	表原因，相当于"因为……，所以……"
3	为白卧乎事	- 하옵는 일 - 하옵시는 일	听者敬语体，指"为您做的事"

可以看到，状启中使用的吏读有固定的用字，二至六个吏读字连用，表示一个语法意义。同时也很容易感受到，状启文与一般的汉文区别仅在于加入了一些句末助词，即使不懂这些吏读字表达的语法意义，理解文意也不会有太大的障碍。

第四章 《燕行录》所见的汉语固有义汉字词

朝韩国字、国义字是有限的，在朝韩汉字语词库中所占的比例很小，相反，利用汉语固有义组成的汉字词，才是最主要、最基本的。汉语固有义构成的汉字词有两种情况，一种是沿袭中国古籍中的汉语书面语词，或采用汉语口语词，可称为汉源汉字词；另一种是不见于中国古籍，亦非汉语口语词，而是由朝鲜文人自主创造的汉字词，可称为朝韩汉字词。如"鼎"有"象征三人或三个团体形成并立或对峙的态势"义，在中国本土文献中是常用义，可构成多个复音节合成词，如"鼎立""鼎足""鼎峙"等。"谈""话"也都是汉语常用词，表交谈。"鼎"与"谈""话"组成"鼎谈""鼎话"，指三人在一起对话。这两个汉字词在韩国汉文中多见，中国古籍未见，也非汉语口语词，属于朝韩汉字词。

关于汉语固有义汉字词，需要明确一点：记音词不属于此类。在使用汉语词时，由于种种原因，书写者没有使用本字或见于中国古籍的其他词形，而使用意义毫无关联的记音字。为记录朝鲜半岛固有词汇而创造的音写词，以及使用汉字记录其他民族语（如满语）或其他国家的语言而创造的音写词，也不属于此类。[1]

---

[1]《燕行录》中有大量的记音词，参第五章。

第四章 《燕行录》所见的汉语固有义汉字词

第一节　汉源汉字词

汉源汉字词是见于中国古籍的汉字词。根据《汉语大词典》的收录情况，我们将见于中国古籍的汉字词分两类阐述，一类是词典失收的词，另一类是词典未收的词义。《汉语大词典》收录的词或词义不在讨论范围之内。

一、见于中国古籍，但词典失收的词

以《燕行录》为线索，可以纠补出很多《汉语大词典》失收的词。现以 11 个（组）词为例，略加阐述。

1. 未明

未明，指天未明亮的时候，与质明、平明、天明、黎明等词相对。《燕行录》中有高达 200 多例，如：

> 未明送金衡入三河驿，讨骑而出。（丁煥《朝天录》：3/95）
> 十七日晴，未明发行，到七家岭点心。（苏巡《葆真堂燕行日记》：3/420）

"未明"的前面有主语"天色""东方"，可知"未明"即"天（或东方）未明"。从一些非词组合用例，可知其构词理据，如：

> 天色未明，引象立伏于午门前。（李弘胄《梨川相公使行日记》：10/72）
> 月黑夜何其，东方犹未明。（李荇《朝天录》：2/208）

193

《汉语大词典》已收录其反义词"天明""质明",但未收录"未明",盖以为非词。"未明"在中国古籍中使用也非常频繁,且产生很早,汉代已见,如《战国策》卷十四《楚策一·威王问于莫敖子华曰》:"昔令尹子文缁帛之衣以朝,鹿裘以处,未明而立于朝,日晦而归食,朝不谋夕,无一月之积。"①《风俗通义·怪神·世间多有精物妖怪百端》:"时亦昏冥,遂上楼,与妇人栖宿,未明,发去,亭卒上楼扫除,见死妇,大惊,走白亭长。"②南北朝以后广泛使用,如《宋书》卷一百《列传·自序》:"比见役人未明上作,闭鼓乃休,呈课既多,理有不逮。"③唐杜佑撰《通典》卷一百五十三:"仲和婴城固守,信夜令诸将以冲梯攻其东北,信亲率壮士袭其西南,迟明克之(迟,直吏反,未明也。天未明之顷已袭之,事毕然后天明,明迟于事耳)。"④《旧唐书》卷二十三《志·礼仪三》:"据封禅礼,祀日,未明十五刻,宰人以銮刀割牲,质明而行事。"⑤从使用数量和语境上看,"未明"应视作词,《汉语大词典》既收录"天明""质明",则亦当收录"未明"。《韩国汉字语辞典》也未收录该词,《电子汉字词典 e-汉字》已收录。

2. 晚头

晚头,即夜间、晚上。1例,即:

日气甚寒,自<u>晚头</u>馆中如波奔市热,各自装发。(权时亨

---

① 《战国策》,缪文远、缪伟等译注,中华书局,2012年,第418页。
② 东汉应劭撰,吴树平校释《风俗通义校释》,天津古籍出版社,1980年,第353页。
③ 梁沈约撰《宋书》(修订本),中华书局,2018年,第2689页。
④ 唐杜佑撰《通典》,浙江古籍出版社,1988年,第805—806页。
⑤ 后晋刘昫等撰《旧唐书》第3册,中华书局,1975年,第890页。

《石湍燕记》: 91/333）

时间语素加词缀"头"构成的双音节时间词，尚有朝头、夜头、晓头等。如《朱子语类》卷一百二十九《训门人七》："某向来从师，一日说话，晚头如温书一般，须子细看过。"[1] 明小说《三宝太监西洋记通俗演义》第八十六回："又去了两个多月，先前朝头有日色，晚头有星辰，虽没有了红纱灯，也还有些方向可考。"[2]《初刻拍案惊奇》卷三："看那少年的弓，约有二十斤重，东山用尽平生之力，面红耳赤，不要说扯满，只求如初八夜头的月，再不能勾。"[3] 据董志翘考察，《入唐求法巡礼行记》出现了大量的"晚头"（15例）、"夜头"（16例），用在时间名词后的"头"虚化程度高，无实义，这类用法也见于唐诗及敦煌文书。[4]《汉语大词典》仅收录"夜头"，失收"晚头"，可补。

还有一个"晓头"，《燕行录》中用例甚夥，有136例之多，44部作品使用，如：

晓头书状官舍车乘马而到。（许震童《朝天录》: 3/284）

晓头与副使、书状往客舍往望哭礼。（赵珩《翠屏公燕行日记》: 20/204）

其他汉文亦有大量用例，如李书九（1754—1825）有《晓头

---

[1] 朱黎靖德编，杨绳其、周娴君校点《朱子语类》第4册，岳麓社，1997年，第2597页。
[2] 明罗懋登著，陆树崙、竺少华校点《三宝太监西洋记通俗演义》，上海古籍出版社，1985年，第1115页。
[3] 明凌濛初编著《初刻拍案惊奇》，中华书局，2009年，第33页。
[4] 董志翘《〈入唐求法巡礼行记〉词汇研究》，中国社会科学出版社，2000年，第195—196页。

观潮》诗,描绘了早晨观潮之景色。《汉语大词典》未收,也未发现中国古籍的用例。

3. 存住

存住,即住宿。2例,即:

> 有落后买卖高丽申君直、李鹏云十二人,在胡家窝棚李家店内<u>存住</u>,夜间被贼窃去驮包一个。(李基宪《燕行日记》:65/275)

> 至二十一年随班师到都京涿州官店<u>存住</u>,至二十二年三月自京发往关东。(赵文命《燕行日记》:112/342)

又黄龙汉《贞窝集》卷八《祭族兄子章迁葬文》:"吾不能涛之于绍,吾斗谷逆旅之居,虽不知存住几何,而环山小涧,云烟起灭,碧松苍梅,所少者素心人耳。"①

"存住"为同义连用。"存"有止息、安顿义,有双音节词"存泊"(《汉语大词典》卷4第188页),可知"存""住"皆为歇息、住宿义。中国古籍中也多见用例,如《宋会要辑稿·刑法六·矜贷》徽宗宣和七年:"去失元给公凭者,因而乡里不敢存住,走窜他处。"②《桃花扇》卷三第二十七出:"小生不能存住,买舟黄河,顺流东下。"③《汉语大词典》失收,可补。

4. 得达

得达,即到达。有近百处用例,如:

---

① 《韩国文集丛刊续》第100辑页665上栏。
② 《宋会要辑稿·刑法》,马泓波点校,河南大学出版社,2011年,第733页。
③ 清孔尚任著,清云亭山人评点,李保民点校,《桃花扇》,上海古籍出版社,2016年,第113页。

第四章 《燕行录》所见的汉语固有义汉字词

自斜路<u>得达</u>沈州，又为大水所隔。（李承休《宾王录》：1/19）

若待门开而行，则一日内不可<u>得达</u>。（金昌业《老稼斋燕行日记》：33/385）

"得"有"及，到"义（《汉语大字典》卷 2 第 890 页），又有"到，抵达"义，如唐杜甫《宿花石戍》诗："午辞空灵岑，夕得花石戍。"（《汉语大词典》卷 3 第 988 页）"得"与"达"同义连用，构成"得达"一词，如《南史》卷五十八《韦睿传》："景宗虑城中危惧，乃募军士言文达、洪骐驎等赍敕入城，使固城守，潜行水底，得达东城。"① 《旧唐书》卷二百下《朱泚传》："唯不获朱遂，传为野人所杀，或云与泚婿伪金吾将军马悦潜走党项部落，数月得达幽州。"② 清末民国时期的稗官野史中仍有其踪迹，如《东周列国志》第七十六回："王遂与季芈同渡，得达郧邑。"③ 该词保留在现代韩语中，写作"득달 [tɯkˈ/tʼal]"，如"그가 그곳에 득달한 후에 많은 일이 일어났다（他到达那里后发生了很多事）"。④《汉语大词典》失收。

5. 深谢

深谢，深深地致以谢意。3 例，见于 3 部作品，如：

马贝大喜，向吾坐举杯<u>深谢</u>。（洪命夏《甲辰燕行录》：20/270）

---

① 唐李延寿撰《南史》第 5 册，中华书局，1975 年，第 1428 页。
② 后晋刘昫等撰《旧唐书》第 16 册，中华书局，1975 年，第 5390 页。
③ 明冯梦龙著，清蔡元放改编《东周列国志》，中华书局，2009 年，第 522 页。
④ 参《标准国语大词典》"득달"条。

其人之子叩头深谢,以不受酒价为酬恩之资。(金正中《燕行录》:75/88)

也见于其他汉文,如李滉《退溪集》卷二十《答黄仲举》:"前闻有所分,以救倒悬之急,深谢深谢。"① 中国古籍亦多用,如元话本《大唐三藏取经诗话·入鬼子母国处》:"僧行七人,深谢国王恩念,多感再三。"② 《水浒全传》第二十一回:"阎婆道:'怎地时却是好也,深谢押司。'"③《警世通言》第三十九卷:"谢娘子,胡乱安顿一个去处,教过得一夜,深谢相留!"④《汉语大词典》失收。

6. 喜谢

喜谢,非常高兴地致以谢意。4例,见于4部作品,如:

令李应星送华天使家,致下程回礼,天使喜谢。(权橃《朝天录》:2/301)

闻都督欲得白粒,送四袋,即二十斗也,都督回帖喜谢。(金堉《朝京日录》:16/456)

也见于其他汉文,如曹好益《芝山集》卷三《答尹眉叟》:"喜谢之余,还极未安未安,余冀珍重。"⑤ 中国古籍亦多见,如《太平广记》卷三百七十七《冥祥记·孙回璞》:"回璞引坐共食,鬼甚喜

---

① 《韩国文集丛刊》第29辑页502下栏。
② 李时人、蔡镜浩校注《大唐三藏取经诗话校注》,李时人、蔡镜浩校注,中华书局,1997年,第25页。
③ 明施耐庵、罗贯中著,唐富龄标点《水浒全传》,岳麓书社,2004年,第162页。
④ 明冯梦龙编著,吴书荫校注《三言·警世通言》,中华书局,2014年,第622页。
⑤ 《韩国文集丛刊》第55辑页491—492。

谢。"①《西游记》第九十二回:"行者闻言,方才喜谢道:'如此,却是有功。多累!多累!'"②《初刻拍案惊奇》卷一:"四子喜谢,尽欢而散。"③《汉语大词典》失收。

7. 领谢

领谢,接受他人赠予的礼物并致以谢意。5例,见于3部作品,如:

> 答书以红帖子面书正字,内云"年家眷弟刘松龄顿首拜",别纸书"领谢"二字。(洪大容《湛轩燕记》:42/43)
>
> 送人致谢于鄂罗馆,其回有书"领谢"。(金景善《燕辕直指》:71/298)

也见于其他汉文,如李植《泽堂集》卷一《毛都督前回帖》:"向辱惠缄,具悉雅意,已复帖领谢矣。"④中国古籍亦见,如《镜花缘》第五十回:"俗语说的:'千里送鹅毛,礼轻人意重。'只好备个领谢帖儿,权且收了。"⑤《桃花扇》卷四第三十七出:"(丢小生于地,向净、丑拱介)皇帝一枚奉送。(净、丑拱介)领谢!领谢!"⑥《汉语大词典》失收。

---

① 宋李昉等编《太平广记》第8册,中华书局,1986年,第3000页。
② 明吴承恩著《西游记》,黄肃秋注释,李洪甫校订,人民文学出版社,2010年,第1124页。
③ 明凌蒙初编著《初刻拍案惊奇》,中华书局,2009年,第2页。
④ 《韩国文集丛刊》第88辑页114上栏。
⑤ 清李汝珍著《镜花缘》,张友鹤校注,人民文学出版社,2012年,第345页。
⑥ 清孔尚任著,清云亭山人评点,李保民点校《桃花扇》,上海古籍出版社,2016年,第156页。

8. 措处

措处，即处理、处置。7例，如：

> 其行乞幼儿别有<u>措处</u>，名曰育婴堂。（金景善《燕辕直指》：72/370）

> 少有苦虐于民间，则吾当禀达天侧，另行<u>措处</u>矣。（李尚健《燕辕日录》：96/248）

措，安排也，《说文》："措，置也。"处，处置也。则"措处"为同义连言。中国古籍屡见不鲜，如《朱子语类》卷六十四《中庸三》第二十七章："上面一截便是一个坯子，有这坯子，学问之功方有措处。"[①]《醒世姻缘》第六十六回："不知狄员外如何措处，其说甚长，再听后回衍说。"[②]《二刻拍案惊奇》卷一："就是五十石也罢，省得担子重了，他日回赎难措处。"[③]《汉语大词典》失收。

9. 措备

措备，即筹备。9例，如：

> 凡器械之<u>措备</u>，军饷之转输，一皆取办于全罗。（权㤚《石塘公燕行录》：5/45）

> 其中贫不能<u>措备</u>银与牛者，则并家口拿去使唤云。（申忠一《建州见闻录》：8/174）

措，筹集也。如元无名氏《冻苏秦》楔子："既然他两个要去，

---

① 宋黎靖德编，杨绳其、周娴君校点《朱子语类》第2册，岳麓书社，1997年，第1420页。
② 明西周生著《醒世姻缘传》，浙江古籍出版社，1998年，第654页。
③ 明凌濛初编著《二刻拍案惊奇》，中华书局，2009年，第4页。

等他自措盘缠求官去来。"(《汉语大词典》卷6第638页)备,储备也。"措"与"备",语义相关。该词也见于中国古籍,如金佚名编的文书资料《大金吊伐录·曹王刘豫谢表》:"至闻混一之义,不待再三之言,即随使人往受宣命,素所措备,复何迟疑!"①明严从简《殊域周咨录》卷十:"即会行云南镇巡等官调集汉土官兵,措备粮饷,克期进剿,一面星驰奏闻。"②《汉语大词典》失收。

10. 玩景

玩景,指游玩、赏景。7例,见于6部作品,如:

> 夕铺后,陪出馆门,立河边<u>玩景</u>而来。(苏巡《葆真堂燕行日记》:3/387)

> 公既欲游山,当令一人指路,登山后<u>玩景</u>。(洪大容《湛轩燕记》:42/298)

朝鲜时代汉语教科书《朴通事》也有记载:"咱闷当不的,一个日头咱商量着,游山玩景去来。"中国古籍也多见,如《太平广记》卷二百〇五《东三·羯鼓》:"又宜高楼玩景,明月清风,凌空透远,极异众乐。"③明小说《二刻拍案惊奇》卷三十六:"楼上临湖玩景,游客往来不绝。"④《水浒全传》第六十六回:"如花仕女,人丛中金坠玉崩;玩景佳人,片时间星飞云散。"⑤《汉语大词典》失收。

---

① 金佚名编《大金吊伐录校补》,金少英校补,李庆善整理,中华书局,2017年,第555页。
② 明严从简著,余思黎点校《殊域周咨录》,中华书局,2000年,第376页。
③ 宋李昉等编《太平广记》第5册,中华书局,1986年,第1559页。
④ 明凌濛初编著《二刻拍案惊奇》,中华书局,2009年,第402页。
⑤ 明施耐庵、罗贯中著《水浒全传》,唐富龄标点,岳麓书社,2004年,第527页。

有两个特殊的词值得关注,即"看玩""见玩"。"看玩"(10例)、"见玩"(2例)即参观、观赏。如:

余大着胆儿独自进去,遇佛拜佛,一一看玩了。(李尚健《燕辕日录》:95/420)

使人登溷,则其价必收二三文云,而未及见玩。(柳寅睦《燕行日记》:75/389)

《燕行录》中"玩"的玩赏、欣赏义值得特别注意。以权时亨《石湍燕记》为例,当单音节词"玩"后直接加某些观赏对象时,从汉语的角度来看显得怪异。如:

又要玩家舍,其中有一个瘦小汉引至一家。(权时亨《石湍燕记》:90/353)

而又往白塔寺观光,将往告元观要玩杂戏。(权时亨《石湍燕记》:91/96)

使家以齿痛欠宁,往见三房,约同玩帝王庙。(权时亨《石湍燕记》:91/91)

则与赵显宅往十三山,要玩山顶上天池。(权时亨《石湍燕记》:91/363)

汉语中单音节词"玩"后直接加对象词时,多为顽耍、把玩义,如玩手机、玩游戏、玩玩具等。例句中的"玩家舍""玩杂戏"之"玩"并非"顽耍"义,而是"参观"义,故而显得奇怪。当"玩"的对象是地点名词时,不能直接位于"玩"之后,而要使用"介词+地名+玩"的结构,因为这时候的"玩"是不及物动词,因此"玩帝王庙""玩山顶上天池"显得不伦不类。有的"玩"字句会让人产生歧义，如：

> 大抵入此以后，行路女色之<u>玩过</u>不为不多，而今日则便是半城中士女并出。（权时亨《石湍燕记》：91/212）

联系上下文，可知此"玩"乃观赏、欣赏义。

11. 许听

许听，指听从对方的请求，即允许也。1例，即：

> 故令通官辈请使行亦为状启付送我人之意，则礼部侍郎终不<u>许听</u>。（李田秀《入沈记》：30/165）

其他汉文多见，如《朝鲜王朝实录》中宗十三年十月庚辰："先王已定之事，不可改也，故其后每每上言，而亦不许听。"[1]柳赫然《野堂遗稿》卷三"附录"《庚申颠末大略》："且军事至严，非有信迹，以口传语，则虽大将自在门首，决不许听。"[2]"许听"也见于佛经中，如隋天竺三藏阇那崛多译《佛本行集经》卷五十《说法仪式品下》："如来已许听我等辈五日五日聚集大会，应当赞说诸佛功德。"元魏吉迦夜共昙曜译《杂宝藏经》卷七《罗汉祇夜多驱恶龙入海缘》："儿已能语，复白父母言：'愿尊先许听我出家。'"[3]《汉语大词典》未收，可补。

又有同素逆序词"听许"，7例，见于5部作品，如：

> 问答如响，小无厌色，而所陈之语皆已<u>听许</u>。（李廷龟《庚

---

[1]《朝鲜王朝实录 15·中宗实录》卷三四，第 484 页 c 栏。
[2]《韩国文集丛刊》第 122 册页 354 上栏。
[3] 以上两例见《大正新修大藏经》第 3 册页 883 中栏、第 4 册页 483 中栏。

申燕行录》：11/33）

礼部尚书相值时令衙译言及，则以曾无规例为辞，不为听<u>许</u>。（赵玠《翠屏公燕行日记》：20/233）

"听许"为同义连言，"听"的允许义，上古汉语已见，如《吕氏春秋·知士》："静郭君辞，不得已而受，十日谢病，强辞，三日而听。"高诱注："听，许。"（《汉语大字典》卷5第2992页）"听许"也见于中国古籍，为"听而许之"义，《汉语大词典》已收录（卷8第716页）。

二、词典未收的词义

《燕行录》中出现的一些汉语固有义汉字词，虽然也见于中国古籍，但这些词在朝鲜半岛产生了新义。根据《汉语大词典》的收录情况，我们收集了31个（组）词，分三种类型逐一进行阐释。虽然这些义项《汉语大词典》未收录，且中国古籍无用例，但它们与汉语的用法存在明显的联系。因此，仍属于汉源汉字词。

（一）记录名物与职务身份类

《燕行录》中记录名物与职务身份类的汉字词很多是从中国古籍中直接继承而来的，但也有不少词在传入朝鲜半岛后产生了新义。我们摘选6个词，一方面说明这些词在《燕行录》及其他韩国汉文中的使用情况，另一方面剖析这些新义产生的原因、与中国古籍中的汉语固有义之间的关联。

1. 生鲜

生鲜，指新鲜的鱼类，不包括腌制或晒干的海鲜，也不包括其他肉类或蔬果。李义凤《古今释林·东韩译语·释鱼》："生鲜，本

祖,今鱼族通称生鲜。"(第848页)22例,如:

> 上使则羊一口,鹅一首,鸡一首,生鲜三尾。(洪命夏《甲辰燕行录》:20/295)
>
> 夕饭时自厨房馈生鲜汤,而味极可尝。(权时亨《石湍燕记》:90/398)

"鲜"原为鱼名,后泛指鱼类,上古汉语已见,如《老子》第六十章:"治大国若烹小鲜。"河上公注:"鲜,鱼。"也指活鱼,如《礼记·内则》:"冬宜鲜羽。"郑玄注:"鲜,生鱼也。"(《汉语大字典》卷8第5000页)宋代有了"海鲜"一词,指"食用的海生动物",如宋罗大经《鹤林玉露》卷十一:"上问容斋:'卿乡里所产?'……又问一侍从,忘其名,浙人也,对曰:'螺头新妇臂,龟脚老婆牙。'四者皆海鲜也。"元代继续使用,如元杨显之《酷寒亭》第三折:"我江南吃的都是海鲜。"(《汉语大词典》卷5第1232页)同时又有"鱼鲜"一词,指鱼虾等水产品,如宋吴自牧《梦粱录·夜市》:"大街关扑,如糖蜜糕灌藕,时新果子,像生花果,鱼鲜猪羊蹄肉。"《水浒传》第十五回:"甚么官司敢来禁打鱼鲜!"(《汉语大词典》卷12第1200页)

《汉语大词典》"生鲜"条仅列两个义项"鲜活""增添鲜丽",无名词用法。台湾《重编国语辞典修订本》释作"新鲜的鱼肉蔬果",配例为现代汉语:"这附近新开了一家生鲜超市,生意不错。"用于专指鱼族当是朝鲜半岛的新创。

2. 文鱼

文鱼,指章鱼。《韩国汉字语辞典》卷二引《兹山鱼谱》曰:"章鱼,俗名文鱼,大者长七八尺,产于东北海者,长或二丈余,头圆，头下如肩胛，出八枝长脚。"（第670页）16例，如：

  大口一同，<u>文鱼</u>一束。（赵宪《朝天日记》：5/128）
  全鳆十三贴，<u>文鱼</u>七尾。（金昌业《老稼斋燕行日记》：32/305）

  章鱼，又称章花鱼，如章如花，故"章"为纹章、花纹义，因章鱼每条腕足上有2—4行环形中凹的吸盘，形成繁密的圆凸纹，故得"章"之名。① "文鱼"则取"纹"字名之，"文"与"纹"，一也。汉语中"文鱼"是金鱼、鲤鱼的别名，也泛指有斑彩的鱼。（《汉语大词典》卷6第1533页）

  3. 云月

  云月，头盔、帽子上的一种装饰品，由金、银、玉、七宝等制作而成。如：

  诸裨将已着军服战笠矣，顶起银花<u>云月</u>，悬孔雀羽。（朴趾源《热河日记》：53/254）
  伴倘戴竹丝战笠，顶起银花<u>云月</u>，悬雀羽、翎羽。（徐庆淳《梦经堂日史》：94/160）

  《燕行录》中的"云月"多指军服黑笠子顶上的珠子。云月的材质关乎身份贵贱，《朝鲜王朝实录》世祖七年二月丙子："传旨司宪府曰：'笠饰云月儿，大君用金，堂上官以上用银，禁大白玉、七宝、交露金玉云月儿、朱红黄丹马靴、白羊角钑带。'"② "云月"

---

① 李海霞著《汉语动物命名考释》，巴蜀书社，2005年，第651页。
② 《朝鲜王朝实录7·世祖实录》卷二三，第446页d栏。

原指妇女用的一种饰物。宋陆游《老学庵笔记》卷二："靖康初，京师织帛及妇人首饰衣服，皆备四时，如节物则春幡、灯球、竞渡、艾虎、云月之类。"（《汉语大词典》卷11第635页）传入朝鲜半岛后，词义发生转移，用于指帽子或头盔的装饰品。

4. 聘君

聘君，即岳父，指妻子的父亲。9例，见于3部作品，如：

> 是日政聘君移拜济用监主簿，夜聘君为余设酌劝乐。（许震童《朝天录》：3/316）

> 聘君在沙岘底，召余，余历拜焉。（许篈《朝天记》：6/22）

中国古籍也有"聘君"一词，指被朝廷征召做官的隐士。如《梁书》卷五十二《止足传》："（陶季直）及长好学，淡于荣利。起家桂阳王国侍郎，北中郎镇西行参军，并不起，时人号曰聘君。"[①] 但未见用指岳父的情况。称妻父为"聘君"，是朝鲜文人误解中国典籍而产生的新义。

朱熹《论语集注·雍也》有"刘聘君曰"[②]，刘聘君即刘勉之，是朱熹的岳父。朝鲜文人误将"聘君"解作岳父的尊称而用于著作中，加之朱子学在朝鲜半岛的广泛传播和深刻影响，进而又类推创造了聘父、聘母、聘家、聘丈等新词（参下文）。事实上，朝鲜半岛已有诸多学者讨论过这个问题。较早提出"聘君"误用现象的是赵克善（1595—1658），他在《三官记》"目官"中曰：

[①] 唐姚思廉撰《梁书》第3册，中华书局，1973年，第761页。
[②] 朱熹《论语集注》，郭万金编校，商务印书馆，2015年，第141页。

崔完城鸣吉候潜冶先生书有"再至聘宅"之语,娱庵丈曰:"《论语注》有刘聘君曰之语,盖谓国家聘召之臣,犹征君、征士之类。而其下小注有文公妇翁四字,故世人错认,遂有聘父、聘宅等语也。"余因此省悟,古无称妇翁为聘君、聘父之语。《清江集》指其妇翁尚鹏南为尚聘君,而尚君未有聘召之事,则是亦错认刘聘君而袭谬之故也。后考《朱子大全》曰"某之外舅聘士刘公",又曰"外舅刘聘君"。按,外舅是妇翁之称,又有曰苏聘君庠。此甚明白,可破俗见之陋。①

后柳长源(1724—1796)、丁若镛(1762—1836)等人也提出相同的观点:

世俗于妻父泛言则曰丈人,至书于书简,则曰聘君或聘父。夫聘君,征君也,错认朱子谓妇翁为聘君,虽识者亦多冒用,固可笑也,若聘父则尤无据。(柳长源《常变通考》卷四《通礼四·居家杂仪下》)

聘君者,征士也,朝廷以玉帛聘之,故谓之聘君。《南史》:"陶季直澹于荣利,征召不起,号曰陶聘君。"聘君者,征君也。朱子娶令人刘氏,刘氏之父亦本征士,故朱子称之曰刘聘君。东人错认,遂以妻父为聘君,又转为聘父,以妻母为聘母,辗转讹误,一至是矣。今人或问其义,解之者曰:"婿之娶也,玄纁以聘之,故《礼》曰聘则为妻,奔则为妾。既云妻父,岂非聘父?"斯又曲为之说也。(丁若镛《雅言觉非》卷二,第287页)

---

① 《冶谷集》卷十,《韩国文集丛刊续》第26辑页256下栏。

可见，朝鲜半岛在广泛使用"聘父""聘母"的同时，也有不少人指出这两个称呼是对朱子著作用语的误解，主张纠正这种误用。

5. 通官

通官，即译官。《燕行录》中"通官"有一千多例，如：

> 则陪臣欲先遣一<u>通官</u>启知国王，乞赐火牌。（权悏《石塘公燕行录》：5/40）

> 千秋先去朴<u>通官</u>，为报天涯安未安。（李廷馨《朝天录》：5/624）

最早见于明万历二十五年（1597）到北京的权悏所撰《石塘公燕行录》。《汉语大词典》"通官"条列两个义项：①谓通理各种政务，不专一职之官；②达官，显官。（卷10第929页）未收"翻译人员"义。台湾《重编国语辞典修订本》"通官"条收录该义项，释为"清代称翻译官为通官，或称为通事官"，则"通官"一词始流行于清代。值得注意的是，《燕行录》中的"通官"一般仅指清政府一方的翻译员，朝鲜的翻译员不用此称，但《朝天录》中无此区别，如上举《石塘公燕行录》例中的"通官"指的是朝鲜译官。

6. 马头

马头，指燕行使团中负责各类杂役的随行人员，也称"马首人"。马头的身份虽低，角色却很重要，多由能通汉语的人担任。《燕行录》中"马头"的用例不胜枚举，如：

> 顾见还奴，则<u>马头</u>亦垂双涕，可知离怀之惨也。（赵宪《朝天日记》：5/145）

黎明起行时，卢希立马头来见。（李景严《赴沈日记》：15/411）

《朝天录》仅见2例，《燕行录》则从崇德六年（1641）入沈阳的李景严所撰《赴沈日记》开始频繁使用。马头的职责多，名色也多，有咨文马头、干粮马头、房马头、日伞马头、笼马头等。"马头"原指管理驿站马匹的人员，《燕行录》中指从事牵马、护行、搬运行李等杂役的随从。由于马头多会汉语口语，因此也充当翻译、导游。马头并非使臣专有，译官、军官、带率子弟都可以有自己的马头，一个人可带两个马头。如朴趾源有昌大和张福两个马头，作为随行军官的权时亨也有两个马头，称为"陪行马头"，主要职责是一路陪护其主，包括收拾行装、助力运轿、雇车护行等事务。

汉语中的"马头"也有相关的义项，指马夫头目，《六部成语注解·兵部》："马头：马夫之头目。"（《汉语大词典》卷12第785页）显然与《燕行录》中的"马头"有关联，也有区别。韩国汉文中也将此类"马头"称作"带率驿子"，如《朝鲜王朝实录》中宗五年二月丁酉："赃污事重，故初欲遣敬差官推之，台谏言其有弊，故欲令都事推之。今闻告诉者是都事马头（带率驿子），则似有嫌疑，故更遣朝官耳。"[①] "驿子"指驿站的吏役，主要负责驿马喂养及驿田耕种，虽也是与马打交道，但非指头目。

（二）记录行为动作类的词

行为动作类的汉语汉字词最丰富，构词方式也最灵活多样。此处择取11个（组）词，考察它们在《燕行录》中的使用情况，以

[①]《朝鲜王朝实录14·中宗实录》卷十，第411页c栏。

及中朝语义的差别与联系。

1. 情话、醉话、酒话、陪话、讨话

情话，指深情地交谈。15例，见于10部作品，如：

> 情话匆匆一宿间，萍逢岂意峤南关？（吴翻《燕行诗》：18/12）

> 鸡鸣而觉，与季令情话叙别。（闵鼎重《老峰燕行记》：22/323）

其他汉文也见，如金垍《龟窝集续集》卷四《春坊日记》："二十一日还家，亲戚相聚，情话可掬。"[1]这是表交谈情状的偏正式复合词。中国古籍中的"情话"作名词用，指知心话，或指男女间所说表示爱情的话。（《汉语大词典》卷7第584页）韩国汉文中作动词用的"情话"与"知心话"存在密切的语义联系，故视作新义。

醉话，指一边饮酒，一边交谈。3例，见于2部作品，如：

> 匜坐舟中，相与醉话，不知波涛之冲舟也。（裴三益《朝天录》：4/14）

> 行酒醉话，夜深乃罢。（郑士信《梅窗先生朝天录》：9/247）

其他汉文也多见，如朴长远《久堂集》卷十五《游头流山记》："与梁丈及永叔，并马历登云皋亭，醉话移时。"[2]李舜臣《李忠武公全书》卷七《乱中日记三》丙申四月初四日："往见右水使，醉

---

[1]《韩国文集丛刊续》第95辑页338下栏。
[2]《韩国文集丛刊》第121辑页332下栏。

话而还。"①《汉语大词典》"醉话"条仅列一个义项"醉后的胡话",如《桃花扇》卷四第三十一出:"听他所说,像是醉话。"②(第131页)《燕行录》中的"醉话"为动词,虽词性不同,但词义有关联,故视作新义。

酒话,1例,即:

> 溪边设幕,与两守<u>酒话</u>,移时乃发。(金中清《朝天录》:11/392)

又崔锡鼎《明谷集》卷二十六《潭阳府使曹公墓志铭》:"锡鼎少与公连闲居,交好不浅,常衔杯酒话,娓娓不倦。"③苏世让《阳谷集》卷十《题金吾郎官契轴》:"暇日每携韩酒话,余闲时向白莲哦。"④"酒话"可看作是"酌酒谈话""酌酒话别"等组合的凝缩形式,如郑希良《虚庵集》卷一《赠别直卿还京师》:"风霜看旧面,樽酒话深情。"⑤朴东亮《寄斋史草》下卷《壬辰日录二》六月初九日:"李德馨到江上,贼将平调信玄、苏世俊等至,各乘船会于中流,酌酒话。"⑥《燕行录》中也多见,如:

> 夏序班来,副使来见,<u>设酒话别</u>,各给砚面。(苏世让《阳谷赴京日记》:3/483)

---

① 《韩国文集丛刊》第55辑页269上栏。
② 清孔尚任著,清云亭山人评点《桃花扇》,李保民点校,上海古籍出版社,2016年,第131页。同参《汉语大词典》卷9第1427页。
③ 《韩国文集丛刊》第154辑389下栏。
④ 《韩国文集丛刊》第23辑页441下栏。
⑤ 《韩国文集丛刊》第18辑页23上栏。
⑥ 《大东野乘》13辑,民族文化推进会,1989年,第43页上栏。

第四章 《燕行录》所见的汉语固有义汉字词

《汉语大词典》"酒话"条释义为"酒醉后所说的话",且所举书证为现代文学作品中的用例。

陪话,陪长辈或尊者叙话。8例,见于6部作品,如:

> 夕入衙内<u>陪话</u>,宿于西轩房。(许霆童《朝天录》:3/258—259)

> 凤林大君设馔,<u>陪话</u>移日。(成以性《燕行日记》:18/142)

又《朝鲜王朝实录》宣祖三十年十二月甲戌:"欲从容陪话,而大人屡请止酒,故不敢尔。"①中国古籍也有用例,如《三遂平妖传》第三十二回:"王则大喜道:'有烦三位少坐,待小可送去州里,再来陪话。'三人道:'我等正有话商议,快去快来。'"②《汉语大词典》收录"陪话",释义为"赔不是;赔礼道歉"(卷11第1055页),未收"陪长者或尊者谈话"义,可补。

讨话,即谈话,同义连用。10例,见于6部作品,如:

> 投宿南汉山城,夜与府尹许徽<u>讨话</u>。(金宗一《沈阳日乘》:19/15)

> 仍就竺秀才世藏家,从容<u>讨话</u>。(崔斗灿《乘槎录》:68/449)

其他汉文也多见,如权榘《屏谷集》卷七《戊申录》:"朴君淡在傍叱曰:'使道方与客讨话,汝何瞒也?'"③《汉语大词典》已收"讨话",释作"听消息,听回话"(卷11第35页),显然与上述"讨话"不同。

---

① 《朝鲜王朝实录23·宣祖实录》卷九五,第351页d栏。
② 明罗贯中编,明冯梦龙补改,刘紫梅点校,中华书局,2004年,第244页。
③ 《韩国文集丛刊》第188辑页116下栏。

同义连言构成的词还有"讨说""论话",如李浚庆《东皋遗稿》卷一《祭柳知事叔春(辰仝)文》:"文公候苏醒,我访公寓,讨说生平,岂知此会乃为永诀。"① 成伣《慵斋丛话》卷八:"余陪伯氏将向开城,宿坡山别墅,月夜论话。"② 李舜臣《李忠武公全书》卷八《乱中日记四》丁酉六月十七日:"时见黄从事,论话移时,还到寓家。"③《燕行录》未见。

《汉语大词典》收录"讨说",释义为"犹讨论"(《汉语大词典》卷11第35页),韩国汉文中的"讨说"不限于"讨论",也指一般的闲谈。《汉语大词典》未收"论话"。

2. 摊饭、摊酒

摊饭,指吃饭或吃午饭。52例,见于两部作品,即李滜《燕途纪行》(50例)、孙万雄《燕行日录》(2例)。如:

抵金石山摊饭,义州火手呈一大鹿。(李滜《燕途纪行》:22/60)

朝到沙流河,摊饭轿中。(孙万雄《燕行日录》:28/378)

又指午睡,2例,出现在两首诗歌中,如:

长途摊饭卧星轺,不觉乘风度板桥。(裴三益《朝天录》:3/542)

匡床摊饭日暄和,每惜韶华客里过。(任相元《燕行诗》:28/读香山诗)

---

① 《韩国文集丛刊》第28辑页275下栏。
② 《韩国汉籍民俗丛书》第一辑第七册,万卷楼图书股份有限公司,2012年,第217页。
③ 《韩国文集丛刊》第55辑页289上栏。

"摊饭"原是午睡义。宋陆游《春晚村居杂赋绝句》其五:"浇书满挹浮蛆瓮,摊饭横眠梦蝶床。"自注曰:"东坡先生谓晨饮为浇书,李黄门谓午睡为摊饭。"[1] 早上进食可浇灌夜读入腹的书,故称吃早餐为"浇书",午饭后躺着午睡可使腹里的食物均匀分摊开来,故称午睡为"摊饭"。后世便用"摊饭"代指午睡,如《楹联丛话全编·巧对续录卷上》:"'浇书''摊饭',自是的对。其实浇书并不见有书,摊饭亦不见有饭,空中设想,取以为对,所以妙也。"[2] 近现代文学作品也见,如钱锺书《槐聚诗存·午睡》:"摊饭萧然昼掩扉,任教庭院减芳菲。"[3] 韩国汉文也多有用例,如姜世晋《警弦斋文集》卷一《闲居杂咏十七绝》:"摊饭春床稳,起来山日午。"[4] 权圣矩《鸠巢文集》卷二《又寄柳尔能》:"摊饭眠酣离梦阔,浇书饮罢客怀绵。"[5]《汉语大词典》已收该义项(卷6第982页)。

利用中国基本古籍库检索"摊饭",我们发现绝大部分用作午睡义,但也有3例表进食或午餐义,如清吴俊(1744—1815)《荣性堂集》卷九《界亭驿夜纪山行所见》诗曰:"有泉皆注北,无树不遮南。摊饭惟鱼薧,呼茶只米泔。养苗云送雨,炊黍气成岚。"[6] 清张澍(1776—1847)《养素堂诗集》卷十九《舟行赴省连

---

[1] 宋陆游著,钱仲联校注《剑南诗稿校注》,上海古籍出版社,2005年,第1756页。
[2] 梁章钜等编著,白化文、李鼎霞点校《楹联丛话全编》,北京出版社,1996年,第439页。
[3]《钱锺书作品集》,北岳文艺出版社,2003年,第459页。
[4]《韩国文集丛刊续》第84辑页153上栏。
[5]《韩国文集丛刊续》第44辑页399下栏。
[6]《续修四库全书》第1464册集部别集类,上海古籍出版社,2002年,第75页下栏。薧:读kǎo,干的食物,如"凡其死、生、鲜、薧之物,以共王之膳。"鱼薧,剖开晾干的鱼。

日遇风雨》诗:"夜里占晴天不晓,饥来摊饭酒难温。劳劳半世成何事,白发萧骚忆故园。"① 郭翙《白发燕将行》诗:"短袄落拓长安市,道侧摊饭腹膨脝。小儿揶揄呼老伧,太仓糜粟真鼯鼪。"②

"摊饭"的午餐义在成书于明末清初的《燕行录》中已出现,李㴲与孙万雄分别于顺治十三年、康熙十六年出使北京。事实上,在朝鲜半岛,创作于明朝中期的汉文即已出现了该用法。如朝鲜大儒李滉(1501—1570)曾专门写信给朋友讨论"摊饭"这个词(见下文)。柳云龙(1539—1601)《谦庵集》卷五《游金刚山录》:"过明波驿,摊饭于大康驿。主人金叔年馈村酒,礼待甚厚。"③ 朝鲜末期也多见,如宋秉璿(1836—1905)《渊斋集》卷二十四《慎窝郑公(在褧)遗集序》:"如人饮食而实饱,则我自为好,何关于人之知不知,而欲摊饭于门外乎?"④ 上举3例中国古籍的"摊饭",出自清中晚期的作品。《汉语大词典》等大型语文辞书只收录其午睡义,清翟灏《通俗编》卷二十七"摊饭"只论其午睡义,这也说明中国人极少用"摊饭"的进食义。

"摊饭"如何由"午睡"引申出"进食;午餐"义?朝鲜大儒李滉曾与朋友金应顺讨论过"摊饭"的词源问题,他在《答金应顺

---

① 《续修四库全书》第1506册集部别集类,上海古籍出版社,2002年,第320页下栏。
② 孙雄辑《道咸同光四朝诗史》甲集卷四,上海古籍出版社,2013年,第103页下栏。郭翙,生卒年不详,字苕卿,号大风,光绪六年(1880)进士,官刑部主事,工书善画,著有《大风楼诗橐》。膨脝:读 pénghēng,亦作"膨亨"。有4个义项:腹部膨大貌;引申为饱食;泛指胀大;中医谓腹部胀大如鼓。鼯鼪:读 wúshēng。鼯鼠,形似松鼠,能从树上飞降下来,住在树洞中,昼伏夜出。鼪,即鼬鼠,俗称黄鼠狼。
③ 《韩国文集丛刊》第49辑页64下栏。
④ 《韩国文集丛刊》第329辑页424上栏。

(丁巳)》中写道：

> 摊饭之义，深荷谆喻。然则摊饭本为披饭之义，以为午睡者，借用为谐笑之语。盖朝饭实腹，当午睡卧则实者稍纾，故云摊饭。亦如浇书之云"夜读书在腹，朝饮以浇之耳"。而《南录》则直谓披食所裹饭也。（李滉《退溪集》卷三十三）①

李滉认为摊饭的本义为"进食"，后引申出"午睡"义。金楺（1653—1719）在《丙丁琐录·丙辰丁巳》对李滉的观点表示赞同：

> 尝见洪仁佑《游金刚录》，谓进食曰摊饭。后阅《芝峰类说》，云宋人谓午睡为摊饭。二者未知孰得？退溪云，摊饭本为披饭之义，以为午睡者，借为谐笑之语，亦如浇书之言。似然矣。（金楺《俭斋集》卷三十）②

李滉生活于明弘治、隆庆年间，金楺生活于清康熙年间，说明韩国汉文中表进食义的"摊饭"早于中国古籍。中国与朝鲜半岛对该词的这种引申处理可能只是不谋而合、殊途同归的结果，因为"摊饭"的字面意思极容易联想到进食。朝鲜文人因而类推创造了"摊食""摊酒"两个新词，如李穑（1328—1396）《牧隐诗稿》卷二十七《晚生》其二："摊食眠初罢，悠然听午鸡。"③"摊酒"一词见于《燕行录》：

> 仍到宁边，直造海翁寓居，仍摊酒叙阻。（李景严《赴沈

---

① 《韩国文集丛刊》第 30 辑页 261 上栏。
② 《韩国文集丛刊续》第 50 辑页 606 上栏。
③ 《韩国文集丛刊》第 4 辑页 376 下栏。

日记》：15/438）

摊酒，饮酒也。由午睡之"摊饭"，到午餐之"摊饭"，继而"摊食""摊酒"，体现了朝鲜文人学习与创作汉文过程中对汉语的接受与创新。"摊饭"是新义，"摊食""摊酒"则是新词。

3. 午火

午火，指吃午餐。28例，见于2部作品，即郑崑寿《赴京日录》（5例）、韩德厚《燕行日录》（23例），如：

十四日，发行，到永平午火。（郑崑寿《赴京日录》：4/368）
黎明发程，午火峰山店。（韩德厚《燕行日录》：50/216）

又如高裕《秋潭集》卷一《牛岩口号》："州人供午火，邮卒报行程。"[①]李秉渊《槎川诗抄》卷上《舟中杂咏》："小杯十里犹残醉，午火官厨荐锦鳞。"[②]

利用中国基本古籍库，我们搜得5例表午餐的"午火"，4例出自明代文献，1例出自清代文献。明林大辂（1487—1560）撰《愧瘖集》卷十三《芒种过鸡峰见早秧不入土用韵志忧四首》其四："薛厨午火藜羹细，竹枕西风布被寒。"[③]明王宗沐（1524—1592）《游罗浮山记》："犹当往遂事，乃于草间炊午火，饱从人。"[④]明汤显祖（1550—1616）《玉茗堂全集》诗集卷十三有一首诗的诗题曰："高唐同计偕嘉兴陈公九德午火，偶一走马伎人来侑饭，陈故盛德士，

---

① 《韩国文集丛刊续》第84辑页491下栏。
② 《韩国文集丛刊续》第57辑页229下栏。
③ 《续修四库全书》第1339册集部别集类，上海古籍出版社，2002年，第42页上栏。藜羹 lígēng：用藜菜做的羹，泛指粗劣的食物。
④ 清黄宗羲编《明文海》第四册卷三五四，中华书局，1987年，3642页。

时有故人守高唐不受谒，为题壁恼之。"①卷十四又有一首七言绝句《恩州午火》："逐客恩州一饭沾，伏波盘笋见纤纤。炎风不遣春销尽，二月桃花绛雪盐。"②汤显祖同时还写过一首《恩平中火》诗。③清释元尹《博斋集》卷上《题大雪图》："携瓶就店沽升酒，把秤临溪买尾鱼。且命家童炊午火，凭窗漫酌看何如（一童子携瓶沽酒，一童子把秤买鱼）。"④旅途中吃午饭，近代汉语有"中火"一词，韩国汉文广泛使用。既有"中火"，则"午火"顺理成章发展出午餐义。《汉语大词典》"午火"条仅收"正午烈日"义（卷2第918页），失收"午餐"义，可补。

4. 得到

得到，即抵达、到达也，"得""到"同义连言。如：

是月十六日<u>得到</u>渥头站。（李承休《宾王录》：1/20）

本月初二日<u>得到</u>沈阳。（徐文重《燕行日录》：24/232）

同义连用的"得到"大概产生于唐代，如《入唐求法巡礼行记》卷一："从东海山宿城村至东海县一百余里，总是山路，或驾或步，一日得到。"⑤后人袭用，如《张协状元》第四十六出："幸然

---

① 《续修四库全书》第1362册集部别集类，上海古籍出版社，2002年，第813页上栏。侑yòu：在筵席旁助兴，劝人吃喝，如侑食、侑饮、侑觞。

② 《续修四库全书》第1362册集部别集类，上海古籍出版社，2002年，第840页下栏。恩州：一说在今广西田阳县，一说在今广东阳江市。明万历二十年，汤显祖途经恩州，吃午饭时创作了一首《恩州午火》诗。

③ 《玉茗堂全集》诗集卷十三，《续修四库全书》第1362册集部别集类，上海古籍出版社，2002年，第805页上栏。

④ 《四库未收书辑刊》捌辑第29册，北京出版社，2000年，第10页下栏。

⑤ 日僧圆仁著《入唐求法巡礼行记》，广西师范大学出版社，2007年，第40页。

得到梓州,择吉日礼上。"①《三遂平妖传》第二十九回:"路途遥远,要使许多人夫脚钱,怎的能够得到五台山?"②《汉语大词典》"得到"条义项一"能到,可到",将"得"释作"能够,可以",如金元好问《客意》诗:"山间儿女应相望,十月初旬得到无?"(卷3第994页)但上举三例,显然不是"能到,可到"义。《入唐求法巡礼行记》《张协状元》所载为已然发生的事件,无须使用表可能性语气的词语,"一日得到"即"一日抵达","幸然得到梓州"即"庆幸到了梓州"。《三遂平妖传》"得到"前已有表可能性的"能够","得到"只能理解成"抵达、到达"。故《汉语大词典》"得到"条应增设新义项"抵达,到达"。

既有"得达"一词(参前文),且"到""达"同义,则同义词"得到"的产生符合基本同步构词的发展规律。

5. 办备、磨炼

办备,即准备。6例,见于6部作品,如:

> 余缙处李金知书札给之,办备酒杯,来馈下辈云。(李瑛《燕山录》:19/499)

> 凡具皆令僧徒办备,主家则只计给其价。(李坤《燕行记事》:53/83)

办,置办、筹备也,如三国魏曹植《箜篌引》:"中厨办丰膳,烹羊宰肥牛。"北齐颜之推《颜氏家训·勉学》:"(刘绮)早孤,家贫,灯烛难办。"(《汉语大词典》卷11第499页)故"办备"属同

---

① 宋九山书会撰,胡雪冈校释《张协状元校释》,上海社会科学院出版社,2006年,第182页。
② 明罗贯中编,冯梦龙补改,刘紫梅点校《三遂平妖传》,2004年,第219页。

义连言。《汉语大词典》"办备"条仅收一个义项"指妆奁",举《金瓶梅词话》用例。(卷11第500页)

磨炼,亦指准备、筹集、安排。26例,见于13部作品,如:

恩赐之物户部未及磨炼,初十日回程难必云云。(郑太和《壬寅饮冰录》:19/398)

自王公以下文武百官、宗室阁老,服制一从礼部仪注磨炼。(徐有闻《戊午燕录》:62/291)

赵在三《松南杂识·方言类》"磨炼"条:"今朝旨每事磨炼为之,即琢磨锻炼之意,亦《苏氏演义》云干办集事之谓楼罗也,当时方语而今为无经纪谓磨炼。"(第199页)现代韩语沿用,写作"마련 [maryʌn]",如"돈을 마련하다(筹集资金)","간단한 다과를 마련하다(准备简单的茶点)","나는 그에게 일자리를 마련해 주었다(我给他安排了一份工作)"。① 中国古籍的"磨炼"为锻炼义,如《朱子语类》卷十七:"只恁地强信不得,须是学到那田地,经历磨炼多后,方信得过。"明王守仁《传习录》卷上:"此时正宜用功;若此时放过,闲时讲学何用?人正要在此等时磨炼。"(《汉语大词典》卷7第1108页)两种"磨炼"存在语义关联,一为资金、物资等实物层面的琢磨,一为观点、思想等精神层面的琢磨。

6. 现身、隐身

现身,指下级(或晚辈)首次拜见上级(或长辈)。8例,见于7部作品,如:

---

① 参《标准国语大词典》"마련"条。

湾上军官白得明、鲁善民,喂养马匹军官尹大吉现身。(李瑛《燕山录》:19/519)

有如此妓生,而出敕时何不现身?(朴趾源《热河日记》:53/491)

更多时候使用"来现"这样的组合,如:

水原支供只监官来现。(李忔《雪汀先生朝天日记》:13/14)

访问旧时主人平立,则上年作故,其子二人来现。(赵荣福《燕行日录》:36/188)

同时也有大量的"来见",如:

同年金重吉、生员安海等来见。(苏巡《葆真堂燕行日记》:3/443)

孙荣祖亦来见,身长貌俊,优于文字,酬酢不俗。(徐有素《燕行录》:80/430)

"来见"与"来现"有明显区别。如果见面双方不存在上下级关系,或不存在地位、身份上的高低贵贱,也没有长辈与晚辈之别,则用"来见",而不用"来现"。且仅有"现身",没有"见身"。"见"表达的是一般的见面义,"现"则有主动求见的含义。中国古籍中的"现身"指"神、佛、菩萨显出种种身形""出现,露面""现世之身"(《汉语大词典》卷4第579页)。《燕行录》中的"现身"与"出现,露面"义相关,但也有别,当视作新义。

和"现身"相对的是"隐身",指不露面。《韩国汉字语辞典》卷四引《经国大典·礼典·京外官相见》曰:"三品以下,于堂上官使臣，现身请谒（就阶上，下同），于三品以下使臣，隐身请谒。"（第764页）《燕行录》中也见，如：

> 海西都差使员、凤山郡守朴光迪出待境上，设帐幕，<u>隐身</u>祗迎。（李坤《燕行记事》：52/565）

中国古籍中的"隐身"指"不露身份""犹隐居，隐而不出""隐蔽身体""隐匿身形"（《汉语大词典》卷11第1121页）。《燕行录》中的"隐身"与"隐蔽身体"义相关，但有别，为新义项。

7. 出火

出火，指失火、火灾。2例，即：

> 去夜梦见京中邻家<u>出火</u>，风势甚紧。（李瑛《燕山录》：19/492）

> 炕隙<u>出火</u>，寝衾烧尽。（金海一《燕行日记续》：28/247）

其他文献多见，如《朝鲜王朝实录》宣祖三十三年十二月辛卯："启曰：'四更一点，自内人房失火，延烧灵幄殿，而梓宫仅得奉移云。'传曰：'右副承旨尹晖驰往，行问安之礼，奉审陵上出火根因，诸事仔细审问以启。'仍以秘密传曰：'出火之人不无逃走之弊，执捉待令。'"[1] 中国古籍中的"出火"指"生火""发火""发泄性欲"（《汉语大词典》卷2第477页），无"失火"义。《韩国汉字语辞典》将"出火"释作"불을 냄"，불 [pul] 即火，냄 [nem] 为出（来）义。"失火"可译成"불이 나다"，"나다 [nada]"是냄 [nem] 的原型。

---

[1] 《朝鲜王朝实录24·宣祖实录》卷一三二，第168页c栏。同参《韩国汉字语辞典》卷一第531页。

可推知"出火"是在"生火"的基础上受朝鲜语影响而产生的新义。

8. 肃谢、肃拜

肃谢,指臣子受到君主恩惠而施行谢恩礼。18例,见于14部作品,如:

> 寡君以<u>肃谢</u>皇恩,赍奉表文,遣职等来也。(李廷龟《庚申燕行录》:11/57)

> 国制,内职则<u>肃谢</u>于阙内,外职则<u>肃谢</u>于鸿胪寺。(高时鸿《燕行录》:92/52)

中国古籍中的"肃谢"表示郑重其事地致谢,但少见,通过北京大学CCL语料库仅搜得1例,见于民国小说《清朝三百年艳史演义》:"大学士尹泰,非藉其子继善之贤,不得入相。非侧室徐氏,继善何由生?着敕封徐氏为一品夫人,尹泰先肃谢夫人,再如诏行礼。"《汉语大词典》"肃谢"条释义为"敬谢。书札用语"(卷9第258页),《燕行录》中的"肃谢"与此义有关,但有不同,为新义项。

肃拜,指臣子向君主行叩拜之礼。《朝鲜王朝实录》中宗五年四月丁酉:"诣王宫进名拜庭者,名曰肃拜。"① 如:

> <u>肃拜</u>时自上特赐油席二部、冠帽三事、豹皮一令、弓箭各一部、扇十把、蜡药各种,此特恩也。(赵湿《燕行录》:12/245)

---

① 原文为:"宾厅宰相启曰:倭人上来在途者,中路闻变,则恐刃伤我国人,且与已肃拜者(诣王宫进名拜庭者名曰肃拜)不同,请遣人于中路剪除,何如?"参《朝鲜王朝实录14·中宗实录》卷十一第426页d栏,同参《韩国汉字语辞典》卷三第885页"肃拜"条。

未末直诣阙复命，<u>肃拜</u>后还家。（李景严《赴沈日记》：15/444）

中国古籍中的"肃拜"是九拜礼的一种。《朱子语类》卷九一《礼·杂仪》："问：'古者妇人以肃拜为正，何谓肃拜？'曰：'两膝齐跪，手至地而头不下为肃拜。'"（《汉语大词典》卷9第254页）明顾炎武《日知录集释》卷二十八："九曰肃拜，俯下手也。手相加致诸地曰手拜，自稽首以下皆手拜也。手不致诸地曰肃拜，《礼》以其不足言拜也，故曰'介者不拜'，肃而已矣。妇人非丧事，虽君赐，无手拜，肃而已矣。九拜之中，最轻者肃拜也。"[①]《燕行录》中的"肃拜"专指叩拜君主，词义与此相关，但亦有别。

9. 止住

止住，即止宿。1例，即：

适三卫獐子三十余名先于此<u>止住</u>，余等却寓宿人家。（丁焕《朝天录》：3/78）

也见于其他汉文，如释天因《天冠山记》："凡修定习慧者，必果其愿，是以南岳法亮师尝来止住，初闻钟声，次见星光。"[②] 宋焕箕《性潭集》卷二十七《右议政李公谥状》："似闻卿所止住之处，距四忠祠不远。"[③]《燕行录》中有大量的"止宿"例，而"住"亦宿义，因此通过类推法很容易造出"止住"这个新词。《汉语大词典》未收"止住"，台湾《重编国语辞典修订本》"止住"条仅列"制止，

---

① 清顾炎武著，清黄汝成集释《日知录集释》，岳麓书社，1994年，第985页。
② 《东文选》卷六八，民族文化推进会，1989年，第605页。
③ 《韩国文集丛刊》第245辑页68上栏。

停住"一个义项，显然与此处的"止住"不同。

10. 推择

推择，指计算并挑选日子做某事。4例，如：

> 迎敕以二十日午时<u>推择</u>，卿其以其日入京。（李民宬《癸亥朝天录》：14/512）

> 陈奏兼谢恩使拜表日子更为<u>推择</u>事命下矣。（金景善《出疆录》：72/401）

又有推敲、遣词造句义，如俞棨《市南先生别集》卷六《与子命胤（癸巳）》："诗题不必推择，有意推择，则意思便散乱，无凑合处，此亦见持心之无定也。"[1] 还指选拔人才，如李玄逸《葛庵集》卷二十六《奉列大夫行长兴库直长洪公行状》："乙卯夏服阕，会今上新即位，令大臣推择人材。"[2] 车天辂《五山集》卷五《分香宴图序》："大学生会于泮宫，推择其望实者，为之监临而部署之，号之曰三房。"[3]

"推"为推算、计算义。汉语有"推命"一词，指推算命运，即算命。这里的"推择"之"推"即此义。《高丽大韩国语大辞典》《标准国语大词典》"추택하다（推择）"条仅列"选拔人才"一个义项，可补。[4]《汉语大词典》"推择"条也仅列"选拔人才"义（卷6第681页）。

---

[1]《韩国文集丛刊》第117辑页510下栏。
[2]《韩国文集丛刊》第128辑页318下栏。
[3]《韩国文集丛刊》第61辑页423上栏。
[4]《高丽大韩国语大辞典》第6244页"추택하다"条释义为"(사람이 사람을) 인재를 뽑아 쓰기 위해 잘 가려 선택하다"。《标准国语大词典》释义原文为：인재를 등용하기 위하여 가려 뽑다。

11. 说破

说破，指"把话语（事情、道理等）说明白、彻底，阐述清楚"。3例，如：

> 秀才称号姜梦鳌、方之翰送拜帖求见，接话间语及齐史，历历说破，无不惯知，信乎齐人也。（赵溭《燕行录》：12/291）

> 顷日东关将送先来船，李元豪欲附往，有意而不发于言，书状又欲送延大庆，招李元豪说破云。……延往诉于奏上使，以求去之意，且对宽夫下辈说破元豪出去之意。（赵溭《燕行录》：12/389）

从语境上看，上举两个"说破"的语义与《汉语大词典》的释义存在或大或小的差异。第一例，赵溭与两个山东秀才交谈，发现二人对齐地的历史了如指掌，事事说得明明白白，清清楚楚，对他们非常佩服。此"说破"意思就是"说得明白"。第二例，李元豪很想以先来军官的身份随宽夫回国，但他不敢把自己的想法说出来，书状又有意派遣延大庆去，于是书状招李元豪来谈话，双方把话挑明后，最后确定由李元豪做先来军官。延大庆愤愤不平，请求正使派他去，并且把使臣准备派遣李元豪做先来军官的消息告诉了宽夫他们。前一个"说破"意思是把话说清楚，后一个"说破"意思是把隐秘的事情说出来，带有泄露秘密的意思。

相似的用法其他汉文也多见，如赵庆男《续杂录》十月初七日："酋令其婿好好里、于斗等四将来问于臣等曰：'我国与贵国本无仇怨，故欲相和好，而贵国不欲相和，但令通事虚报，而更为助兵南朝，此何理也？开元铁岭如许之败，贵国不曾闻知耶？贵国之城

227

比南朝坚固几许耶？贵国欲和与不和，必成详言，明白说破。'"①此例记载的是后金将领好好里（即何和礼）对赵庆男说的话。好好里告诉赵庆男，讲和还是不讲和，朝鲜要说清楚。此"说破"义为"把心中的想法说出来，并且解释清楚"。又奇正镇《芦沙集》卷四《答权信元》："吾之不能明白说破，使兄开寤，必是吾学识不逮而然，譬如挽弓力不及，分寸其可强乎？但念周、程、朱诸先生，非不明白说破，而兄之独见，终是难回，则其所不能开寤，恐亦非专傍人之罪也。"②这是奇正镇写给权信元的一封回信，他说自己没把道理说明白，没使权信元"开寤"，完全是自己学识不够，但是周、程、朱等人说得很明白，权信元仍然坚持己见，他也无可奈何。此"说破"义为"把道理讲清楚"。又宋希璟《老松先生日本行录》："我国于日本无有他心，至于马岛之事，则会皆说破，乃复详解如对陈外郎之言。"③此"说破"义为"把事情发生的前因后果解释清楚"。

《汉语大词典》"说破"条仅列一条义项，即"把隐秘的意思或事情说出来"（卷11第245页）。《电子汉字词典e-汉字》释为：揭示真理，使人信服；完全打破和推翻对方的理论。④刘沛霖《韩汉大词典》"설파（说破）"条列两个义项，即"道破，点破""驳倒"（第875页），未收"（把事情、道理或想法）说出来，说明白"义。

---

① 《大东野乘》第七辑，民族文化推进会，1967—1990年，第130页。
② 《韩国文集丛刊》第310辑页101上栏。
③ 《朝鲜通信使文献选编》第一册，复旦大学出版社，2015年，第46页。
④ 释义原文为：①진리（真理）가 될 만한 것을 밝혀, 듣는 사람의 납득하도록 깨뜨려 말함; ②상대방（相对方）의 이론（理论）을 완전（完全）히 깨뜨려 뒤엎음.

(三) 表性状类形容词

此处介绍两组形容词的新义和用法。

1. 昌披、倡披、猖披

昌披，狼狈、尴尬也。5 例，见于 4 部作品，如：

> 以金玉之物饰其两端，而结锁之在上衣之里，外面看之，未免<u>昌披</u>。（朴齐寅《燕行日记》：76/301）
>
> 余等诸人都是平服观光，所见甚<u>昌披</u>。（权时亨《石湍燕记》：91/60）

鸿胪寺习礼日，三使臣穿华丽的冠服来到，而权时亨等人因只旁观，故穿着平常服饰前往，显得十分狼狈、寒碜。也作"倡披""猖披"，如：

> 自我观之，尚不胜<u>倡披</u>，况异国初见者乎？（金景善《燕辕直指》：71/324）
>
> 此皆中原士大夫故家遗裔，而濡染异俗，岁久年深，不免<u>猖披</u>至此。（金景善《燕辕直指》：71/325—326）

《汉语大词典》"猖披"条列三个义项：衣不系带，散乱不整貌，谓狂妄偏邪；犹纷乱；犹言猖狂横行。如《楚辞·离骚》："何桀纣之猖披兮，夫唯捷径以窘步。""昌披"条释义为"狂乱放纵貌"，如汉焦赣《易林·观之大壮》："心志无良，昌披妄行。"清顾炎武《日知录·耿介》："非礼勿视，非礼勿听，非礼勿言，非礼勿动，是则谓之耿介，反是谓之昌披。"（卷 5 第 77 页、590 页）《燕行录》也见第一个义项的用例，如：

杂肉饭汩董，去带衣昌披。（崔锡鼎《椒余录》：29/425）

"狼狈，尴尬"义乃"衣冠不整"之引申，韩国汉文中的"昌披"源自《楚辞》。李宜显《陶谷集》卷二十七《云阳漫录》："间巷间俚语鄙谚，妇女下贱寻常腾口者，考其出处，间有极古者，姑以其一二言之。……。昌披，《楚辞》也。物故，身死，《汉书》也。此等文字，似俚而实雅，虽于古文辞无不可用之理，顾在用之之如何耳？"[1] 该词仍保留在现代韩语中，写作"창피 [tsʰaŋ/pʰi]"。刘沛霖《韩汉大词典》释为"丢脸，难为情，寒酸，寒碜"（第1540页），《高丽大韩国语大辞典》释作"因为丢脸或不体面的事而感到羞愧"，并附有大量例证，如"그는 늦깎이로 공부를 시작하는 것이 창피하다고 했다（他说学习迟到时，开始会很羞愧）"（第6055页）。《标准国语大词典》也收录，释义同，也罗列了大量例证，如"시험에 또 떨어지다니 창피가 막심이다（考试又没通过，真是丢死人了）"。[2] 可见，现代韩语中这是个常用词。

2. 伈伈

伈伈，指心情郁闷或感到无聊。11例，见于8部作品，如：

羁怀伈伈荷君宽，见递诗篇掖眼看。（李好闵《燕行录》：8/96）

往见副使、书状，同坐悄然，不胜伈伈。（金舜协《燕行录》：38/223）

---

[1]《韩国文集丛刊》第181辑页431下栏。
[2] 参《标准国语大词典》官网：https://stdict.korean.go.kr/search/searchView.do。

第四章 《燕行录》所见的汉语固有义汉字词

朝鲜使臣逗留北京期间，常有羁旅之怀，心情不畅之感。其他汉文也见，如《朝鲜王朝实录》明宗即位年九月丁卯："此人当于政府前扑杀，何至此伈伈耶（伈伈，不适意之称，方言也）？"[①]所谓"方言"意指朝鲜语。现代韩语仍有"심심[çim/çim]"一词。《高丽大韩国语大辞典》《标准国语大词典》皆收录，释义为"无事可做，感到无聊"，但未标记对应的汉字。[②]中国古籍中的"伈伈"指恐惧的样子。《玉篇·人部》"伈，伈伈，恐貌"，《集韵·寝韵》"伈，《博雅》：伈伈，惧也"。唐韩愈《鳄鱼文》："刺史虽驽弱，亦安肯为鳄鱼低首下心，伈伈睍睍，为民吏羞，以偷活于此邪？"（《汉语大字典》卷1第159页，《汉语大词典》卷1第1215页）"恐惧貌"与"郁闷，无聊"表达的都是心理状态，都具有消极、负面性，语义联系紧密。

第二节　朝韩汉字词

朝韩汉字词是未见于中国古籍而仅在朝鲜半岛使用的汉字词。其中复合式汉字词数量最多，构词方式最丰富、灵活。有些由汉语固有语素义组合而成的汉字词，与作者的母语关系不大，仅从字面解析即可得其义，构词理据清晰、透明。有些则受种种因素的影响，构词理据较为隐晦难懂。以下分类阐述93个（组）朝韩汉字

[①]《朝鲜王朝实录19·明宗实录》卷二，第325页下栏c，同参《韩国汉字语辞典》卷一第263页。

[②]《高丽大韩国语大辞典》第3912页"심심하다"条释义为"(사람이) 할 일이 없어 지루하고 따분하다"。

词在《燕行录》中的使用情况。

一、名物类

一个国家或民族的名物、制度与该民族的语言文化关系最紧密，因此一般采用该民族语言记录，形成名物词或制度词（包括身份称谓词）等。如前所述，朝鲜半岛有不少名物词、称谓词采用了朝韩国义汉字词，但也有不少是利用汉语固有义构成的朝韩汉字词。《燕行录》中记录名物的朝韩汉字词主要涉及食物、动物、器物以及文书用词。

1. 生鳆、干鳆、全鳆

生鳆（8例）指活鲍鱼。干鳆（4例）指鲍鱼干。全鳆（14例）是鲍鱼和贝类生鲜的总称。如：

> 夕到平岛，舟人多摘<u>生鳆</u>而来。（金堉《朝京日录》：16/451）
> 余于路上吃<u>干鳆</u>、西瓜，成霍乱。（李田秀《入沈记》：30/260）
> 余以民鱼、石鱼、<u>全鳆</u>、甘藿、海带等物谢之。（赵荣福《燕行日录》：36/299）

"鳆"即俗称的鲍鱼。《说文·鱼部》："鳆，海鱼名。"徐珂《清稗类钞·动物类》："鳆，亦称鲍鱼。"（《汉语大字典》卷8第5016页）盖因鲍鱼是最名贵的贝类生鲜，故用"全鳆"统称一切海贝类。朝鲜半岛三面环海，鱼类物产极为丰富，故对水族类动物与食物需要细微区分。三词在中国古籍中皆未见载，但有"鳆鱼"一词，如《汉书·王莽传下》："莽忧懑不能食，亶饮酒，啖鳆鱼。"（《汉语大

字典》卷 8 第 5016 页）[1]

2. 秀鱼、水鱼

秀鱼，即鲻鱼。李义凤《古今释林·东韩译语·释鱼》"鲻鱼"条："鲻鱼，即俗所谓秀鱼。"（第 845 页）共 13 例，如：

> 安牧照以路费，米三袋，雉五，獐一，秀鱼十，石首鱼十，刀子十五。（赵宪《朝天日记》：5/133）

> 鲻鱼（俗名秀鱼）。（金昌业《老稼斋燕行日记》：32/328）

也称"水鱼"，《韩国汉字语辞典》卷三引《乡药集成方 83·乡药本草·虫鱼部》曰："鲻鱼，乡名水鱼（숭어），모쟁이。"（第 68 页）《燕行录》亦见，如：

> 各分水鱼一尾，有亲者加以雉。（赵宪《朝天日记》：5/135）
> 每于幽僻无人处，必以盘水鱼、果等物挟持于裤中。（朴齐寅《燕行日记》：76/177）

任何鱼类动物都生活在水里，何以独称鲻鱼为水鱼？又何以称作秀鱼？李晬光《芝峰类说》记载了一个"秀鱼"命名由来的故事：

> 陆士龙曰："鲻、鲅、石首，真东海之俊味也。"鲻鱼即俗所谓秀鱼。养生书云，鲻鱼食泥，有土气，故能补脾胃，且于百药无忌。昔天使食鲻鱼，问其俗名，译官以水鱼对，天使笑之。译官李和宗进曰："此名秀鱼，非水鱼，以鱼中之秀，故名。"天使以为然。（李晬光《芝峰类说》卷二十"禽虫

---

[1]《现代汉语词典》收录，《汉语大词典》漏收。

部·鳞介")①

根据这段记录,则"秀鱼"之"秀"取优秀、卓越义。成伣《慵斋丛话》卷七也记载了这个故事:

> 莫非山蔬而尤芽,名曰山菜,莫非水族而秀鱼,谓之水鱼,俗语然也。祁天使到国,食秀鱼,美之曰:"此鱼何名?"通使答曰:"水鱼也。"天使笑曰:"鳞介万族,而此鱼何独名水鱼,鱼在水中者皆名水乎?"盖"秀"与"水"方音相似,而通使不能辨也。(成伣《慵斋丛话》卷七)②

成伣认为名曰水鱼,约定俗成而已,同时指出"秀与水,方音相似",指明了"秀鱼"一词的理据。《芝峰类说》只记载了当时的译官名叫李和宗,但未载明朝使臣之名,成伣呼之"祁天使",未载全名。权文海《大东韵府群玉·上平声·鱼》载:"水鱼,鱼莫非水族,而秀鱼独谓之水鱼者,俗语然也。华使祈顺到本国,食水鱼,美之曰:'此鱼何名?'译者答曰:'水鱼也。'祈曰:'鳞介万族,而此鱼何独水鱼?鱼在水中者皆名水乎?'"可知,当时的明朝前往朝鲜的天使为祈顺。③概之,"水鱼"为本称,"秀鱼"为其书写讹变。现代韩语中"秀""水"同音,皆作"수 [sʰu]",盖当时朝鲜语中二字亦音同或音近,故水鱼被书写为"秀鱼"。这是一种普遍的"求美名"心理。

李圭景《五洲衍文长笺散稿·鱼辨证说》认为"秀鱼"是"鮰

---
① 朝鲜古书刊行会编《朝鲜群书大系续编》第22辑,日本大正四年,第318页。
② 《韩国汉籍民俗丛书》第一辑第七册,2012年,第187页。
③ 参《韩国汉字语辞典》"水鱼"条。

鱼"的记音："我俗称秀鱼，与'鮂'音相近。鮂，《正字通》'音囚，黑鲻，一名鲉'，《字汇》'一名黑鲦'。"鮂，指白鲦鱼或乌贼。《尔雅·释鱼》："鮂，黑鲦。"郭璞注："即白鯈鱼，江东呼为鮂。"（上册第564页）《集韵·尤韵》："鮂，鱼名，乌贼也。"但从李圭景所引《正字通》的释义来看，"鮂"又指黑色鲻鱼，且朝鲜语中"鮂"与"秀"发音相近，则秀鱼还是指鲻鱼，与水鱼同。想必这才是朝鲜称鲻鱼为"水鱼"的真正原因。

中国古籍无"秀鱼"一词，但有"水鱼"，指传说中的天神名（《汉语大词典》卷5第873页）。广东方言"水鱼"指鳖，常用作詈语[1]，未知何以有此称。

3. 黄肉

黄肉，即牛肉。20例，见于9部作品，如：

> 内赐黄肉于宰臣讲院。（《昭显沈阳日记》：26/492）
>
> 从人三十名，各白米一升、黄肉半斤、腌菜四两。（姜时永《輶轩续录》：73/203）

"黄肉"是"黄牛之肉"的凝缩形式，即来自家养牛的肉，价格昂贵，被视作珍品。现代韩语仍称牛肉为"黄肉"，写作"황육 [hwaŋyukʼ]"，如"황육으로 두 근 주세요（给我两斤牛肉吧）"，[2] "황육 넣은 술국이 휘장 안에 있으니 많이 드십시오 하

---

[1] 粤语中"水鱼"多用作詈语，香港电影常见，如1993年成龙主演的《城市猎人》中，骂人曰"你条水鱼"，意为"你真笨"。承广东籍友生彭淼安告知，特此致谢。

[2] 参 NEW MILLENNIUM 韩中词典，来源于 NAVER 词典网（https://dict.naver.com/）。

엱지（牛肉醒酒汤放在帷帐内了，请您享用）"。①

4. 南草、西草

南草，指来自中国或日本的烟草。用例甚多，如：

> 去夜义州军官尹廷羽被捉南草。（李景严《赴沈日记》：15/426）

> 给与纸束、南草等物以偿之。（郑太和《己丑饮冰录》：19/331）

据《热河日记》载，清朝士子王民皥（号鹄汀）曾与朴趾源针对烟草的来源以及吸烟的危害有过深入交流，他们把烟草称作"毒草"，把吸烟称为"口厄"：

> （鹄汀）又曰："这烟万历末遍行两浙间，犹令人闷胸醉倒，天下之毒草也。非充口饱肚，而天下良田利同佳谷，妇人孺子莫不嗜如刍豢②，情逾茶饭，金火迫口，是亦一世运也，变莫大焉。先生颇亦嗜此否？"余曰："然。"鹄汀曰："敝性不喜此，尝试一吸，便即醉倒，呕噦几绝，这是口厄。贵国计应人人吃烟？"余曰："然，但不敢吃向父兄尊长之前。"鹄汀曰："是也。毒烟向人已是不恭，况父兄乎？"余曰："非但如此，口含长竿以对长者已慢无礼。"鹄汀曰："土种否？抑自中国贸回否？"余曰："自万历间从日本入国中，今土种无异中国。皇家在满洲时，此草入自敝邦，而其种本出于倭，故谓之南草。"鹄汀曰："此非出日本，本出洋舶。西洋亚弥利奢亚王尝百草，得

---

① 《标准国语大词典》"헣슈"条。
② 刍豢：牛、羊、犬、猪等家畜。刍，吃草的牲口。豢，食谷的牲口。

此以医百姓口癖、人脾土虚，冷而湿，能生虫，口蠹立死。于是火以攻虫，克木益土，胜瘅除湿，即收神效，号灵草。"余曰："吾俗亦号南灵草，若其神效如此，而数百年之间，举天下而同嗜亦有数存焉。先生世运之论极是，诚非此草，四海之人，安知不举皆口疮而死乎？"鹄汀曰："敝不嗜烟，行年六十未有此病，志亭亦不嗜烟。西人类多夸诞，巧于渔利，安知其言之必信然否也？"已而志亭还，视"敝不嗜烟，志亭亦不吃烟"，大加墨圈曰："他有毒。"相与笑。（朴趾源《热河日记》：56/115—116）

据朴趾源言，中国的烟草是由朝鲜半岛传入，而朝鲜烟草则是万历年间从日本引入的，故概称为南草，也称作倭草。又音译为"湛巴"，如李瀷《星湖僿说》卷四《万物门》载："南草之盛行自光海末年始也，世传南海中洋有湛巴国，此草所从来，故俗称湛巴云。"[①]朝鲜半岛也有自产的烟草，其中出自平安道的称为"西草"。如：

又有西草一斤、油单（即厚油纸用以防雨水者）一张应给之规。（金景善《燕辕直指》：70/340）
出示一包草，其作包法似我国西草，细切亦如之。（权时亨《石湍燕记》：90/506）

[①] 李瀷《星湖僿说》第二辑，民族文化推进会，1989年，第5页上栏。湛巴，tobaco 的记音，指烟草。中国古籍译作淡巴菰、淡婆古、谈巴菰、担不归、子菰烟等，朝鲜汉文还译作"淡巴""淡婆姑""淡婆菰""淡巴古""淡麻古"等，现代韩语保留了该词，称为"담배 [dam/bae]"。

该词在《燕行录》中出现很晚,首见于道光十二年(1832)燕行使金景善的日记。《韩国汉字语辞典》卷四引柳得恭《京都杂志·风俗·茶烟》例:"关西之三登、成川等地,产金丝烟,俗称西草,甚珍之。"(第78页)① 三登、成川属平安道,旧称关西,故该地出产的烟草,朝鲜称作西草。朝鲜人对西草、三登烟草的追捧,文献多有记载,如赵秉铉《成斋集》卷七《烟台》诗:"天银蝙蝠青铜盒,西草三登第一香。"② 尹愭《无名子集文稿》第十一册《客有谈古事者聊记之》:"饮食则非烧酒不对,非好饭异馔不进,非西草不吸。衣服则非细软华美不近,器用则非唐倭物不取,故有所贸则必择极品,不计价。"③

5. 茶啖、茶馎

茶啖,指为招待客人而准备的茶点,也用作动词,指吃茶点。名词有47例,见于25部作品;作动词有11例,见于5部作品。如:

与宋府使相别,啜茶啖于斧院。(苏世让《阳谷赴京日记》:3/495)

其滥银奚论,茶啖草草,乍进旋退。(朴趾源《热河日记》:53/260)

早食骑马先出,茶啖于通灵院。(权橃《朝天录》:2/272)

---

① 柳得恭《古芸堂笔记》卷五"淡婆姑"条:"倭呼烟为淡婆姑,呼截烟为支三伊,我人语亦然。盖此草本自倭中来,故我人学倭语而呼之也。今人不知其为倭语,妄解之曰:'淡婆姑者,胆破块也,烟性破痰故也。支三伊者,镇三味也,湖南之镇安、关西之三登出佳烟故也。'其说似通,然傅会甚矣。自古妄解者,类多如此。"
②《韩国文集丛刊》第301辑页350上栏。
③《韩国文集丛刊》第256册页469下栏。

也写作"茶餤"，2例，如：

> 既而进茶餤，左夹床，右仙炉。（李有骏《梦游录》：76/366）
> 东使每过，欢喜竞接，茶餤盘具。（林翰洙《燕行录》：78/140）

"茶啖"原是指信佛之人为接待客人准备的茶果。高丽时代佛教盛行，于是朝鲜半岛开始流行替代肉食的茶果，称作"茶餤"。① "餤"指饼类食品，《正字通·食部》："餤，饼属。唐赐进士有红绫餤，南唐有玲珑餤，皆饼也。"又有"饼餤"一词，如宋周必大《二老堂诗话》："唐薛能诗云：'莫欺阙落残牙齿，曾吃红绫饼餤来。'记新进士时事也。"宋沈括《梦溪笔谈·讥谑》："防风氏身广九亩，长三丈；姬室田广六尺，九亩乃五丈四尺，如此，防风之身，乃一饼餤耳。此亦文章之病也。"（《汉语大字典》卷8第4752页，《汉语大词典》卷12第538页）"茶餤"即指各色糕饼类食品。"餤"可通"啖"，进食也。《集韵·阚韵》："啗，《说文》'食也'，或作餤。"唐杜牧《罪言》："至于有围急，食尽，餤尸以战。"（《汉语大字典》卷8第4752页）故"茶餤"亦可作"茶啖"。虽部件"口"与部件"食"都表进食或食物，但"啖"字形较简易，故在韩国汉文中"茶啖"较之"茶餤"更加流行。

"茶啖"用作动词，其因有二：其一，"啖"（或"餤"）本有进食义；其二，朝韩语中，很多汉字词型动词是通过在名词性词根后添加形态"하다 [ha/da]"构成，如"담화（谈话）[tam/hwa]"的

---

① 《韩国古典用语词典》"다담（茶啖）"条，世宗大王纪念事业会，2001年，来自 NAVER 知识百科网。

动词形式即"담화하다 [tam/hwa/ha/da]",这是韩国汉文有很多汉字词名动同形的一个重要原因。

中国古籍有"酒啖"一词,指下酒的食物。《汉语大词典》所举书证为裴松之注《三国志·魏志·董卓传》引晋王沈《魏书》中的句子,及《齐民要术》引《广志》的用例(卷9第1381页)。可见该词流行于中古时期。韩国汉文中的"茶啖(茶餤)"即由汉语的"酒啖"类推仿造而来。

6. 沉菜、沉菹、菹菜、菜菹、冬菹

沉菜(或作"沈菜"),即泡菜。27例,见于16部作品,如:

> 又设沉菜、酌烧酒。(李瑛《燕山录》:19/522)
> 其沉菜法,以软肥之菘和盐入瓮,而不盖其口,尘埃堆积,而吃时搜出,水洗食之,沉酱亦然矣。(柳寅睦《燕行日记》:75/392)

《韩国汉字语辞典》收录"沉(沈)菜",释义为"김치 [kim/tsʰi]",同时指出有异形词"沉采"及同义词"沉菹"(《韩国汉字语辞典》卷三第110页),"沉采"鲜见,"沉菹"多见。《燕行录》有2例"沉菹":

> 主妪出迎,以白菜沉菹进呈。(郑太和《壬寅饮冰录》:19/404)
> 闻译员皆贸菘子,以玉田之种品为最佳,我国松京多以此为种,叶大而茎软,沉菹尤美云。(姜时永《輶轩续录》:73/281)

《燕行录》中还有一系列其他由"菹"组成的词,如菹菜、菜菹、冬菹、芥菹、韭菹、菁菹、笋菹、瓜菹、菘菹、细菹、咸菹等。如：

最后陈菹菜数种，置饭碗于前。（洪大容《湛轩燕记》：42/200）

与序班夏君麟小酌阁前，住僧亦来共饮，馈菜菹三种。（郑士龙《朝天录》：3/57）

且进冬菹行馔，此亦劳使臣之前例。（金正中《燕行录》：75/277）

曰韭菹、菁菹、笋菹、醢醢、鱼醢、兔醢、芹菹。（徐有素《燕行录》：81/182）

菹，指腌菜。《说文·艸部》："菹，酢菜也。"《诗·小雅·信南山》："疆场有瓜，是剥是菹。"郑玄笺："淹渍以为菹。"（《汉语大词典》卷9第451页）腌菜的制作方法与泡菜类似，皆需通过腌制、浸泡而成，故"沉菹"在韩国汉文中屡见，大致与"沉菜"同。

韩国汉文还有"沉虀"一词，如徐居正《四佳诗集》卷十《谢金少尹同年（永濡）送菠菜子》："圆茎如竹叶如磐，满瓮沉虀味自酸。"[①] 卷五十《村厨八咏·蟹盐》："当年郭索且蹒跚，那料沉虀五鼎间。"[②] 前例为名词，后例为动词。但用例少见，仅出现在徐居正、李圭景的作品中，《韩国汉字语辞典》也未收录"沉虀"。"虀"同"齑"，也作"齐"，指用酱拌细切的菜或肉，也泛指酱菜。《周礼·天官·醢人》："王举则共醢六十罋，以五齐、七醢、七菹、三

[①]《韩国文集丛刊》第10册页362下栏。
[②]《韩国文集丛刊》第11册页88下栏。

齍实之。"郑玄注:"齐,当为齑。……凡醯酱所和,细切为齑。"孙怡让正义:"齑为切和细碎之名,故菜肉之细切者通谓之齑。"(《汉语大字典》卷8第5102页)。古时有"五齐七菹"之说,五齐指昌本(菖蒲根)、脾析(牛百叶)、蜃(蛤)、豚拍(豚胁)、深蒲(蒲蒻)五种细切的冷食肉菜,七菹指韭、菁、茆、葵、芹、菭、笋七种腌菜。(《汉语大词典》卷1第386页、161页)

李圭景认为"沉菜"是古时菹菜法的遗留,而"齑"与"菹"浑言则同,析言则异,他在《五洲衍文长笺散稿·周礼笾实豆实辨证说》指出:"今俗沉菜、桦中、渍菜,皆菹之遗法。……假如齑、菹论。赵德麟《侯鲭录》:'细切曰齑,全物曰菹。今中国皆言齑,江南皆言菹。'我东则淡菹曰淡齑,咸菹曰咸齑,醯鱼汁沉菹曰醯汁齑,杂醯菜沉菹曰交沉齑,总名曰沉菜。齑、菹相浑而语,则似是一类也。"丁若镛《雅言觉非》卷二:"齑者,擊也。擊者,菹也。"(第284页)齑、擊、菹,同也,指切碎的腌菜或捣碎的姜蒜等。

综合以上分析,我们认为"沉菜""沉菹""沉齑"所指相同。下面讨论现代韩语"김치 [kim/tsʰi]"一词的来源问题。

目前尚未发现中国古籍使用"沉(沈)菜"一词,也未见在现代汉语普通话或方言中使用,但有个方言词值得注意,即"浸菜"。《汉语方言大词典》"浸菜"条曰"泡菜,客话,江西瑞金",笔者家乡江西赣州蟠龙的客家话也有"浸菜"一词。又《陕西烹饪大典》卷四"浸菜"条载"清代陕西民间菜,即今西安之泡菜"(第178页),《湖湘文化大辞典》"火焙鱼"条载"煮汤时佐以生姜、辣椒外再加点酸醯浸菜"(第1194页),广东韶关厨师林传和撰

《"浸菜"的制作》一文①。可知,陕西、湖南、广东韶关都有"浸菜"一词,是现代汉语方言的活跃分子。中国的浸菜与韩国的泡菜在制作方法上稍有不同,但其命名原理是一致的。"浸"与"沉"都有"浸泡"义,且语音相近②,"浸菜"改称"泡菜",是受常用词替换的结果。尽管泡菜本源于中国,如今却成了朝鲜半岛饮食文化的标志物,以至于"泡菜"一词广为流行,而"浸菜"却只为部分方言区的人所知,令人不胜叹息。

泡菜,现代韩语写作"김치 [kim/tsʰi]",一般的词典不标汉字。安炳浩、尚玉河认为"김치 [kim/tsʰi]"来自古汉语"浸菜",并从语音上进行了论证,他们指出:"很可能是从沿海哪个地区如山东辗转登上朝鲜半岛,受方言影响所致。"③ 韩国食品科学会所编《食品科学技术大词典》则认为"김치 [kim/tsʰi]"对应的汉字是"沈菜":"作为泡菜的词源,中国把腌制的蔬菜叫作저(菹),韩国借过来后叫作침채(沈菜)。这个词表现了韩国泡菜的特点,即用盐腌制蔬菜出水并浸泡其中,正如침채(沈菜)这个词一样,是腌制蔬菜的意思。由침채变成딤채后,经历了딤채、짐채、김채多次音变,最终成为今天的김치。"④ 该词典编纂者认为汉语的"沈菹(저 [tsʌ])"传入朝鲜半岛后被写作"沈菜"(침채 [tsʰim/tsʰɛ]),后辗转音变成为现代韩语的"김치 [kim/tsʰi]"。

我们认为,现代韩语表示"泡菜"的"김치 [kim/tsʰi]"最有

---

① 林传和《"浸菜"的制作》,《烹调知识》,1996年第8期,第4—5页。
② 现代韩语中,浸、沉(沈)都写作"침 [tsʰim]"。
③ 安炳浩、尚玉河《韩语发展史》,北京大学出版社,2009年,第324页。
④ 韩国食品科学会编《食品科学技术大辞典》(식품과학기술대사전)"딤채(沈菜)"条,光一文化社,2008年。来源:NAVER知识百科网(https://terms.naver.com/)。

可能是"沉蘁"的记音。如前述,朝鲜汉文可见不少"蘁"的叫法,现代汉语方言中也有保留,如宁波话管腌制的雪菜叫"咸齏"。①再者,从语音上看,较之"沉菹""沉菜","沉蘁"与"김치 [kim/tsʰi]"的发音更接近。另一方面,犹如"蘁"与"菹"语义上渐趋相混的情况一样,二者在朝鲜半岛彼此语音也逐渐相混。菹,上古音属庄母、鱼部;中古音为照庄母、鱼韵、平声、三等合口。鱼韵的字在没有撮口呼的汉语方言中逐渐变成了齐齿呼,现代韩语也没有撮口音,因此可推断"菹"传到朝鲜半岛后变读为"치 [tsʰi]"音,与"蘁"发音近似。由于"蘁"笔画太多,记忆不易,书写困难,因此书面语多写作"沉菜",很少写作"沉蘁"。且朝韩语中"菜"与"蘁"的发音也非常相似。据朴趾源《热河日记》载:

> 太辉者,卢参奉马头也。初行,为人轻妄,行过枣庄,枣树为风雨所折倒垂墙外。太辉摘啖其青实,腹痛,暴泄不止,方虚烦闷渴,及闻蘸毒杀人,乃大声呼恸曰:"伯夷熟菜杀人,伯夷熟菜杀人。""叔齐"与"熟菜"音相近,一堂哄笑。(朴趾源《热河日记》:54/39—40)

从这段记录可知"熟菜"(숙채 [sʰukˋ/tsʰɛ])与"叔齐"(숙제 [sʰukkˋ/ts'e])语音相近,也就是说,当时的朝鲜语"齐"与"菜"读音相似,而"齐"又通"蘁(齏)"。再如金昌业《老稼斋燕行日记》曰"菠菜(俗名时根菜)",时根菜即"시금치 [ɕi/gɯm/tsʰi]"的记音②。那么"菜"用于记录"치 [tsʰi]"音并不是孤例。汪维

---

① 参《周志锋解说宁波话·话说"咸齏菜"》,语文出版社,2012年。承汪维辉教授告知,特此申谢。
② 《标准国语大辞典》"시금치"条,又作"赤根菜",见下文。

辉、具民惠详细论述了"赤根菜"与"시금치 [ɕi/gɯm/tsʰi]"之间的语音联系,认为汉语的"菜"在韩语中经历了"치(tsʰəi)＞킈(tsʰɨi)＞치(tsʰi)"这样一个演变过程。[1] 这也为我们的判断提供了依据。

7. 鹰连

鹰连,即猎鹰。29例,见于5部作品,如:

> 且<u>鹰连</u>事,九王亦不以上年减数为咎。(郑太和《己丑饮冰录》:19/338)

> <u>鹰连</u>中使自北京还越江,得闻彼中消息,且闻<u>鹰连</u>全减之报。(赵珩《翠屏公燕行日记》:20/208)

> 后有七八人,而或佩弓箭,或臂<u>鹰连</u>,护行而去。(崔德中《燕行录》:39/466—467)

《同文汇考补编·使行录》记载了10次"鹰连行"的人员名单,李滆《燕途纪行》也多次提及"鹰连中使",如:"将午,偕鹰连中使往礼部行宴。"(22/161)清初政府要求朝鲜缴纳一定数量的鹰,故有专门的鹰连行、鹰连中使,顺治后取消,因此"鹰连"在此后的《燕行录》中便极少出现。

"鹰连"是通过"名词+量词"方式构成的词,如同房间、人口、车辆、马匹、土堆之类。"连"是用于指称鹰的量词。如:

> 此处街上所市亦必陈腐,猎<u>鹰数连</u>置于馆中。(《昭显沈阳日记》:25/622)

---

[1] 汪维辉、具民惠《"赤根菜"与"시금치"——韩语中的汉语借词研究之一》,《语言研究》,2022年第1期。

礼曹回赐求请,并鹰子五十八连。(徐有素《燕行录》:83/238)

也写作"联"。如《韩国汉字语辞典》卷三引《老朴集览·单字解》曰:"又鹰一个亦曰一连,字又作联。"又引《通文馆志9·纪年·孝宗10年己亥》:"奉谕进鹰十四联。"(第881页)双音节词"鹰连"的后面还可再跟量词"连",如洪禹载《洪译士东槎录》:"鹰连三十二连内,用十九连,其余毙。"[①]《燕行录》中指称鹰的量词,除了"连"外,还有"坐",如:

鹰连十坐内,四坐中路病损云云。(《昭显沈阳日记》:26/160)

中使上馆,鹰连六坐呈纳衙门。(《昭显沈阳日记》:26/161)

金昌业的燕行日记详细描写了在途中观察到的坐鹰场景:

路中遇四胡骑马各臂一鹰过去,后有数胡领去,令申之淳言于麻贝辈,使鹰小住一见,以为到前站当令见之。到三台子,麻贝奴奴迎谓曰:"鹰在此矣。"余遂入店内,四鹰列坐一架,而二白二黑,其大如鸢,悉以皮囊冒其头,其目皆黑。余曰:"鹘也。"胡人曰:"然。"次通官文二先与领鹰胡人同坐一处。(金昌业《老稼斋燕行日记》:32/428—429)

架鹰于臂,称作臂鹰,多指外出狩猎或嬉游,中国古籍多见,如《后汉书·梁冀传》:"又好臂鹰走狗,骋马斗鸡。"(《汉语大词

[①]《朝鲜通信使文献选编》第3册,复旦大学出版社,2015年,第50页。

典》卷6第1399页)《燕行录》中也见,如:

> 路见臂鹰而去者,以皮作小囊韬鹰眼。(洪昌汉《燕行日记》:39/103)
>
> 令监奴子亦安敢臂鹰,扬扬驰过乎?(朴趾源《热河日记》:53/487)

鹰常坐于架上或人臂上、肩上,故可称一坐鹰或一架鹰。那么,何以用"连(联)"指称鹰?李瀷《星湖僿说》卷五《万物门》"鹰连"条:"今俗谓鹰必曰鹰连,人曰鹰者一或疫死,群鹰连续死,一架皆空,故称也。"①李圭景《五洲衍文长笺散稿》下册卷五十九《鹫鸟鹰鹘种类辨证说》载:"鹰亦有疫,一鹰疫死,一架皆空,故曰鹰连。鹰一只曰连者,盖误取于此也。俗以鹰一只曰联,尤误也。"(第914页)李瀷、李圭景都认为,"连"为连续义,一鹰死,群鹰连续跟着死去。这种说法太玄乎。

实际上"连"作量词,并且用于指称鹰的情况,中国古籍也见,如《辽史·太宗本纪上》:"天显七年丁未,阻卜贡海东青鹘三十连。""阻卜"是辽金时期对鞑靼的称呼,"海东青鹘"即海东青,是一种凶猛而珍贵的雕,产于黑龙江一带。②"连"也可用于指称齿锯、秤等,如明徐光启《农政全书》卷三十七《种植》:"接工,必有用具:细齿截锯一连,厚脊利刃小刀一把。"明沈榜《宛署杂记》卷十一《太字·养济院》:"宛平养济院在城内河槽西坊,有公府一所,群房十二连。"又《醒世姻缘传》第五十四回:"一百六十

---

① 李瀷《星湖僿说》第二辑,民族文化推进会,1989年,第56页下栏。
② 刘俊柱、尹铁超《海东青名源考》,《黑龙江民族丛刊》,2022年第5期。

文钱买了两个笼子,四十文钱买了副铁勾担仗,四十六文钱钉了一连盘秤。"范文澜、蔡美彪等《中国通史》绪言:"检查案册,见雍正八九年造报夷船出口册内,每船所买铁锅,少者自一百连至二三百连不等,多者买至五百连,并有至一千连者,查铁锅一连,大者一个,小者四五六个不等。每连约重二十斤不等。"[①]综上,汉语"连"作量词可指称猎鹰、齿锯、盘秤、群屋、铁锅等,根据指称对象的不同,可理解为"对,双""把""间""组""套"等。李圭景以为是朝鲜特有的用法,误也,但中国古籍未见"鹰连"一词,则该词为朝鲜所创。

一般认为成组或成套的物品可使用量词"连",如"群房"以及"铁锅一连,大者一个,小者四五六个不等",明确说明成群的房子、成批的铁锅称作"连"。张美兰认为"连"作为量词相当于"一副""一套"之义,同时指出"该量词在表义上较模糊,因没有一个明确的外延,又没有具有被衡量的尺度"。[②]刘子平则认为"连"作量词"用于相连或相同之物"。[③]

"连"用于指称鹰雕类动物实际是"联"的误用。据赵中方考察,唐时已有"联"指称鸟禽类的用法,"是双数的量词,往往用于豢养的禽类,以用器械相拴联而得名"。如唐元稹《同进双鸡等状》:"二十二年前采得一联双鸡,尔后更不曾采得。"《酉阳杂俎》卷二十:"又高帝武平初,领军将军赵野叉献白兔鹰一联。"宋元沿用,如《旧五代史·回鹘传》:"复遣都督李未等三十人来朝,进白鹘一联。"《文献通考·土员一切》:"唐天下诸部每年常员,京兆府

[①] 以上用例参《汉语大字典》卷7第4091页、《汉语大词典》卷10第849页。
[②] 张美兰《近代汉语语言研究》,天津教育出版社,2001年,第15页。
[③] 刘子平编著《汉语量词大词典》,上海辞书出版社,2013年,第132页。

华阴郡员鹘子十联,乌鹘五联。"①《汉语大词典》将量词"联"释作"对;双",并引清代学者俞樾《茶香室丛钞·鹰以联计》例:"唐则天初,京兆人季全闻,性好杀戮,常养鹰鹘数十联,是唐时畜鹰以联计,殆以一双为一联乎?"(卷8第702页)可见,随着时间的推移,中朝文人对唐时以"联"指称鹰的用法都曾感到疑惑,并提出了自己的解释。

8. 烂梨

烂梨,熟透的梨。4例,如:

> 果则葡萄、烂梨、山查、林檎,皆比我国甚大,而梨与葡萄为尤好。(李田秀《入沈记》:30/373)

> 上使出馈烂梨,其味恰同八九月烂梨,其亦异矣。(李正臣《燕行录》:34/254)

李圭景《五洲衍文长笺散稿·收藏果瓜辨证说》:"有一种皮软肌脆之烂梨,尤当慎伤皮蒂。"又《物产辨证说》载:"新溪、谷山之烂梨,安边、黄州、凤山之梨。"(上册第246页)中国古籍中,瓜果熟透或肉、菜等煮得极熟称"烂熟",如唐沈彬《洪州解至长安初举纳省卷梦仙谣》"玉殿大开从容入,金桃烂熟没人偷",熟透的桑椹称"烂椹"(《汉语大词典》卷7第319页、321页),韩国汉文中的"烂梨"仿此而来。

9. 告目、禀目、问目

告目,下级(或位卑者)给上级(或位尊者)所写的文书或信件。李义凤《古今释林·罗丽吏读》:"告目,贱者告尊者之书称告

---

① 赵中方《唐五代宋元集体量词的发展》,《南京大学学报》,1992年第4期。

目。"(第 949 页)9 例,如:

　　因宁远陈主事家人来,得见柳敬友告目,知其好在。(李忔《雪汀先生朝天日记》:13/76)

　　明日即军牢告目先去之日也(每于孤家子站,使军牢先至栅门,以使臣何日当到栅之意驰告湾府,使之驰启,此所谓军牢告目也)。(权时亨《石湍燕记》:91/371)

"告"即报告也,"目"有条目义,"告目"即汇报条目,因汇报事逐条罗列,故称。还可作动词,指向上级呈递文书或信件,但《燕行录》未见。

禀目,指下级向上级禀告事件的信件或其他书面材料。1 例,即:

　　北京银钱店掌几子谓有六十两银债于副房干粮马头,追来书呈禀目。(姜时永《輶轩续录》:73/274)

又金乐行《九思堂续集》卷一《与李景文》:"所呈禀目亦未裹封,简慢极矣。"①《韩国汉字语辞典》"禀目"条仅有释义,无书证,可补。

问目,指为向他人提问而预先罗列的问题,或指罗列问题的纸张。6 例,如:

　　即草覆简二通,仍付前日季达问目答条,四幅同封。(许篈《朝天记》:6/290)

　　李㫆以难于为答,还送前日袖去问目。(赵荣福《燕行

---

①《韩国文集丛刊》第 222 辑页 462 上栏。

日录》：36/310）

诸生辈笔谈问目必以《退溪集》中语为第一义。（徐有素《燕行录》：83/112）

也专指审讯罪犯的问答笔录，如：

两正犯则盘问数次后拈出问目三条，使郎中与朝鲜人同问，取招书来。（金种正《沈阳日录》：41/201）

《韩国汉字语辞典》卷一"问目"条仅列一个义项，即"审问罪犯的条目"（第871页），可补。

此外，又有"疑目"一词，指记录疑问的条目，如李象靖《大山集》卷二十六《答金道彦兄弟（癸巳）》："弘甫别有疑目，此不并及。"[1]李滉《退溪集》卷二十八《答金惇叙（丁巳）》："向示疑目，义理微隐，如滉浅识，卒难剖析，加以中间偶失元目所在，久未报答。"[2]《韩国汉字语辞典》未收"疑目"，可补。

10. 团领

团领，即圆领，是明朝官吏的一种常用礼服，领呈圆形，故称。《燕行录》中有上百条用例，如：

郎中以下十六员齐会，皆着红段团领。（李弘胄《梨川相公使行日记》：10/84）

吃歇改着黑团领，具胸背，将参元旦陈贺。（权时亨《石湍燕记》：91/82）

---

[1]《韩国文集丛刊》第226辑页541上栏。
[2]《韩国文集丛刊》第30辑页153下栏。

中国古籍称"圆领",不称"团领",朝鲜半岛既称圆领,也称团领,且后者更为常用。①《燕行录》中也有"圆领",23例,见于12部作品,如:

> 凡朝服公服,深衣圆领,一遵华服,唯帖里襞积少异。(崔溥《漂海录》:1/433)

> 彼人有指我人衣服而嗟叹者曰:"此圆领衣也,好制度,好制度。"(俞彦述《燕京杂识》:39/294)

何以将"圆领"称作"团领"?"团"有"圆;圆形"义。《说文·囗部》:"团,圜也。"《玉篇·囗部》:"团,圆也。"(《汉语大字典》卷2第780页)汉语也有类似的词,如团镜(圆形镜子)、团苞(圆形茅屋)、团茶(宋代用圆模制成的茶饼)、团团扇(有柄的圆形扇子)、团纱(团扇)等。(《汉语大词典》卷3第660—663页)

11. 周衣、周遮、周菜

周衣、周遮,朝鲜语"두루마기 [tu/ru/ma/ki]"的意译,指长袍、大褂。"周衣"用例甚多,"周遮"仅见1例,如:

> 曰袍子,状如我国周衣而无衩。(李田秀《入沈记》:30/349)

> 彼人皆着羊皮裘,内着木布周衣。(徐有闻《戊午燕录》:62/292)

> 里着短衣,外着周遮长衣,其长至胫下。(金舜协《燕

---

① "韩国古典综合DB"中检索"团领",显示有2000余条记录,而"圆领"仅400余条。

行录》：38/361）

"두루 [turu]"为"遍；全部；方方面面；广泛"义，可用汉字"周"表示。现代韩语有"막히다 [makʰida]"一词，表示"堵塞、受阻"义，其词根"막히 [makʰi]"与"마기 [ma/ki]"虽书写有异，实际发音却相同。也就是说，"마기 [ma/ki]"即堵塞、受阻义，可用汉字"遮"表示，故"周遮"为"두루마기 [tu/ru/ma/ki]"的汉译，也称"周遮衣""防衣"等。"周衣"则仅取前语素두루 [tu/ru] 之"周"对译，"衣"为另加的种属语素。又作"周莫衣"，如《韩国汉字语辞典》卷一引《万机要览·军政编·御营厅·军器》例"木绵周莫衣五十领"（第865页），这是采用音译兼意译创造的词，"莫"为"마 [ma]"的记音。

权时亨《石湍燕记》记录了"周菜"一词，如：

> 座中要吃周菜（彼言두루치，以菘菜细折和猪肉，炙以猪油者也）。（权时亨《石湍燕记》：90/412）

> 鸡卵菜、周菜、蕨菇菜及月饼、温面等物次第来进。（权时亨《石湍燕记》：90/505）

作者自注曰"彼言두루치，以菘菜细折和猪肉，炙以猪油者也"，"두루 [turu]"即上述周边义；치 [tsʰi]，菜也。从作者的记录来看，这是一种流行于东北的油煎食品，但未知何菜？待考。

二、亲属称谓与职务身份称谓词

《燕行录》记载了许多表示职务或身份的词语。有些词通俗易懂，即使初次接触这批文献，无须查阅词典也可顺畅阅读，不会有任何障碍，有些词却不易理解，即使借助工具书也难晓其义，对于不解朝韩语的读者更是难上加难。有不少词使用了朝韩国义字（如监、典、寸、色等），也有部分词使用的是汉语义构成的汉字词。

1. 天只

天只，指母亲。4例，皆见于赵溦《燕行录》，如：

夜梦分明拜天只，连日梦见母氏，未知家间有何事故也？（赵溦《燕行录》：12/322）

午梦拜天只，给与小帽着，梦甚吉，必有喜事也。（赵溦《燕行录》：12/394）

"天只"出自《诗经·鄘风·柏舟》："母也天只！不谅人只！""只"为语助词，相当于"也"。全句意为："母亲啊，天哪！不体谅我哪。"本是少女因爱情得不到支持的怨愤语，后世用"不谅人只"来泛指得不到别人的体谅，①但未见化用"天只"的情况。该诗传入朝鲜半岛后，出现了"天只"指称父母或母亲的情况，且在韩国汉文中使用甚广。

关于"母也天只"中"天"的理解，向有异义，有人主张"天"即指上天、苍天，也有人认为"天"指父亲。从"韩国古典综合DB"的数据来看，"天只"有近300例，或单指母亲，或指父母，或指母亲与苍天。指母亲的情况，如李景奭《白轩集》卷三十四《哭孙女文》："自丧天只，无生之意，与兄弟言，常愿遄死。尔虽

---

① 旧说，夫死，妻守节，父母欲夺而嫁之，故誓而弗许。现在多认为是一个待字闺中的姑娘看中了某个少年郎，其母不许，故满腔怨恨，发誓要与母亲对抗到底。参朱祖延主编《引用语大辞典》，武汉出版社，2000年，第395页。

无母，有父有祖，有祖母在，岂无恤汝，何求乎死？"①李时发《碧梧遗稿》卷八载李光胤《诔文》："幼失严亲，天只是依。不待三迁，早自得师。"②朴承任《啸皋集续集》卷四《祭先妣文》："呜呼痛哉，哀哀天只，生我劳瘁，欲报之德，昊天罔极，呜呼痛哉。惟我外家，宣城远谱，世积阴骘，至于我祖，笃生天只，癸卯腊月，称家之誉，洽于门族，呜呼痛哉。……天只于归，天地德合，凤凰于飞，呜呼痛哉。"③朴承任此文使用了5次"母也天只"，类同"母亲啊母亲"，皆未及父亲。偶指父母，如奇遵《德阳遗稿补遗》中《答安顺之书（出安顺之家己卯诸贤简帖）》："今得委札，悉天只之平复及君之康吉，喜慰。"④

有些用例用作母亲抑或父母，难以判断，如郑希得《海上录》卷一五月十四日："今也执事万里言旋，入觐天只，丧亡余生，钦观羡闻，天伦至情，彼此一般，陈我所抱，此正其时。"⑤金寿恒《文谷集》卷二十三《祭伯舅文》："我生未龀，奄失天只。零丁孤苦，育于外氏。"⑥丁若镛《诗经讲义》卷一记载，朝鲜国王正祖曾问丁若镛道："'母也天只'，不及父者，疑是时独母在，或非父意，而旧说以为父母欲夺而嫁之者，何欤？或曰：'只呼母者，以其父严母慈。'此说何如？"丁若镛答曰："妇女之情，每因母而达父，

---

① 《韩国文集丛刊》第96辑页287下栏。
② 《韩国文集丛刊》第74辑页529上栏。
③ 《韩国文集丛刊》第36辑页375上栏。
④ 《韩国文集丛刊》第25辑页343下栏。
⑤ 《大东野乘》第8辑，民族文化推进会，1989年，第86页。
⑥ 《韩国文集丛刊》第133辑页448上栏。

父严母慈之义,诚恰好矣。"[①]从君臣二人的讨论中可知,他们都认为"母也天只"未提及父亲,这大概是朝鲜半岛多用"天只"代称母亲的原因。

2. 聘父、聘母、聘父母、聘家

聘父(1例),对岳父的尊称。聘母(2例),对岳母的尊称。聘父母(3例),即聘父与聘母的合称,指岳父母。聘家(10例),指岳父母的家。如:

> 其子之<u>聘父</u>张士善诚仲、尹明善等同参。(许震童《朝天录》:3/317)

> 适见家书,而向遭<u>聘母</u>丧云,甚悲缺矣。(成仁浩《游燕录》:78/97)

> 到马井,行茶礼于<u>聘父母</u>墓。(李忔《雪汀先生朝天日记》:13/14)

> 问卯桥:"玉胤今年廿二,文学成就否?愿一识荆。"对:"文学未成,今往楚州<u>聘家</u>未还。"(朴思浩《燕蓟纪程》:86/25—26)

妻子的父亲称岳父,也称岳丈,故又有"聘丈"之称,《燕行录》未见,其他韩国汉文多见,如朴世采《南溪集》卷六十三《书院考证一》:"卢公名庆禴,即栗谷之聘丈也。"[②]沈錥《樗村遗稿》卷二《江湖录(至己丑冬)》诗序:"漆园路中遇聘丈来自林江,得

---

① 丁若镛《定本与犹堂全书》第10册,茶山学术文化财团,2012年,第102页。
② 《韩国文集丛刊》第140辑页297上栏。

闻家中消息。"①

如前揭，称岳父"聘君"，是误读朱子著作的结果，有人主张要纠正这种误用。李德懋在《青庄馆全书》卷二十八《士小节中·士典二》中指出："妻父母曰外舅、外姑，不可曰聘父、聘母。"② 这种呼吁并未奏效，聘君、聘父、聘丈、聘母等表妻族类的"聘"字词在韩国汉文中比比皆是。究其原因，除朱子学著作在朝鲜半岛影响深入外，还因为"聘"字本身有"娶妻"义。《礼记·内则》："聘则为妻，奔则为妾。"《左传》中也常见"聘"用作娶妻义。唐以后又产生了"女子订婚或出嫁"义，现代汉语保留该义。相关的双音节词有聘礼、聘妻、聘定、聘书等。(《汉语大词典》卷8第678页）

要之，"聘"有聘请（士子做官）义，又有聘娶（妻子）、（女子）出嫁义，加之朱熹著作的影响，导致"聘"在朝鲜半岛衍生出用以称呼妻族的聘父、聘母、聘丈等新词。同时"聘丈"之称还受到"冰人""冰翁"等"冰"字词的影响（参下文）。

3. 冰君、冰丈、冰家

冰君（3例）、冰丈（1例），皆指岳父。冰家（1例），即岳父母家。如：

> 冰君在沙岘底，召余，余历拜焉。（许䇞《朝天录》：

---

① 《韩国文集丛刊》第207辑页43下栏。
② 原文为："凡书牍，称人父母曰尊丈、慈堂，不可曰春府、萱堂；叔父曰令伯仲叔季父，不可曰阮丈；兄弟之子曰令姪，不可曰阿咸；内舅曰令舅氏，不可曰渭阳；奴曰贵奴，不可曰贵星；称吾子曰家儿，不可曰迷豚；女曰女儿，不可曰所娇；妻曰室人，不可曰贱荆；妻父母曰外舅、外姑，不可曰聘父、聘母。或有称内舅曰叔舅，母曰叔母，姑曰姑母，皆非也。嫂叔称兄弟，尤可革正者也。"参《韩国文集丛刊》第257辑页495下栏。

257

7/22）

四兄及南甥已分被先入，冰丈亦班荆叙别。（李海应《蓟山纪程》：66/13）

以李子正家不安，避居于冰家。（洪翼汉《花浦先生朝天航海录》：17/321）

又有冰父、冰母等词，见于韩国其他汉文。如姜希孟《私淑斋集》卷三《送李内相（琼同）出按关西》诗："时冰父季子安（该），作宰殷栗（该）也。"[1] 尹根寿《月汀集》卷七《祭大司谏权公墓文（仲麟）》："冰母实权氏，冰母尝谓大司谏乃先祖，其为曾祖或祖考则未莹，而冰母之先祖则固然矣。"[2] 洪柱元《无何堂遗稿》有一首五言律诗曰《豊宁堂叔冰母挽》。[3]

何以有"冰丈"之称？李元培《龟岩集》卷十四《日录（乙巳）》载："十月七日，宗丈安行氏问：'古人有称妻父以冰丈，是何义？'答：'卫玠为乐广女婿，皆以神采明粹称于世，故因谓妻父冰清，婿郎玉润，故后人或称以冰丈，称以玉润矣。'"[4] 可知，"冰丈"来自"冰清玉润"这一典故。《世说新语·言语》"卫洗马初欲渡江"南朝梁刘孝标注引《卫玠别传》："世咸谓诸王三子，不如卫家一儿，娶乐广女。裴叔道曰：'妻父有冰清之姿，婿有璧润之望，所谓秦晋之匹也。'"《晋书·卫玠传》作"妇公冰清，女婿玉润"。后遂以"冰清玉润"为翁婿的美称。（《汉语大词典》卷2第395页）或省作"冰玉"，如宋苏轼《与王定国书》："知今日会两婿，清虚

---
[1]《韩国文集丛刊》第12辑页39下栏。
[2]《韩国文集丛刊》第47辑页290下栏。
[3]《韩国文集丛刊续》第30辑页313下栏。
[4]《韩国文集丛刊续》第101辑页237上栏。

阴森，正好剧饮，坐无狂客，冰玉相对，得无少澹否？"（《汉语大词典》卷2第390—391页）又因"冰清玉润"的"冰清"指称岳丈一方，故又产生了冰翁、冰叟等称呼。如宋张世南《游宦纪闻》卷六："又二里，有亭曰辅龙，乃先兄之冰翁董讳熠字季兴所创。"宋苏轼《生日王郎以诗见庆次其韵并寄茶》："谒从冰叟来游宦，肯伴臞仙亦号儒。"（《汉语大词典》卷2第392—393页）

中国古籍中还有很多与媒人相关的"冰"字词，如冰人①、冰下人（媒人）、冰月（冰人月老）、冰台（媒人）、冰斧（媒人）、冰言（媒人的话）、冰语（媒人的话）等（《汉语大词典》卷2第389—399页）。又有"冰聘"一词，义为定亲，如清平步青《霞外捃屑·里事·朱存斋比部轶事》："归宁之日，始觉为妇所卖，讼之公。公询之，俱未冰聘，因判合焉。"（《汉语大词典》卷2第396页）此外，现代韩语中"聘""冰"同音，《韩国汉字语辞典》卷三将"聘丈""冰丈"皆释作"빙장[piŋdzaŋ]"（第875页、第74页）。

受以上诸种因素的影响，朝鲜文人创造了用以称呼妻族的冰君、冰父、冰母、冰丈、冰家等"冰"字词，以及聘父、聘母、聘父母、聘丈、聘家等"聘"字词，同时为"聘君"造了一个新义项（参本章第一节）。

---

①《晋书·艺术传·索紞》载："孝廉令狐策梦立冰上，与冰下人语。紞曰：'冰上为阳，冰下为阴，阴阳事也。士如归妻，迨冰未泮，婚姻事也。君在冰上与冰下人为语，为阳语阴，媒介事也。君当为人作媒，冰泮而婚成。'"后因称媒人为冰人。明叶宪祖《素梅玉蟾》第五折："传家无子叹伶仃，幸有多才似舅甥。闻知冯女貌娉婷，特遣冰人系赤绳。"（《汉语大词典》卷2第389页）《警世通言》卷三四《王娇鸾百年长恨》："多情果有相怜意，好倩冰人片语传。"《醒世恒言》卷七《钱秀才错占凤凰俦》："这做媒乃是冰人撮合，一天好事，除非他女儿不要嫁人便罢休，不然，少不得男媒女妁。"（《重编国语辞典修订本》"冰人"条）

曹炜《现代汉语中的称谓词和称呼语》将社会称谓语分为职业称谓语、职称称谓语、职务称谓语、身份及友邻关系称谓语、泛称（亲属泛称）称谓语等。① 我们借用他的概念界定，将《燕行录》中涉及人员职务、身份的词语称作"职务身份称谓词"。燕行使团的人员成分非常复杂，《燕行录》涉及职务身份的词语极其丰富，最具特色的词有：上房、副房、三房、书状、首译、任译、先来、军牢、马头等。

4. 舌官、译舌、舌译、员译、元译、任译、首译

虽然朝鲜文人具有较高的汉文水平，但绝大部分使臣并不会汉语口语，因此翻译人员在燕行过程中具有重要的作用。《燕行录》中的翻译人员有多种身份，也有多种称谓，如象胥、译官、象译②、舌官、任译、译员、员译、首译、通事、通官等。从《汉语大词典》的收录情况来看，见于中国古籍的词有：象胥（《周礼》）、象译（《吕氏春秋》）、译官（《汉书》）、译胥（南朝梁颜延之《重释何衡阳》）、重译（唐吴兢《贞观政要·诚信》）、通事（《新五代史》）、译员（1986年《羊城晚报》）。③《汉语大词典》未收录的词有舌官、译舌、舌译、员译、任译、首译，以下分述之。

舌官，指口语译官，突出舌头的作用，体现口头翻译的特点。约40处用例，如：

---

① 曹炜《现代汉语中的称谓词和称呼语》，《江苏大学学报》（社会科学版）2005年第2期。
②《礼记·王制二》："五方之民，言语不通，嗜欲不同，达其志，通其欲，东方曰寄，南方曰象，西方曰狄鞮，北方曰译。"因此翻译人员也称"象译""译象"。
③ 括号内的书名是指《汉语大词典》首举书证的出处，用以说明该词产生的大致时间。

第四章 《燕行录》所见的汉语固有义汉字词

侍郎招舌官表廷耇问公何官。（权怢《石塘公燕行录》：5/100）

昨者舌官又言："阁下问及小邦与倭为婚，夫倭奴本一戾气所钟，四海万国，蛮夷戎狄之中，未有如此别种也。"（金尚宪《朝天录》：13/358）

译舌，同"舌官"，有60处用例，如：

贡凭重译舌，家养八蚕眠。（李睟光《安南使臣唱和问答录》：10/134）

自言有子女七人，使译舌言之曰："有福人也。"（成以性《燕行日记》：18/139）

舌译，2例，即：

见道傍清人男女处处相会，车马嗔咽，故使舌译问之。（未详《燕中闻见》：96/342）

舌译辈乃曰："何为出此怪异之言耶？"（未详《燕中闻见》：96/343）

虽然该词仅见于一部作品，但并非个人的语言行为。通过"韩国古典综合DB"又检索到2例，如朴准源《锦石集》卷五《上伯氏》："然月沙、简易之时，未闻有舌译辈独擅文名于外国，此可见世道之降矣。"①申锡愚《海藏集》卷二《与士绥羲宾赋》："三人围床，各抽不律，代舌译记，将以备韵事资异日也。"②

---

① 《韩国文集丛刊》第255辑页96下栏。
② 《韩国文集丛刊续》第127辑页150上栏。

261

员译，有 34 处用例。如：

员译以上皆馈酪茶一器。（成以性《燕行日记》：18/154）
员译辈未及装卜之故，皆落后。（李喆辅《丁巳燕行日记》：37/517）

因"员""元"同音，故"员译"也作"元译"，4 例。如：

迎慰使元译自京来。（赵㵾《朝天录》：12/442）

《汉语大词典》收录"译员"，释义为"翻译人员（多指口译）"，所举书证为 1986 年 4 月 24 日《羊城晚报》："他原来是海军总部的一名普通译员。"（卷 11 第 447 页）例证过晚。《燕行录》有 16 例，最早见于乾隆十六年（1751）到中国的朴趾源所撰《热河日记》。如：

一行译员迭援故事，固请退期。（朴趾源《热河日记》：55/416）

任译，用例甚夥，200 多例，"任译"原义为担任翻译的人员，后成为"译员"的同义词。据徐有素说，"任译"是官方文书用语。如：

上房在中殿傍，副三房在东殿傍，任译在西殿傍。（李田秀《入沈记》：30/117）
三使臣与任译（凡文状中称译员曰任译）以朝服诣鸿胪寺。（徐有素《燕行录》：81/83）

首译，处于首要地位的翻译人员，500 多例，最早用例见于郑太和《己丑饮冰录》，明代《朝天录》未见。如：

第四章 《燕行录》所见的汉语固有义汉字词

使臣与首译明日黎明来候九王门下云云。（郑太和《己丑饮冰录》：19/337）

使首译言及岁币呈文于礼部。（金海一《燕行日记》：28/213）

汉语有"行首"一词，有多个义项，已见于《左传·成公十六年》，指军队行列的领队，唐以后引申泛指一般的领班、领队。（《汉语大词典》卷3第902页）朝鲜时代的首席译官也称"行首译官"，如《受教辑录·刑典·禁制》："北京使臣渡江时，书状官、义州府尹、平安都事眼同搜检，挟持参货者启闻囚禁，枭示境上，入去后现发者，回还时一体枭示。搜检官及行首译官并拿问。"（《韩国汉字语辞典》卷四第32页）"首译"为"行首译官"的凝缩形式。

古时还将出使外国或外国来中国负责传译的使者称为"译使"，见于《汉书·地理志》《三国志·魏志·田畴列传》（《汉语大词典》第11卷第446页）。在"韩国古典综合DB"检索到数例，如吴始寿《水村集》卷二《呼韵》："绝塞秋深无译使，每逢归雁望传缄。"[①] 金昌翕《三渊集》卷二十九《兵曹判书尹公神道碑铭（并序）》："北使所过，需索无厌，公以译使不善居间，杖数人，使不得横恣，一行帖伏。"[②] 但《燕行录》未见，可能与译官在朝鲜半岛地位不高有关，且燕行使节中的译官口碑不好，不少《燕行录》作者曾严厉批评译官的种种劣行，大概出于这个原因，他们不把译官称作"使者"，因此没有"译使"一词。

5. 先来、先来通事（译官/军官）、先来军牢、军牢先来

先来，指向外国派遣使团时先于使臣返回的人。"先来"的任

[①]《韩国文集丛刊》第143辑页47下栏。
[②]《韩国文集丛刊》第166辑页46下栏。

务是提前向朝鲜国王报告事件的进展，或向前方预告使行的消息，以便准备接待。用例甚夥，如：

> 卯时<u>先来</u>渡江去，以车两不至，留通州。（裴三益《朝天录》：4/44）

> 发送<u>先来</u>秦仁男等一行，大小事情元状启一道，焰焇难贸事状启一道，贸谷船、<u>先来</u>船急急还送事状启一道，闻见别单各一道。（洪翼汉《花浦先生朝天航海录》：17/241）

充当先来的人员有两种，一种是从北京提前返程的译官或军官，称为"先来通事""先来译官""先来军官"[①]。如：

> 道上见进贺使<u>先来通事</u>。（权橃《朝天录》：2/268）

> 陈奏使李领相<u>先来译官</u>崔得宗、崔屹等过去。（黄汝一《银槎录》：8/272）

> <u>先来军官</u>今月初五过去，梁孝元望日过庄云。（李滫《燕途纪行》：22/192）

另一种是提前一两天过境以通知义州准备接待的军牢，称为"先来军牢"（5例）或"军牢先来"（9例），如：

> 朝抵小石岭，沈阳<u>先来军牢</u>及湾府馈吏来迎路上。（李在学《燕行日记》：58/230）

> 到此先送军牢一人于湾府，以报到栅日子，是所谓<u>军牢先来</u>也。盖军牢出去后，自湾府诸般迎接之节，趁期来待云。（金

[①] 但未见"先来"与"舌官、舌译、译舌、员译、任译、首译、译员"等词组合而成的称呼。

景善《燕辕直指》：72/187）

从使臣的角度来看，"先来"是预先出发、离开之人，何故不名"先去"？徐庆淳提供了一种解释：

> 余问："何谓先来？"答曰："同日启程，先抵王京，故谓之先来也。其限以十六日为定，愆期则抵罪，故昼夜不息，风雪不计，狂奔疾走，殆非血肉之躯所能堪也。"（徐庆淳《梦经堂日史》：94/466）

如前揭，"来"在韩国汉文中有"返回，回来"义，故"先来"即"先回"也。不管是以使臣为参照点，还是从王京的角度，名之"先来"皆合情合理。尽管如此，也有称"先行"的，但使用不广，未成专名，《燕行录》仅见 2 例"先行通事"，即：

> 先行通事柳世华到平壤，闻丧回去。（许震童《朝天录》：3/267）

> 命先行通事等率唐人发去，先候于义州。（许篈《朝天记》：6/54）

偶见 1 例"先过通官"，即：

> 有拨军数人来哄曰："先过通官李彦光等，以兵部火牌骑拨马二匹，今过月余，尚不见还。"（李恒福《朝天日乘》：8/502）

拨军为明朝军士，不知朝鲜称"先来"，故称为"先过通官"，亦属正常。

汉语中的"先来"为本来、原来义，如《百喻经·贫人作鸳鸯鸣喻》："其夫先来常善能作鸳鸯之鸣。"金董解元《西厢记诸宫调》卷四："道是洛京人氏，先来曾蒲州居止。"(《汉语大词典》卷2第240页）与指称人物的"先来"无涉。

6. 帮子、房子、高丽帮子

帮子，指仆从。通过检索《燕行录全集》《朝鲜王朝实录》《承政院日记》《韩国文集丛刊》，我们发现韩国汉文中的"帮子"主要出现在两种语境中：

语境一：与燕行有关。《燕行录全集》有22例"帮子"，见于6部作品，如：

> 时刘总兵綎久住两南，两南流民皆就佣于军中，名曰帮子。（李恒福《朝天记闻》：8/454）

> 遂脱豹裘，却从者，混下辈周玩。有问者，对以帮子（帮子，此地人奴称也）。（金昌业《老稼斋燕行日记》：33/17）

> 月亮晌午歪，鸡叫一遍了。天气冷不冷，泥道好不好？帮子睡觉么，牲口吃草完。（李晚秀《辎车集》：60/463）

洪大容笔下的"帮子"，还可以指下级官吏、管理戏院的员工，如：

> 通官言："提督使其帮子来守衙门，吾辈亦不得自由。"德亨即寻其帮子，买酒与饮，给清心数丸，因告以故。（洪大容《湛轩燕记》：42/77）

> 良久呼帮子，与标纸。帮子由层梯引余登楼遍察。诸桌无空处，帮子亦以标纸辞余，期以他日。（洪大容《湛轩燕记》：

42/415）

"帮子"在中国人话语中则具有贬义色彩，如：

> 俺一个身怎生抵当他三五十个生力的帮子，如今往赶时，一个帮子拦绝了去路，将那瓜子还掷俺面上。（朴趾源《热河日记》：55/520）

> 在昔丙子我国被掳男女皆住此处，为彼人役使，受无限侮辱，呼以加吾里帮子。加吾里者，即高丽之称。帮子，又奴隶之别名。（李有骏《梦游录》：76/429）

"加吾里帮子"即现代人所称"高丽棒子"，是一种蔑称。但在当时的朝鲜人看来，"帮子"只表明奴仆身份，并不具有贬义，故用作自称。如上举金昌业例，又如：

> 光禄叩头曰："小人是朝鲜帮子，俺老爷们为观皇都帝居，如望天上，敢是大官人肯许么？"（朴趾源《热河日记》：53/364）

朝鲜时代的译书《译语类解补》、汉语教科书也记录了"帮子"这个词。如《骑着一匹》："这个马本成急性的马，万一拿鞭子打他身子咧，撩蹶子恼怪帮子。"[①]

帮，帮助、协助也。子，用作指人的词缀，也可能是"者"的书写变体，朝韩语中"子""者"同音，皆作"자[tsa]"。"帮子"构词理据甚明。由于朝韩语中"房""帮"同音，故"帮子"也被记作"房子"。如：

[①] 汪维辉等《朝鲜时代汉语教科书丛刊续编》，中华书局，2011年，第98页。

问余何官,以<u>房子</u>答之。(金昌业《老稼斋燕行日记》:31/447)

金进士又欲见千山,要借老爷<u>房子</u>同行。(金昌业《老稼斋燕行日记》:33/387)

次通官吴玉柱先取熟鹅四五首,授<u>房子</u>出送于外。(李宜显《庚子燕行杂识》:35/415)

金昌业《老稼斋燕行日记》的两处用例在其他版本写作"帮子"。据徐宝余考察,朝鲜汉籍《春香传》诸本皆作"房子",唯《汉文演本春香传》作"帮子"。《汉文演本春香传》第一回"开帐"注云"帮子,官府小隶俗称"。① 这些著作皆因关涉汉语而记为"帮子"。

语境二:与壬辰倭乱事件相关。《朝鲜王朝实录》中"帮子"只见于《宣祖实录》,共 18 例,所有的用例都与壬辰倭乱时驻扎在朝鲜半岛的明军有关。如宣祖三十二年二月壬子:"帮子、军兵等事问于兵曹,则曰备边司知之。"② 这些"帮子"指的是投入明军做杂役的朝鲜人。将《宣祖实录》出现的"帮子"与"房子"比较,我们发现二者有时指的是同一类人,以几组例句试作对比:

第一组③:

上曰:"军门以奏文事发怒,其余将官及军兵等,以柴草、

---

① 徐宝余《广寒楼记版本考》,载《域外汉籍研究集刊》,中华书局,2013 年,第 293 页。
②《朝鲜王朝实录 23·宣祖实录》卷一〇九,第 569 页 c 栏。
③ 以下两例分别见《朝鲜王朝实录 23·宣祖实录》卷一〇九第 565 页 d 栏、卷一百零六第 528 页 b 栏。

房子、大米等事发怒。"（32年2月辛亥）

卢游击子（应登）揭帖曰："帮子、柴草之类一无所惠，此何意也？"（31年11月壬午）

第二组[①]：

郑经世进启曰："唐人作弊，实由通事、房子辈所诱也。"（28年2月乙丑）

经理笑而答曰："那时裁减通事、帮子，将出告示，而为陪臣体面，旋令仍存。"（30年10月辛酉）

第三组[②]：

盖各色上番军属于兵曹者，以应天兵房子及各处支供之役，常患不足，何暇责以训炼守御之事？（31年7月甲午）

提督曰："贵邦水兵，作为天兵帮子，互相倚势，则庶几有所恃矣。"（33年3月壬申）

从出现的语境上看，二者构成异文。在明朝人（游击、经理、提督）话语中多称作"帮子"，朝鲜人既称"帮子"，也称"房子"，以后者为多。但《宣祖实录》中传统意义上的"房子"，不写作"帮子"。[③]

[①] 以下两例分别见《朝鲜王朝实录22·宣祖实录》卷六〇第447页d栏、《朝鲜王朝实录23·宣祖实录》卷九三第307页c栏。
[②] 以下两例分别见《朝鲜王朝实录23·宣祖实录》卷一〇二第467页b栏、《朝鲜王朝实录24·宣祖实录》卷一二三第52页c栏。
[③] 宣祖二十九年四月己未有1例"榜子"："晋州、山阴等处定为安土，互相贸易，率榜子二三人，在应瑞阵中，爱慕之。"参《朝鲜王朝实录22·宣祖实录》卷七四，第694页b栏。

高丽时代的"房子"是宫廷或衙门中的下级官吏。最早用例见于宋徐兢《宣和奉使高丽图经》卷二一《皂隶·房子》:"房子,使馆之给役者也。每房自使副而下,以官品高下而为之多寡。其服文罗头巾、紫衣、角带、皂履,盖择善供应者为之。观其守法谨甚,又善笔札。高丽俸禄至薄,唯给生菜、蔬茹而已。常时亦罕食肉。每人使至,正当大暑,饮食臭恶,必推其余与之。饮啖自如,而又以其余归遗于家。"[1]可见,高丽时代的"房子"生活穷苦,但有一定的书写能力。朝鲜李朝时期"房子"的所指发生了变化,范围有所扩大,不仅可以指下级官吏,也可以指称宫廷侍女。《朝鲜王朝实录》《承政院日记》记载了大量的"房子",如世宗二十一年五月辛亥:"初,内资寺婢莫非之母,为德寿宫房子。"[2]燕山君十年八月乙丑:"房子者,侍女之婢也。"[3]中宗二十二年四月癸丑:"房子乃各司婢子也,为妖怪事必不与房子共谋也,私婢推之可也。若无私婢,则虽房子亦可推也。"[4]肃宗二十七年三月甲寅:"宫女只有私自役属者曰房子。"[5]高丽时代与朝鲜时代的"房子",身份都很卑微,而且越来越接近"贱民"阶层[6]。有的是"房子世家",有的来源于罪犯及其家眷。《朝鲜王朝实录》记载世祖十一年九月己酉,世祖欲将宗室李瑈、李浚贬黜,服房子役,但二人仍不悔改,终被

---

[1]《韩国汉籍民俗丛书》第一辑第十册,万卷楼图书股份有限公司,2012年,第121页。
[2]《朝鲜王朝实录四·世宗实录》卷八五,第211页b栏。
[3]《朝鲜王朝实录13·燕山君日记》卷五五,第653页c栏。
[4]《朝鲜王朝实录16·中宗实录》卷五八,第562页a栏。
[5]《朝鲜王朝实录39·肃宗实录》卷三五上,第594页a栏。李采《华泉集》卷八《寄子光文》"昨得廿日帮子便书,知已呈辞求免"中的"帮子"难以判断为哪种语境,暂不做分析。《韩国文集丛刊续》第101辑页402上栏。
[6]朝鲜时代把人分成三个阶层,即两班贵族、中人、贱民。

处斩:"予不欲暴扬,即黜下,使供房子役,尚不悛悔,今复为书,使宦官金仲湖传于浚。"① 可见,国王宗室也会被贬为"房子"。

何以称"房子"?丁若镛《牧民心书》卷四曰:"诸属之中,官奴最苦。侍奴长立阶上,片刻不离,首奴任贸贩,工奴任匠作,厩奴养马而执伞,房奴暖炕而视圊(即房子),牧有所往,诸奴皆从。其劳苦如此,而所以酬其劳者,不过曰庖奴、厨奴,诸仓之奴而已,所食者即落庭米几苫,岂不嗟哉?"② 朝鲜时代的官奴分工不同,职责有差,名称不一,有侍奴、首奴、工奴、厩奴、房奴、庖奴、厨奴等,房奴即"房子"。丁若镛曰"房奴暖炕而视圊",意思是房子负责房屋供暖、厕所管理。概而论之,"房奴"即负责房内事务的仆人。

《承政院日记》只有1例"帮子":"凤汉曰:传闻兵使下去时,白衣二人,拦道见捉,二人即监营帮子及驿卒也。"该例也和明朝"兵使"有关。此外,有5部朝鲜个人文集也记载了"帮子"一词,即李恒福《朝天录》及《陈时务画一启》、李埈《岭南屯田措置节目呈杨经理文》、金尚宪《议政府左议政月沙李文忠公神道碑铭》、赵翼《议政府左议政(谥文忠)李公行状》。这些著作所论都是壬辰倭乱期间发生的事情,其中的"帮子"与《宣祖实录》同。

《韩国汉字语辞典》"房子"条收录两个义项:地方官衙跑腿的男仆;宫中侍女的一种。③ 而"帮子"条释义为"地方官衙中负责

---

① 《朝鲜王朝实录7·世祖实录》卷三七,第702页c栏。
② 《定本与犹堂全书》第27辑《牧民心书Ⅰ》,茶山学术文化财团,2012年,第271页。
③ 义项一"지방 관아에서 심부름하는 남자 하인",义项二"궁중의 시녀의 하나"。《韩国汉字语辞典》卷二第499页。

传达文书的下人之一",又曰"也写作房子",并引《行用吏文》曰"帮子,방ᄌᆞ,各道营邑传书之急走者也,亦汉语"。①可见,当时的朝鲜人认为"帮子"是个汉语词。

综上,"帮子"是壬辰倭乱时明朝将官创造的,用以称呼朝鲜的杂役人员,当时的朝鲜文人袭用之。由于受朝鲜半岛固有"房子"的影响,也被记作"房子"。汉语语境中的"帮子"比较切合该群体的身份,"房子"则难以传达这层含义,因此与中国人相涉的文献往往记作"帮子"。

凑巧的是,汉语有"棒子"一词,发音与朝韩语的"房子""帮子"非常相似,具有棍棒、玉米、人参、土匪等多层含义。又如无名氏《冻苏秦》第三折:"甚勾当来来往往,张张狂狂,村村棒棒。"尚仲贤《气英布》第三折:"村棒棒的呼么喝六。""村棒棒""村村棒棒"指冒冒失失的样子。②北京话用"棒子"戏称外地人或干某种行当的人,如关东棒子、手艺棒子、体育棒子等。③有的地方将穷困人称作"穷棒子"。姜亮夫《昭通方言疏证》:"又曰棒老二,亦指强盗之小者,以棒击人而夺其财货也。"崔荣昌《四川方言与巴蜀文化》:"棒客,又叫棒老二或老二,在四川方言中特指土匪、强盗。"尹世超《哈尔滨方言词典》与马思周、姜光辉《东北方言词典》:"棒子手:强盗。"④据《汉语方言大词典》,沈阳、通化、丹东皆有"棒子手"一词。可见,"棒"字在汉语中具有广泛而严重

---

① 释义原文为"지방 관아에서 문서(문서) 전달을 맡아하는 하인의 하나"。《韩国汉字语辞典》卷二第274页。
② 许少峰《近代汉语大词典》,中华书局,2008年,第325页。
③ 陈刚等《现代北京口语词典》,语文出版社,1997年,第17页。
④ 刘瑞明《释元剧"邦老"》,《古汉语研究》,2006年第2期。

的贬义色彩。因此,"房子""帮子"在中国文献中被记作"棒子"。清王一元《辽左见闻录》曰:"朝鲜贡使从者之外,其奔走服役者,谓之'棒子'。其国妇女有淫行,即没入为官妓,所生之子曰'棒子',不齿于齐民。鬈发蓬松,不得裹网巾;徒行万里,不得乘骑;藉草卧地,不得寝处火炕。盖国中之贱而劳者。"[1] 罗继祖《枫窗脞语》:"解放前,呼朝鲜人为'高丽棒子',不解所谓。解放后禁用,知非美称。然其意义为何尚懵然也。及读王一元《辽左见闻录》中有一则云……始知其人为私生子,世世相袭,遂自划为一阶层,略如吾浙之堕民。雍正元年曾谕令削除堕民籍,而习俗仍相沿未革。"[2] 从王、罗的描述可以确定中国所称"高丽棒子"即源于朝鲜半岛之"房子""帮子"。罗继祖的话还说明,解放前管朝鲜人叫"高丽棒子",但很多人并不知该叫法为蔑称。[3]

汉语中的"帮子"指:①鞋帮(连于鞋底的竖立部分);②身子;③白菜一类的蔬菜外层叶子离根近而较厚的部分;④量词,相当于群、伙。(《汉语大词典》卷3第763页,《现代汉语词典》第40页)与指仆从的"帮子"无涉。[4]

---

[1] 王一元著,靳恩全校注《辽左见闻录》,铁岭市政协学习宣传和文史委员会,2007年,第22页。
[2] 罗继祖《枫窗脞语》,中华书局,1984年,第198页。
[3] 关于"帮子""房子""高丽棒子"的词源问题,可参以下论文:李根硕《朝鲜的中国想象与体验(从17世纪到19世纪)——以燕行录为中心》,黄普基《历史记忆的集体构建:"高丽棒子"释意》,刘琳《"棒子"由来的历史考察》,刘安琪、刘永连《"帮子""榜子""房子"与"高丽棒子"关系考辨》,谢士华《"房子""帮子""高丽棒子"考辨研究》。
[4] 赵在三《松南杂识·方言类》"帮子"条:"韵书注事物房奴(笔者注:原作"取")之谓也。演繁露曰卫士扈驾者名等子者,误也。谓其力举千匀鼎当为鼎子,今各邑京帮子似鼎子之讹。"(第201页)谓"帮子"为"鼎子"之讹,显然是臆想。

7. 胡皇、商胡、胡商、店胡、胡主、车胡、儿胡、债胡

朝鲜文人历来对文化较为落后的蒙古、女真或满族等少数民族怀有歧视态度。后因清朝逼迫朝鲜臣服于己，又将朝鲜视为父母之邦的明朝取而代之，朝鲜人尤视之为仇敌，蔑称为"胡"，《燕行录》便满纸"胡"字。如清朝皇帝被称作"胡皇"（明朝皇帝则称作"明皇"），中国商人被称作"胡商""商胡"，开店铺的主人称"店胡""主胡"，车夫被称作"车胡"，中国小孩被称作"儿胡""胡儿"，等等。如：

> 夕到新广宁，即年前胡皇展谒沈阳时新设之站。（吴道一《丙寅燕行日乘》：29/160）

> 往来行人及商胡之驱车乘马者，填街溢巷，肩磨毂击。（李宜显《庚子燕行杂识》：35/372）

> 入一廛房，有胡商数人下堂，颠倒迎吾辈上座。（金正中《燕行录》：75/287）

> 主胡曾有面分，烹鹅羊，煎骆茶，以致其诚。（李𣵠《燕途纪行》：22/62）

> 夕海洋自鸣，声如风雷，店胡以为大风之渐。（姜长焕《北辕录》：77/334）

> 又有车胡五人处于对炕，迭相吸烟，尤可苦。（金昌业《老稼斋燕行日记》：32/380）

> 有一胡儿攀梯而上，循过八角层檐，其疾如飞。（李宜显《庚子燕行杂识》：35/430）

> 时见一儿胡眉目可怜，给与烟竹而问之。（郑太和《壬寅饮冰录》：19/374）

使臣逗留北京期间，朝鲜人常常向中国商人赊账，使臣准备回程时，债主便来向朝鲜人讨要欠款。这些债主被某些《燕行录》作者称为"债胡"。如：

> 夕宿枣林庄，债胡又至，令自下饬送。（姜时永《輶轩续录》：73/274）

称具体某个人则在"胡"前冠以姓氏，如洪大容称一吴姓满族少年为"吴胡"：

> 余始闻吴胡有勇力，因握手用力而试之。吴胡微笑，反执余手。余痛不能堪，徐笑而拂之，吴胡亦解手，仍举足交余脚而戏之。将罢归，家丁仍边译请得清心丸。吴胡闻之，疾声责家丁，下椅摇手而走。副使使人扶而还之，以一丸赠之。吴胡羞报不自胜，再屈身为礼而去。（洪大容《湛轩燕记》：42/108—111）

朝鲜正史也用此称，如《朝鲜王朝实录》正祖四年四月丁卯："召见回还冬至正使黄仁点、副使洪检。检启言：臣于今行往来所经路站及留馆时，闻译舌与彼人酬酢之语，则相反于《洪武正韵》者居多。问其故，则年前启禧赴燕时，采归关东商胡行货之俗语，作为正本，旧板则阁而不用。"[①]《热河日记》记载，朴趾源问奴仆张福："使汝往生中国，何如？"张福对曰："中国，胡也，小人不愿。"（53/280）连朝鲜奴仆都以中国为"胡"，不愿生在中国，可见当时朝鲜人对清朝的偏见之深。

[①]《朝鲜王朝实录45·正祖实录》卷九第162页c栏。

三、行为动作类

表动作行为的汉字词最为丰富，构词方式灵活、多样。我们从《燕行录》中搜集了 51 个（组）不见于《汉语大词典》的复合式汉字词，并根据它们的构词特点分为连动式、支配式、偏正式、补述式、联合式等五种类型。

（一）连动式

两个动词性语素组合，表示行为动作的先后承接关系，这样的合成词称为连动型复合词。连动组合是汉语一种常见的构词方式。《燕行录》存在大量未见于中国古籍的连动型复合词。

1. 退送、定送、决送、成送、刷送、捉送、放送、饬送

受作者母语的影响，韩国汉文中"送"字双音节词非常发达，如定送、决送、成送、刷送、捉送、造送、放送、教送、饬送等。这些"送"具有不同的含义，可据语境明确词义，若其后为表人物的词，则"送"为打发离开或派遣义，若其后为表物品的词，则"送"为"赠送，递送"义。

"退送"有两个义项，其一，不接受（某物）而退还。"退"即退还，"送"指送给或赠送某物。如：

> 然带马者皆愚劣下卒，不可的信，其以何事<u>退送</u>也？或恐过瘦，不合战用故耳。（黄汝一《银槎录》：8/275）

> 相与讨吃之际，使家<u>退送</u>悦口子一炉。（权时亨《石湍燕记》：91/258）

其二，使某人退出，并将其打发离开。"退"指使某人退下，"送"为打发义。如：

第四章 《燕行录》所见的汉语固有义汉字词

  盖彼人亦知书状总察一行员役,故每每来诉于三房,亦是苦境,令下辈申饬<u>退送</u>。(姜时永《轺轩续录》:73/274)

  卞金两人捉入,方欲决棍,因首译李埜、掌务官李容肃、上通事金仁植之恳告,姑使<u>退送</u>。(李恒亿《燕行钞录》:93/170)

据《汉语大词典》,中国古籍中的"退送"指把作祟的鬼神驱退送走(卷10第840页)。中国古籍中的"发送"也有"打发,使离去"义(《汉语大词典》卷8第555页),但未见其他"送"字双音节词具有此义。"发送"的"使离去"义是由"发"字传达出来,而不是"送"字,"发送"之"送"当作遣送义看待。这与朝鲜汉文中大量的"～送"有所不同,"～送"的打发义是受朝韩语影响而产生的一种用法(参前文)。

"定送"指确定或决定派遣某人去做某事,也指送某物于他人。宾语可置于其前或其后,如:

  将则以酋长之在城中者<u>定送</u>,满一年相递。(申忠一《建州见闻录》:8/168)

  我行欲于廿二乘船,曾见军门时言之,故<u>定送</u>此处将官也。(金堉《朝京日录》:16/517)

"定"为确定、决定义,"送"为派遣或赠送义。近义词有"决送",指决定派遣某人去做某事。

"成送"指将制成的文书送给相关的人员或部门,也指将完成的文章或其他作品送给某人。《燕行录》中的"成送"对象主要是指礼部给朝鲜使臣的文书(票帖、咨文等)。"成"为"完成"

义。如：

> 票帖则明间当成送，姑且待之。（金诚一《朝天日记》：4/270）
>
> 和章及扁额当于入京后成送。（徐浩修《燕行记》：52/74）

"造送"指制造某物以送给某人，"造"即"制造，制作"义。如：

> 西伯以拨便造送獐皮毛浮，又以刷马二匹别为加送。（李㦾《朗善君癸卯燕京录》：24/402）

"刷送"指将不属于本地或本国的人或物遣送回本籍地或本国，"刷"原为刷洗义，引申为清查、清理。主要见于《昭显沈阳日记》，如：

> 向化逃唐人至今不为刷送，而走回人刷送者前后只以六名塞责。（《昭显沈阳日记》：24/517）

"捉送"指把人抓捕后送往某处，如：

> 以稷山假吏崔论金之女，丙子年被掳入来，丁丑四月逃还我国，则我国还为捉送于沈阳。（洪命夏《甲辰燕行录》：20/270）

"放送"指把囚禁在狱中的人放出来，构词理据清晰。如：

> 而该吏举行慢忽，甚至逃躲，故捉来，移囚于前站，至黄州放送。（李基宪《燕行日记》：65/22）

有时释放或打发离开之前要先进行教育或申饬一番，因此又有"饬送""教送"①"教放"等双音节词。如：

> 夕宿枣林庄，债胡又至，令自下饬送。（姜时永《輶轩续录》：73/274）

2. 蹲退、退约

权时亨《石湍燕记》中的"蹲退""退约"很好地体现了朝鲜文人对"退"的特殊运用：

> 甚至于使行去就因此蹲退，诚可痛叹。（权时亨《石湍燕记》：91/324）

> 其女曰："父王勿忧，只做许婚，但以一年后成婚为约，则自有善后之策。"红毛王不得已，许之，如其言退约。（权时亨《石湍燕记》：91/337）

"蹲退""退约"皆指将原定的日期往后延退。前例中"蹲退"指使行的回期往后拖延。②韩国汉文有"蹲柹"一词，指一种削了皮不穿签子的柿子干，形象地表达了这种柿子的外形特点。后例中的"退约"非指毁约，而是将成婚的日子安排在一年以后。李滉

---

① 如闵齐仁《立岩集补遗》之《论赈事启（戊申）》："五部官员亲自教送，管领等亦皆亲见教之。"（《韩国文集丛刊》第25辑页498下栏）"教送"还有他义，如李桢《龟岩集别集》卷一《上退溪先生（庚午）》："先生祭秋峦文，传书者多有错误字，乞须传送何如？若以书送全篇为难，则此去拈出处，一一教送为望。"（《韩国文集丛刊》第33辑页511上栏）作者李桢写信向退溪（即李滉）求教，并请对方送来答复。《燕行录》未见"教送"一词。
② 该词还指退缩不前，如柳鼎文《寿静斋集》卷三《答李广瀚（庚寅）》："至如所谕，非欲因仍蹲退，亦非欲一直坚守之云。"（《韩国文集丛刊续》第117辑页435下栏）

279

《退溪集续集》卷五《与金彦遇》："且距府不远，未可伻人报此意退约否乎。十九以后至廿三以前皆无他故，并知此处之如何？"[①]该"退约"也是此义。中国古籍中的"退约"指"谦让俭约""解除契约，亦指已经撤销的契约"（《汉语大词典》卷10第841页）。

3. 责立、责出

> 第三房加立马及元译等卜刷马，例自平山责立。（崔德中《燕行录》：40/131）

> 故一纸可书者必分作二三纸，专为责出银两之计也。（李基宪《燕行日记》：65/244）

"责立"指要求将所需的牛马等动物准备齐整。"责出"指要求将钱或其他东西拿出来。"责"为要求义，"立"为站立义，因是牛马等牲畜，准备妥当后排立齐整以供检查。"出"是拿出义，因是钱财或其他物品，故谓之"出"。构词理据与"责令""责成""（求全）责备"同。

4. 禀定、禀决、禀处

禀定（17例）、禀决（4例），指禀告上级，并由上级做出裁决。如：

> 而本郡礼吏之不有禀定，自下直送，事极骇忽。（朴齐寅《燕行日记》：76/14）

> 而六曹之事无不关白，撮其大者而禀决，余悉自理。（赵宪《东还封事》：5/452）

[①]《韩国文集丛刊》第31辑页160上栏。

第四章 《燕行录》所见的汉语固有义汉字词

又有"禀处"一词，指将某事报告给上级处置。9例，如：

待陪臣更为呈文于大堂，当周旋禀处云。（李忔《雪汀先生朝天日记》：13/164）

甲军报于兵部，兵部奏于皇帝禀处。（徐有闻《戊午燕录》：62/184）

"禀定""禀决"为换素同义词，"禀处"又与二词构成一组换素近义词。

5. 操搪

操搪，指操纵且阻碍、破坏事情的进展。3例，如：

则一善非但不肯周旋，亦不无操搪之患。（洪命夏《甲辰燕行录》：20/330）

故欲越一站，则押车将操搪不许。（姜铣《燕行录》：28/512）

又《朝鲜王朝实录》孝宗二年六月乙丑："宪府启曰：'……请自今一遵朝家处决之令，严杜内司操搪之弊。'答曰：'此事非今所创，渠辈何敢任自操搪乎？勿以为虑。'"[1]金镇圭《竹泉集》卷十九《因大臣诸臣言重论译狱乞免疏》："倭馆修改本非大段，而当初任译辈虚张役处，滥增价本，符同倭人从中操搪，其为情状，万万绝痛云。"[2]操，操纵也。"搪"有抵御、抵挡义，如"搪寒""搪风"，又有敷衍义，如"搪塞"（《汉语大字典》卷4第2050页，《汉

---

[1]《朝鲜王朝实录35·孝宗实录》卷六，第493页d栏。
[2]《韩国文集丛刊》第174辑页237下栏。

语大词典》卷 6 第 816 页），因此可以引申出"阻挠，阻碍"义。

6. 教放

有时释放或打发离开之前要先进行告知或教育一番，因此有了"教放""教送"等凝缩形式的双音节词。"教放"指将犯错者抓来，对其进行申饬后释放出去，词典皆未收录。共 7 例，皆见于李瑛《燕山录》，其前为捉入、招入、拿入等动词，如：

> 以朝饭差迟，色吏令兵房军官捉入<u>教放</u>。（李瑛《燕山录》：19/484）

> 下人料米粗劣，湾上军官白得明拿入<u>教放</u>。（李瑛《燕山录》：19/520）

"教放"由"严教放还""下教放释""传教放送"等四字格形式凝缩而来。如姜希孟《私淑斋集》卷三《金君见和复次韵叙怀》："邻家恶少实有罪也，然罪之则反为玉川之罪人，可严教放还，不然只见吾隘也。"[①] 金尚宪《清阴集》卷三十五《司谏院大司谏八松尹公墓志铭并序》："公既至配所，不与外人交，深居杜门，仰屋长叹而已。至冬下教放释，然非德音也。"[②] 徐宗泰《晚静堂集》第十七《赠领议政行大司谏八松尹公谥状》："既赴配，不与外人交，杜门屏处，仰屋伤叹，常曰：'使时事至此，皆余之罪。'被服皆用缟素，一如处丧。冬下教放释公及诸人，而辞旨严，犹有未释然也。"[③] 李森《白日轩遗集》卷七《立朝纪绩》："昨日蔡有天等十二

---

① 《韩国文集丛刊》第 12 辑页 39 上栏。
② 《韩国文集丛刊》第 77 辑页 513 下栏。
③ 《韩国文集丛刊》第 163 辑页 380 下栏。

人以传教放送，则皆鼓舞，圣德矣。"①

"教"既指教育，也指君主的命令，也可以是长辈（或位尊者）对晚辈（或位卑者）所说的话（参前文）。类似的词还有"教送"，指对某人指导、教育后将其打发或送去某处。如闵齐仁《立岩集补遗》之《论赈事启（戊申）》："五部官员亲自教送，管领等亦皆亲见教之，官员虽有尽心者，而下人岂尽无泛滥之心乎？"②南公辙《金陵集》卷一《捉熊行》诗："州县发卒数十百，持弓投石相与获。家家教送丁男去，以火取脂刀割肉。"③"教送"还用作他义，如李楨《龟岩集别集》卷一《上退溪先生（庚午）》："先生祭秋峦文，传书者多有错误字，乞须传送何如？若以书送全篇为难，则此去拈出处，一一教送为望。"④此处"教送"指作者李楨写信向退溪（即李滉）求教，并请对方送来答复。《燕行录》未见。

（二）支配式

两个构词语素之间存在支配与被支配关系，这样的合成词称为支配式合成词，也叫动宾式合成词。"表支配的动词性语素＋被支配的名词性语素"是汉语很常用的构词方式，如司令、操心、开幕、悦耳等，《燕行录》也大量采用了支配式构词法创造新的复合词。

1. 关听、关见

关听，指听闻（某消息），或指（把某事）放在心上，2例，即：

余累次催归，而反以戏言加之，略不关听。（洪大容《湛

---

① 《韩国文集丛刊》第192辑页151下栏。
② 《韩国文集丛刊》第25辑页498下栏。
③ 《韩国文集丛刊》第272辑页14下栏。
④ 《韩国文集丛刊》第33辑页511上栏。

轩燕记》：43/174）

前月末回先来便上书，想已<u>关听</u>矣。（金正中《燕行录》：75/37）

当客观叙述事件进展时，义指听闻某事或某消息，如李象靖《大山集》卷十五《答曹直夫德臣（戊子）》："已以此意，说与贤胤，早晚当关听矣。"[①] 又《朝鲜王朝实录》景宗即位年九月乙丑："引接之际，诸臣进言，而殿下若不关听，毕竟发落，只'依允'二字外，无他问难。"[②] 当表达说话人的期许或者某种态度时，义指把某事放在心上，即关心。郑文孚《农圃集》卷二《李评事再上巡察使闵公书》："此事若得请，于一国有光矣，而但朝廷之许，有未可必也。别纸有所禀，幸关听而教之，如何？"[③] 柳云龙《谦庵集》卷三《与郑子孚》："乡兵事，前因尊谕，陈其忍耐终事之意，昨日又因辛上舍，仰乞姑为勉副，伏想关听参量矣。"[④] 宋时烈《宋子大全》卷二百三《泽堂李公谥状》："云云之事，不近事情，为此说者固为乱人，而传之者亦妄也，东宫正不当关听挂念，左右诸公亦必进说宽慰，而何至尚未释然耶？"[⑤] 蔡之洪《凤岩集》卷十三《题金一甫相夔棣华禊券后》："贱子之言，虽不足以关听，古人有不喜丝竹而喜听松声者，今公之来谒余言者，岂无其意哉？"[⑥] 李嵩逸《恒斋集》卷三《上葛庵兄》："野城倅滥刑杀人事，想已关听矣。"[⑦]

[①]《韩国文集丛刊》第 226 辑页 308 上栏。
[②]《朝鲜王朝实录 41·景宗修正实录》卷一，第 335 页 d 栏。
[③]《韩国文集丛刊》第 71 辑页 151 上栏。
[④]《韩国文集丛刊》第 49 辑页 39 上栏。
[⑤]《韩国文集丛刊》第 114 辑页 522 上栏。
[⑥]《韩国文集丛刊》第 205 辑页 451 下栏。
[⑦]《韩国文集丛刊》第 137 辑页 514 下栏。

第四章 《燕行录》所见的汉语固有义汉字词

　　韩国汉文中存在大量的"得关上听""得关崇听""得关合听""得关听览"等形式,"关听"即由这类表达凝缩而来。如李玄逸《葛庵集》卷十五《答金载彦(履厚)问朱书疑义》:"所谓将上言,将此辞免文字上达也,不若不报之为愈,言恳辞之意,得关上听。"① 李堉《俛庵集》卷二《答金箕瑞范东(丙寅)》:"拨昏索纸,预写此以待之,不知何时有便,而得关崇听也。"② 李好闵《五峰集》卷十四《申点上兵部石尚书星呈文(癸巳)》:"传说阁下记念鲰生,犹不以鄙夷而弃之,感德流涕,益增瞻遡,因便道达启状,不审得关合听否耶?"③ 李槃《顾斋集》卷九《与权参判重经》:"中间因李悦卿修致起居之仪,兼将纸束,以备点抹之资,未知得关听览否也?"④ 李玄逸《葛庵集》卷十《答权亨叔泰时》:"顷者拜状附递,或恐有浮沉之弊,即奉辱书还答,方知得关听览矣。"⑤

　　"上听""崇听""合听"是对君主或对方闻听行为的尊称⑥,《燕行录》也见,如:

> 　　应行者施行,应革者禁止,不敢缕缕,以渎上听。(赵宪《朝天日记》:5/340)
> 　　此一事不容不仰达于崇听也。(李凤秀《赴燕诗》:67/198)
> 　　谨此略陈颠末,仰尘崇听,伏乞俯赐鉴察。(李基宪《燕行日记》:65/229)

---

① 《韩国文集丛刊》第 128 辑页 100 下栏。
② 《韩国文集丛刊续》第 96 辑页 216 上栏。
③ 《韩国文集丛刊》第 59 辑页 533 上栏。
④ 《韩国文集丛刊续》第 56 辑页 537 上栏。
⑤ 《韩国文集丛刊》第 128 辑页 11 上栏。
⑥ 《汉语大词典》未收三词,《韩国汉字语辞典》收录"上听""崇听",未收"合听"。

"听览"指听闻、阅览[①],"得关听览"又可凝缩为"关览",如李翔《打愚遗稿》卷五《上尤庵先生（庚申）》："还家之日，适因交河宋友历访，又付一候，未知皆得关览否？"[②]南九万《药泉集》第三十四《上叔父（丁未二月）》："李相之札，已得关览耶？此老之意，尤可慨也。"[③]

"关览"即阅览，中国古籍已见。如宋苏轼《扬州上吕相公论税务书》："近复建言纲运折欠利害，乞申明《编敕》，严赐约束行下，而罢真、扬、楚、泗转般仓斗子仓法，必已关览。"（《汉语大词典》卷12第170页）

又有同义词"关照"，指阅览，如姜再恒《立斋遗稿》卷七《与尹承旨敬龙》："顷者覆书，伏想已得关照矣。"[④]郭钟锡《俛宇集》卷四十九《答刘舜思》："今将远出，且修此与阿姪，令讨便寄呈，那时当得关照。"[⑤]

《燕行录》中偶见1例"关见"，即：

凡使臣状启，义州府尹关见后，誊出一本，呈于备边司。（徐有素《燕行录》：79/51）

"关见"也是阅览义，是朝鲜文人根据"关览"类推出来的汉语词。如前所述，韩国汉文中经常出现"看"误作"见"的情况，

---

① 《汉语大词典》"听览"释义为"听事览文。谓处理政务"（卷8第718页），语义与此"听览"不同。
② 《韩国文集丛刊》第124辑页199上栏。
③ 《韩国文集丛刊》第132辑页575上栏。
④ 《韩国文集丛刊》第210辑页108下栏。
⑤ 《韩国文集丛刊》第341辑页290下栏。《汉语大词典》"关照"条未列此义项（卷12第166页）。朝鲜汉文中的"照"有"看"义。

第四章 《燕行录》所见的汉语固有义汉字词

由"关览"可类推出"关看""关见"。因此,"关听"也可能是直接由"关览"一词仿造而来。"关见""关览""关照"皆强调通过视觉阅览书信等,"关听"则强调通过听觉耳闻某种消息。"关"作何解?南九万《药泉集》第三十一《与申判书翼相(甲戌十二月二十日)》:"昨者大学士来过,意谓与台居止接近,可以传致鄙意,故亦有多少说话矣,并得关诸崇听否?"[①]从此例"得关诸崇德"的"诸"可知"关"为关涉义,与"关心""关怀"同理。[②]

2. 摘奸、掷奸

摘奸、掷奸,指调查有无乱七八糟的不法行为。"摘奸"有 17 例,见于 9 部作品,而"掷奸"仅 2 例。

> 问其由,则永平府副将方有摘奸事云矣。(金舜协《燕行录》:38/271)

> 乃烟台及防备诸处掷奸事出去云。(申忠一《建州见闻录》:8/164)

《韩国汉字语辞典》将"摘奸"的韩语写作"적간 [tsʰuk̚kan]","掷奸"写作"적간 [tsak̚kan]"(卷二第 593 页、615 页),盖朝鲜时代"摘""掷"音近或音同,故"摘奸""掷奸"构成一组异形词。[③]

[①]《韩国文集丛刊》第 132 辑页 524 上栏。
[②] 崔希亮《说"开心"与"关心"》认为"关心"来自"关"的"关涉"义,"关心"即"与心相关""与心相通"。董秀芳《汉语的句法演变与词汇化》也持相同的看法,认为最初有"关于(於)心""关心"两种形式,意思是"关涉于心怀",后来只保留了"关心"一种形式,最终发生词汇化,变成一个及物动词。
[③] 又作"摘简","简""奸"亦音同或音近,现代韩语中"简""奸"皆作간 [kan]。

中国古籍有"摘发"一词，义同"揭发"（《汉语大词典》卷6第842页），由于"摘发"常与"奸"连用，故而凝缩成词。

3. 付过、附过

付过（3例）、附过（2例），指官吏或军士在公务上有过失时，不处罚，只暂时记录下来，相当于现代汉语所说的"记过处分"。如：

> 始欲棍治，而以姑先付过，归馆后处决之意分付。（金景善《燕辕直指》：71/445—446）

> 通事三人在京时有迟缓事，曾命附过，余姑赦之。（许篈《朝天日记》：6/51）

政府将官吏所犯的罪过登记在册，记录在案，也叫"标付过名"，如《朝鲜王朝实录》太宗十六年五月丁酉："司宪府启误决员吏决罪之法……偏听饰辞，不察情伪，昏迷误决者，标付过名，永不叙用。"[①] "付过"即"标付过名"的凝缩形式。"过"即罪过、过错也。

4. 决棍、治棍

决棍，指施以杖责。决棍，有70多例，如：

> 三和监官等来现，即决棍拿入。（李忔《雪汀先生朝天日记》：13/22）

> 以不善举行，拿入首吏，决棍八度。（李承五《燕槎日记》：86/276）

---

① 《朝鲜王朝实录2·太宗实录》卷三一，第113页c栏，同参《韩国汉字语辞典》卷二第1113页。

第四章 《燕行录》所见的汉语固有义汉字词

"决"指处以杖刑，也特指杖击、鞭打（《汉语大字典》卷3第1687页），汉语有"决杖"一词，指处以杖刑，用大荆条或棍棒抽击人的背部、臀部或腿部。（《汉语大词典》卷5第1019页）《燕行录》也有用例，如：

> 指挥当护送我等，而已擅自<u>决杖</u>我异国人，亦有法文乎？（崔溥《漂海录》：1/445）
> 李信遇子也，驰过轿边，言辞悖慢，略施<u>决杖</u>。（李瑛《燕山录》：19/628）

"决棍"乃仿"决杖"而造，《汉语大词典》未收录。韩国汉文喜用"棍"字，《燕行录》中"决棍"有70多例，而"决杖"不足20例。除"决棍"外，还有"治棍""棍治"。治棍，2例，即：

> 刑推魁首曹世雄，而仍付于义州将校，其余皆<u>治棍</u>而放送。（金舜协《燕行录》：38/464）
> 松商则<u>治棍</u>七度，舌官为五度。（金正中《燕行录》：75/275）

"治棍"用例甚稀，"韩国古典综合DB"未见用例。"棍治"较多，《燕行录》有12例，见于5部作品。如：

> 上判事马头辈自北京落后，今始来现，规以法意，万万骇痛，故略加<u>棍治</u>。（姜长焕《北辕录》：77/330）
> 故其债主追及于此，入诉正使，正使<u>棍治</u>该马头云。（金景善《燕辕直指》：72/121）

"治"为惩处、惩治义，"棍"同"杖"，指处以杖刑。"治棍"即惩之以杖刑。"棍治"则类似现代汉语中的"枪决"。

289

5. 宣醞

宣醞，指君主赐给臣子美酒。《燕行录》中多指朝鲜国王赐予即将动身出发的使臣美酒[①]。21例，如：

> 中使承命宣醞，承言色亦以世子下令馈酒。（沈之源《癸巳燕行日乘》：18/80）
>
> 前数日预命宣醞于出城之日。（郑太和《壬寅饮冰录》：19/361）

也用作名词，指君主所赐的美酒。如《韩国汉字语辞典》卷二引《高丽史·忠肃王世家》："乙未元遣左司郎中脱必歹赐王宝钞一百锭、宣醞二十壶，吊慰兼致奠公主。"（第58页）这里指元朝皇帝赐给高丽国王的美酒。

"宣"指君主的诏命或命令，在中国古籍中极为常见，如与皇帝相关的双音节词有宣旨、宣令、宣命、宣诏、宣坐、宣茶等。"宣命""宣诏"既可作动词，指传达皇帝的诏命，也可作名词，指皇帝的诏命。皇帝赐臣子坐称"宣坐"，皇帝召见大臣时赐茶称"宣茶"。（《汉语大词典》卷3第1405—1410页）"宣醞"是仿"宣茶"而造的新词。"醞"同"酝"，原指酿酒行为，后也用指酒。

6. 用虑

用虑，指操心、担心、挂念。2例，即：

> 但自丧顺治，用虑多病，故大段公事外不为烦禀云云。（洪命夏《甲辰燕行录》：20/317）

[①] 偶指清朝皇帝赐予美酒，如李尚健《燕辕日录》："皇帝因赐宴，宣醞于皇榻前。"（95/293）指光绪帝赐酒。

第四章 《燕行录》所见的汉语固有义汉字词

我等食费自有银子办买给用，不烦贵国用虑。(金允植《天津谈草》：93/313）

其他汉文也多见，如宋相琦《玉吾斋集》卷十《辞吏曹判书疏（丙申）》："省疏具悉，卿之祈免至此，可想疾病之难强，予用虑焉，本职今姑勉副，卿其安心调理。"[1] 裴龙吉《琴易堂集》卷二《乞觐母札子（癸卯）》："去月晦始得乡书，母为春寒所中，证势弥留云。此必臣家恐臣用虑，不以时报，及其危重，方走人来告疾病。"[2]

又有同义词"用念"，如金尚宪《清阴集》卷三十四《同知中枢府事李公墓志铭并序》："卿年高，二子皆可用，予用念之。"[3] 吴宖默《丛琐》第二十册《益山郡·与木浦留宗人庆焕书》："庇内大都，一一太平，流寓滋味，比在洛时有胜耶？每用念到，不禁憧憧也。"[4] 崔奎瑞《艮斋集》卷四《辞周急疏（甲寅）》："省疏具悉卿恳，卿之老病若此，深用念焉。"[5] 但《燕行录》未见。

"用虑""用念"为一组换素同义词，"虑"与"念"同义。中国古籍有"虑念"一词，为"思虑""挂念"义。(《汉语大词典》卷7第423页，台湾《重编国语辞典修订本》) 韩国汉文中的"用虑""用念"是对"念虑"用法的继承和发展。

7. 下陆

下陆，指舍舟登上陆地。用例甚夥，不烦统计，如：

---

[1]《韩国文集丛刊》第171辑页417上栏。
[2]《韩国文集丛刊》第62辑页60上栏。
[3]《韩国文集丛刊》第77辑页498下栏。
[4]《韩国文集丛刊续》第142辑页251上栏。
[5]《韩国文集丛刊》第161辑页85上栏。

至高平驿下陆，将投馆。(丁焕《朝天录》：3/78)

我船亦举帆而发，上使则下陆，止人家。(尹暄《白沙公航海路程日记》：15/381)

又《朝鲜王朝实录》太祖三年七月丁卯："今后以大船分泊要路，以备不虞，以快船分载精锐，穷搜诸岛追捕。节制使有故，申闻取旨，方许下陆，违者论罪。"[①]作者未详《癸未东槎日记》四月十六日己卯："在此修补舟楫，必费多日，不如入往釜山，一以治船，一以待风之为愈。使臣如其言，还入釜山，下陆待风。"[②]姜沆《看羊录·涉乱事迹》丁酉五月二十二日："沈安拚一家，以船窄下陆。苍头万春，余所倚爱者，托称汲水，乘陆而走。"[③]

从船上下来后登上岸，汉语有下船、上岸、登岸、登陆等词（《燕行录》中也多见），但未见"下陆"一词。"下陆"即"下船登陆""下船就陆"之类组合的凝缩形式。如作者未详《癸未东槎日记》六月初七日己巳："庚寅使臣黄允吉、丙申使臣黄慎之行，皆于此处下船登陆。"又九月初七日戊戌："平成平幸来言：'岛主昨夕未出河口，不能追及，今日乘午潮出来矣。即今风浪甚恶，请下陆以待岛主。'使臣下船就陆。"[④]

现代韩语仍使用"下陆"一词，写作"하륙[haryukʼ]"，《高丽大韩国语大辞典》收录，举例如："너희 왜적이 하륙하여 무슨 은덕

[①]《朝鲜王朝实录1·太祖实录》卷六，第66页c栏。
[②] 复旦大学文史研究院《朝鲜通信使文献选编》第二册，第168页。
[③]《韩国文集丛刊》第73辑页128上栏。
[④] 以上两例参复旦大学文史研究院编《朝鲜通信使文献选编》第二册第181页、第211页。

이 있었는고(你们倭寇下陆有何恩德)。"①《标准国语大词典》也收录。又有"하륙장[haryuk'tsaŋ]（下陆场）"一词，指下陆的场所。

8. 具由

具由，陈述或开列事由。在《燕行录》中多指使臣向国王呈递的各种书面报告，其后多接启达、驰启、状启、启闻、启知、封启、陈疏、题本等词，如：

> 余等深以为未安，而既已辞朝辞堂，无方便可以改正，故闵默而已，将以此意具由启达。（许篈《朝天日记》：6/288）

也指一般的文书呈递，如：

> 秀彦问曰："然则御史勘合何日来到？"答曰："曾已具由呈报，来期不过数日，票帖则明间当成送，姑且待之。"（金诚一《朝天日记》：4/270）

"具"为陈述、开列义，如旧题宋梅尧臣《碧云騢》："于是遵等归，条具日月、姓名及物多少。"《宋史·梁克家传》："上欣纳，因命条具风俗之弊。""条具"指分条开列或分条陈述。（《汉语大词典》卷1第1482页）《韩国古典用语辞典》收录该词，《韩国汉字语辞典》未收，可补。

9. 求景

求景，指赏景。2例，即：

> 而且以主将之病患，无心求景，直行站路。（崔德中《燕

---

① 《高丽大韩国语大辞典》第6821页"하륙하다"条。

行录》：40/103）

今同生足病，达夜苦痛，求景苦景，诚非虚语也。（权时亨《石湍燕记》：91/259）

又《朝鲜王朝实录》仁祖三年五月丙子："若疑臣下之有私，先自以私意应之，则恐非所以正表而求景也。"① 现代韩语仍用此词，写作"구경 [kugyʌŋ]"，除赏景义外，还有观看、参观、欣赏等意思。刘沛霖《韩汉大词典》收录，并列举了"영화 구경（观看电影）""동물원 구경（参观动物园）""벚꽃 구경（观赏樱花）""전람회 구경（参观展览会）"等词组（第173页）。中国古籍有"玩景"一词（参前文），但无"求景"。

10. 骑船

由海路到中国或日本的使行，其所坐船只有骑船、护船、卜船之分。据洪景海《随槎日录》所载"随槎人员数"，上使船有"骑船将徐克济、卜船将宋世基"，副使船有"骑船将房应文、卜船将徐后稷"，从事船有"骑船将白瑀一、卜船将金润兴"。可知，骑船是指上使、副使及其他译员（即从事官）所乘坐的船。如：

以骑船船制差小，副从船比上船亦差小。（洪景海《随槎日录》：59/270）

副骑船失火，点考下率，昌原乐工徐云昌、蔚山使令金就京终至烧死。（洪景海《随槎日录》：59/284）

上使、副使、译官（从事官）所乘之船又分别称之为一骑船、

---

① 《朝鲜王朝实录34·仁祖实录》卷九，第10页d栏。

二骑船、三骑船。赵曦《海槎日记》癸未11月13日:"护行正官平如敏导一骑船,裁判平如任、橘如林各导二、三骑船。"①"副骑船"即副使乘坐的船。

又颇有官人所<u>骑船</u>,此等船尤丽。(徐有素《燕行录》:79/217)

"所骑船"即"所坐船"。也指驾驶船只,如《朝鲜王朝实录》太祖六年四月丁未:"自冬至夏,不谋生业,骑船下海,劳苦斯极。"定宗元年三月甲申:"生民之苦,莫甚于骑船,弃父母妻子之养,无有休息之期。"②

现代韩语中,骑马或骑其他动物的"骑",与坐车、坐船或坐其他交通工具的"坐",都用动词"타다[tʰada]"表达。骑马叫"말을 <u>타다</u>",坐船叫"배를 <u>타다</u>",③受"骑马"的影响,坐船便被称作"骑船"。

(三)偏正式

前面的词根修饰限制后面的词根,采用这种方式构成的词即偏正式复合词,也称主从式复合词。《燕行录》中表谈话行为的"话"字词非常丰富,有些见于中国古籍,但未被辞书收录,有些未见于中国古籍,但在韩国汉文中广泛使用,这类"~话"词多属偏正式

---

① 参《韩国汉字语辞典》卷一第3页"一骑船"条、第184页"二骑船"条、第35页"三骑船"条。

② 以上两例见《朝鲜王朝实录1·太祖实录》卷十一第105页c栏、《朝鲜王朝实录1·定宗实录》卷一第146页a栏。《韩国汉字语辞典》将此二例"骑船"释作"배를 탐"(即坐船),第一例尚可,第二例不确,"骑船"只能理解为"驾驶船只"。

③ 朝韩语的语序是宾语在动词前。말[mal],即"马";배[pɐ],即"船"。

复合词。这里主要讨论一些有韩国汉文特色的"话"字词以及"登谢""罔夜"等5个(组)较有特色的汉字词。

1. 饮话、饮谈、斟话

饮话(19例)、饮谈、斟话,都是指边饮酒,边谈话。如:

> 林公带妓数朵而来,张乐开酌,相对饮话。(苏巡《葆真堂燕行日记》: 3/436)

> 余尝见之李德懋《耳目口心书》中,琉璃厂杨梅书街,与凌野、高槭生饮谈次及之。(朴趾源《热河日记》: 55/270)

因"话"常与饮酒类词同现,故有"饮话"一词。如:

> 与月沙、苍石坐花下,沽烧酒饮话。(闵仁伯《朝天录》: 8/41)

申锡愚《海藏集》卷三有诗题曰:"约玉垂兄弟及公一教伯士绥崔愚山饯于旧拨站,剧饮话别。"还有"斟话""酌话""酒话",如:

> 令公追到岸上,持酒斟话。(李忔《雪汀朝天日记》: 13/24)

"斟话"为"斟酒相话"之类组合的凝缩形式,如苏巡《葆真堂燕行日记》:"与序班及道流斟酒相话。"(3/409—410)

酌话,《燕行录》中无用例,但见于其他汉文,如许穆《眉叟集·记言》卷二十四《壬寅正月记行》:"与太守尹侯舜举,同登锦江亭酌话。"[①]又《眉叟集·记言别集》卷九《郑生草堂题名记》:"余

[①]《韩国文集丛刊》第98辑页122下栏。

与希仲相别数年，喜甚，留话一日归。余送之中路，过真洞李景久酌话。"卷十五《游云溪记》："十月，寒山宋丈老与希仲，期相会于云溪，希仲亦为书邀我，我与景久约往会之，景久有疾不果往，吾与希仲酌话。"卷十五《三陟记行》："过襄阳时，与姜京叔酌话。"①

2. 稳话、稳讨、讨话

"稳话"指尽兴地交谈，表示交谈的时间很充裕，心情很愉悦。《燕行录》用例甚夥，如：

> 余与点马并辔行，<u>稳话</u>。（金中清《朝天录》：11/399）
> 冬至使、书状亦随到东照，<u>稳话</u>而去。（李民宬《朝天录》：14/424）

"稳讨"同"稳话"，"讨"亦"话"也。《燕行录》见6例，如：

> 今日已昏暮，不得<u>稳讨</u>，明若临陋，则可以从容。（许篈《朝天记》：6/125）
> 余与之语，文义绰然，且能诗，窃欲<u>稳讨</u>，而甚挠汩，仍即告别。（金正中《燕行录》：75/214）

其他汉文中也多见，如赵翊《可畦集》卷十《公山日记》："巡使往送顺嫔郑氏之丧行，因到弊寓，稳话而去。"② 柳云龙《谦庵集》卷五《游金刚山录》："下投表训寺，禅智静迎入行茶，仍夕炊，夜与稳话。"③ 姜必孝《海隐集》卷十四《四游录》："与主倅稳话，

---

① 以上三例见《韩国文集丛刊》第99辑页85下栏、页89下栏、页131下栏。
② 《韩国文集丛刊续》第9辑页495上栏。
③ 《韩国文集丛刊》第49辑页65下栏。

始叙别诸益，而余亦自此归矣。"①

"讨"有探讨、研究义，如《商君书·更法》："虑世事之变，讨正法之本，求使民之道。"唐柳宗元《唐故衡州刺史东平吕君诔》："君昔与余，讲德讨儒。时中之奥，希圣为徒。"（《汉语大词典》卷11第29页）"讨论"之"讨"即用此义。韩国汉文中"讨"有研讨义，进而引申出交谈义，组成"稳讨""讨话"等双音节词。《汉语大词典》未收"稳话""稳讨"。

3.团话、团乐

团话，指多人围在一起谈话。如：

> 李道昌、李文远、光远、郑察访昆季及载甫诸人咸集，而终宵团话。（金宗一《沈阳日乘》：19/13）

> 以马寒留，主倅邀余东轩设酒团话。（金宗一《沈阳日乘》：19/13）

其他汉文也多见，如郑忠弼《鲁宇集》卷四《游俗离山录》："夜会双泉李丈所，姜必章希浩、李上舍之权、仲廉之兄世白清之来见，团话。"②崔益铉《勉庵集》卷二十《白岩书室记》："记昔白岩洞主人，远顾蓬户，做一宵团话。"③金道行《雨皋集》卷三《答柳烨如晦文（己未）》："道行幸与尊府丈做江斋，数昼夜团话。"④朴来吾《尼溪集》卷十一《游三洞录》："与亲友团话之际，顾上舍

---

① 《韩国文集丛刊续》第108辑页285下栏。
② 《韩国文集丛刊续》第89辑页211上栏。
③ 《韩国文集丛刊》第325辑页485下栏。
④ 《韩国文集丛刊续》第91辑页173上栏。

言曰，三洞有前约在，可因此而发乎？"① 姜必孝《海隐集》卷十四《四游录下》："越翌抵川上孟厚家，与金上舍稺恭团话。"②

"团话"一词可以从多个角度理解。首先，"团"有环绕、围绕的意思，故有"团坐"一词，如宋陆游《小集》诗："儿曹娱老子，团坐说丰穰。"《燕行录》中也见，如：

> 三行与士固团坐，仍以所闻见构启草。（李弘胄《梨川相公使行日记》：10/33）

又赵晟汉《东山遗稿》卷四《怀德行录（丁未）》："舍后有草堂，冠者五六人团坐，意谓林川士夫之乡，必非素昧声息之人也。"③

"团坐"多与谈话类词共现，上举陆游诗即是，韩国汉文中也比比皆是，如权圣矩《鸠巢集》卷三《游清凉山录》："又有一少年尾而至，乃吴圣昌道彦也。团坐叙话，娓娓不倦，不觉日已西。"④ 金时习《梅月堂诗集》卷一《无题》诗："偶逢京洛一新知，人物风流合此时。团坐笑谈多逸兴，肩行戏谑忘衰迟。"⑤ 金迈淳《台山集》卷七《游华藏寺记》："散步良久，返室拈坡集虎邱寺诗，走笔次韵，团坐剧叙，不觉尽烛二枝。"⑥ 金泽荣《韶濩堂集·诗集》卷二《还渡铜雀江》："遥怜诸弟妹，团坐说南州。"⑦ 故"团话"即"团

---

① 《韩国文集丛刊续》第 82 辑页 176 上栏。
② 《韩国文集丛刊续》第 108 辑页 286 上栏。
③ 《韩国文集丛刊续》第 38 辑页 532 上栏。
④ 《韩国文集丛刊续》第 44 辑页 438 上栏。
⑤ 《韩国文集丛刊》第 13 辑页 108 上栏。
⑥ 《韩国文集丛刊》第 294 辑页 422 上栏。
⑦ 《韩国文集丛刊》第 347 辑页 166 下栏。

坐叙话""团坐共话"之类表达的凝缩形式,成词途径与"鼎话"同。现代汉语有"团购"一词,也指多人一起做某事,与"团话"类似。

其次,"团"有团圆、团聚义,故有相应的"团"字词,如:

> 一更夜初昏,烛花稍灼灼。一行共团圆,谈笑间六博。(金锡胄《擣椒录》:24/95)

> 一行员役不得团聚,只有一库直,甚草草矣。(高时鸿《燕行录》:92/70)

> 主倅及三和县令沈朴亦与焉,半日团栾。(孙万雄《燕行日录》:28/314)

"团圆""团聚""团栾"① 都是汉语常用词,韩国汉文也多见。另有一个未见于中国古籍的"团乐",也是团聚在一起的意思。从这个角度看,"团话"也常有"团聚一处叙话"义,表达的是欢乐氛围下展开的谈话,即"欢聚一团"。如:

> 把酒高楼趁令辰,一场团乐夜侵晨。(郑太和《西行记》:19/228)

> 兵使盛设杯盘,张妓乐,移时团乐。(金昌业《老稼斋燕行日记》:33/470)

其他汉文也多见,如尹拯《明斋遗稿》卷三十七《宁陵参奉

---

① "团栾"即团聚,如唐孟郊《惜苦》诗:"可惜大雅旨,意此小团栾。"元张养浩《普天乐》曲:"山妻稚子,团栾笑语,其乐无涯。"(《汉语大词典》卷3第665页)

李公墓志铭》:"人生无几,兄弟团乐,甚不易事也。"①赵圣期《拙修斋诗集》卷一《与洪生道长夜话仍赋》:"慇懃故人意,今夕更团乐。"②《韩国汉字语辞典》未收,可补。

如前所述,"话"的黄金时期是唐代,兼作动词和名词。宋代以后,动词"话"退居为一个方言词,但《燕行录》没有遵循这个历史趋势,仍然一直沿袭"话"的动词用法,并将动词性"话"做了一定程度的推进,这是韩国汉文所呈现出的一种不同于中国古籍用词之处,是创新,也是特色。韩国汉文的这个特色还体现在大量"谈"字复合词上,如"弄谈""德谈""古谈"等。

4.弄谈、德谈、古谈

弄谈,闲谈的意思。1例,如:

> 又书:"本日有事,且楚荆另日可至弊寓弄谈否?不便经造使馆也。"(李在洽《赴燕日记》:85/70)

"弄"本义为用手玩弄。《尔雅·释言》:"弄,玩也。"《诗·小雅·斯干》:"乃生男子,载寝之床,载衣之裳,载弄之璋。"引申出"游戏玩耍""玩赏、以某事物为乐"义。后又引申出"作弄;欺侮"义。《古今韵会举要·送韵》:"弄,侮也。"如双音节词有"愚弄""捉弄"等。(《汉语大字典》卷1第557页)现代韩语仍在使用"弄谈"一词,写作"농담[noŋdam]",意思是玩笑话或开玩笑。如"농담이 심하다(笔者译:玩笑开得过分了)""나 지금 당신과 농담할 기분 아니에요(笔者译:我现在没有心情和你开玩笑)"。③

---

① 《韩国文集丛刊》第136辑页272上栏。
② 《韩国文集丛刊》第147辑页166下栏。
③ 参《标准国语大词典》"농담"条,来自NAVER词典网。

德谈，指表达祝福的美好言辞，即吉利话。4例，见于2部作品，如：

> 奴酋令马臣传言曰："继自今两国如一国，两家如一家，永结欢好，世世无替云。"盖如我国之<u>德谈</u>也。（申忠一《建州见闻录》：8/152）

> 此不过浦村愚妇，而其爱笔如此，有异于我国。盖闻此辈以韩国人笔称以<u>德谈</u>，必欲得之者此云。（洪景海《随槎日录》：59/353）

又柳得恭《东国岁时记·正月·元日》："逢亲旧年少以登科、进官、生男、获财等语，为德谈以相贺。"现代韩语仍有"德谈"一词，写作"덕담 [tʌkˀtam]"，如"덕담을 듣다（笔者译：听吉利话）""서로 새해 복 많이 받으시라고 덕담을 주고받았다（笔者译：互相祝福新年快乐）"。①

古谈，指古时候或很久以前发生的故事。6例，见于4部作品，如：

> 会坐一处，或<u>古谈</u>，或诙谐，移时乃归。（金正中《燕行录》：75/283）

> 余往圆明园，三宿大树庵，昼则入园观戏，夜则与同伴诸人酬酢<u>古谈</u>。（朴思浩《燕蓟纪程》：85/513）

> 或有脚戏，或有圈法，或有使枪棒，或有唱<u>古谈</u>。（权时亨《石湍燕记》：91/95）

---

① 参《高丽大韩国语大辞典》《标准国语大词典》"덕담"条，来自NAVER词典网。

现代韩语写作"고담[ko/tam]",如"일찍이 여러 가지의 전설과 고담을 듣고 읽은 그들은(他们曾听过或读过各种传说以及很久以前发生的故事)"。①《韩国汉字语辞典》收录"弄谈""德谈",未收录"古谈",可补。

5. 登谢

登谢,接受他人馈赠时表达谢意的敬辞。1例,即:

> 接得翰墨,风里深香,又即珍品,<u>登谢登谢</u>。(洪大容《湛轩燕记》:42/93)

《燕行录》仅见此1例,初不解其义,后读李裕元《嘉梧集》卷十一《答肃毅伯书·再书》:"顷永平游太守转送十月廿五日惠书,知前函尚未收到,猥荷珍贶十五种,锡朋远逮,报玖未遑,拜登敬谢。"②才知"登"乃"拜登""登受"之"登",语本《左传·僖公九年》:"王使宰孔赐齐侯胙,……对曰:'天威不违颜咫尺,小白余敢贪天子之命,无下拜?恐陨越于下,以遗天子羞。敢不下拜?'(齐侯)下拜登受。"后人将"拜登""登受"用作接受他人馈赠时表示感谢的敬辞,如清梁绍壬《两般秋雨盦随笔》卷四《长生殿》:"黄六鸿者,康熙中由知县行取给事中入京,以土物并诗稿遍送名士。至宫赞赵秋谷执信答以柬云:'土物拜登,大稿璧谢。'黄遂衔之刺骨。"③但尚未发现中国古籍"登谢"的用例。

---

① 参《标准国语大词典》"고담"条,来自 NAVER 词典网。
②《韩国文集丛刊》第315辑页441上栏。
③ 清梁绍壬撰《两般秋雨盦随笔》,庄葳校点,上海古籍出版社,2012年,第171页。《汉语大词典》"拜登"条引《左传·僖公九年》例,句读为"下,拜;登,受","登受"条则作"(齐侯)下拜登受",后者为是。(卷6第432页、卷8第530页)

303

6. 烂商、烂议、烂宿

"烂商""烂议"指充分商议、讨论。"烂商"4例,"烂议"1例,如:

> 凡事宜烂商,徐徐而图之,不可急切。(金允植《天津谈草》:93/357)

> 编年年谱之序,先子神道碑铭拟征于至圣之孙,而士林与诸族烂议推公。(安孝镇《华行日记》:99/589)

韩国汉文中常与表议论、商量的词相组合,如金元行《渼湖集》卷四《与宋晦可》:"此则意涸笔涩,无奈他何,望更与此友烂熟相议,有可改者,不存形迹,尽情点化而更教之。"[①] "烂商""烂议"为"烂熟商量""烂熟相议"等表达的凝缩形式。"烂熟"指极其透彻周详,如《北齐书》卷三十一《王晞传》:"非不爱作热官,但思之烂熟耳。"[②] 有一种熟透的脆皮梨,韩国汉文称之为"烂梨",也取"烂"的"烂熟"义(参前文)。中国古籍有"烂饮"(指痛饮、狂饮)、"烂游"(指漫游)等词(《汉语大词典》卷7第319页)。韩国汉文中的"烂商""烂议"由这些"烂"字词类推而来。

又有"烂宿"一词,指将就或随意过夜。见于朴趾源《热河日记》,即:

> 入上房则下隶烂宿帐外,正使已入寝睡。(朴趾源《热河日记》:54/165)

> 三使未明赴阙,独自烂宿。(朴趾源《热河日记》:54/211)

[①]《韩国文集丛刊》第220辑页89上栏。
[②] 唐李百药撰《北齐书》,第2册,中华书局,1972年,第421页。

但用例甚稀,《韩国汉字语辞典》未收,可能只是个别文人的用词习惯。"烂"有"随意;随便"义,如元耶律楚材《西域和王君玉诗》之七:"烂吟风月元无碍,高卧烟霞未是贤。"(《汉语大词典》卷7第316页)"烂宿"即取此义。

7. 罔夜

罔夜,即连夜、熬夜。3例,即:

则侧王之宗亲从者十名,罔夜疾驰二万二千余里之地。(俞拓基《沈行录》:38/155)

而奏文及表咨书役极为浩多,今虽罔夜缮写,无以及期了毕云。(金景善《出疆录》:72/401)

又《朝鲜王朝实录》卷十二《显宗实录》七年十月十六日:"令都总都事,押领善一,罔夜入送,交付于凤凰城,亦令槐院撰出回咨,急付拨上。"李健《葵窗遗稿》卷十一《流窜记兼叙避乱之苦》:"不佞三兄弟,首命放释,家奴董乃罔夜入来,以传其报。"[1] 朴世采《南溪集》卷第十五《申辞吏曹参判兼陈诸路饥荒疏(三月三十日)》:"曾未数日,猝闻臣母在家得疾甚危,远外传闻,倍功忧煎,不遑待批,罔夜归救,幸至苏全,而贱疾旋作。"[2]

又有"罔昼夜",指没日没夜,如:

表宪来言,天使已到辽阳,罔昼夜倍程。(许筠《己酉西行录》:13/241)

今令通事李士龙、金胜龙各别罔昼夜前进为白乎旀。(黄

---

[1]《韩国文集丛刊》第122辑页177上栏。
[2]《韩国文集丛刊》第138辑页296上栏。

305

中允《西征日录》：16/94）

还有"罔昼罔夜"的四字格组合，如梁世南《学圃集》卷三《家状》："曰学知向方，罔昼罔夜，群聚结朋，即今余党，包藏祸心，以訕以诱。"①尹愭《无名子集》第十册《钱说》："齐货之制，遂作黩货之阶，无人少和峤之癖，有官嫌崔烈之臭，举一世无小无大，罔昼罔夜，营营汲汲于一钱字。"②丁若镛《经世遗表》卷十一《地官修制·赋贡制六·已下杂税》："岂若是辇运、鞭驱，逐盗、迎宾，无冬无夏，罔昼罔夜，颠坑落坎，汗流胁息，曾犬鸡之不若者乎？"③

"罔夜"为"罔昼夜""罔昼罔夜"的凝缩形式。"罔"是否定词，表示"无，没有"，如《诗·大雅·抑》："罔敷求先王，克共明刑。"郑玄笺："罔，无也。"（《汉语大词典》卷8第1017页）现代汉语有"没日没夜"的说法，但没有单称"没夜"的情况，"罔夜"是朝鲜半岛新创的词。

8. 勉副

勉副，指勉强应付或应对。4例，如：

> 国王所请俺等岂不欲<u>勉副</u>，但外边论议多了，你可归而启知国王。（李民宬《壬寅朝天录》：15/56）

> 赵定而寄诗稿，求题一语，<u>勉副</u>之。（李宜显《庚子燕行诗》：35/235）

---

① 《韩国文集丛刊》第21辑页180下栏。
② 《韩国文集丛刊》第256辑页413下栏。
③ 《定本与犹堂全书》第26册《经世遗表Ⅲ》，茶山学术文化财团，2012年，第49页。

第四章 《燕行录》所见的汉语固有义汉字词

"勉副"还指国君同意官员的辞职请求,如《朝鲜王朝实录》宣祖三十一年七月戊戌:"传曰:'省札,具见为国尽诚、有怀必达之义,但札辞似属未妥,行期已定,不敢勉副。'"① 宋相琦《玉吾斋集》卷十《辞吏曹判书疏(丙申)》:"省疏具悉,卿之祈免至此,可想疾病之难强,予用虑焉,本职今姑勉副,卿其安心调理。"②

中国古籍有"应副"一词,有"对待;对付""处置""照顾;照应""应对;酬应"等多个义项,如宋苏舜钦《咨目三》:"但应副人情,不复留心金谷,多者逾岁,少者数月,已入两府。"(《汉语大词典》卷 7 第 755 页)《燕行录》也见 9 例,如:

予诣阙,辞以才劣身衰,又见劾③奏,未堪应副。(李承休《宾王录》:1/13)

此渠之所求,无不应副。(金昌业《老稼斋燕行日记》:33/91)

有时也可单用"应"或"副",如:

而所应之物不满其数,则镇抚辈因此刁蹬。(安克孝④《朝天日录》:20/76)

山海关将要我国善书,顾行中无以应副,不副其愿,利害不小。(朴思浩《燕蓟纪程》:85/314)

可知"勉副"之"副"即"应副"之"副","勉副"为"勉强

---

① 《朝鲜王朝实录 23·宣祖实录》卷一○二,第 469 页 c 栏,同参《韩国汉字语辞典》卷一第 635 页。
② 《韩国文集丛刊》第 171 辑页 417 上栏。
③ 原书作"欬",误。劾奏,指上奏弹劾某人的罪状。
④ 《燕行录全集》原题作者"未详",今据《燕行录千种解题》改。

应副"的凝缩形式。《高丽大韩国语大辞典》《标准国语大词典》"면부(勉副)"条均只列一个义项,即"君主许可议政官员的辞职请求"[①],可补。

(四)补述式

构成复合词的两个语素之间存在述补关系,即前一个语素表示动作,后一个语素表示动作的结果或状态,这是述补式或动补式复合词,如扰乱、感动、摧毁、听信等。然而受朝韩语的影响,韩国汉文产生了一种语序相反的复合式汉字词,即前一个语素表示动作的结果或状态,后一个语素表示动作行为,形成一种特殊的构词模式——"表结果或状态的语素+表行为动作的语素"。通过这种方式组成的词,我们称为补述式复合词。《燕行录》中主要是一些与视觉有关的"看"字词以及与听觉有关的"听"字词。

1. 解听、晓听、解见、解看、晓见

"解听""晓听"指听得懂、明白。"解"即理解,"晓"即知晓,表达的都是结果义。"解听"《燕行录》见20例,如:

大节初若有未<u>解听</u>之色,彦华再禀之。(黄汝一《银槎日录》:8/425)

此所言则彼不<u>解听</u>,彼所言则此亦不<u>解听</u>,见之可闷。(金昌业《老稼斋燕行日记》:33/76)

"晓听"用例较少,只见于朴趾源《热河日记》,如:

[①]《高丽大韩国语大辞典》第2102页"면부(勉副)"条释义为"예전에,임금이 의정부의 세 으뜸 벼슬인 영의정,우의정,좌의정의 사직(辞职)을 허락하던 말"。《标准国语大词典》释义为"임금이 의정(议政)의 사직(辞职)을 허락하던 일",来自https://stdict.korean.go.kr/search/searchView.do。

虽未能逐字晓听，亦足以知其读到某句。（朴趾源《热河日记》：53/380）

因高咏数句，余未晓听，请书示。（朴趾源《热河日记》：55/360）

现代韩语有"알아듣다"一词，表示听懂、明白。前语素"알다[alda]"为知道、理解义，故用"解（或晓）"对译。后语素"듣다[tutʰda]"是用耳闻义，故用"听"对译。"알아듣다"直译是"解听"，意译是"听懂（了）"，如"강의를 알아듣다（听懂讲课内容）""알아보다（看懂）""알아내다（打探）""알아먹다（听懂或了解）""알아맞히다（猜到）"等（《韩汉大词典》第1047页），都是将表结果的"알아（知道，明白）"置于行为动词之后。

《汉语大词典》未收录"解听"，但中国古籍有用例，如唐李颀《听安万善吹觱篥歌》："世人解听不解赏，长飙风中自来往。"① 宋黄庭坚《梦李白诵竹枝词三叠》其一："马上胡儿那解听，琵琶应道不如归。"② 宋辛弃疾《偶题》："昭氏鼓瑟谁解听，亦无亏处亦无成。"③ 但二者词义有别，构词方式也不同。中国古籍中的"解听"多指"懂得听（歌或曲）"或"懂得（某人）的心思"，说话者寻求的是"知音"。李颀诗曰"世人解听不解赏"，是说"一般人只懂得泛泛听曲而不能欣赏乐声的美妙"。《燕行录》使用"解听"，其意不在寻求知音，而在于交际沟通，使用者欲图表明母语不同的说话人之间互相交流时能否理解彼此的话语。中国古籍中的"解听"为

---

① 清蘅塘退士编，陈婉俊补注，吕薇芬标点《唐诗三百首》，中华书局，1993年，第36页。
②《黄庭坚诗词选》，孔凡礼、刘尚荣选注，中华书局，2006年，第182页。
③《辛弃疾诗词全集》，谢永芳编著，崇文书局，2016年，第48页。

动宾关系，《燕行录》的"解听"是"结果＋动作"的补述关系，体现的是朝韩语的语序特征。

"解见""解看""晓见"指看得懂、看得明白。构词理据与"解听"同。"解见"8例，"解看"2例，"晓见"1例，如：

> 其国俗书则字画甚异，殆不能<u>解见</u>矣。（李晬光《安南使臣唱和问答录》：10/138）

> 秦正国来言："奏文中赠字之意，似未<u>解见</u>云。"言于秦正国曰："此是《春秋》中文字，想必未易<u>解见</u>。"（李瑛《燕山录》：19/563）

> 匣中尺水时磨洗，冲斗无人也<u>解看</u>。（郑士龙《朝天录》：3/43）

> 书于路程记，通问则一一<u>晓见</u>，无言不答。（李瑛《燕山录》：19/601）

其他汉文多见，如李縡《陶庵集》卷十《答朴尚甫》："而字斜墨昏，不可解看，未免倩人改写。"[①]《朝鲜王朝实录》宣祖十四年二月庚子："但今继后子为众子之文亦不分明，《大明令》之文亦不能晓见。"[②]郑述《寒冈别集》卷一《答任卓尔屹》："而新居僻阻，又无朋友之助写，艰成草报，字不如样，想有多未晓见处。"[③]

三词都是朝韩语"알아보다"的直译，后语素"보다[poda]"指用眼睛看，故用"看""见"对译，如"한글을 알아볼 수 있어요（你能看懂韩文吗）"。实际上，这些语境下本应作"解看"，而

---

① 《韩国文集丛刊》第194辑页213下栏。
② 《朝鲜王朝实录21·宣祖实录》卷十五，第372页a栏。
③ 《韩国文集丛刊》第53辑页489下栏。

不是"解见""晓见",韩国汉文中混淆"见"和"看"的情况很常见。

2. 动听、回听、信听、采听

"动听"指让听者改变原来的想法或决定。"动"即打动或动摇。《燕行录》见11例,如:

> 卿等宜更竭心力,吁呼部阁,期于动听,快雪至痛极冤。(李廷龟《庚申燕行录》:11/21)

> 圣天子下烛此情,则想必恻然动听。(金堉《朝天录》:16/361)

前例,明朝政府怀疑朝鲜与日本勾结,陷害明军,为此朝鲜派遣使臣前往北京申辩,谓之辩诬使。使臣临走前,国王当面叮嘱他们,务必竭尽全力让内阁"动听",即听完使臣的申辩后,阁部能够改变想法,相信朝鲜是清白的。后例也是类似的语境,明朝末年,明朝政府怀疑朝鲜与满清有私,相互勾结。朝鲜国王又赶紧派使臣去北京申辩,希望明朝皇帝了解实情后"恻然动听"。中国古籍中的"动听"指听起来使人感动或很感兴趣,或使人感到优美悦耳。(《汉语大词典》卷2第805页)与上述韩国汉文中的"动听"语义有别。

"回听"指改变主意或决定。《燕行录》见8例,如:

> 更以前意再三往复,而终不回听。(《昭显沈阳日记》:25/623)

> 更以粮车不去则马匹不足、绝食难行之意再三言之,断不回听矣。(《沈阳日记》:28/264)

"回"指回心转意,朝鲜使臣希望对方听取他们的想法或意见,改变此前所做的决定,故谓之"回听",语义与构词理据皆与"动听"同。

"信听"指相信,《燕行录》见8例,如:

> 中朝虽有此等说话,贵国忠顺,天下所知,岂有<u>信听</u>之理?(李廷龟《庚申燕行录》:11/21)

> 而书状不知,书状下人无不诬诉,而书状<u>信听</u>其言,嗟嗟奈何。(赵溮《燕行录》:12/390)

中国古籍也有"信听"一词,为"听从"义,如裴松之注《三国志》引晋王沈《魏书》曰:"事有权宜,临时若不信听,便当劫将去耳。那得不从?"(《汉语大词典》卷1第1424页)如前揭,"听"有允许义,故有"听许""许听"等同义连用的复合词。"信听"的"听"也是允许义,故中国古籍的"信听"指"信而许从(之)",语义重心在"许从",即允许某人做某事,故词典用"听从"释义。而韩国汉文中的"信听"指"听而相信(之)",语义重心在"相信"。以《热河日记》中的"信听"为例:

> 盖福也年少初行,性又至迷,同行马头辈多以戏语诳之,则福也真个<u>信听</u>。(朴趾源《热河日记》:54/431)

张福是朴趾源的仆从,为人愚笨老实,对马头们的谎话或玩笑话常信以为真,而不是说听从马头们的要求或指使。因为将"信听"的"听"理解为一般的"耳闻"义,并不妨碍古籍阅读,不产生歧义，因此造成中朝古籍的"信听"出现微别。①这可以通过《热河日记》中的两例"采听"得到进一步印证：

> 俄有一儿开户探头一张，因走出，不顾而去。余追问童子："你们的师父坐在那里么？"童子道："甚么？"余曰："富先生。"童子略不采听，口里喃喃，拂袖而去。（朴趾源《热河日记》：55/461）

> 与郑、卞闲行街市，至一芦箔牌楼，方欲详玩结构，而大动鼓吹，两人不觉掩耳而走，余亦两耳响塞，摇手止声，而全不采听，只顾吹打。（朴趾源《热河日记》：55/523—524）

《汉语大词典》"采听"条收录两个义项：探听；采纳。《燕行录》也见"采纳"义的"采听"，如：

> 若值天官之行，关西一路各该供应农务将失，为此备将此等情节具呈阁部，获蒙采听，覆奏奉旨，遂停遣使之命。（黄中允《西征日录》：16/27）

> 国事有必采听众议，择其善而行之。（徐有素《燕行录》：83/386）

但《热河日记》中的"采听"有所不同。此两例"采听"既不是探听义，也不是采纳义，而是理睬义。采，通"睬"，理睬也，中国古籍有用例，如《北齐书·后主斛律后传》："后既以陆为母，提婆为家，更不采轻霄。"（《汉语大字典》卷4第2012页）因此，"采听"即"听而理睬"，耳闻某事并继而向发话人做出积极的反馈

---

① 据我们初步考察，佛经中也有"信听"表相信义而非听从义的用例。

行为。"信听""探听"即"听而信（之）""听而睬（之）"。

综上，韩国汉文中的"动听""回听""信听""探听"都是受朝韩语影响而产生的补述结构。

（五）联合式

联合式，即由两个意义相同、相近、相关或相反的语素并列组合而成，也叫并列式。联合式有两种，一种是同义连言，指两个构词语素的意义相同或相近；另一种是语义相关连用，指两个构词语素的语义不相同而相关，表达相类的行为或性状。

1. 推刷

推刷，指仔细调查，将人或物全部找回。5例，如：

> 同年十一月十二日渡海推刷人丁。（崔溥《漂海录》：1/352）
> 今因己卯贰年推刷之举，内赡寺移文于掌隶院。（《昭显沈阳日记》：25/325）

其他汉文多见，如《韩国汉字语辞典》卷二引《高丽史·刑法志·职制》："民无恒心，因无恒产，惮于赋役，彼此流移，凡有势力，招集以为农场，按廉使与所在官推刷还本，具录以闻。"又引《增补文献备考·田赋考·籍田》："国家土田赐牌，本以待有功，近来冒受赐牌，占田太多者有之，乞令有司根究推刷。"（第579页）①

推，寻求、推断也。《字汇·手部》："推，寻绎也。"《资治通鉴·汉献帝初平二年》："（王）烈使推求，乃先盗牛者也。"胡三省注："推，寻也。"（《汉语大字典》卷4第2009页）《汉语大词典》

---

① "推刷"还可指将债务追收回来。

未收"推刷",但所收"推寻""推求""推索""推堪"等双音节词与此义相近或相关[①]。单用"推"字表找寻义,在《燕行录》中也很常见,如:

> 此处有木叶山,其上有高丽王坟,尔国何不推之耶?坟下有寺,寺僧守护,回来时令通事偕往,则当指示云云。(黄是《朝天录》:2/492)

> 申璨、张产龙先至,言通州递运车辆皆为达子所占,故璨等只得推车十辆,分载五车之物。(许篈《荷谷朝天记》:7/96)

又见推寻、推索、推捉、推得等双音节词,如:

> 上船格银终不得推寻。(赵濈《燕行录》:12/286)

> 清主开见大怒,谓之不敬,推索封进官,使之入来受罪故也。(《昭显沈阳日记》:26/27)

> 送大守于殷山,为莫同等推捉事也。(李忔《雪汀先生朝天日记》:13/17)

> 路中有荷担剪儿者,问之,则推得掳去之儿而还。(金埈《朝京日录》:16/476)

"刷"也是搜寻、找寻义。如宋苏轼《杭州上执政书》:"异时预买绸绢钱,常于岁前散绝。今尚阙大半,划刷之急,盖不遗余力矣。"明叶子奇《草木子·谈薮》:"刷马欲又刷子女,天下骚动。"

[①]《汉语大词典》"推"字条未列"寻求、找寻"义,所列"推究;审问"义虽相关,但有别。(卷6第668—675页)

《元史·顺帝纪二》:"民间讹言朝廷拘刷童男童女,一时嫁娶殆尽。"(《汉语大字典》卷1第369页)《汉语大词典》未收"推刷",但所收的"刷卷""照刷""刬刷""拘刷"等双音节词与此义相关。①《燕行录》中也见单用"刷"字表搜寻义之例,如:

> 凡有犯罪者皆逃入以避,久为逋逃之薮,故往刷之。(崔溥《漂海录》:1/384—385)

同时又有刷出、刷还、刷马、刷人等双音节词,如:

> 奴酋乃令其各部落刷出,每名或牛一只,或银十八两惩收,以赎其私自越江之罪。(申忠一《建州见闻录》:8/173)
> 琉球国人要宇等漂到本国地方,押解辽东,转奏刷还。(李晬光《琉球使臣赠答录》:10/180)
> 驿马、刷马交替后,本官刷马二匹加责立。(李瑛《燕山录》:19/491)
> 而刷人辈欲图私利,百计延拖。(李喆辅《丁巳燕行日记》:37/527)

综上,"推刷"为同义连言的复合式汉字词。

2. 逢授、捧授、奉授

"逢授"指把财物交给别人,18例,如:

> 朴有禀归路来谒,鱼物、石汤罐等二立处逢授。(李瑛《燕

---

① 刷卷:元代由肃政廉访使清查所属各衙门处理狱讼案件有无拖延枉曲。照刷:查核,清查。磨刷:勘察,查看。拘刷:全部收禁、收缴或扣留。刬刷:搜刮,搜集,引申为征调。参《汉语大词典》相应词条。

山录》：19/509）

押白绵纸九卷逢授于上通事。（李坤《燕行记事》：52/510）

前例指朴有炁向使臣李瑛赠送鱼物、石汤罐等礼物，是卑者（或下级）对尊者（或上级）的进献行为。后例指使臣将九卷白绵纸交给上通事，是尊者（或上级）对卑者（或下级）的行为。则"逢"或为"捧"，或为"奉"。

"捧授""奉授"也指把财物交给别人，用例较少，如：

盖在沈阳捧授之际，虽有杂项，非我人所知故也。（李喆辅《丁巳燕行日记》：37/484）

银子捧授于义州赍咨官便输入，盖畏皇帝敕旨内勿捧礼物之故也。（徐有闻《戊午燕录》：62/242）

先领赏赐于国王，主客司奉授贡使，贡使跪受。（徐有素《燕行录》：79/297）

第一例指朝鲜将贡物交给沈阳的清廷衙门。第二例指朝鲜政府将赠予清朝官员的银子交给义州赍咨官，下文的"勿捧礼物"之"捧"是接受义。第三例指主客司将赏赐物递给使臣及从官从人。

"逢授""捧授""奉授"构成异形词，现代韩语皆作"봉수[poŋ/su]"。《韩国汉字语辞典》将"捧"视作国义字，有两个义项："向官府奉献财物""从官府处领取财物"。[①] 自下向上进献财物，谓

[①] 原文为：a.관아에 돈이나 물건을 바침；b.관아에서 돈이나 물건을 거두어 받음。（卷二第560页）义项a举了两例，如《六典条例3·户典·户曹·版籍司·应入》："就江界上送该府参代钱中除留捧上。"义项b仅举《雅言觉非》"以捧为受"例，不妥。

317

之"捧","从官府处领取财物"也谓之"捧"。丁若镛《雅言觉非》卷二曰"以捧为受",指出"捧""受"同义,即"捧"一字承担了两个相反的语义。① 这种施受同辞的现象,与上古汉语的"受"兼表"授予""接受"同理。"逢"为"捧""奉"的同音替代字。②

3. 阻搪

阻搪,即阻挠。29例,如:

> 良臣等需索无厌,都司礼单阻搪不捧,痛悯奈何。(黄是《朝天录》:2/480)
>
> 初欲历入旧城搜访古迹,为护行清人等所阻搪,未果焉。(吴道一《丙寅燕行日乘》:29/151)
>
> 而但下隶辈每有偷窃之患,故阍者必阻搪,而阑入不已。(金景善《燕辕直指》:70/292)

其他汉文屡见不鲜,如《朝鲜王朝实录》宣祖三十七年十二月丙辰:"噫!圣鉴少烛,天意暂回,而按狱之官,阻搪蔽塞,使圣上好生之德,竟归于泯灭,可胜叹哉!"③

《韩国汉字语辞典》"阻搪"条释义为"禁止出入",释义过窄。以上第二、三例的"阻搪"确实为禁止出入义,而第一例"阻搪不捧",意思是说都司阻挠礼部接收朝鲜缴纳的贡物,而非"禁止出入"。《韩国汉字语辞典》所举书证《朝鲜光海君日记》卷一百八

---

① 金钟权译注曰:"官所领受,谓之捧上,已载法典文集,亦刊行。"参丁若镛《雅言觉非》第284页。
② 又有1例"奉受",指接受他人递来的财物,即李在学《燕行日记》:"礼部侍郎及通官引朝鲜使臣陞于御榻前尺许之地,亲酌御醖,以御手赐之,两使奉受跪饮。"(58/117)
③《朝鲜王朝实录25·宣祖实录》卷一八二,第7页b栏。

年二月丙午："市井无赖之辈，滥载禁物，贻弊无穷。以此辽东都司每行阻搪，需索银两，罔有纪极，使奉使之行，例致梗滞。"该"阻搪"也不能解作"禁止出入"，而应释作"阻挠"。①

四、时间词

日记体《燕行录》记录了非常丰富的时间词，既有中国古籍习见的上古文言词，也有近代汉语新产生的口语词，又有一些朝鲜文人自创的新词。"开东""远东"是两个新创的汉朝（韩）合璧词，需结合朝韩语才能探知其构词理据。"早牌""晚牌"与"早门""晚门"涉及明朝山海关关门进出管理制度，既有时代特色，又有地域特色，值得留意。另外3个（组）词由汉语语素简单复合而成，不难理解。

1. 开东、远东

开东，指天刚亮，同"黎明""破晓"。77例，见于18部作品，在《燕行录》中是一个高频词。如：

> 开东发行，到金川金陵馆。（李在学《燕行日记》：58/14）
> 开东时提督来，令出路傍祗迎。（金景善《燕辕直指》：71/261）

现代韩语表达"天亮"有"먼동이 트다"②的说法，主语"먼동 [mʌn/doŋ]（-东）"直译即"远远的东方"，谓语"트다 [tʰɯ/da]"有缝隙、打开等义，整句话的字面意思是"东方打开了""东

---

① 释义原文为"가거나 오거나 하지 못하게 막음"，参《韩国汉字语辞典》卷四第730页。
② 《高丽大韩国语大辞典》第2077页"먼동"条。

方有了缝隙",时间词"开东"即来源于此。

《标准国语大词典》收录"개동 [kɛdoŋ]"一词,并标记了汉字,举例如"찬식이는 개동에 일어나는 길로 방문 밑에 내던져 둔 날제육 봉지를 들고 부엌으로 내려가서(灿东天刚亮时起床,顺手把扔在房间门口的猪肉袋子拿进厨房去了)"。该词也可能是仿汉语词"开春""开冬"而造。"开春"指春天开始、进入春天,"开冬"指冬季开始。(《汉语大词典》第12卷第49页、第43页)《韩国汉字语辞典》收录"开东",但未见汉语词典收录,中国古籍也未见用例。

"远东"也是天刚亮的意思。5例,皆见于金正中《燕行录》,如:

> 远东发行,行十里东方始白。(金正中《燕行录》: 75/120)
>
> 远东发行,行四十五里,到大方身朝炊。(金正中《燕行录》: 75/270)

"远东"是否为金正中的个人独创,尚不确定,但目前未找到其他文献的用例。"远东"来自朝韩语먼동 [mʌn/doŋ](-东)。《高丽大韩国语大辞典》第2077页收录"먼동 [mʌn/doŋ]"一词,举例如:"삼촌은 이른 새벽 먼동이 밝기 전에 고기밥과 낚시 도구를 짊어지고 강가로 내려갔다(大清早叔叔就背着鱼饵和渔具下到河边去了)。"《标准国语大词典》也收录了。前语素"먼 [mʌn]"是"远,遥远"的意思,无对应的汉字,后语素"동 [doŋ]"对应的汉字为"东"。通过意译加汉字的方式构成"远东"一词。

中国古籍中的"远东"是对亚洲东部各国(包括中国、日本、韩国等)的称呼。如清刘体仁撰《异辞录》:"马关和约,群雄环伺,伊藤陆奥岂不知远东之为禁脔,而几幸中国之昏暗。"[1] 与韩国汉文中表时间的"远东"无语义联系。

2. 早牌、晚牌

早牌(27例),指辰时,即上午七时到九时。晚牌(20例),指申时,即下午三时至五时。如:

> 而令一行待早牌而出关。(丁煥《朝天录》:3/145)
>
> 辞以日晚,可于翌朝早牌行礼。(洪翼汉《花浦先生朝天航海录》:17/115)
>
> 当午行至东北第一关摆楼前,待晚牌。主事病,危苦不能。(丁煥《朝天录》:3/145)
>
> 午后车辆至,晚牌过关。(李民宬《壬寅朝天录》:15/35)

"早牌""晚牌"的最早用例皆见于丁煥《朝天录》,"早牌"最晚用例见于洪翼汉《花浦先生朝天航海录》,"晚牌"最晚用例见于李民宬《癸亥朝天录》。关于这两个词的来源,从两部《燕行录》的相关记载中可推知:

> 盖关门不常开,只以辰申两时早晚牌开门,机察而出入之。(郑士信《梅窗先生朝天录》:9/294)
>
> 故门额揭"天下第一门",门一日两开,有早牌、晚牌之别。(黄中允《西征日录》:16/48)

据郑士信言"以辰申两时早晚牌开门",辰时为早牌,即上午

---

[1] 清刘体仁撰,张国宁点校《异辞录》,山西古籍出版社,1996年,第134页。

七时到九时，申时为晚牌，即下午三时至五时。"牌"用于表示时间很常见，与古时衙门挂时辰牌有关。《燕行录》就有申牌、巳牌、午牌、未牌等，如：

> 日已<u>申牌</u>，辞归，关将多赠纸笔墨。(朴思浩《燕蓟纪程》：85/315)
>
> <u>巳牌</u>后始收。(权时亨《石湍燕记》：91/357)
>
> <u>未牌</u>时抵到通州。(权时亨《石湍燕记》：90/499)
>
> 才到<u>午牌</u>时候，有一双软轿自东南逶迤而来。(李尚健《燕辕日录》：96/122)

因山海关特殊的战略地位，明朝管理森严，有固定的开门和关门的时间，因此产生了针对山海关开门制度的时间词。除"早牌""晚牌"外，还有"早门""晚门"。

3. 早门、晚门

早门，同"早牌"，指辰时。43 例，皆见于李忔《雪汀朝天日记》，如：

> <u>早门</u>过关，主事(姓陈名瑾)免见。(李忔《雪汀朝天日记》：13/52)
>
> 袁督师<u>早门</u>驰到入关。(李忔《雪汀朝天日记》：13/53)

李忔的日记还记录了多处相同语境下的"早开门"，如：

> 阁部<u>早开门</u>，有原任参谋吴入问，进身来分付。(李忔《雪汀朝天日记》：13/113)
>
> <u>早开门</u>，有山海教官率诸生进贺。(李忔《雪汀朝天日记》：

13/122）

可知"早门"即"早开门"，即指山海关关门。

晚门，同"晚牌"，指申时。4例，见于3部作品，如：

> 四月初一日，晚门入山海关。（李廷龟《庚申燕行录》：11/39）

> 晚门，又往石兵备衙门行礼。（李忔《雪汀朝天日记》：13/159）

"晚门"由"晚牌开门"缩略而来。如：

> 待主事晚牌开门，入城行见官礼。（黄是《朝天录》：2/498）

> 盖关门不常开，只以辰申两时早晚牌开门。（郑士信《梅窗先生朝天录》：9/294）

从用例出现的语境可知，早牌、晚牌、早门、晚门皆为途经山海关时所用的时间词，且仅见于明朝的《朝天录》，清朝的《燕行录》未见用例，显然与山海关关门在明清两朝不同的管理制度有关。

4. 午晚

午晚，指下午偏晚的时辰。22例，见于7部作品。如：

> 午晚舟渡古镇江，踰小义岭，暂歇所串。（黄是《朝天录》：2/466）

> 午晚吃饭，人皆困惫，至翟家庄寄宿。（崔斗灿《乘槎录》：68/512）

又赵秉铉《成斋集》之《金刚观叙》:"午晚抵高城,直向三日浦。"①查"韩国古典综合DB",用例甚稀。中国古籍有"午前""午后",分别指上午、下午。(《汉语大词典》卷2第919页)但未见"午晚"的用例。"午晚"可能是由"午前""午后"类推仿造而来②。大概因为朝鲜人认为"午后"还不足以表达下午这个时段的早晚,故使用"午晚"来表达。犹如"午前"不足以表达上午整个时段的早晚,故新造"早晚"一词以指称早上偏晚的时辰。现代汉语也常见"下午晚些时候"这样的表述,如《人民日报》2000年7月5日第1版:"是日下午晚些时候,朱镕基总理与容克首相在泽宁根古堡举行会谈。"③这是人们对时间表达追求精细化的反映。

五、性状类及其他

相较于行为动作类汉字词,表性状的复合词明显更贫乏,缺少地域特色。我们以6个(组)词为例,略加阐述。另有一些富有韩国汉文特色但不便于分类的汉字词,并附于此讨论。

1. 熏甘

熏甘,指(美食的味道)浓香,或指饮食丰盛。2例,即:

> 若得长驱到义州,熏甘岂但讷鱼头。(郑士信《梅窗先生朝天录》:9/371)

> 此即生雉切片和蘑菇煮成菜者也,味极熏甘。(权时亨《石湍燕记》:91/63)

---

① 《韩国文集丛刊》第301辑页540上栏。
② "午后"一词沿用至现代韩语中。
③ 该例来自北京大学CCL语料库。

又如《增补山林经济》卷八"治膳上":"每朝夕以匙挑出,与甘酱等分作菜羹,味甚熏甘,真老农所餐也。"①也写作"燻甘",如崔汉绮《气测体义》之《神气通》卷二《鼻通·臭有利害》:"鱼馁肉败,闻必恶之,恐有伤于生气也。调和燻甘,闻辄有悦,以有补于生气也。"②文献用例甚稀,故《韩国汉字语辞典》未收录。《高丽大韩国语大辞典》收录,写作"훈감[hun/gam]",但未标汉字,且只有释义,未举例证,③或仅是汉文中的书面用语。

"熏"原指火烟冒出。《说文·中部》:"熏,火烟上出也。"引申为火气盛,《广韵·文韵》:"熏,火气盛貌。"(《汉语大字典》卷4第2386页)则进一步引申出"味盛"义,故"熏甘"即指味道浓郁、味美也。

2.喜倒、慰倒、笑倒、哄倒

喜倒,指非常高兴、欢喜无比。3例,即:

> 舟人喜倒,阑下觅溪流,杯甘水而饮,负汲欲做饭。(崔溥《漂海录》:1/306)

> 一家无恙,朝家无事,不觉喜倒。(洪命夏《甲辰燕行录》:20/308—309)

其他汉文也多见,如姜希孟《私淑斋集》卷八《弘文馆博士曹太虚荣亲序》:"及年三十五而升堂上,亲亦喜倒,希孟亦以显亲为

---

① 韩国学文献研究所编《农书》第4辑《增补山林经济2》,亚细亚文化社,1981年,第90页。
② 《气测体义》(国译本),民族文化推进会,1989年,第46页下栏。
③ 参《高丽大韩国语大辞典》第7211页"훈감하다"条。

庆。"① 李滉《退溪集》卷十四《答南时甫（戊午）》："自往关西，信绝经年，今兹履端伊始，忽奉珍翰，具审中间游历言旋曲折之详，喜倒不自胜。"②

慰倒，表示感到很慰藉。2例，即：

> 东君为布阳和气，<u>慰倒</u>藩邦白发臣。（李尚毅《丁酉朝天录》：9/550）

> 监司李正英来候，邂逅相对，不觉<u>慰倒</u>。（洪命夏《甲辰燕行录》：20/363）

其他汉文多见，如林泳《沧溪集》卷十二《答李同甫》："古人云'逃空虚者，闻人足音跫然而喜'，况故人情悃辞意郑重，若对面语者哉？此间慰倒可想。"③ 金寿恒《文谷集》卷三有诗序曰："李生仪朝来过，慰倒之余，感怀书赠，是日适饯春。"④

笑倒，亦指大笑。1例，即：

> 北望有一石又在山头，大小制样与昨日所观无参差，到此而不觉<u>笑倒</u>。（李在洽《赴燕日记》：85/116）

其他汉文多见，如曹命采《奉使日本时闻见录》三月初五日己丑："见太守之归，前导两倭执白毛竿，其状如蘁，瞑目摇手，蹲蹲然散脚长步，以为乐赴战阵之象云，而初见足令人笑倒。"⑤ 李济

---

① 《韩国文集丛刊》第12辑页114下栏。
② 《韩国文集丛刊》第29辑页364上栏。
③ 《韩国文集丛刊》第159辑页281上栏。
④ 《韩国文集丛刊》第133辑页69上栏。
⑤ 复旦大学文史研究院编《朝鲜通信使文献选编》第四册，第23页。

臣《清江集》卷四《行状》："或有因事而愠告者，公才闻辄喜，至于笑倒曰：'彼人是矣，安有畏我者乎？'"①

以上三词，中国古籍未见用例，但有"绝倒"一词，指大笑不能自持。(《汉语大词典》卷9第838页)"倒"原指不能自持的一种身体姿势，后虚化为无实义的词缀。"喜倒""慰倒""笑倒"都是由"绝倒"类推仿造而来。《韩国汉字语辞典》皆未收录，可补。

哄倒，指哄堂大笑。3例，见于《石湍燕记》，如：

> 大路两边往往众人簇立，或哄倒，或喝采。(权时亨《石湍燕记》：91/94)

> 彼我人见此，莫不哄倒。(权时亨《石湍燕记》：91/105)

其他汉文未见用例，但见"哄堂绝倒"的四字格形式，如金迈淳《台山集》卷十二《伯父丰基府君行状》："公简嘿寡言笑，侪友滑稽，童稚嬉戏，众以为哄堂绝倒者，嗒焉若无省也。"②"哄倒"可能是由"哄堂绝倒"之类的表达凝缩而来，也可能与前述三词一样，由"绝倒"类推仿造而来。

3. 趁即、趁不

趁即，指趁早、及时，义同"趁时"。18例，见于10部作品，如：

> 趁即施行，毋使又滞也。(黄汝一《银槎录》：8/410)

> 而近日日候稍和，若趁即装发，似可无顷上来矣。(洪钟

---

① 《韩国文集丛刊》第43辑页558下栏。
② 《韩国文集丛刊》第294辑页504上栏。

327

永《燕行录》: 86/472）

韩国汉文有"趁限"一词，义同"趁期"。(《韩国汉字语辞典》卷四第 248 页）趁即，同"趁时"；趁限，同"趁期"。通过选用不同的近义语素构成一组同义词。

趁不，指不及时、不趁时，为"趁即"的否定形式。13 例，见于 11 部作品。如：

人情不满其欲之故，趁不差送。（权怢《石塘公燕行录》: 5/73）

曾以此意屡通兵备道，而趁不许题。（李忔《雪汀先生朝天日记》: 13/79）

趁不，按汉语语序是"不趁"，表示不及时做某事。"趁不差送"指不趁时差送，"趁不许题"指不趁时许题。按朝韩语的习惯，否定词可置于中心语之后，如"일찍감치 가지 않다（不趁早去）"，否定形式"지 않다"置于句末，表时间的副词"일찍감치（趁早）"和动词"가（去）"放在其前，"趁不"即因此而产生。

4. 越边、越岸

越边，指对面。43 例，见于 23 部作品，如：

此乃旧主，而不得入接，移寓越边赵家。（赵翊《皇华日记》: 9/174）

有一清官坐于越边，招马头平立。（洪命夏《甲辰燕行录》: 20/314）

"越边"记录的是朝韩语"건너편 [kʌn/nʌ/pʰyʌn]"。"건너 [kʌn/

nʌ]"为朝鲜半岛固有词，是穿过、超越的意思。(《韩国汉字语辞典》卷四第247页）后语素"편 [pʰyʌn]"是个汉字词，汉字作"边"。因此，"건너편 [kʌn/nʌ/pʰyʌn]"是一个汉朝合璧词。

《高丽大韩国语大辞典》收录"월변（越边）""월편（越便）"两种写法，释义均为"마주 대하고 있는 저쪽（用某种东西隔开了的另一边）"，未举例句或书证。① 该词典同时收录了"건너－편（～편）"一词，释义与前两词相同，且罗列了数条例句，如"나는 복도 건너편에 있는 그녀에게 눈짓을 했다（我向走廊对面的她使了个眼色）"。② 这说明"건너편"是朝鲜口语词，而"월변（越边）""월편（越便）"是汉字词"越边"的回译，并非口语词。"越边"是用于汉文创作的书面语，"월 [uəl]"是"越"的记音。"편 [wʌl]"对应的汉字应是"边"，而非"便"。③

越岸，指对岸。12例，见于9部作品，如：

> 而越岸政是我国两西沿边，一海相连。（李坤《燕行记事》：53/27）

> 夫河之越岸有一庙，云是孤竹君之祠。（朴齐寅《燕行日记》：76/135）

《韩国汉字语辞典》未收"越岸"，实际上该词在韩国汉文中多见，如曹命采《奉使日本时闻见录》五月十一日甲午："越岸而有

---

① 《高丽大韩国语大辞典》第4742页、第4746页。
② 《高丽大韩国语大辞典》第271页。
③ 《标准国语大词典》"건너－편（～편）"释义为"마주 대하고 있는 저편"，월변（越边）的释义与此相同。《高丽大韩国语大辞典》第271页"건너－편（～편）"条释义为"무엇을 사이에 두고 마주 대하고 있는 저쪽 편（笔者译：隔着某样东西的两边，其中的那边）"。

大泽焉。"① 黄玹《梅泉集》卷六《苟安室记》:"山深饶白茅,厚苫之,越岸望之,若精舍也。"② 根据前文对"越边"构词理据的分析,可推测"越岸"对应的现代韩语是"건너 안 [kʌn/nʌ/an]",但《高丽大韩国语大辞典》《标准国语大词典》皆未收录该词,也未收录"월안 [wʌl/an]"。"越岸"可能是由"越边"类推仿造而来的书面语。

5. 馔物、物馔、物膳、膳物

馔物,指日常生活用的食材,也指礼物。126例,见于45部作品,如:

> 诘朝,无锡县知县(忘其姓名)来遗<u>馔物</u>。(洪贵达《辛丑朝天诗》:1/434)

> 自此至盘山,不设察院,<u>馔物</u>亦自前不给云。(李㑞《朗善君癸卯燕京录》:24/407)

也写作"物馔",3例,皆见于《昭显沈阳日记》,如:

> 平安监司军官任义男领三月朔馔及嫔宫诞日<u>物馔</u>七驮入来,义州府尹黄一皓亦附送<u>物馔</u>。(《昭显沈阳日记》:25/144)

《燕行录》中的"馔物"皆指日常所需的食材,而"物馔"则指礼物。但具体指日常的食材还是其他礼物,有时难以区分。《燕行录》中"物馔"极少,但在其他汉文中多见,如李滉《退溪集》卷二十九《与金而精(别纸)》:"乡邻无贵贱,以菜束物馔,或以财见遗者,此间辞受,实有难处。贱者之遗,以价偿之,财则还

---

① 复旦大学文史研究院编《朝鲜通信使文献选编》第四册,第71页。
②《韩国文集丛刊》第348辑页500上栏。

给。尊且丈之遗,菜束物馔则用之,财则姑受,而分诸穷族,是否?"[1]从语境判断,这两处"物馔"都指日常所需的食材。

膳物(1例)、物膳(13例),同"馔物""物馔",指食材或礼物。如:

> 自后行各其马头辈执其囊袋,收聚其膳物,有若战场。(崔德中《燕行录》:40/89)

> 此来十里乃凤城也,义州物膳入及于此。(崔德中《燕行录》:40/121)

又李忔《雪汀集》卷四《民瘼》:"在前上纳之际,虽有人情之捧,不至滥觞。今则必以米数十斗,膳物称号。先给本司次知上下人员,然后方许捧纳。"[2]"膳""馔"都可指食物,故四个词形混用不分,现代韩语仍称礼物为"선물 [shʌn/mul]",写作"膳物"或"馔物"。

6.手功

手功,指手工费用。功,酬劳也。1例,即:

> 而今日给价,更令买棺,则木手手功已给二两之银。(李瑛《燕山录》:19/586)

又许筠《海东野言三·中宗上》:"家有成造,方与瓦工计功定价,一宰相往谒,揖升叙阻,即与瓦工数计土木价几,役人价几,匠人手功价几,输入价几。"[3]尹文举《石湖遗稿》卷二《上仲氏童

---

[1]《韩国文集丛刊》第30辑页185上栏。
[2]《韩国文集丛刊续》第15辑页536上栏。
[3]《大东野乘》第2辑,民族文化推进会,1989年,第685页。

土先生（己丑四月二十八日）》："碑刻手功：下木一匹六字，上木一匹十二字。"①《韩国汉字语辞典》收录，但仅举《尚方定例·准折式》"弓子（造弦匠手功，乡丝壹斤）"一例（卷二第505页），可补。

据《韩国汉字语辞典》，"手功"有两个同义词，即"手价""手工"。"手价"有不少文献用例，如李景奭《白轩集》卷三十七《完丰府院君李公谥状》："争斧其大木而浮下之，卖于黄凤之间，得绵布颇优，一以充民赋，一以偿匠手价。"②李明汉《白洲集》卷十六《京营重修记》："工匠役夫之手价口食，皆观察自办。"③"手工"未搜得用例，且《韩国汉字语辞典》仅有释义，无例证。（卷二第505页）《汉语大词典》"手工"条列4个义项：工匠；手艺；用手操作；旧时指中小学课程之一。（卷6第293页）未收"手工费用"义。《现代汉语》（第7版）收录此义项，例证为："做这件衣服要多少手工？"（第1202页）台湾《重编国语辞典修订本》"手工"条也列了工钱义，如"订制这件大衣要多少手工"。可知，汉语中，这是一个近现代产生的新义项，朝鲜半岛先于汉语产生此义。

小　结

朝鲜文人在熟练掌握汉字字义的基础上，利用汉语构词法，创造了很多不见于中国古籍的新词，有些特殊类型的复合式汉字词（如补述式汉字词）具有鲜明的朝韩语痕迹，有些新词或新用法源

---

① 《韩国文集丛刊》第105辑页151下栏。
② 《韩国文集丛刊》第96辑页334下栏。
③ 《韩国文集丛刊》第97辑页455下栏。

自他们对汉字或汉语的误读。丰富的朝韩汉字词是中朝两种语言密切接触的结果，也是汉文化在朝鲜半岛传播的最大推动力。像"解听""动听""说破"等与中国本土文献用法相近但又有别的汉字词，在韩国汉文文献中并不鲜见，值得系统研究。

朝鲜文人通过研读中国典籍，学习汉字及汉语书面语，进而模仿运用，创作汉文。由于时间、地域及母语等因素的影响，他们在解读典籍过程中，免不了出现误解误用或新解新用典籍语言的情况。这种因误解误用或新解新用而产生的新词新义在韩国汉文中也有不少。汪维辉、顾军《论词的"误解误用义"》将汉语史上词义误解误用的情况分为四种类型：①训诂学家的错误解释；②后代文人误解前代口语词；③流俗词源；④语言接触过程中的错误理解。同时总结了导致词义误解误用常见的五个因素：①意义干扰；②语音干扰；③词形干扰；④内部结构的重新分析；⑤语境误推。① 四种类型的误解误用，也广泛存在于韩国汉文中，语言接触过程中的错误理解又是最主要的表现。"五因素"也同样适用于解释《燕行录》或其他汉文中因误解误用或新解新用而产生的新词新义现象。但韩国汉文中因误解误用或新解新用而产生的新词新义，又比中国本土文献的情况更复杂。如"摊饭"是一个书面语词，朝鲜文人受字面意思的影响，为"摊饭"自创了一个新的义项"吃饭；吃午饭"。可认为是语言接触过程中的错误理解，也可以看作是流俗词源。误解误用的因素主要是词形干扰，但这种干扰并非来自其他近似词形的影响，而是受自身词形（即字面义）的影响所致。又如"聘君"产生"妻子父亲"这个新义项，属于误解前代口语词（书

---

① 汪维辉、顾军《论词的"误解误用义"》，《语言研究》，2012年第3期。

面语），也属于语言接触过程中的错误理解，产生的原因主要是对朱子著作中"刘聘君"一词的误解，属语境误推，但同时还受到"冰"的影响，这又是一种语音干扰。同时也是对典籍或辞书误读的结果。诸如此类的语言现象值得逐一爬梳，厘清词义演变所经历的过程。

我们还发现韩国汉文与中国本土文献存在一种殊途同归的词义演变现象。如"摊饭"在中国古籍和韩国汉文中都有进食义，但从产生的时间先后以及使用数量上看，朝鲜半岛先于中国古籍出现此新义，且远比中国古籍使用频繁。我们认为双方不存在彼此借鉴的可能，而是殊途同归的结果。"午火"的午餐义也是如此。类似的词语或词义值得深入挖掘，而这种语言现象背后的深层原因也有待进一步研究。

第五章 《燕行录》所见的音写词

音写词，又称记音词，指书写某个词语时，有本字而不用，却使用其他字代替，或原无本字，故使用发音相同或相近的文字来记录。文字产生以来，记音现象无处不在，或曰假借，或曰通假。汉语中，比较突出的是方言记音词和外来语记音词。《燕行录》中存在大量的音写词，有汉语音写词、朝韩语音写词、满语及其他语言（如日语、越南语等）音写词。音写词的存在，使得《燕行录》中的异形词乱象丛生，如果不从语音的角度加以剖析，有些词语便难得真义，进而阻碍文本解读。

第一节 汉语音写词

朝鲜文人虽然从小熟读中国典籍，但他们的母语毕竟不是汉语，加之地域阻隔，使得多数人仅从书本上习得汉字，学得汉文的文法规则，不会汉语口语始终有碍于汉文创作。且《燕行录》的作者众多，存在多多少少的"别字"现象，在所难免。

一、记录名物的音写词

名物词构词理据较为隐晦，因此对非汉语母语者而言，最容易

采用记音的方式书写,由此产生了形形色色的名物音写词。我们从《燕行录》中搜集了17个(组)名物词,爬梳如下:

1. 柔薄儿

柔薄儿,即"肉包"的记音。6例,首见于金昌业《老稼斋燕行日记》:

> 所谓<u>柔薄儿</u>,以面造,似我国霜花而皱其缝,此盖古之馒头也。(金昌业《老稼斋燕行日记》:32/327)

李宜显《庚子燕行杂识》、李海应《蓟山纪程》、金景善《燕辕直指》有完全相同的句子,是抄袭金昌业日记的结果。另2例出自李有骏《梦游录》(77/39)、徐有素《燕行录》(79/165),也可能是借鉴金昌业日记的结果,但语句有较大的不同。例句提到"似我国馒头""仿佛我国之馒头样",则当时他们看到的肉包与朝鲜的馒头相似,实际上至今还是如此。朝鲜半岛所谓的"馒头"(만두[mandu]),是带馅儿的面食,非现代汉语普通话所说的无馅"馒头"。但正如金昌业所言"此盖古之馒头",古时的馒头指有馅儿的包子,如《水浒传》第二十七回:"大树十字坡,客人谁敢那里过?肥的切做馒头馅,瘦的却把去填河。"[①]

2. 胡卢

胡卢,是饸饹(hé·le)的记音,北方民族的一种风味面食。见于洪大容《湛轩燕记》:

> 京外店铺肴羞专用猪肉汤,如<u>胡卢</u>、粉汤、便食之属,和

---

① 明施耐庵、罗贯中著,唐富龄标点《水浒全传》,岳麓书社,2004年,第214页。

336

以葱蒜。……即进胡卢一碗。胡卢者，汤面也。（洪大容《湛轩燕记》：42/430）

《现代汉语词典》（第7版）"饸饹"条："食品，用饸饹床子（做饸饹的工具，底有漏孔）把和（huó）好的荞麦面、高粱面等轧成长条，煮着吃。也作合饹。也叫河漏（hé·lou）。"（第528页）文献也有记载，如李季《王贵与李香香》第一部五："放着白面你吃饸饹，看上王贵你看不上我！"（《汉语大词典》卷12第537页）又作"河漏""河漏子"，如元代王祯《农书·荞麦》："北方山后诸郡多种，治去皮壳，磨而为面，摊作煎饼，配蒜而食。或作汤饼，谓之河漏。"《水浒传》第二十三回："他家卖拖蒸河漏子，热烫温和大辣苏。"[①] 也作河洛、河落、河捞等（《汉语大词典》卷5第1053页）。1934年《井陉县志》："邑人以麦面、豆面或荞面，由铁床压入锅中，成为粗细相等之面条，名为河捞，本邑方言，与'河洛'音同，与'河漏'音亦相近。"[②] 又作合酪、合落、合饹、饸酪等。清山西《阳曲县志》记载："附近居民各种面食曰河漏，荞面为之。"并引傅青主注"河漏"曰"高齐时所谓'促律忽塔'是也"。可见一千五百多年前，饸饹已成为北方的一种大众化面食了。[③]

赵兴元《康乾时期燕行使眼中的满族习俗》认为："从记载看，洪大容在凤城吃得挺舒服的'胡卢'，当是满族很有特色的酸汤子。"虽然他没能说明洪大容何以称酸汤子为"胡卢"，但"胡卢"有可能确实是满族的酸汤子。李治亭主编《关东文化大辞典》

[①] 华夫《中国古代名物大典》，济南出版社，1993年，第693页。
[②] 《汉语方言大词典》第三卷，中华书局，1999年，第3625页。
[③] 徐海荣《中国美食大典》，华夏出版社，2000年，第956页。

"酸汤子"条:"北方民族风味面食。流行于东北农村,亦称为'儌子''饸饹''酸浆子''臭米子'等。将玉米置水中泡开,磨成水面,用吊包布滤去残渣,盛在盆桶内发酵至呈酸味,便可制作。做时左手拇指上带一铁片制成锥形'汤筒',右手将玉米面糊塞入'汤筒'并用力挤压,使面糊从筒之细端挤出成条状,随挤随甩入锅内沸水中,熟后拌以酱、葱花、辣椒油或菜卤而食之。其味微酸可口。"①可见,东北满族的"酸汤子"的做法与"饸饹"相似。

3. 民鱼

民鱼,是"鮸鱼"的记音,一种海鱼,头尖长,口大,牙尖锐。4例,如:

> 舟人夜钓得民鱼、双鱼、洪鱼、道味等鱼二十余尾而来。(金堉《朝京日录》:16/456)

> 余以民鱼、石鱼、全鳆、甘藿、海带等物谢之。(赵荣福《燕行日录》:36/299)

丁若镛《雅言觉非》卷二:"鮸鱼,谓之民鱼(鮸民声近)。"(第311页)《韩国汉字语辞典》卷三引丁若铨《兹山鱼谱·鳞类·石首鱼》曰:"鮸鱼,俗名民鱼,大者长四五尺(以周尺言之,下皆仿此),体稍圆,色黄白背青黑,鳞大口巨,味淡甘。"②(第57页)"鮸鱼"写作"民鱼",一方面因为"鮸"和"民"发音相似,同时也是为了书写省力,"鮸"的笔画太多,"民"字易写。

---

① 李治亭《关东文化大辞典》,辽宁教育出版社,1993年,第937页。
② 《兹山鱼谱》是一部记载海洋生物的百科辞典。丁若铨(1758—1816)流放黑山岛15年期间,调查搜集了155种水产动植物的名字及其分布,并于朝鲜纯祖十五年(1815)编写了此书。

鮸鱼在汉语中又被称作"米鱼""鳘鱼"。《说文·鱼部》:"鮸,鱼名。……。从鱼,免声。"《正字通·鱼部》:"鳘,与鮸同。"清王士雄《随息居饮食谱》第七:"鮸音免,今人读如米。"(《汉语大字典》卷 8 第 5005、5026 页)可知,汉语也采用多种称呼、多个词形记录。"鮸"的部件"免"与"鳘"的部件"敏"一样,皆为声符。"米鱼"的"米"与"民鱼"的"民"一样,皆为记音字。

汉语中的"民鱼"是"谓人民葬身鱼腹。喻人民遭殃"(《汉语大词典》第 6 卷 1427 页),显然与韩国汉文中的"民鱼"所指不同。

4. 洪鱼

洪鱼,是"魟鱼"的记音。4 例,如:

午门外东西排立十二象,其六具鞍,其六无鞍。其形巍巍,长过二丈,脚似大柱,耳如<u>洪鱼</u>,色是灰而无毛。(李渷《燕途纪行》:22/149)

魟鱼是一种海鱼,身体扁平,略呈圆形或菱形,软骨无鳞,胸鳍发达,如蝶展翅。《六书故·动物四》:"魟,海鱼,无鳞,状如蝙蝠,大者如车轮。"自注:"又作鮏。"(《汉语大字典》卷 8 第 4985、4996 页)李渷将大象的耳朵比喻成洪鱼,形象贴切。"魟"也作"鮏",因音同形近,故朝鲜半岛直接写作字形更简单的"洪"字。

5. 时根菜

时根菜,是汉语"赤根菜"音变后的书写形式,即菠菜。3 例,如:

菠薐菜(俗名<u>时根菜</u>)。(金昌业《老稼斋燕行日记》:

32/329）

另外两例来自李海应《燕蓟纪程》、金景善《燕辕直指》，乃抄自金昌业的句子。金昌业专门写过一首《菠薐（俗名时根菜）》诗，曰："菠薐传数名，其始出波罗。我国有俗称，恐是赤根讹。"[①] 指出朝韩语称菠菜为"时根菜"，是"赤根菜"之讹。现代韩语菠菜写作"시금치"。汪维辉、具民惠考察了"赤根菜"与现代韩语"시금치 [si/kɨm/tsʰi]"之间的关系，并详细阐明了其音变过程，认为"시금치 [si/kɨm/tsʰi]"是"赤根菜"音变后的书写形式。他们认为由"赤"演变为"시 [si]"是"因为发音习惯的差异可以导致语音认知的不同。语言接触时，母语的音系起着非常重要的作用，难以识别的声音会通过母语的发音习惯及语音系统的特点调整成本族语的音位"。[②] 韩国汉文多作"赤根菜"，极少见"时根菜"的写法，也未见词典收录，故汪维辉、具民惠的文章未提及该词形。

菠菜也称"菠薐（菜）"，又写作"菠陵""薐菠菜""陵菠菜"，如：

> 水芹、韭菜及菠薐、莴苣、大蒜之属皆类我国之产。（李坤《燕行记事》：53/127）

金昌业《老稼斋燕行日记》中，一个版本写作"薐菠"（如上举例），另一个版本写作"陵菠"，李海应《燕蓟纪程》、金景善《燕辕直指》分别抄作"陵菠""薐菠（菜）"。"薐（陵）菠"可能

[①]《老稼斋集》卷二，《韩国文集丛刊》第 175 辑页 41 下栏。
[②] 汪维辉、具民惠《"赤根菜"与"시금치"——韩语中的汉语借词研究之一》，《语言研究》，2022 年第 1 期。

是"菠薐"之误。

6. 天翼、天益、千翼

天翼（8例）、天益（2例）、千翼（2例），为汉语"贴里"的记音[①]。朝鲜贴里是武官服饰，一般逢重大事宜如郊外祭祀时穿着，其样式为长袍，直领，腰部打褶，大袖子。如：

  诣阙领赏（红黑团领各一袭，红天翼彩锦四端）。（李尚吉《朝天日记》：9/209）

  身穿五彩龙文天益，上长至膝，下长至足背。（申忠一《建州见闻录》：8/166）

  帖里，方言千翼。裨将我境则着帖里，渡江则换着狭袖。（朴趾源《热河日记》：53/254）

朴趾源《热河日记》"千翼"例，另一个版本作"天翼"。[②] 现代韩语中"天""千"同音，皆作"천 [tsʰʌn]"，可知二字当时也音同或音近，故有此异写。又写作"缀翼"。丁若镛《雅言觉非》卷二："帖里者，戎事之服也。《续大典》曰：'堂上官蓝色帖里，堂下官青玄色帖里，郊外动驾时红色帖里。'其文历然。今俗误以为天翼，或以为缀翼，疏札用之。"（第294页）但《燕行录》未见。

汉语中"贴里"本义是紧靠里面，也用以指夹衣里子（衣服的内层），或夹衣（有里有面的双层衣服）。(《汉语大词典》卷10第

[①] 《燕行录》中也见"帖里"的写法，且"帖"与"贴"、"裡"与"裏"多混用。

[②] 朴趾源《热河日记》的另一个版本作："帖里，方言天翼，裨将我境则着帖里，渡江则换着狭袖。"（55/416）"帖里"也写作不同形式，前一版本作"帖裡"，后一版本作"帖裏"。

145页）贴里是明朝内臣穿的官服，也是贵者所服，魏宗贤当权后形制有所变化。[①] 据崔溥《漂海录》记载："凡朝服、公服深衣，圆领，一遵华服，唯帖里襞积少异。"（1/433）可知，中朝两国的贴里基本是一致的，只衣服上的褶裥稍异。朝鲜贴里来自中国，明朝政府常颁赐贴里给朝鲜，《燕行录》多有记载。

7. 套手、土子、吐手

套手（1例）、土子（1例）、吐手（8例），皆为"套袖"的记音。如：

> 套手（即俗称吐手）长至于肘。（李田秀《入沈记》：30/355）
> 向晚风寒甚烈，行中或有着土子者。（金昌业《老稼斋燕行日记》：32/358）
> 自八月着毛周衣者往往有之，而或隐毛，或露毛，兼连附马蹄吐手矣。（柳寅睦《燕行日记》：75/375）

套袖是一种套在衣袖外面的袖子，可保护衣袖，避免肮脏、磨损，也具有一定的保暖性。丁若镛《雅言觉非》卷二："套袖谓之吐手者，华音之误翻也。"（第294页）指出"吐手"是汉语"套袖"的记音。《行用吏文》："套手，토슈，胳膊上团甲也。"后又辗转讹作"土子"。现代韩语仍沿用，写作"토시 [tʰo/ɕi]"，《高丽大韩国语大辞典》《标准国语大词典》皆收录。现代韩语中"袖""手"皆作"슈 [sʰu]"，"套""吐""土"皆作"투 [tʰu]"，故"套袖"可讹变为套手、吐手、土子等。且"套手"除记音外，也保留了表义的功能。

[①] 周锡保《中国古代服饰史》，中国戏剧出版社，1984年，第398页。

8. 甘吐、甘土

甘吐（3例）、甘土（1例），为"黇头"的记音，指毡帽或头巾。如：

> 我国所用帽子旧出于此，故东人至今称七家岭唐甘吐。（李在学《燕行日记》：58/84）
>
> 始见上国之人，皆戴帽子（甘土）。（赵宪《朝天日记》：5/145）

《韩国汉字语辞典》未收"甘吐""甘土"，有坎头、甘套、龛套等形式，但未举书证。（卷三第421页）此外，还有"㲲头""㲲头"等词形。其原型为"黇头"，黄胤锡《颐斋遗稿》卷二十五《华音方言字义解》："明朝以前呼'黇头'。黇，音敢（亦在东韵），所以覆物，故名字亦作'㲲'。而《高丽史》作'坎头'，今俗或更讹为'甘土'，尤无义意者。"丁若镛《雅言觉非》卷二："黇头，误翻为甘土。"（第294页）《广韵·感韵》："黇，《方言》云'箱类'，又云'覆头也'。"则"黇"有覆盖义，帽子称作"黇头"合情合理，但中国本土文献未见该词。黄胤锡认为黇头之制本出自蒙元，此说不无道理。据《中国古代服饰史》所绘历代冠帽图，元时首次出现戴毡帽的人物。刘沛霖《韩汉大词典》"감투 [kam/tʰu]"条列了4个义项（即乌纱帽；衬帽；防寒帽；官位），但未标注汉字。（第43页）可见该词词义有所扩大，成为一个难以觉察的汉源词。韩国汉文中的甘吐、甘土、坎头、甘套、龛套等词形，都是因音同或音近而产生的异写形式。

9. 挥项

挥项，即"护项"的记音，保暖的围巾。18例，如：

> 风领（即俗称挥项）以毡及缎为之。（李田秀《入沈记》：30/355）

> 挥项之制亦甚张大，被于帽上，并蒙肩背及胸前。（李在洽《赴燕日记》：85/177）

挥项，汉语称"护项"或"护颈"。"挥"是汉语"护"的语音讹变。丁若镛《雅言觉非》卷二："护项者，绕项之毛帻也。华音'护'读如'挥'，东俗讹传，遂以为挥项。贵人貂皮挥项，贱人鼠皮挥项，其沿误已久也。于是，头盔所缀，以有明文，谓之护项。常服所着，以无明文，谓之挥项。其实本皆护项，无挥项也。"（第294页）

"挥项"也可用作动词，如：

> 寒则辄着毛裘而亦无领，故以条毛挥项，名曰裘襟，或称项圈。（李坤《燕行记事》：53/47）

"以条毛挥项"指用条形毛物保护颈项。尊者或贵者面前，一般不敢着挥项。李圭景《五洲衍文长笺散稿·暖耳袥袷护项暖帽辨证说》曰："国俗，尊贵之前，卑贱不敢着挥项，故脱而进见。"（上册第444页）李瀷《星湖僿说》卷六《万物门》"披肩"条："俗又有挥项者，大者韬尽肩背，小者只周脑项，表用绢，里及缘皆用毛，以前两角反以系于脑后，则略似耳掩之制，大概源同而流别者也。"① 顾名思义，挥项以护颈，耳掩则护耳。现代韩语中，"护"作"호 [ho]"，"挥"有两读，一作"혼 [hon]"，一作"휘

---

① 李瀷《星湖僿说》第二辑，民族文化推进会，1989年，第88页下栏。

[hwi]",第一个读音较接近"护"音,当是本来的读音。但现代韩语"挥项"变读为"휘양[hwiyaŋ]",《高丽大韩国语大词典》《标准国语大词典》皆收录,① 盖因书写发生变异,进而影响口语发音。

10. 袋连、大连

袋连(1例)、大连(2例),都是汉语"搭裢"的记音。如:

> 潜使善兴雇得金商骡子,着鞍,裹饭二器,并行具入<u>袋连</u>,加于驿马。(金昌业《老稼斋燕行日记》:33/397)

> 善兴于<u>大连</u>中出各色面果,……与业立、毛疾分吃后,以其余还入<u>大连</u>。(金昌业《老稼斋燕行日记》:33/440)

搭裢,是一种布制的长方形口袋,中间开口,两头各有一袋,可以挂在肩上或扣在腰间。如元无名氏《冯玉兰》第一折:"兀那前头的车上,掉了我的搭裢,我拾起来者。"(《汉语大词典》卷6第737页)也写作"搭连",丁若镛《雅言觉非》卷二"搭连"条曰:"搭连者,马上衣衾之包也。对搭相连,故名曰搭连(两包相对搭)。东人误翻为'大练'(华音'搭连'本다련),从人假借者,书求'搭连',则人莫之应,斯其所以难变也。"(第295页)可见,还写作"大练",但未见文献用例。

11. 典房

典房,"廛房"的记音,指小型的商铺或客栈。2例,如:

> 左右市肆或有倚楼见之者,或有坐<u>典房</u>看书者,或有掷蒲樗者,或有造笔子者。(洪命夏《甲辰燕行录》:20/324)

---

① 《高丽大韩国语大辞典》同时收录"훼항[hwei/hang]",并认为这是"훼양[hwei/yang]"的原型。参该词典第7224页、第7227页。

345

夕到大凌河，宿于<u>典房</u>。（李㦿《朝善君癸卯燕京录》：24/423）

"典房"未见于中国古籍。"典"仅有一个"当铺"义与此相关（《汉语大字典》卷1第124页），但从语境判断，以上"典房"非指典当铺，而是居住之所。

"廛"原指城市平民居住的房屋，后也指城邑中的房屋。《燕行录》有不少"廛房"的用例，如：

遂宿于二里店张宽<u>廛房</u>。（金舜协《燕行录》：38/451）

每十里必有<u>廛房</u>，为行旅歇息之地。（金种正《沈阳日录》：41/191）

通过比较二者的出现语境，可知"典房"即"廛房"，指商用房，如《朝鲜王朝实录》正祖十四年二月庚午："左议政蔡济恭启言……街巷栉比之要，莫如别立廛房，今且募京师富人数三十户，给无边钱一千两，就新邑相对起屋，使有卖买兴利之乐。"[①] 现代韩语中"典"与"廛"都写作"전 [tsʌn]"，盖朝鲜时代二字亦音同或音近，故而"廛房"被写作"典房"。

此外，还把"扁担"写成"便担、匾带"，"牌楼"写成"摆楼、派楼"，"褂子"写成"快子、挂子"，"长袍"写成"仓巴五"，"铺盖"写成"覆盖"，"招牌"写作"照牌"，等等。

[①]《朝鲜王朝实录46·正祖实录》卷二九，第95页a栏。同参《韩国汉语辞典》卷二第314页。

二、其他类

《燕行录》中有一些用于称呼身份或职业的口语词，也出现了多种写法。

1. 藏柜的

藏柜的，即"掌柜的"，指店主。1 例，即：

> 要<u>藏柜的</u>（即我国主人之称也）遍观家舍。（朴来谦《沈槎日记》：69/58）

《燕行录》还见掌柜子、掌几的、掌几子、掌几者等多种写法，为"掌柜的"的仿造词。"藏柜的"则是受朝韩语影响而产生的记音词。现代韩语"掌""藏"同音，皆写作"장 [tsaŋ]"，盖朝鲜时代二者亦音同或音近，故而有此异写。①

2. 养闲、杨汉、良汉

养闲、杨汉、良汉，即"养汉"。"养汉"指妇女与他人私通（《汉语大词典》卷 12 第 531 页），"养汉的"指娼妓。"养闲" 4 例，"杨汉" 3 例，"良汉" 5 例，如：

> 段家岭、琉璃厂、天坛之傍皆有娼妓，谓<u>养闲的</u>，以迎郎送郎为买卖，比于我国列邑之妓反复甚焉。（成祐曾《茗山燕诗录》：69/189）

> 此地素多<u>杨汉</u>，肢音之甲军及驱车之辈，多访<u>杨汉</u>之家宿焉。（徐有闻《戊午燕录》：62/176）

---

① 漆永祥《〈燕行录〉诸家释解汉语字词例析（50 条）》有相关论述，可参看。

清女之眉间涂胭脂者,良汉的也。(柳寅睦《燕行日记》:75/319)

"闲"为"汉"的记音,现代韩语中二字同音,皆写作"한[han]",盖朝鲜时代亦是音同或音近字,故将"养汉"误写作"养闲"。① "杨""良"为"养"的记音,现代韩语中三字皆写作"양[yaŋ]",朝鲜时代亦为音同或音近字也。

3. 表子、嫖子

《燕行录》中娼妓又被称作"表子""嫖子",如:

娼妓之弊粤自女闾,盛于唐宋,如表子、衒衒、养汉的之号。(洪大容《湛轩燕记》:42/237)

余问:"此处土妓谓之嫖子,嫖是何义?"墨庄曰:"嫖为美女之称,爱其美而淫之,故嫖为恶习。"(柳得恭《燕台录》:60/211)

中国古籍也见"表子",但多写作"婊子"。关于此词,中国文献有很多记载,如明陶宗仪《辍耕录》"表梓"条:"谓膘子,总贱娼滥妇之称。"清梁同书《直语补证》"膘子"条:"倡伎之称,见《辍耕录》'醋钵儿'条。按,字书:膘,同臕,肥泽之意。无仄声。古人借作俗字,不妨据之。"② 现代学者也做过补注,如曾昭聪师根据《集韵·小韵》"婊,女字",指出"婊"本为女子人名用字,

---

① 林丽分析《热河日记》的语言现象时已关注到该词,并提出了类似的解释。又,在许多方言中,"闲""汉"亦为同音字。
② [日]长泽规矩也编《明清俗语辞书集成》,上海古籍出版社,1989年,第884页。

当是美称，其义与娼妓无关："'婊'表'娼妓'义应是因'表（表子）'之词义与女子有关而加'女'旁，成为一个新的俗字，与作'女'字的'婊'刚好同字。"① 王锳《宋元明市语汇释》也有论述。②

"嫖子"也是"婊子"的记音，中国本土文献未见。既然柳得恭与清朝文人讨论过该词，且柳氏两处记录该词，可以推断柳氏对该词的记忆很清晰，那么"嫖子"这个词形确实存在过。柳氏等人对"嫖子"构词理据的解释，同"脿子"一样，是据后起词形进行的猜测，纯属"伪理据"。

4. 马牌、马把、麻贝、马贝、麻牌

马牌，指管马的兵役。明代已有此称，清代沿袭之。也指支用驿站车马的凭证。为将两种"马牌"区别开来，管马之人也叫"马牌子"。（《汉语大词典》卷12第779页）指人的"马牌"有43例，见于3部作品，"马牌子"1例。如：

> 凤城马牌到此还归，牛庄马牌将护往山海关云。（沈之源《癸巳燕行日乘》：18/91）

> 同行都御史军夜及本堡马牌子等同心，谓是"岁除之日，安可作行"。（黄汝一《银槎录》：8/291）

《朝天录》中有不少"马牌"，但都是指征用车马的凭证。清代《燕行录》几乎没有表凭证的"马牌"，③ 所见用例皆指管马的兵役，

---

① 曾昭聪《明清俗语辞书及其所录俗语词研究》"脿子，表子，婊子"条，上海古籍出版社，2015年，第279页。
② 王锳《宋元明市语汇释》"表，表儿，表子"条，中华书局，2012年，第7页。
③ 朴趾源《热河日记》有专节名曰"皇明马牌"，介绍明朝马牌的形制，与此所论不同。

也没有"马牌子"。大概朝鲜文人觉得"马牌"不适于指称人,故改作"马把"。马把,8例,见于2部作品,如:

> 角氏马把来见,寒暄闲话,而别无他语。(郑太和《己丑饮冰录》:19/347)

> 世子率大君驾行出馆,守门马把辈遮马而奏。(《昭显沈阳日记》:25/223)

"把"有负责、管理义,也用于官名,如有"管马把总"之说,则"马把"用指管车马之人亦可通:

> 夜催发马匹,则管马把总搪称"为因贼息,公差云委,马匹不足,以此不即调发"云。(黄汝一《银槎录》:8/289)

麻贝,用例最夥,有100余处,且作者分布广,如:

> 凤凰城麻贝、伏兵将、博氏等出来。(郑太和《壬寅饮冰录》:19/373)

> 领送官又称曰麻贝,通官又称曰衙译。(徐有素《燕行录》:80/437)

"麻贝"一词的使用贯穿了整个清朝,可见该词最受朝鲜文人喜欢。究其原因,"麻贝"有满语色彩,满族有"贝勒""贝子"等职名,身份显贵,广为人知,因此以"贝"换"牌""把",甚为恰当。从《燕行录》的记载来看,麻贝被称作迎送官,其职责范围不限于管理马匹,在朝鲜燕行使往来北京途中,充当护送军,为伏兵将、佐领、甲军等人员的首领。

马贝,14例,见于2部作品,如:

第五章 《燕行录》所见的音写词

> 马贝率甲军入其家,主翁多设酒食以待矣。(赵珩《翠屏公燕行日记》:20/212)

> 山海关马贝、衙译辞归,给匣草、烟竹等物以送之。(洪命夏《甲辰燕行录》:20/295)

赵珩、洪命夏分别于顺治十七年、康熙三年赴燕,为清朝初年,他们的日记仍保留着"马牌"的痕迹,亦属固然。

麻牌,16例,主要见于李涪《燕途纪行》(15例),如:

> 入宿于麻牌却氏之家,麻牌即老胡之称,而护行东国往来使命者也。(李涪《燕途纪行》:22/61)

> 至关门外,城将、麻牌等点阅一行人马。(未详《燕中闻见》:96/340)

马牌、麻贝、马贝、麻牌,现代韩语皆作"마패[ma/pʰɛ]","马把"作"마파[ma/pʰa]",发音亦近。

5. 出孔、出空

出孔、出空,汉语"出恭"的音写词,指大小便。如:

> 河边出孔事出去,偶然颠仆,伤右臂,可虑。出孔者,如我国见马云也。(赵溅《燕行录》:12/321)

> 欲小便则必曰撒尿,欲大便则必曰出空。(权时亨《石湍燕记》:90/361)

"出恭"一词产生于元代。为防考生擅离座位,从元代开始,科举考场中设有"出恭""入敬"牌,考生入厕须先领此牌,故俗称入厕为"出恭",谓大便为"出大恭",小便为"出小恭"。(《汉

351

语大词典》卷 2 第 490 页）朝韩语不区分送气与不送气辅音，故将"恭"误写作"孔""空"。赵渳《燕行录》一处作"出孔"，另一处作"出空"，体现了朝鲜文人使用汉字具有一定的随意性，也可以看出他对"出恭"一词很感兴趣，不仅学着用，还随文注释曰"如我国见马云"①。

6. 作拏

作拏，指胡作非为。18 例，见于 12 部作品②，如：

> 驴主张四醉怒作拏，不许驾驴。（李尚吉《朝天日记》：9/212）

> 主胡之咆哮作拏比前益甚。（赵荣福《燕行日录》：36/224）

"作拏"即"作乱"。首先，二者出现的语境相同，如酗酒后的胡作非为，既用"作拏"，也用"作乱"，且用例不少，如：

> 有唐人寓宿吾所接之家，酗酒作乱。（苏世让《阳谷赴京日记》：3/488）

其次，"拏"在汉语中有混乱、混战义，如"纷拏"指混战、互相扭扯，如《史记·卫将军骠骑列传》："时已昏，汉匈奴相纷拏，杀伤大当。"（《汉语大词典》卷 9 第 765 页）再者，现代朝韩语中"拏""乱"读音接近。"乱"可作"란 [ran]"或"난 [nan]"，"拏"可作"라 [ra]"或"나 [na]"。朝鲜时代二字也应是音近字，因此"作乱""作拏"混用。

---

① "见马"是大便的委婉说法。
② "作拏"有两种写法："作拏"（14 例）、"作挐"（4 例）。

"作拿"又作"作罗",如《朝鲜王朝实录》中宗三十四年十月己巳:"武科初试,都会于庆州时,举子李峰、李俭等倡首作罗,而以不为换道为不公云。"① 现代韩语"罗"有两种写法,即"라[ra]"和"나[na]",与"拿"同。韩语有个"장난[tsaŋ/nan]",也是胡作非为的意思,词典未标汉字,该词很可能就是"作乱"语音讹变后的书写形式。

7. 阴酸

阴酸,是汉语"阴森"的记音。4例,见于2部作品,如:

是日天气甚<u>阴酸</u>,里数稍远。(权时亨《石湍燕记》:90/373)
又为发行,天气<u>阴酸</u>,微雪霏洒。(李容学《燕蓟纪略》:98/43)

又写作"阴散"。《韩国汉字语辞典》收录"阴散",释作"天气阴沉沉的,或灰暗而冷飕飕的"②。赵在三《松南杂识·方言类》写作"阴山",曰"今俗以阴寒谓阴山者,其以北方之故耶(又寒谓秋,金陵市语谓冷淡为秋意)?"③

"阴酸""阴散"现代韩语皆作"음산[ɯm/sʰan]"④,但"阴酸"极少使用,一般辞典只收"阴散",不收"阴酸"。《高丽大韩国语

---

① 以上两例参《朝鲜王朝实录18·中宗实录》卷九二第340页b栏。同参《韩国汉字语辞典》卷一第287页。
② 释义原文为:날씨가 흐리고 으스스함. 또는 을씨년스럽고 썰렁함(《韩国汉字语辞典》卷四第746页)。
③ 赵在三《松南杂识》,亚细亚文化社,1986年,第272页。《韩国汉字语辞典》引用此例时写作"阴散"。
④ 刘沛霖编《韩汉大词典》第805页:"산(酸)【名】〈化〉酸。"同时收录"산가(酸价)""산근(酸根)""산기(酸基)"等词,可知"酸"朝鲜语作"산[san]",同"散"。

大辞典》收录"음산 [ɯm/sʰan]",汉字标为"阴散",举例如"날씨가 음산한 것이 금방이라도 비가 쏟아질 것만 같아(天气阴沉沉的,好像马上就要下雨了)"。①《标准国语大词典》也收录,如"차갑고 음산한 겨울의 풍경이 눈앞을 흐르듯 스쳐 가고 있었다(寒冷阴森的冬天景色转眼即逝)"。②可知,"음산 [ɯm/sʰan]"仍活跃在现代韩语中。然《汉语大词典》未收"阴散",查中国古籍语料库,也未见形容天气的"阴散"例。此"阴散"实际是"阴森"的讹变,"阴森"用于形容天气阴沉则是受近义词"阴沉"的影响而沾染的新义。《汉语大词典》"阴森"条列两个义项:①指树木浓密成荫;②(地方、环境、气氛等)幽暗惨淡。(卷11第1031页)"阴沉"条列六个义项:①指天色阴暗,云层厚重;②深藏不露;③阴郁消沉;④冷漠;⑤喻气氛沉闷或心情沉重;⑥阴暗深邃。(卷11第1022页)两个词在部分义项上构成近义词,受此影响,"阴森"也沾染了"阴沉"的天气阴暗义。《高丽大学中韩辞典》《EDUWORLD中中韩词典》《教学社现代中韩词典》皆使用了"음침(阴沉)하다"作"阴森"的释义语。这也说明"阴森"受到"阴沉"的影响。

此外,将地名"十三山"写作"石森山""石山山","枯树站"写成"孤树站","娘子山"写成"狼子山","薛刘站"写成"雪里站",等等,都是听音为字的结果。

---

① 参《高丽大韩国语大辞典》第4887页"음산하다"条。
② 参《标准国语大词典》"음산하다"条,来自该词典官网 https://stdict.korean.go.kr/main/main.do。

第二节　朝韩语音写词

　　历史上朝鲜半岛长期将汉字作为官方文字，视朝鲜语为方言、俗语、土语。中国古人不重视口语词汇，认为口语词不登大雅之堂。有的朝鲜文人也持有相同的看法。朝鲜大学者李睟光不赞同朝鲜语入诗，他论林逋诗"草泥行郭索，云木叫钩辀"云："按，郭索，蟹行貌，出《太玄》。钩辀，鹧鸪声。余谓对则精切，而句法猥俗，唐人则恐不如是。"[①] 林逋诗用了鹧鸪声"钩辀"，李睟光认为太猥俗。朝鲜语既是俗语，自然不可入诗。也有持不同意见者，如金昌协《农岩杂识》："献吉劝人不读唐以后书，固甚狭陋，然此犹以师法言，可也。至李于麟辈，作诗使事，禁不用唐以后语，则此大可笑。夫诗之作，贵在抒写性情，牢笼事物，随所感触，无乎不可。事之精粗，言之精俗，犹不当拣择，况于古今之别乎？于麟辈学古初无妙悟，而徒以言语模拟。故欲学唐诗，须用唐人语；欲学汉文，必用汉人字；若用唐以后事，则疑其语之不似唐，故相与戒禁如此。"[②] 他讽刺那些亦步亦趋学唐诗汉文者，拘泥于唐人语、汉代字，主张在汉文中无妨使用朝鲜语。朝鲜文人使用汉语创作，自觉或不自觉地掺入一些朝鲜语词汇，客观上造就了韩国汉文的民族性和地域特色。

[①] 蔡美花、赵季《韩国诗话全编校注》，人民文艺出版社，2012年，第62页。
[②] 蔡美花、赵季《韩国诗话全编校注》，人民文艺出版社，2012年，第158页。

一、名物类

名物词的来源最为复杂，欲考其源头也最是难事。《燕行录》记录了不少朝鲜半岛特有的名物词，而食物、衣物类词又是其中极为重要的一类。

1. 干饤、江丁、江精

干饤、江丁、江精，都是朝韩语"강정 [kaŋ/dzʌŋ]"的记音，指一种用糯米粉、小麦粉、蜂蜜、麦芽糖、香油等为主料制作而成的糖果类食品。"干饤"3例，"江丁"2例，"江精"1例，如：

> 一器大柑，一器橘，三器糖面所造，而一种似我国<u>干饤</u>。（金昌业《老稼斋燕行日记》：33/58）

> 其馅以猪肉和葱蒜为之，团饼亦以面作，熬以猪羊油，轻脆易碎，似我国<u>江丁</u>之状。（金景善《燕辕直指》：72/261—262）

> 有如我国蓼花者，有如<u>江精</u>者，有如馒头果者，味皆佳。（徐有素《燕行录》：79/166）

《韩国汉字语辞典》卷一引柳得恭《东国岁时记》曰："用糯米粉，酒拌切片，有大小，晒干，煮油起酵如茧形，中虚以炒白麻子、黑麻子、黄豆、青豆粉，用饴黏之，名曰干饤。"（第177页）也写作"羗饤"，如丁若镛《雅言觉非》卷二"粉茧"条曰："元阳茧者，吾东之所谓羗饤也。东莱祭式有'元日荐茧'之文，而杨万里《上元观灯》诗云：'麝鎚宫样陪公宴，粉茧乡风忆故园。'粉茧者，羗饤也。以烈酒和糯米粉，搦拷作饼，细切待干，用油浴煎，即浮起圆大。"（第310页）据《韩国汉字语辞典》，又有"刚

钉""强精""刚丁"等写法,《燕行录》未见。何以有这么多种写法？现代韩语中,"江""姜""羌""刚"皆写作"강 [kaŋ]",为同音字,而"干"写作"간 [kan]",与"江"等字音近。"钉""丁""精"皆写作"정 [tsʌŋ]",也是同音字。朝鲜时代这些字音同或音近,故而出现多种词形。

2. 甘同、甘冬、感动

甘同、甘冬、感动,朝韩语"감동 [kam/doŋ]"的记音,指腌渍而成的一种虾（新糠虾、紫虾、卤虾）,也称"감동해（~~醢）[kam/doŋ/hɛ]"。甘同,15例,如：

> 至大凌河,路上卖甘同者比去时更多。（金昌业《老稼斋燕行日记》：33/339）

> 店人进鱼醢,瓜以甘同醢汁清如油者沉。（朴思浩《燕蓟纪程》：85/271）

甘冬,4例,见于金昌业《老稼斋燕行日记》,如：

> 闻张译到小凌河买甘冬汁一瓶,味绝佳。（金昌业《老稼斋燕行日记》：32/444）

现代韩语中"同""冬"为同音字,皆写作"동 [toŋ]",朝鲜时代二字必同音或音近,故而产生异写。

"感动"见于徐有素《燕行录》,如：

此醢我国称曰<u>感动醢</u>，又曰权停[①]醢。(徐有素《燕行录》：80/482)

将"감동 [kamdoŋ]"写作"感动"并非徐有素的个人行为。据柳梦寅《於于野谭·学艺篇·衣食》载："紫虾醢、沉瓜菹，俗所谓感动醢，东方下味也。昔天使过海州，食紫虾瓜菹，饮泣不忍食。远接使怪而问之，天使曰：'吾有老母在万里外，此味甚珍，不忍下咽。'远接使索州官进之，天使曰：'不胜感动。'故名其醢曰感动。"(《韩国汉字语辞典》卷二第 438 页)则"感动"似是"감동 [kam/doŋ]"的本字，但这种来自民间的俗理据未必可信。金正国《思斋集》卷四《摭言》记录了一则"感动菹"的谐音趣事："朴斯文世平善为戏谑语，家在阴城。李四宰籽坐己卯倘籍罢官，退居阴城村舍。朴斯文时方从事于朝，有时谒告归乡，则必携酒就访，或以馈物送馈。一日，以紫虾、青瓜、交沉菹（俗名曰感动菹）送馈曰：'此菹甚有滋味，公必为之感动矣。'李公书简尾回谢曰：'谨承别味，感动则有之。第恨君酷好驳杂无实之言，世人以此少之，自今以后，权停（紫虾之俗名曰权停）可也。'朴则癖而不能工，李公不癖而偶言益工。闻者大笑。"[②]

3. 道味、道尾

道味（18 例）、道尾（1 例），朝韩语"도미 [tomi]"的记音，即鲷鱼。如：

---

① 权停，也写作"权丁"，为紫虾的朝韩语"곤쟁이 [kon/tsɛŋ/i]"的记音。现代韩语"权"写作"권 [kuən]"，"停""丁"写作"정 [tsŋ]"。《山林经济》卷三《救急》"诸鱼毒"条："又紫虾醢，或生紫虾（굉뎡이）吃之。"参韩国学文献研究所编《农书》第 2 辑页 413。

②《韩国文集丛刊》第 23 辑页 71 下栏。

舟人夜钓得民鱼、双鱼、洪鱼、道味等鱼二十余尾而来。（金堉《朝京日录》：16/456）

岛主呈鲈鱼，平城一呈道尾。（洪景海《随槎日录》：59/486）

丁若镛《雅言觉非》卷二："海鲫者，俗所谓道味也。"（第311页）鲷鱼外形与鲫鱼颇似，仅颜色有别，因此也称赤鲫鱼，丁若镛所说的"海鲫"就是鲷鱼。《燕行录》中也有"鲷"的记录，如：

松浦肥前州太守源诚信呈干鲷一箱（即干道味）。（洪景海《随槎日录》：59/308）

不同的地方叫法不一样，江原道称道味、道尾、돔、돗도미等[①]，《标准国语大词典》作"참돔 [tsʰam/dom]"，即汉语"真鲷"的记音。[②] 而道味、道尾（도미）[tomi] 是"鲷鱼"（돔어）[tom/ʌ] 的语音变体（어 [ʌ] 即"鱼"义）。现代韩语中"味""尾"皆写作"미 [mi]"，朝鲜时代二字亦音同或音近，故有此异写。

4. 苏鱼

苏鱼，朝韩语"소어 [sʰo/ʌ]"的记音，即刀鱼（或作"魛鱼"），因其体形狭长侧薄，颇似尖刀，故称。段玉裁《说文解字注》："刀鱼，今人语尚如此，以其形像刀也。俗字作魛。"清李调元《然犀志》卷下："魛鱼，……其状长而薄，形如尖刀，故名魛鱼。"（《汉语大字典》卷8第4984页）《韩国汉字语辞典》卷三引丁若铨《兹

---

① 参《두산백과》，来自 NAVER 知识百科网。
②《汉语大词典》未收"真鲷"一词，但在"鲷"条释义中提及曰"有真鲷、黑鲷、长棘鲷等"（卷12第1242页）。

山鱼谱·鳞类·魛鱼》曰:"海魛鱼,俗名苏鱼,又名伴倘鱼,大六七寸,体高而薄,色白味甘而釀,黑山海中间有之,芒种时始渔于岩泰岛地。小者(俗名古苏鱼),大三四寸,体稍圆而厚。"(第1042页)如:

<blockquote>赐送白米十斗、田米二石、……民鱼四尾、大口鱼五尾、苏鱼醢三百个、真鱼十五尾。(《昭显沈阳日记》:25/509)</blockquote>

"苏鱼"可能是"小鱼"的书写变体,现代韩语中"苏""小"皆作"소 [sʰo]"。一方面因其体形偏小,另一方面还与朝鲜半岛流行的一句俗语有关。据说,刀鱼被网住后很快就会死去,连渔夫也很难见到活着的刀鱼,而且刀鱼的肉很软,很容易腐烂,因此被韩国人视作"小气鬼",进而产生了这样一句俗语"밴댕이 소갈머리(소갈딱지)같다",意思是"和苏鱼一样气量小",用于形容心胸狭窄、爱闹别扭的人。于是刀鱼被称为"小鱼",书写时讹变为"苏鱼"。

5. 枝三、枝参

枝三、枝参,朝韩语"진삼 [tsin/sʰam]"的记音,汉字原作"镇三",为朝鲜半岛全罗北道的"镇安"与平安南道的"三登"的合称,用于代称两地所产的烟草。李义凤《古今释林·东韩译语·释草》:"镇三,本朝,俗称切草为镇三者,以镇安、三登所产者最香美故名。"(第830页)也称"镇三味",赵在三《松南杂识·方言类》:"镇三味,今细切烟草谓镇三味者,以镇安、三登草最美,切以进上故也。"(第239页)《燕行录》中未见"镇三"用例,有"枝三"(21例)、"枝参"(1例)。如:

绿绵绸三匹，枝三三十斤。(李景严《赴沈日记》：15/399)

问其姓名、年岁，则答以李在院，年十八岁云，给枝参二匣。(洪命夏《甲辰燕行录》：20/263)

"参"可能是"叁"的误写，也可能是音近而误书。何以"镇三"被写作"枝三"？现代韩语中"枝"作"지[tsi]"，"镇"作"진[tsin]"，二字音近，朝鲜时代二字亦当音近或音同，故而产生异写。

6. 悦口子、热口子、汤口子、悦口汤

悦口子、热口子，是朝韩语"열구자[yʌl/ku/dza]"的记音，一种类似火锅的饮食，先放各种鱼肉、素菜，然后放石耳、核桃、银杏、栗仁、松子、辣椒丝，最后放酱汤，一边煮一边吃。也称悦口子汤、热口子汤、汤口子、口子汤等。(《韩国汉字语辞典》卷二第429页)"悦口子"3例，热口子、汤口子、悦口汤等各1例，如：

夕间士深送悦口子一坐，请余同吃。(权时亨《石湍燕记》：91/80)

其味不及于热口子汤，而疏淡则胜之。(洪景海《随槎日录》：59/315)

刘车备进汤口子于洪方两人云。(金景善《燕辕直指》：71/24—25)

自厨房设药饭、馒头、悦口汤及各色果一桌。(姜长焕《北辕录》：77/297)

也作悦口旨、悦口资，如赵在三《松南杂识》"悦口旨"条："锅内掘窖，盘游饭碗中，今悦口旨是也，其锅谓火壶。"(第773

页)《韩国汉字语辞典》卷二引《进馔仪轨（纯祖己丑）·馔品·明政殿进馔》曰："大殿进御味数……悦口资汤一器。"（第 429 页）又如赵冕镐《玉垂集》卷四《吃饭行》诗："醍醐灌顶功，爽则难继以。刍豢悦口资，节之斯可矣。"[①] 曹命采《奉使日本时闻见录》三月二十日甲辰："俄闻使者领来，而倭人亲为调进，若我国所谓悦口资杂汤之类，而其色白而浊，酱味甘甚，殊未知为异味也。"[②]《燕行录》未见这些词形。

从构词理据上看，"悦口""热口"皆有理据可言：一着眼于食物的口味——悦（即合口味），一着眼于食物的制作方式或状态——热。从发音上看，现代韩语中"悦""热"二字皆作"열 [yʌl]"，"子""资""旨"三字皆作"자 [tsa]"，盖当时朝鲜语的这些字音同或音近，不同的书写者在转写"열구자 [yʌl/ku/dza]"的过程中采用了不同的写法。

7. 甫儿

甫儿，朝韩语"발 [pal]"的记音，指用以盛放泡菜、腌萝卜等食物或喝茶用的一种小碗。11 例，如：

> 饭则秫米炒猪肉一<u>甫儿</u>。（洪命夏《甲辰燕行录》：20/281）
> 余只吃粉汤一<u>甫儿</u>。（金昌业《老稼斋燕行日记》：33/400）

其前可加"沙""磁"等表示材质的词，或加"茶"表示功用，如：

> 因以其带聚作圆块置毡上，而以<u>磁甫儿</u>覆之。（金舜协《燕

[①]《韩国文集丛刊续》第 125 辑页 129 下栏。
[②] 复旦大学文史研究院编《朝鲜通信使文献选编》第四册，第 33 页。

行日记》：38/471）

茶甫儿台具二、茶钟台具一。(《昭显沈阳日记》：25/328）

南九万《药泉集》卷二十九《录餐松叶方》："青松叶新摘者一斗，太三升炒熟，和叶共捣，未干即成细末。以细筛筛出湿末，冷水半甫儿，和末一合饮之。"并注曰："甫儿，方言，小钟。"[①]《韩国汉字语辞典》卷三"甫儿"条的释义曰"喝茶水时用的小碗"（第428页），概因只见"茶甫儿"，未见其他用例。

何以言"甫儿"为"발[pal]"的记音？"발[pal]"又是何义？刘沛霖《韩汉大词典》将"보[po]"释作"有盖小碗"（第692页），又"합보시기（盒～）"释作"（饭桌上盛酱菜的）小罐儿"（第1736页），"보시기"释作"带盖小碗"（第697页），这些都是由"보[po]"构成的复合词。该词典又将"사발[sʰa/bal]（沙钵）"释作"瓷碗"（第788页）。"钵"现代汉语读作bō，《广韵》"北末切"，则"钵"和"보[po]"音近，故知此"발[pal]"即是"钵[po]"对应的朝韩语，如果记音再准确些，则应添一"儿"字以记尾音ㄹ[l]，构成"钵儿[po\l]"。"甫儿"（보아[po/a]）则是"钵儿"的变体。

8. 月乙吾只、月吾只、月吾其

月乙吾只、月吾只、月吾其，朝韩语"다로기[ta/ro/ki]"的记音，即皮袜。《燕行录》中多见，且多以随文注释的方式出现，如：

中朝每人赏银二十六两、段子五匹、衣三领、靴一部、月乙吾只二件云。（黄汝一《银槎日录》：8/317）

凤城、沈阳之间或穿皮袜（即我国所称月吾只者）。（金昌

[①]《韩国文集丛刊》第132辑页497上栏。

业《老稼斋燕行日记》: 32/323)

或着皮鞋①, 即所谓<u>月吾其</u>也。(李海应《蓟山纪程》: 66/532)

汉语"月"与朝韩语"다 [ta]"发音迥异, 何以说这三个词形是"다로기 [ta/ro/ki]"的记音? 我们推测朝鲜时代的"다로기 [ta/ro/ki]"原写作"달오기 [tal/o/ki]", 由于朝韩语有连读的习惯, "달 [tal]"的尾音"ㄹ [l]"常与其后的音节"오 [o]"相拼, 因此, 第二个音节常读作"로 [ro]", 久而久之, "달오기 [tal/o/ki]"演变成了"다로기 [ta/ro/ki]"。而"달 [tal]"即"月, 月亮", 用汉字"月"标记, 是意译。"오기 [o/ki]"与"吾只""吾其"发音相近, 是记音。因此, "月吾只/其"是汉朝合璧词, 一半意译, 一半音译。"月乙吾只"的"乙"则来源于"을 [ɨl]", 用以标记"달 [tal]"的尾音"ㄹ [l]"。刘沛霖《韩汉大词典》收录"다로기 [ta/ro/ki]", 释义为"皮袜", 但未标汉字。②

9. 清、靴清、清具

清, 朝韩语"창 [tsʰaŋ]"的记音, 指鞋垫。《燕行录》中有"靴清""清具"等词, 如:

从人则只给绢衣一领、青二匹, <u>靴清</u>等物并在焉。(赵翊《皇华日记》: 9/168)

各色段十八匹, 水靴子<u>清具</u>四部。(孙万雄《燕行日录》: 28/372)

---

① 鞋, 可能是"袜"之误, 金昌业明确记载是皮袜, 黄汝一的记载"靴一部", "月乙吾只"指袜类, 较当。
② 刘沛霖《韩汉大词典》第 349 页。

现代韩语将鞋垫称为"창[tsʰaŋ]",如"창을 갈다(换鞋垫)"、"창을 깔다(垫鞋垫)","清"为记音字。鞋垫有保洁的功能,用"清"字记音,甚恰。"清"写作"청[tsʰʌŋ]",与表鞋垫的"창[tsʰaŋ]"发音略有差别,这是语音演变的结果。现代韩语称鞋垫为"신발 창[ɕin/bal/tsʰaŋ]""신창[ɕin/tsʰaŋ]",其中前语素"신발[ɕin/pal]""신[ɕin]"指鞋子。①

10. 扬、无扬

扬,朝韩语"양[yaŋ]"的记音,指官服上的补子。李圭景《五洲衍文长笺散稿·东国土俗字辨证说》:"扬,音阳。东人以胸褙为扬,不着胸褙团领曰无扬团领。"(下册第428页)明清时期官员服饰上有标志品级的徽饰,以金线及彩丝绣成,文官绣鸟,武官绣兽,缀于前胸及后背,称胸背或背胸,韩国汉文用"扬"记录。如:

礼部坚执不听,乃以<u>无扬</u>黑团领为定。(徐庆淳《梦经堂日史》:94/314)

"无扬"指没有补子。"团领"即圆领,明朝官吏的一种常用礼服,领呈圆形,故称。"无扬黑团领"即无补子的黑色圆领礼服。其他文献亦曾提及,如李廷龟《月沙集》卷六十二《南宫录下·迎诏时服色议定启辞》:"自上接见诏使时,上下皆服黑色事已为定夺矣。但或谓自上着无扬赤色黑袍,则近侍侍卫及御前出入之官,亦当着无纹黑袍,去褡子。"②也作"无杨",《朝鲜王朝实录》世宗

---

① 以上现代韩语可参《高丽大韩国语大辞典》或《标准国语大词典》相关词条。
②《韩国文集丛刊续》第70辑页419上栏。

二十九年二月戊申："攸司进无杨赤色黑衣，王世子改服，乘辇还宫如来仪。"①

11. 巨里、肩巨里、马鞍巨里

巨里，朝韩语"거리 [kʌ/ri]"的记音，指挂钩或可披挂类的物件，放在名词后表示有关某种物体的挂件。现代韩语写作"걸이 [kʌl/i]"，如"목걸이 [mokˀ/kʌl/i]"（项圈、项链）的前语素"목 [mok]"为脖子，表明这是挂在脖子上的挂件。又"귀걸이 [kwi/kʌl/i]"（耳套或耳坠、耳饰等）的前语素"귀 [kwi]"为耳朵，表明该词与耳朵有关。此外还有"옷걸이"（衣架）、"모자걸이"（帽钩），等等。《燕行录》中有"肩巨里""马鞍巨里"，如：

> 其上着黑色裘，如我国<u>肩巨里</u>狭袖，长至膝而着之。（洪昌汉《燕行日记》：39/128）

> 其人出置一桌子，桌子形如我东<u>马鞍巨里</u>。（李恒亿《燕行钞录》：93/147）

肩巨里，指帔、披肩、搭肩、围巾等物，现代韩语写作"어깨걸이"。어깨 [ʌkʼɛ]，即肩膀也。马鞍巨里，盖指挂在马背上的某种物件。"걸이 [kʌ/i]"也被记作"悬伊"，如《韩国汉字语辞典》卷二引《尚方定例·别例上》曰："悬伊所次红真丝。"（第 470 页）"悬伊所"指悬挂物件的绳索。这是采用了意译加音译法构成的汉朝（韩）合璧词。"걸 [kʌl]"为悬挂义，故曰"悬"；"伊"是이 [i] 的音译；"所"是"地方，场所"义，是个添意语素，用以明确词义。

---

① 《朝鲜王朝实录 5·世宗实录》卷一一五，第 6 页 c 栏。

12. 突帽

突帽，是朝韩语"돌모 [tol/mo]"的记音，指跳农乐舞时戴的帽子。帽顶上接有长长的、细细的飘带，舞蹈时转动头部，帽顶上的飘带随之飞扬，从而营造欢乐的氛围。"突帽"见于朴趾源《热河日记》"回子馆"：

> 其中一少妇抱数岁婴儿而立，颇有艳姿，皆白衣裳，总总绾发，为十余辫髻，垂背后，上加白帽，如优人突帽，衣如我国帖里而袖窄。（朴趾源《热河日记》：54/433—434）

朴趾源描写的是回族妇女的装扮。"돌 [tol]"为旋转义，根据帽子的特性（可旋转）而名之为"突帽"。现代韩语称作"상모 [sʰaŋ/mo]"，如"상모를 돌리다（转农乐帽）"，汉字写作"象毛"。（《韩国汉字语辞典》卷四第194页"象毛"条）

13. 平凉子

平凉子，朝韩语"평량자 [pʰyʌŋ/ryaŋ/tsa]"的记音，一种用竹篾编织而成的帽子，贫民耕作时所戴，用以遮阳，也是办丧事期间戴的帽子。又有平阳子、平凉笠、平郎子、蔽阳子等多种写法，但《燕行录》仅见"平凉子"一种词形，5例，如：

> 又见凡民及农夫夏月所戴之物，以蒲草织成，长条回回连缝为凸为围，似我国之平凉子。（朴齐寅《燕行日记》：76/294）

李义凤《古今释林·东韩译语·释服》："三笠，本朝。《三官记》曰：我国西北人多戴毡笠，盖近胡俗也……或有一二人戴平阳子者，乃是有丧者也。"（第786页）又曰："平阳子，本朝。今称竹笠不漆者为平阳子。《三官记》曰：我国民庶皆戴平凉子，或称蔽阳子，其制织竹为之而素……俗称两班为黑笠者，以民庶所着平阳子之色素故也。"（第 893 页）这是一种遮阳的帽子，称"蔽阳"，理据充分。"凉"字则暗合帽子的效果，亦通。

14. 屯子

屯子，朝韩语"둔자[tun/dza]"的记音，指裘衣，多由貂皮做成。5 例，如：

> 天马皮小裘、豹皮<u>屯子</u>亦有备来者，而<u>屯子</u>则去来所着而不过四五日，小裘终不用。（金昌业《老稼斋燕行日记》：32/366）

《高丽大韩国语大辞典》将"둔자[tun/dza]"释作"두루마기的方言（京畿道、黄海道）"[①]而"두루마기[tu/ru/ma/ki]"指长袍、罩袍、大褂等，汉字写作"周衣""周遮衣""周防衣"等（参前文）。尽管"屯子"的"屯"（둔[tun]）与"周衣"的"周"（두루[tu/ru]），可能存在一定的语音联系，但二者并不同。从构词理据上看，"周衣"强调衣长，可围裹全身，故汉译为"长袍"，出门时当外套穿，"屯子"则强调其保暖性能。屯子多用貂皮做成，李义凤《古今释林·东韩译语·释服》："屯子，古之大裘也，多以豹皮为之，赴京者用以御寒。"（第 791 页）朝鲜半岛有个"狢"字，指貂皮（参前文），"屯"为"狢"的声符，可知"屯子"即"狢子"，指貂皮裘衣。

从词形上来看，朝鲜语名物词有两种，一种采用汉语固有词形式，见字即知义，另一种是采用朝鲜语音译形式，见字难晓其义。

[①]《高丽大韩国语大辞典》第 1742 页"둔자"条释义为"두루마기의 방언（경기，황해）"，并标记为方言词。

后者虽易于觉察，但从词形上难以判断其构词理据，因此有时不易解读。有些本属于汉语的词经朝鲜人改头换面后，全然不知所谓。这是语言转译过程中常见的现象，也是《燕行录》词汇的一个重要特点。

二、其他类

名物词外，还有3个词值得注意。

1. 广大、光大

广大、光大，朝韩语"광대 [kwaŋ/dɛ]"的记音，是从事假面剧、木偶剧、走钢丝、盘索里等职业艺人的统称。如《韩国汉字语辞典》卷二引柳得恭《东京杂记·风俗》曰："进士及第，发榜游街，带细乐手广大才人。广大者，倡优也。锦衣黄草笠，插彩花孔雀羽，乱舞诙调。才人作踏索、筋斗诸戏。"也指跳假面舞时戴的面具。（第308页）"广大"2例，指面具；"光大"1例，指艺人，如：

> 使猿呈技，一猿着班衣，开笼着<u>广大</u>，呈一技，又着各色<u>广大</u>，呈戏千态。（洪命夏《甲辰燕行录》：20/338）

> 诸般游戏，无所不娴，恰如我国山坮、<u>光大</u>辈杂戏。（权时亨《石湍燕记》：91/136）

又作"广队"，赵在三《松南杂识·方言类》"绝缨优面"条："言无所衔能也，即广队落颔也。"（第250页）①《韩国汉字语辞典》收录"广大""广队"，未收"光大"。

---

① "广队落颔"意思是演出时所戴面具的带子掉了，比喻失去了依靠。参《韩国汉字语辞典》"广队落颔"条。

2. 鲍作干

鲍作干，指以捕鱼为业的人。1例，即：

> 其西岸有二草屋，如<u>鲍作干</u>家者。（崔溥《漂海录》：1/309）

其他作品也见，如李浚庆《东皋集》卷七《答上兄书》："且顷日黑山所捉鲍作干，置之而勿治，以开见贼来告之路，为善为善。彼既以捉鱼资生，无处不到，虽欲严禁，茫洋大海，抵死潜入之人，其可能尽禁乎？"[①] 也称"鲍作人""鲍作汉"，如《朝鲜王朝实录》成宗十六年四月癸亥："沿海诸邑封进海产珍品，皆鲍作人所采也。"中宗三十三年二月乙卯："今若水营所属鲍作汉，一切勒还，则凡干缓急，制船无由，防备疏虞，至为可虑。"[②] 韩国汉文中"干"有指人的意思，指从事某种底层工作者，相当于"汉"。如《朝鲜王朝实录》世宗元年五月庚午注："烽火干，举烽火者。国俗以身役贱者，或称干，或称尺。"[③] 李睟光《芝峰类说》卷十七《杂事部·名号》曰："李齐贤曰：'新罗时，其君称麻立干，其臣称阿干，至于乡里之人，例以干连其名而呼之，盖相尊之辞也。'余按，我国方言，干音汗。如谓种蔬者为园头干，渔采者为渔夫干，造泡者曰豆腐干之类。"[④] 朝韩语中的"干""汉"发音近似[⑤]，且"干"

---

① 《韩国文集丛刊》第28辑页341上栏。
② 以上两例参《朝鲜王朝实录11·成宗实录》卷一七七第3页a栏、《朝鲜王朝实录18·中宗实录》卷八七第163页c栏，同参《韩国汉字语辞典》卷四第965页。
③ 《朝鲜王朝实录2·世宗实录》卷四，第318页d栏。
④ 朝鲜古书刊行会编《朝鲜群书大系续编》第22辑，朝鲜古书刊行会，日本大正四年，第214页。
⑤ 现代韩语的"干"写作"간[gan]"，"汉"写作"한[han]"，二字的声母发音有差异。

笔画少，易写易记，故"干"产生出该义。

葛振家《崔溥〈漂海录〉评注》曰"鲍作干家：制作鲍鱼干的渔户"[①]，将"干"误解成"鱼干"的"干"。朴元熇认为："系用汉字音表示韩语'BOZAKI（海女）'，意为潜海采取贝类和海带的人。……'鲍作干'因其精通用船而被动员为格军等。"[②]这个解释较为合理。《朝鲜王朝实录》成宗二十年四月己酉："沿海诸邑济州人定役事，则若定为鲍作干，采捕海物，以供进上，亦是身役，当于所居邑推刷录案，常加抚恤，使得安业可也。"[③]可见，"鲍作干"与"渔户"相当。

3. 沓沓、怅沓

沓沓，指心情烦闷。4例，如：

言语不通，皇上有言我不能省，我有所怀不能自陈，无任沓沓。(《昭显沈阳日记》：24/486)

如是见侮于车夫，岂不沓沓哉？（权时亨《石湍燕记》：90/496）

《汉语大字典》"沓"有十多个义项，如话多、重叠、繁杂、纷乱、会合、松懈等（卷3第1667页），均与此"沓沓"义无涉。《汉语大词典》"沓沓"条列4个义项，即：语多貌；重重叠叠；疾行貌；形容声音嘈杂。"（卷5第940页）也与此"沓沓"无关。这是一个朝韩语，写作"답답 [tapʰ/tapʰ]"，刘沛霖《韩汉大词典》释作"堵得慌，发闷，不痛快"，如"방안이 답답하니 창문 좀 열자（屋子

[①] 葛振家《崔溥〈漂海录〉评注》，线装书局，2002年，第46页。
[②] 朴元熇《崔溥漂海录校注》，上海书店出版社，2013年，第15页。
[③] 《朝鲜王朝实录11·成宗实录》卷二二七，第468页b栏。

里太闷了，开一下窗子吧）"（第372页）。

第三节 满语音写词

燕行途中朝鲜使臣或其随从多与中国下层官吏直接打交道，因此，《燕行录》频现官吏的身影，记录他们的官名、品级、俸禄，也时常描绘他们的体貌、品行等。入清后，这些内容尤为丰富。对朝鲜使而言，清朝的中国，一切都显得那么新鲜，他们的语言、服饰、政务、习俗、军事等。某种意义上说，明清鼎革的发生推动了《燕行录》的繁荣与发展。对比《朝天录》与《燕行录》，二者不仅在作者群、文体、内容等方面存在较大差异，其文风、语言也呈现出很大的不同。一个明显的表现是，《燕行录》记载了不少未见于《朝天录》的满语词，其中清朝的官职名与满族人名出现最多。这些涉及满语的官职名和人名多采用记音的方式，有的词形未见于或极少见于中国本土文献，也未见辞书收录，这对文本解读产生了一定的障碍，有必要加以整理。我们搜集了14个（组）词，现考述如下：

1. 虾、下、吓

虾、下、吓，都是满语"Hiya"的音写词，指侍卫。《燕行录》中写作"虾"的情况最为普遍，如：

> 有宿卫之将率众虾而守门。（金舜协《燕行录》：38/407）
> 道傍观者指点辄称虾，不识为何称虾？而盖似是武夫之别号也。（朴趾源《热河日记》：55/351—352）

"下"例，如：

> 见毡笠者曰武职，或曰下。下者，侍卫之称，满洲语也。（洪大容《湛轩燕记》：42/372）

据金昌业记载，清廷的翻译官曾嘲笑朝鲜人将侍卫写作"虾"，指出当作"吓"：

> 皇帝侍卫官谓之"吓"，而我国误称"虾"。是日金应瀛来言，通官见书"虾"字，大笑曰："满音称侍卫为吓，何可作'虾'字云。"（金昌业《老稼斋燕行日记》：33/167）

但我们未在中国本土文献中发现"吓"的用例，辞书也未收录，反而多见"虾"的用例，且主要出现在清早期文献中。如《清太宗实录稿本》卷十四："跟亲王、郡王、贝勒、贝子（的）摆牙喇纛章京、甲喇章京、虾子，若本主临丧则从之，不许私去；若本主差遣许去。"① "虾子"是复数，即侍卫们。又《世祖实录稿本残卷》载："贝子亦遣（差）吴丹到和硕睿亲王（处言）曰：'内大臣图尔格及御前下等（众谋）（全谋与王大位）皆从我谋，（希）愿王即大位。'"②

李义凤《古今释林》卷四"虾"条曰："清。僿从曰：有御前侍卫司者，清语谓之虾。虾音罅，不限满人、汉人，选天下之材勇绝伦者充，其数三千，武显职太半自其中，如我国之别军职也。其所领军，清语巴牙剌，如汉之羽林军也。按，余赴燕时，金尚明之

---

① 辽宁大学历史系《清太宗实录稿本》，辽宁大学历史系，1978年，第4页、第7页。
② 《清代档案史料选编》第一册，上海书店，2010年，第160页、第565页。

子方为皇帝之虾,率其子请谒。尚明之父,义州人,丙子被掳入北。清人谓军官为虾,虾为龙先导,故云。如我们别军职之类,秩视二品云。"(第18页)李义凤认识到这是满语,但说"虾为龙先导,故云",则囿于字形,穿凿附会,不足为信。

清后期改作"辖",如清文康《儿女英雄传》:"当了个难的乾清门辖,好容易升了个等儿。"民国以后的文献提及满语的"侍卫"也多作"辖",如崇彝《道咸以来朝野杂记》:"侍卫,满语曰辖,分一等、二等、三等。"[1] 盖因"辖"本身具有管理义,"官味"较浓。《故宫辞典》:"辖,又作虾、下、恰。汉义'侍卫'。"[2] 我们尚未见到"恰"的文献用例。清代高级官员的侍从护卫叫"戈什哈","哈"也是满语"Hiya"的记音。如《官场现形记》第六回:"亲兵、戈什哈、巡捕,一对一对的过完,才见那抚院坐着八人抬的一顶绿呢大轿子,缓缓而来。"[3]

2. 乌金朝、乌金超、乌金超哈、乌金哈、兀金超哈、兀金条、屋金朝、右秦遮牛

乌金朝、乌金哈、乌金超、兀金条、屋金朝,皆为满语"Ujen Cooha"的记音,指较早降清的汉人。"Ujen"汉意为轻重之"重",或端重之"重";"Cooha"汉意为兵或军。Ujen Cooha是清代的一个兵种名,也称"汉军"。《满族大辞典》:"初,努尔哈赤将投顺或俘虏之辽东汉人未单独编旗,而杂于其他牛录之中。天聪四年

---

[1] 龚延明《中国历代职官别名大辞典》,上海辞书出版社,2006年,第427页。
[2] 万依主编《故宫辞典》,文汇出版社,1996年,第562页。
[3] 周琳娜《词的嬗变研究:以清代为例》,辽宁人民出版社,2016年,第291页。

(1630)皇太极始编汉军牛录，五年编汉军一旗，崇德七年（1642）编成八旗汉军。至是八旗汉军与八旗满洲、八旗蒙古共同构成有清一代的整个旗制体系。"①

"乌金朝"4例，"乌金超"2例，"乌金超哈""乌金哈"各1例，"兀金条"2例，"兀金超哈"1例，如：

> 明末天下未平，吴王未服，大清一统之前，在先投顺有功者，俱为汉军，满语谓之乌金朝，亦算旗人。（洪大容《湛轩燕记》：42/194—195）

> 汉人清人乌金超，西犽西洋与蒙古。（李器之《燕京杂诗》：37/295—296）

> 戊午所得辽民子支，则抄其壮丁，别为一军，谓之乌金超哈，翻以我国音则喝作宇真稍虚。（未详《燕中闻见》：95/43）

> 如今半是乌金哈，北顾常忧项朵颜。（李瑞雨《燕京杂咏》：《松坡集》卷三②）

> 成进即兀金条，金条即崇德初拔辽东后，汉人之投降而入于旗下者子孙，仍谓之兀金条。（赵文命《燕行日记》：112/331）

> 甲军有阙，汉人不得与选，必以满住及兀金条补之。所谓满住即清人例称之号，兀金条则清语乡里亲人之称。（李时恒《燕行见闻录》：114/298）

> 而关东民旧皆汉人，而当清人入关时与之同入，故亦编为

---

① 孙文良主编《满族大辞典》，辽宁大学出版社，1990年，第99页。
② 《韩国文集丛刊续》第41辑页54上栏。《燕行录全集》《燕行录续集》未收录李瑞雨《燕京杂咏》，《燕行录千种解题》题为《丙辰燕行录》（第548页）。

八旗，名之曰<u>兀金超哈</u>，即清语乡里亲人之谓也。（金舜协《燕行录》：38/440）

李时恒、金舜协认为"Ujen Cooha"是指乡里亲人，错解其原义。满语有个词"Uksun"与"Ujen Cooha"发音相似，其义为"族，家族，系族；宗室"，似与"Ujen Cooha"有一定的契合性。①

"右秦遮牛"1例，即：

此处民人有三种：一曰汉人也，一曰清人也，一曰<u>右秦遮牛</u>也。（李正臣《燕行录》：34/284）

"右秦遮牛"也是 Ujen Cooha 的记音，与"乌金朝""乌金超"一样，只是 Ujen Coo 这部分的音译，其中"右秦"为 Ujen 的音译，"遮牛"是 Coo 的音译，且采用的不全是汉字音，夹杂了朝鲜的释读音。从现代韩语来看，"右"读"우[u]"，"秦"读"진[tsin]"，"遮"读"차[tsʰa]"或"저[tseo]"，"牛"读"우[u]"。②

中国本土文献一般写作"乌真超哈""乌金超哈""乌珍超哈"，如《清史稿·祝世昌传》："天聪五年，从征大凌河。六年，太宗阅乌真超哈兵，赍诸将，世昌与焉。"③《清史稿·职官志》："陕西提督一人。顺治二年置西安提督兼乌金超哈。"《太宗文皇帝实录》卷六十一："崇德七年六月编增乌珍超哈四旗为八旗，以祖泽润……

---

① 胡增益主编《新满汉大辞典》，新疆人民出版社，1994年，第561页。
② "右秦遮牛"例从漆永祥教授处获知，谨此申谢。据漆教授言，蒙北京大学中文系汪锋教授相告，才知"右秦遮牛"为满语 Ujen Cooha 的记音。
③《二十五史》之《清史稿》，上海古籍出版社、上海书店，1986年，第1054页下栏、第119页上栏、第1128页上栏、第1017页下栏。

八人为固山额真。"[1] 据万依主编的《故宫辞典》，还有"乌金绰哈""兀真超哈"等写法。[2] 顺治十七年，定汉字称为"汉军"。[3] 辞书未收录"乌金朝"，我们觅得2处用例，如《清代档案史料选编·江西总督董卫国启》："职同游击陈其善，商以左翼甲喇章京汉楚汉带领正蓝旗署阿喇哈、章京垂善，并镶黄旗乌金朝合分得拨什库王七，正白旗阿喇哈分得拨什库花起犴，同领甲兵从左路杀进。"[4] 又《雷州文史》："州县官有汉人科目出身的，有旗人，有乌金朝号，有捐纳的，其途甚杂，不可分别待他。"[5]

朝鲜人对Ujen Cooha很感兴趣，多次询问此为何人，或曰"即汉军"，或曰"凡汉父满母之子曰乌金朝"，皆非确答。然而这些记录对后世朝鲜人产生了一定影响，如李圭景《五洲衍文长笺散稿·燕中昏嫁辨证说》曰："满汉之不互婚，非禁之也，汉人羞与为婚。然而间有婚者，凡汉父满母之子曰乌金朝，例属汉军。"[6] 显然受到其前辈的影响。中国史学界也关注过Ujen Cooha。陈寅恪《柳如是别传》曾考证过其得名之由，认为满语称汉军为"乌珍超哈"，而不作"尼堪超哈"，是因为清初夺取明室守御辽东边城的仿制西洋火炮，并叫降将管领使用，所以有此名号。[7] 谢景芳、赵洪

---

[1] 转引自刘家驹《清初汉军八旗的肇起》，载《明代清代史研究论集》第三辑第四册，大陆杂志社编辑委员会，1970年，第119页。
[2] 万依主编《故宫辞典》，文汇出版社，1996年，第561页。
[3] 清乾隆官修《清朝文献通考》，浙江古籍出版社，2000年，第5572页中栏、第5569页下栏。
[4] 《清代档案史料选编》第一册，上海书店，2010年，第565页。
[5] 广东省雷州市政协文史委员会《雷州文史》第1辑，1994年，第129页。
[6] 李圭景《五洲衍文长笺散稿》上册卷二十九，明文堂，1982年，第841页。
[7] 转引自刘梦溪《"借传修史"——陈寅恪与柳如是别传的撰述旨趣》，载胡守为主编、中山大学历史系编《陈寅恪与二十世纪中国学术》，2000年，第299页。

刚则认为:"'乌真超哈'一名,只规定了汉军早期,即其成立前后的主要军事作用,意为'携重武器之攻城兵',它一度成为汉军的代名词。……而最后名之为汉军,一是由于'乌真超哈'并不能囊括汉军的全部军事作用;二是攻城、穴城的时代已成过去;三是还其由汉人组成的民族特点,以与八旗中的满、蒙古之称相协调。"[①]

3. 甫古、甫十古、甫十口、甫叱古、拨什库、拨库、拨什、服古

这些都是满语"Bosoku"的音写词,原意为"催促人",汉语译作"领催",指负责文书、发放俸禄等行政事务的下级官员。"甫古"61例,"甫十古"22例,"甫十口"8例,"甫叱古"2例,如:

则一甫古率甲士十名,一章京率六甫古、杂色七十三人。(崔德中《燕行录》:39/463)

凤城所送护行麻贝一人、通官一人、护行章京一人、甫十古二人、甲军十六名随来。(李喆辅《丁巳燕行日记》:37/439)

清汉城将各一人,次将二人,麻贝四人,甫十口八人,甲军一百五十名云。(韩泰东、韩祉《两世燕行录》:29/206)

城将四、知县一、博氏二、麻牌三、衙译二、甫叱古二,皆送礼物有差。(李滉《燕途纪行》:22/103)

"拨什库"14例,"拨库"15例,"拨什"2例,如:

牛录、苏喇各统拨什库,拨什库者,清语队将之谓也。拨

[①] 谢景芳、赵洪刚《明清兴替史事论考》,吉林人民出版社,2008年,第178—179页。

什库各统乌克新十名，乌克新者，清语甲军之谓也。（金舜协《燕行录》：38/440）

拨库，即队长之称。自拨库以下则无官秩，俸称钱粮，岁食银三十六两。拨库各领甲军十名至十五名，岁食银二十四两。（赵荣福《燕行日录》：36/394）

其将佐则有都统、副都统、固山、大佐领、副佐领、拨代古、拨什之号。（李喆辅《丁巳燕行日记》：37/535）

从"甫古""甫十古""甫十口"等"甫"字词与"拨什库""拨库""拨什"等"拨"字出现的语境来看，两组词所指称的人相同。赵荣福、金舜协、赵显命指出"拨库""甫古"相当于朝鲜的队长：

拨库，即队长之称。（赵荣福《燕行日录》：36/394）
拨什库者，清语，队将之谓也。（金舜协《燕行录》：38/440）
甫古，如我国队长之属。（赵显命《燕行录》：38/72）

有人认为"拨什库"是"甫古"的队长，如：

曰拨什库者，即所谓甫古十人之长也。（李坤《燕行记事》：53/171）

也有人将掌管甫古或拨库的人称为封得（或分杜）拨什库、拨库，其下属成员称为小拨什库、小拨库，如：

而军人有犯者，本管牛录章京及封得拨什库、小拨什库等视所犯情由之大小定罪。（未详《西行日记》：28/398）
领带子九、拨库十四、小拨库四十、甲军五百七十六居之。（闵镇远《燕行日记》：34/428）

> 分杜拨什库，汉官名骁骑校。（赵荣福《燕行日录》：36/394）

"甫"字组词形辞书未收，遍查中国本土文献也不见其踪迹。中国古籍一般写作"拨什库"，如《清太祖实录稿本》卷十四："该管牛录章京稽查，若有违者，本身及该管牛录、拨什库俱有罪。"[①]《清史稿·于成龙传》："弭盗当力行保甲，旗下庄屯不属于州县，本旗统领远在京师，仅有拨什库在屯，未能约束。应令旗人与民户同编保甲，拨什库、乡长互相稽察，盗发，无问所劫为旗为民，协力救护。"[②] 也作伯什户、百什户、拨什户、博硕库等。《汉语大词典》收录"拨什库"，未收其他词形。

朝韩语没有唇齿音，因此对译汉语时，经常双唇音与唇齿音不分。如前揭，用"甫儿"记录汉字"钵"，"拨什库"写作"甫十古"等也是如此，还有人写作"服古"：

> 衙译则黄逸隐金，服古四人、甲军二十余。（朴世堂《西溪燕录》：23/341）

所谓封得（分杜）拨什库是甫十古或拨什库的首领，也称带子或大子。

4. 带子、大子

带子、大子，为满语"Funde Bosoku"的汉称。如：

> 其兄方为凤城带子。带子，即章京之小者。（金昌业《老稼斋燕行日记》：32/419）

[①] 辽宁大学历史系编《清太宗实录稿本》，1978年，第7页。
[②]《二十五史》之《清史稿》，上海古籍出版社、上海书店，1986年，第1128页上栏。

章京下大子，大子下甬十口，甬十口领甲军五十，章京领甬十口六人。优禄则加率大子一人。（李时恒《燕行见闻录》：114/297）

Funde Bosoku，汉字记作分得拨什库、封得拨什库。据《清朝文献通考·职官考一》："代子为分得拨什库，章京为小拨什库，旗长为专达，屯拨什库仍为屯拨什库。"①"代子"是汉称，又作"代事"，意为代理行事，是一种副职。辽宁大学历史系《重译满文老档》也见"代子"，如卷四："牛录额真以下设代子二人，章京四人，村领催四人。"②卷四十八："每牛录派代子各一人为主。诸甲、尼堪、蒙古每十匹马派一人看守。如果逃人把马骑去，或被盗贼偷去，或是诸甲的马肥，尼堪的马瘦，那么率领去了（的）代子将被治罪。"③也有写作"带子"的，如清天花主人《云仙笑》："每一旗自有主将统领，手下有固山、章京、牛录、带子、披甲，许多名目。"④但未见"大子"例。顺治十七年（1660）定"分得拨什库"的汉译为"骁骑校"。⑤

5. 牛录、牛禄、优禄

牛录、牛禄、优禄，是满语"Niru"的记音，原意为"披箭"，后成为清八旗组织的基层建制，汉译"佐领"。《燕行录》多写作"牛录"，如：

---

① 清乾隆官修《清朝文献通考》，浙江古籍出版社，2000年，第556页下栏。
② 辽宁大学历史系《重译满文老档》第一分册，1978年，第31页。
③ 辽宁大学历史系《重译满文老档》第三分册，1979年，第25页。
④ 清天花主人《云仙笑》，曾爱明点注，华夏出版社，2012年，第285页。
⑤ 清乾隆官修《清朝通典》卷三十一，浙江古籍出版社，2000年，第1195页下栏。

章京中又有号牛录者，支一百两云。(金昌业《老稼斋燕行日记》：32/419)

每旗有牛录各三人，一领汉军，一领满洲，一领西北，各一百八十人。(洪大容《湛轩燕记》：42/160)

也作牛禄、优禄，如：

牛禄云者，即中国游击官也。(洪翼汉《花浦先生朝天航海录》：17/269)

凤城置八章京，沈阳则优禄至有六十员云。(李时恒《燕行见闻录》：114/297)

中国本土文献也多作"牛录"，如《清史稿·博尔晋传》："太祖初起兵，有挟丁口来归者，籍为牛录，即使为牛录额真，领其众。顺治间，定官名皆汉语，谓之'世管佐领'。"又作"牛禄"，如《清太祖武皇帝实录》："各出箭一枝，十人中立一总领，呼为牛禄［原注：华言大箭］厄真［原注：厄真华言主也］。"[1] 未见"优禄"的用例。

披箭是满洲箭的一种，箭身粗，重量大，箭镞宽，一般用于近射。早期的满族过着集体狩猎生活，他们以家族或村屯为单位，每10人为一组，各取箭一支，由一名头目带领。这种由十人组成的围猎队也被称为 Niru。后 Niru 发展成八旗制度的基层组织，所辖的人数逐渐扩大到三百人，并设统领官一人，称 Niru Ejen。Ejen

---

[1] 1932年北平故宫博物院铅印《清太祖武皇帝实录》卷2第1—2页，转引自赵志强《清代中央决策机制研究》，科学出版社，2007年，第116页。

意为"头领",汉字作额真、厄真、额贞等。①

6. 吗法

吗法,满语"Mafa"的记音,指父亲的上一辈,即"祖";也用于泛称上年纪的老人,相当于"老翁"。②《燕行录》见1例:

> 征李闯与三藩时,风闻大内称为吗法,吗法乃清语祖宗之谓。(李田秀《入沈记》:30/277)

《入沈记》记载,李田秀、李晚秀两兄弟与沈阳书商张裕昆笔谈时,论及明清鼎革之际关公显灵助清的传闻。此处所言"吗法"即指关公。中国本土文献一般写作"马法",如杨宾《柳边纪略》:"呼年高者曰马法。马法者,汉言爷爷也。"《清史稿·孝义传》:"何以见杨马法?马法犹言长老,以敬(杨)越也。"也写作"马发",如吴桭臣《宁古塔记略》:"马发,称年高者。"③

7. 固山、高山

固山、高山,皆为满语的记音,汉译即"旗",是八旗组织的最大编制单位,每个旗的最高长官称固山额真。(《汉语大词典》卷3第625页)《燕行录》中"固山"的用例甚夥,如:

> 清人军制有八固山之号,择兄弟、子侄、从兄弟之有才勇能将者,分领七固山,清主自领一固山。(闵鼎重《老峰燕行记》:22/356)

---

① 乌丙安《民俗文化总论》,长春出版社,2014年第96页。
② 王钟翰《释"吗法"》,赵阿平编《满-通古斯语言与文化研究》,民族出版社,2008年,第130页。
③ 以上例句转引自王钟翰《释"吗法"》,赵阿平编《满-通古斯语言与文化研究》,民族出版社,2008年,第135页。

也作"高山",如:

关内关外皇帝八高山诸王诸将皆设庄收税。(洪命夏《甲辰燕行录》:20/319)

因言渠方属八高山军兵云。(金昌业《老稼斋燕行日记》:32/425—426)

中国本土文献写作"固山",未见"高山"。现代韩语中"固""高"皆作고[go],朝鲜时代大概也是音同或音近字,故有"高山"的写法。

8. 乌克新、乌新

乌克新、乌新,也称乌克申,满语叫"阿礼哈超哈",汉语称马兵、骑兵、骁骑、马甲、披甲等,[①]《燕行录》一般称"甲军"。乌克新、乌新,各1例,即:

拨什库各统乌克新十名。乌克新者,清语,甲军之谓也。(金舜协《燕行录》:38/440)

又有额真、梅勒、甲喇、牛录、拨库、乌新之称。(李喆辅《丁巳燕行日记》:37/535)

李澍田主编《珲春史志》"甲兵称乌克新,副甲曰发克什"[②],《燕行录》未见"发克什"之类的称呼。

9. 博氏

博氏,即巴克什、笔帖式,满语原指熟悉事务的人,相当于汉

[①] 刘庆华《满族姓氏踪录》,辽宁民族出版社,2012年,第677页。
[②] 李澍田《珲春史志》,吉林文史出版社,1990年,第151页。

语的"先生，学者，读书人"，也是清入关前赐给文臣的一种称号。《清史稿·职官志一·宗人府》："国初，大学士达海、额尔德尼、索尼诸人，并起家武臣，以谙练国书，特恩赐号巴克什，即后之笔帖式也。"清阮葵生《茶余客话》卷一："巴克什，汉语文儒也。国初大臣以文儒著称者甚众……皆赐巴克什之号。"后用以称呼各衙署设置的掌理翻译满汉章奏文书的低级文官。清蒋良骐《东华录》卷二："天聪元年七月，改巴克什为笔帖式。"中国本土文献一般写作"巴克什"，或巴克式、榜式、榜什、榜识、帮实等。[①]

《燕行录》中"博氏"甚夥，有130多条用例，如：

先以使行来到之意告于守城将，则<u>博氏</u>一人及文金来见。（沈之源《癸巳燕行日乘》：18/88）

衙译<u>博氏</u>（如我国书吏之类）。（韩泰东、韩祉《两世燕行录》：29/205）

中国古籍未见"博氏"的写法。

10. 福晋、福金

福晋、福金，满语"Fujin"的记音[②]，指清朝亲王、郡王、世子的正室。"福晋"17例，"福金"3例，如：

过庆典，王公、百官、公主、<u>福晋</u>以下各赐金币有差。（徐有素《燕行录》：80/250）

[①]《汉语大词典》卷4第74页"巴克什"条、卷8第1162页"笔帖式"条。龚延明《中国历代职官别名大辞典》，上海辞书出版社，2006年，第166页。万依主编《故宫辞典》，文汇出版社，1996年，第545页。

[②] 关于"福晋"的来源，说法纷纭，一说来自蒙古语，乃汉语"夫人"之转音。

我非贱人，乃先帝简选之亲王福金。（李坤《燕行记事》：53/207）

从文献书写情况看，初称"福金"，后有"福晋"。乾隆四十二年（1777）的燕行使李坤在其《燕行录》中作"福金"，而道光二年（1822）去北京的徐有素，其日记已是满纸"福晋"。据《清史稿·列传·后妃》序言记载："太祖初起，草创阔略，宫闱未有位号，但循国俗称福晋。福晋，盖'可敦'之转音，史述后妃，后人缘饰名之，非当时本称也。"[①]

11. 台吉、太极

台吉、太极，旧时蒙古贵族的称号，也写作"臺吉"，源出汉语"太子"，成吉思汗只用于皇子，后来渐成为成吉思汗后裔的通称。清朝沿用其名，以封赠蒙古及西北边疆某些民族的贵族首领，位在王、贝勒、贝子、公之下。（《汉语大词典》卷8第797页）如：

其一曰皇太极，其二曰清太极，清人则书以黄青台吉。（赵荣福《燕行日录》：36/420）

黄台吉、青台吉，即所谓太极媵子也。蒙语太极称以台吉，仍为蒙古酋长之号。渠辈蒙古官爵中所谓台吉者，盖以此也。（李坤《燕行记事》：53/177）

《燕行录》中皆作"台吉"，未见"臺吉"。《汉语大词典》"台吉"条所引首例为清昭梿《啸亭杂录·记辛亥败兵事》："噶（噶尔丹策零）少年聪黠……诸台吉乐为之用。"（卷3第80页）《燕行录》

[①] 赵尔巽等《清史稿》卷二一四《后妃传》，第8897页。

的最早用例见于康熙二十五年（1686）燕行使吴道一所撰《丙寅燕行日乘》，较昭梿《啸亭杂录》早100多年。①

朝鲜文人非常关注清朝军制与官名，《燕行录》中多处涉及满语专有名词，如李坤《燕行记事·闻见杂记》载：

> 而其职号皆因其话而称之，俱不可以文理推解。诸王之位高者，为和硕亲王；曰觉罗者，即宗室之称也；曰福金者，宗室夫人之称也；曰塔布囊者，官在员外郎之下，即捧物之官也；曰章京者，哨官之称也；曰梅勒章京者，即副都统也；曰贝勒者，蒙语称贝为大云，然则梅勒为副都统，贝勒似是大都统也；曰固山项鲁者，都统之称也；曰牛录章京者，参领将官之称也；曰拨什库者，即所谓甫古十人之长也。曰白吉，曰李伦，曰九萨，曰额真等，名目甚多，不能尽录。（李坤《燕行记事》：53/171—172）

诚如其所言，这些满语词"不可以文理推解"。记录一些满族称呼语并诠释之，既是燕行客们的乐趣，同时也是一项重要任务。天聪八年（1634），皇太极为保护满语的国语地位，禁止官职使用汉字名。《清朝文献通考·职官考》："谕曰：朕闻国家承天创业未有弃其国语，反习他国之语者，弃其国语而效他国，其国亦未有长久者也。蒙古诸贝子弃蒙古之语名号，俱学喇嘛，卒至国运衰微。

---

① 昭梿，生于乾隆四十一年（1776），卒于道光十三年（1833）。《汉语大词典》"台吉"条所举最早书证为清阮葵生《茶余客话》卷一："一二等台吉，许以一子袭职外，余子概为四品。"（卷8第797页）阮葵生，生于雍正五年（1727），卒于乾隆五十四年（1789）。可知该例也晚于吴道一《丙寅燕行日乘》。《汉语大词典》"台吉"与"臺吉"释义有不同，且未注明互见，当补正。

今我国官名俱因汉文，从其旧号，夫知其善而不能从，知其非而不能省，俱未为得也。凡我国官名俱易以满语，勿仍袭总兵、副将、参将、游击、备御等旧名。……若不遵我国所定之名，仍称汉字旧名者，是不奉国法，恣行悖乱者也，查出决不轻恕。"[①] 然而清入关后汉化趋势不可避免，顺治十七年（1660）议定了一些汉字官名，如改固山额真为都统，梅勒章京为副都统，牛录章京为佐领，分得拨什库为骁骑校。

日本汉学家太田辰夫指出："清代满洲语作为外来语在相当程度上被使用。但是这些词语若不是和官制相关的词语，就只限于和日常生活相关的极普通的词语。与官制相关的满洲语在汉人著作中也可见到，但跟日常相关的满洲语只限定在旗人的作品中，表明了作为统治者的满洲族的文化程度。"[②]《燕行录》所记录的满语绝大多数是跟军职或官制有关的词语，日常生活用语出现很少，我们介绍3个词。

12. 窝集

窝集，满语"Weji"的记音，本义是指森林中的沮洳地，后引申为森林或林居的部落、居民。5例，即：

> 分水岭十五里，此岭自栅外诸<u>窝集</u>西来。（李田秀《入沈记》：30/94）
>
> 闻是斫取于长白山下诸<u>窝集</u>中者。（徐浩修《燕行纪》：51/313—314）

[①] 清乾隆官修《清朝文献通考》，浙江古籍出版社，2000年，第5569页下栏。
[②] [日]太田辰夫《汉语史通考》，江蓝生、白维国译，重庆出版社，1991年，第214页。

朝鲜文人对该词非常感兴趣，文献多载，且往往随文释义。如俞莘焕《凤栖集》卷一《与李用余（时敏）》："今以《盛京志》考之，长白山在宁古塔为西南，在乌喇为东南，而其南则我国耳。其高二百里，横亘千里而其窝集（满洲人以树林为窝集）之绵延者，又不知为几千里。"[①] 中国古籍也随处可见，如清康熙撰《庭训格言·几暇格物编》："至其地者，一见而知其为郭毕。犹至窝集者，一见而知其为窝集也（窝集者，密树丛林，冬夏不见天日）。"[②] 清纪昀《阅微草堂笔记·姑妄听之二》："（齐某之子）得父骨，以箧负归。归途于窝集遇三盗，急弃其资斧，负箧奔。"[③] 又作"渥集""乌稽"[④]，但《燕行录》未见。

13. 麻霞罗、抹额伊

麻霞罗，满语"Mahala"的记音，指一种冬天戴的、可保暖的帽子。10例，见于2部作品，如：

> 貂皮麻霞罗，插珊瑚顶子者，是一品。（金正中《燕行录》：75/133）

> 皇帝着黄麻霞罗、黄狨皮周衣，乘马自执辔而过。（柳寅睦《燕行日记》：75/358）

---

① 《韩国文集丛刊》第312辑页15下栏。
② 清康熙《庭训格言·几暇格物编》，陈生玺、贾乃谦注释，浙江古籍出版社，2013年，第166页。
③ 清纪昀《阅微草堂笔记》，韩希明译注，中华书局，2014年，第1226页。
④ 清魏源《圣武记·开国龙兴记》："女真为肃慎之转音，楛矢肇骑射之本俗见……此三部人总名乌稽达子，乌稽即渥集也，又名鱼皮达子。……第三日进大乌稽，乌稽即渥集之转音，又名渥集，即老林也。"参魏源《圣武记》，韩锡铎、孙文良点校，中华书局，1984年，第11—12页。

《汉语大词典》"麻霞"条，释义为"色彩斑斓"，如宋辛弃疾《兰陵王·赋一丘一壑》词："终须是，邓禹辈人，锦绣麻霞坐黄阁。"（卷12第1278页）"罗"可指稀疏而轻柔的丝织品，如《楚辞·招魂》："蒻阿拂壁，罗帱张些。"王逸注："罗，绮属也。"元王实甫《西厢记》第三本第二折："比及将暖帐轻弹，先揭起这梅红罗软帘偷看。"（《汉语大词典》卷8第1047页）可知，"麻霞罗"盖指色彩鲜艳的轻软丝织品，用丝织品代指头巾或冠帽，解释以上用例可通。

"麻霞罗"对应的朝韩语是"마하라 [ma/ha/ra]"，与满语"Mahala"发音甚是吻合，可确证该词为音译。采用"麻霞罗"三个字记录，音译兼顾意译，可谓煞费苦心。其他《燕行录》一般直接写作"毡帽""帽子"，如：

> 寒节则用毡帽，饰以羽缎或貂皮。（李在洽《赴燕日记》：85/175）

满语"Mahala"也记作"抹额""抹额伊"，如：

> 我东各军门牢子皆着红毡抹额。（金照《观海录》：70/80）
> 帽子，或称太平巾，东人呼以抹额伊。（金景善《燕辕直指》：72/270）

从音译的角度看，"抹额伊"对应的朝韩语是"말액이 [mal/ɛkˀ/i]"，根据朝韩语的发音规则，当前一个语素的音节带韵尾时，需与其后的音节相拼连读，故"말액이 [malɛkˀ/i]"也写作"마래기 [ma/rɛ/ki]"。将满语"mahala"译作"抹额伊"，可能另有一层深义。朝鲜人认为"抹额"乃夷俗，田愚《艮斋集前编续》卷四《从

众时中辨（乙巳）》："剃发抹额，夷俗也。立庙祠先，华制也。"[①]满族是夷，其衣冠服饰即夷俗，"抹额伊"表达了使用者对清朝的某种心态。刘沛霖《韩汉大词典》将"마래기[ma/rɛ/ki]"释为"顶戴花翎（中国清朝官员戴的帽子）"（第497页），释义过窄。

按照季节划分，清代的冠帽有暖帽（Mahala）和凉帽（Boro）两大类。也有人将满语"Mahala"音译为"玛哈"，或意译为"帽"。达力扎布主编《中国边疆民族研究》第一辑："除此而外，词汇方面锡伯文的绝大部分固定词汇同满语同源，可以说来源于满文词汇，大量的常用词汇在两种语言当中都表达同一种语义。比如alin（山）、niyalma（人）、bithe（书）、mahala（帽）等，构成锡伯文主体的词汇基本上和满文的词汇相同。"[②]

又有"抹额儿掩"一词，《韩国汉字语辞典》卷二释义为"마래기的一种"（第530页）。李圭景《五洲衍文长笺散稿·暖耳袖袷护项暖帽辨证说》："自十余年前，有抹额儿掩之制。以貂皮外毛内绣，围如首经，后有双小绶，而以黑缎为之，更取纽制，不脱笠而自外围着脱却，以为从便之制，上下通行云。"（下册第444页）"抹额"字面义即"束在额头前"，"抹额儿掩"亦即"额掩"。"额掩"在朝鲜也被称作"耳掩"，详见"耳掩"条。

14. 克食、剋食

克食（25例）、剋食（5例），满语"Kesi"的音译，指皇帝赏赐的食物。如：

[①]《韩国文集丛刊》第333辑页429上栏。
[②] 达力扎布主编《中国边疆民族研究》第一辑，中央民族大学出版社，2008年，第247页。

> 克食（以食物赐三使），皇上之殊礼也。（徐庆淳《梦经堂日史》：94/421）
>
> 天子赐剋食，无物可唇沾。（李时秀《续北征诗》：57/423）

"克食"也作"克什"，原义为赐予，也指皇上恩赐之物。如清袁枚《随园诗话》卷九："张奉旨呈诗，上喜，赐以克食。"清郝懿行《证俗文》卷十七："满洲以恩泽为克什，凡颁赐之物出自上恩者，皆谓之克什。"（《汉语大词典》卷2第261页、262页）《汉语大词典》"剋食"条："能消化食物。如：水果可以克食。"仅与"克食"的第二个义项"能帮助消化食物"同，未列第一个义项"即克什"，可补。（卷2第689页）学界普遍认为这是个满语词，但日本学者近藤光男指出："克什为蒙古语Kesi，释为'福祉天授'或'天子之恩、天子之恩命'之意，盖指天子御赐品。"① 这个观点值得重视。

也有人对"克食"一词使用规则提出异议，如高文德编著《中国少数民族史大辞典》指出："克食，满语音译，'恩赐'的意思。涉及此词的清事记载，有的因词中有'食'字样，误解作食品，如说'赐克食几次'，实属叠用汉、满文的'赐赐'两字。若表达原语意，应作：蒙克食（恩赐）御膳若干品。"② 这种说法源自清福格《听雨丛谈》："克食二字，或作克什，盖满汉字谐音书写，有不必尽同者，如兀尤亦作乌珠，厄墨亦作额谟。考清语克什之义，为恩也，

---

① ［日］近藤光男译注《汉学师承记译注》卷7《陈厚耀》，日本明治书院，2001年版下册，第17页。转引自漆永祥《清学札记》，北京联合出版公司，2017年，第336页。

② 高文德编著，蔡志纯等撰稿《中国少数民族史大辞典》，吉林教育出版社，1995年，第985页。

赐予也，赏赉也，故恩骑尉曰克什哈番，天恩曰阿布喀克什得。近人泥于食字，误克食为尚膳，尝见大臣志传中，曰赐克食几次，是叠书满汉赐赐两字，殊费解也。愚臆志传用汉文者，除人名地名外，似不必杂入清语；亦如清文中，除人名地名仍还汉音外，他辞不得杂入汉语也。如必以遵用当时传宣之词为敬，则当作某月日蒙克什御膳若干品，庶于满汉文气兼至矣。"[1]从《燕行录》的使用情况来看，当时的朝鲜文人也将"克食"误解作"天子颁赐的食物"，甚至有人依据"克食"的字面义，将"克食"的"克"解释为"御赐"：

还馆后光禄寺以皇命送来克食，满语凡御赐谓之克。（姜时永《輶轩续录》：73/215）

姜时永知"克食"为满语，但不知该词为音译，将"克食"拆开解析，也是受语素"食"的影响而产生的误解。

韩国汉文中因误解误用而产生新用法的词并不鲜见，这种情况产生的新义，应给予承认。因此，我们将《燕行录》中的"克食"直接释作"皇帝赏赐的食物"。[2]

---

[1] 清福格撰，汪北平点校《听雨丛谈》卷11"克食"条，中华书局，1984年，第218页。
[2] 又朴齐家《贞蕤阁集》之《玉河馆绝句》："陪臣到处蒙天赐，克食频宣上副房。"姜浚钦《燕行录》之《西山》诗："幻戏陈外俗，克食倾内帑。"(《三溟诗集三编》)申纬《警修堂全稿》册一《奏请行卷（壬申七月至癸酉二月）》之《贝勒（丹巴多尔济）求余扇诗》诗注曰："宴筵，丹贝勒向余款厚，每克食之颁，手刲羊，调骆以劝之。及宴罢，邀过海淀别墅，引至后堂。前有歌舞之楼，榜曰镜天花海，为余演剧，至《桃花扇》，音调悲艳动人。"前两例未明确指明是食物，末例则显然是指食物。

小　结

　　每种语言吸收外来词或翻译外来事物时，必然需要经历一个逐步本土化的过程。以口传形式流传的译名能保留比较接近原语的读音，而以文字书写形式流传的译名容易失去原语的本音，从而变得难以理解。丁若镛《雅言觉非》论及汉语名物词传入朝鲜半岛后书写形式往往大变，如"斜皮"误翻为"黍皮"，"艄工"误翻为"沙工"，等等，并进一步指出："诵之以言，未尝有误（皆合于华音），译之为文，乃成异物（从东音以为文故）。夫物名流传多出仆隶，文字译成皆由学士。由是言之，文物之至今蒙昧，皆士大夫粗率之咎也。"（第295页）他将名物词蒙昧难懂的原因归结于士大夫的粗率翻译，不无道理。规范译文用字，避免个人的生硬造词，可为解读作品省力不少。

　　另一方面，汉语毕竟不是朝鲜文人的母语，他们创作汉文时是否使用正确的书写形式，还取决于他们汉文水平的高低。《燕行录》中存在复杂多样的记音词，有的并非作者有意为之，或因记忆模糊，或受母语影响。因此，阅读《燕行录》时，若遇到扞格难解、词形怪异的生僻词，要从语音上寻求词义，才能得其确诂。

　　文字是记录语言的符号系统，通过文字理解语言需要经过一系列的转换过程。汉字是汉语的书写符号，用于记录汉语中的词或语素。朝鲜文人创作的汉文，与以汉语为母语者所撰写的作品相比，更频繁地使用记音法，客观上造成了大量音近异形词或别字现象。段玉裁《广雅疏证序》指出："圣人之制字，有义而后有音，有音而后有形。学者之考字，因形以得其音，因音以得其义。治经莫重于得义，得义莫切于得音。"[1] 朱骏声《说文通训定声自叙》也指出："不知假借者，不可与读古书；不明古音者，不足以识假借。"[2] 清代学者所提倡的"因声求义"这种训诂学理论与方法，同样适用于解读韩国汉文文献，尤其是像《燕行录》这种汇集多个国家或民族语言词汇的作品。

---

[1] 清王念孙著，钟宇讯点校《广雅疏证》，中华书局，2004年，第1页。
[2] 清朱骏声《说文通训定声》，中华书局，2016年，第6页。

结　语

通过词语例释的方式，我们对韩国汉籍《燕行录》的词汇构成及其研究价值有了较为深入的认识和思考。概括而言，有如下几点值得注意：

一、《燕行录》的词汇呈现出大杂烩的特点，是一种"混合汉语"

《燕行录》的词汇来源、词语书写形式都极为丰富。先秦两汉典籍、唐宋文言作品、古诗词、史书等，都是朝鲜文人学习汉文的模板，因此，他们的词汇有一部分源自这些中国典籍。此外，他们还从近代白话作品中吸收汉语词汇，现代韩语不少汉字词就源于古白话。这在《燕行录》中体现得淋漓尽致。《燕行录》采用文言体，以书面词汇为主体，但多使用双音节词，有大量产生于近代汉语的新词新义。《燕行录》是一种特殊的类书，其创作者众多，成书时间跨度大，版本来源纷繁复杂。多种因素导致这批域外汉籍与中国本土文献具有明显不同的语料特征，词语与词形都呈现出大杂烩的特点，如同义词极丰富，逆序词很驳杂，异形词多样化，等等。《燕行录》的词汇特点，既体现了近代汉语语料的共性，又呈现出韩国汉文的域外特色。

结　语

　　《燕行录》中有以各种形式出现的汉语、朝韩语及满语，也有不少看似汉语实非汉语固有用法的语言现象，与中国本土文献相比，其词汇来源更加复杂。《燕行录》的撰写者自小笃学汉文著作，尤其是儒家经典，诸如四书五经、朱子理学等，无不娴熟。他们以"小中华"自居，并引以为傲，可见朝鲜文人对中华文化的认可与崇尚。历史上朝鲜半岛的官方宫廷及文人皆惯用汉字进行书写和创作，即使世宗大王创造并颁布、推广了谚文，也始终没有撼动汉字的主导地位。使用汉字的悠久历史、对汉字及其文化的忠实崇尚，使得他们久沐于中国古典文献之光，诞生了不少经典汉文著作，《燕行录》也有所体现。如许篈《朝天记》、金昌业《老稼斋燕行日记》、朴趾源《热河日记》、洪大容《湛轩燕记》、李器之《一庵燕记》等，都是燕行文献中的经典作品。然而，汉语毕竟不是他们的母语，很多文人不会汉语口语，只能靠"笔舌"交流，他们创作的汉文与中国人的作品在语言使用上势必有所不同。《燕行录》作品留下了许多二语习得理论所谓的"负迁移"现象。

　　朱庆之认为"以翻译佛典的语言为代表的汉文佛教文献的语言，……可以看作是汉语历史文献语言的一个非自然的独特变体"，他把这种变体称之为"佛教混合汉语（Buddhist Hybrid Chinese）"，简称佛教汉语（BHC），并指出佛教混合汉语与其他中土文献语言有明显的差别，"这主要体现在两种混合上，一是汉语与大量原典语言成分的混合；二是文言文与大量口语俗语和不规范成分的混合"。[①] 我们认为《燕行录》的语言也是一种"混合汉语"，且主要体现在词汇上。

---

①　朱庆之《佛教汉语研究》，商务印书馆，2009年，第9页。

二、《燕行录》中的汉语词汇变异现象，值得系统研究

《燕行录》的词汇既大量继承于中国古籍，也有不少来自于朝鲜半岛对汉语的发展与创新。《燕行录》记录了一些朝鲜半岛自创的国字、国俗字、国义字、吏读字，这些特殊用字是在借用汉字的基础上为适应朝鲜半岛的语言文字生活所做的调整，有仿造，也有创造。像"鼎话""团话""德谈""解听"之类的新创词，形象生动，富有表现力，体现了朝鲜半岛对汉字的灵活运用，以及对汉语构词规律的熟练掌握。朝鲜半岛在解读中国典籍过程中，因误解误用而产生了一些不见于汉语的新词新义。这些来源于汉语又有别于汉语的汉字词，是一种词汇"变异"现象，这种现象在韩国汉文文献中不鲜见，值得系统研究。

《燕行录》记录了大量的汉语、朝韩语、满语音写词，爬梳这些生僻词，厘清其书写形式的演变过程，挖掘其中的各种借词，并加以追根溯源，对汉语、朝韩语、满语研究以及三种语言之间的接触研究，都不无裨益。朝韩语中存在大量的汉语借词，这些词记录在卷帙浩繁的韩国汉文中，以《燕行录》为线索，可纠察出不少有待考证的汉语借词，如"김치"与"沉菜"，"시금치"与"赤根菜"，"장난"与"作乱"，等等。汪维辉、具民惠指出："韩语中存在大量的汉语借词，如能逐个考明它们是何时从何地借入韩语的，将会对汉语史和韩语史的研究有重要意义。这些借词跟汉语原词的音义对应关系复杂多样，需要一个一个地做扎实的个

案研究。若有音变，则需阐明其音变之理。"[1]该文提出的研究思路可用于研究《燕行录》词汇，对那些与汉语书写形式不同的词加以追根溯源，必将助益于汉语史、朝韩语史以及两种语言之间的接触研究。

我们不仅要关注中国文化对周边邻国所产生的影响，也必须承认他们对汉文化并非单纯地沿袭，而是在吸收借鉴的同时有所创新，汉语汉字亦是如此。韩国学者赵东一《东亚文明论》的一段话值得我们思考："东亚之'同一'文明之内，实含有'异多'性向，东亚之同一'文语'，与各国'口语'并用。'同者'不全同，'一'者非'纯一'。'同'即'异'，'一'即'多'，此万古不变之理也。为知'同'，必探'异'；愿算'异'，应究'同'。欲明'一'，当识'多'；希论'多'，须学'一'。"[2]深入研究历史上东亚汉文化圈所发生过的汉语词汇变异现象，有助于汉文化传播史的研究。

三、《燕行录》词汇研究的应用价值

研究《燕行录》之类的域外汉文文献中的词汇，对国际中文教育（尤其是华文教育）中的词汇教学具有参考价值。华文教育对于文化传承与传播起着举足轻重的作用，书面语教学更是重中之

---

[1] 王维辉、具民惠《"赤根菜"与"시금치"——韩语中的汉语借词研究之一》，《语言研究》，2022年第1期。

[2] [韩]赵东一《东亚文明论》，李丽秋译，社会科学文献出版社，2013年，第80页。

重。闻静指出："通过吸收各地华人区域的词汇与分析其用法，能有效地促进各地华语词汇的交流，让各种词汇差异在交流中彼此融合。这不但有助于各区域汉语使用者了解其他区域的特有词汇，同时也能进一步欣赏其丰富有趣的区域语言色彩。作为正走向国际化的语言，汉语应不断地从各华语区域吸收其区域词汇来丰富本身的词汇。"[①] 华文教学要遵守本土化原则，对待当地特色鲜明的本土词汇，既要秉承以现代汉语普通话作为学习标准的原则，又要有一定的弹性和宽容度，斟酌取舍，以决定是否纳入教学大纲，实施教学。同时，现代汉语也要保持一定的开放性，适当吸收流行于域外的某些使用广泛且富有表现力的词语。

对《燕行录》词汇展开系统、深入的研究，可为整理、校勘《燕行录》这批重要的域外汉籍提供扎实的语言证据，进而为开展其他相关研究提供更多可靠而完善的文本。整理点校《燕行录》作品时，要充分考虑到可能存在的非汉语固有用法，尤其要留意作品所羼入的朝韩语成分。只有将作品的语言性质梳理清楚，才可能准确地理解文本，并在此基础上有效地开展其他相关的研究工作。相对于卷帙浩繁的燕行文献以及热闹纷呈的域外汉籍研究现状，《燕行录》的整理点校工作亟待加强。现有的几本点校版《燕行录》在词语注释方面存在不少纰漏。点校工作做不到位，相应的研究成果也会大打折扣。希望有更多的学者积极投身于这项大工程，这不仅有助于促进域外汉籍的研究，也必将推进国际汉字文化研究。

[①] 闻静《华文教学理论研究》，商务印书馆，2016年，第197页。

结　语

漆永祥《"燕行录学"刍议》一文指出："'燕行录'文献确实是一个五彩斑斓的富矿，研究者入其矿山，左采右得，收获甚丰。"[①]《燕行录》是一座富矿，从语言学的视角解读这批域外汉籍，还有很多研究工作尚待开展，本书仅是抛砖引玉而已。

[①] 漆永祥《"燕行录学"刍议》，《东疆学刊》，2019年第3期。

附录：本书所引《燕行录》作品的相关信息

为便于读者了解本书所征引《燕行录》作品产生的年代，现据漆永祥（2021）《燕行录千种解题》（北京大学出版社）特制成下表。

序号	作者及生卒年	著作名	出使朝代	公元年	卷数[①]
1	权近 1352—1409	奉使录	明洪武二十二年 高丽辛昌元年	1389	1
2	郑梦周 1337—1392	赴南诗	明洪武五年 高丽恭愍王二十一年	1372	1
3	李承休 1224—1300	宾王录	元世祖至元十年 高丽元宗十四年	1273	1
4	洪贵达[②] 1438—1504	辛丑朝天诗	明成化十七年 朝鲜成宗十二年	1481	1
5	崔溥 1454—1504	漂海录	明成化二十三年 朝鲜成宗十八年	1487	1
6	李荇 1478—1534	朝天录	明弘治十三年 朝鲜燕山君六年	1500	2
7	权橃 1478—1548	朝天录	明嘉靖十八年 朝鲜中宗三十四年	1539	2

[①] 指所在《燕行录全集》或《燕行录续集》中的册数，两套书未收录的作品则标记作者文集的卷数。

[②]《燕行录全集》原题作者为"成俔"，今据《燕行录千种解题》改。

续表

序号	作者及生卒年	著作名	出使朝代	公元年	卷数
8	苏世让 1486—1562	阳谷赴京日记	明嘉靖十二年 朝鲜中宗二十八年	1533	2
9	黄是[①] 1555—1626	朝天录	万历三十八年 朝鲜光海君二年	1610	2
10	丁焕 1497—1540	朝天录	明嘉靖十六年 朝鲜中宗三十二年	1537	3
11	许震童 1525—1610	朝天录	明隆庆六年 朝鲜宣祖五年	1572	3
12	郑士龙 1491—1570	朝天录	明嘉靖十三年 朝鲜中宗二十九年	1534	3
13	金诚一 1538—1593	朝天日记	明万历五年 朝鲜宣祖十年	1577	4
14	裴三益 1534—1588	朝天录（诗）	明万历十五年 朝鲜宣祖二十年	1587	3
15		朝天录（日记）			4
16	郑崑寿 1538—1602	赴京日录	明万历二十年 朝鲜宣祖二十五年	1592	4
17	郑澈 1536—1593	文清公燕行日记[②]	明万历二十一年 朝鲜宣祖二十六年	1593	4
18	权悏 1553—1618	石塘公燕行录	明万历二十五年 朝鲜宣祖三十年	1597	5

[①]《燕行录全集》原题作者为"黄士祐"，今据《燕行录千种解题》改。
[②]《燕行录全集》原题"郑松江燕行日记"，今据《燕行录千种解题》改。

续表

序号	作者及生卒年	著作名	出使朝代	公元年	卷数
19	李准	燕槎赆诗	明万历二十五年 朝鲜宣祖二十五年	1597	5
20	李廷馨 1549—1607	朝天录	明万历三十年 朝鲜宣祖三十五年	1602	5
21	赵宪 1544—1592	朝天日记	明万历二年 朝鲜宣祖七年	1574	5
22		东还封事			
23	许箘 1551—1588	朝天记、 荷谷先生 朝天记	明万历二年 朝鲜宣祖七年	1574	6—7
24	闵仁伯 1552—1626	朝天录	明万历二十三年 朝鲜宣祖二十八年	1595	8
25	李好闵 1553—1634	燕行录	明万历二十七年 朝鲜宣祖三十二年	1599	8
			明万历三十六年 朝鲜光海即位年	1608	
26	黄汝一 1556—1622	银槎录诗	明万历二十六年 朝鲜宣祖三十一年	1598	8
27		银槎日录			
28	申忠一 1554—1622	建州见闻录	明万历二十三年 朝鲜宣祖二十八年	1595	8
29	李恒福 1556—1618	朝天录	明万历二十六年 朝鲜宣祖三十一年	1598	9
30	赵翊 1556—1613	皇华日记	明万历二十七年 朝鲜宣祖三十二年	1599	9
31	郑士信 1558—1619	梅窗先生 朝天录	明万历三十八年 朝鲜光海君二年	1610	9

续表

序号	作者及生卒年	著作名	出使朝代	公元年	卷数
32	李尚吉 1557—1637	朝天录	明万历四十五年 朝鲜光海君九年	1617	9
33	李尚毅 1560—1624	丁酉朝天录	明万历二十五年 朝鲜宣祖三十年	1597	9
34	李弘胄 1562—1638	梨川相公使行日记	明万历四十七年 朝鲜光海君十一年	1619	10
35	李睟光 1563—1628	安南国使臣唱和问答录	明万历十八年 朝鲜宣祖二十三年	1590	10
36		琉球使臣赠答录	明万历三十九年 朝鲜光海君三年	1611	10
37	全湜 1563—1643	槎行录	明天启五年 朝鲜仁祖三年	1625	10
38	李廷龟 1564—1635	庚申燕行录	明万历四十七年 朝鲜光海君十一年	1619	11
39	金中清 1567—1629	朝天录	明万历四十二年 朝鲜光海君六年	1614	11
40	李好闵等①	赴京别章	明万历四十二年 朝鲜光海君六年	1614	12
41	赵濈 1568—1631	燕行录	明天启三年 朝鲜仁祖元年	1623	12
42	李忔 1568—1630	雪汀先生朝天日记	明崇祯二年 朝鲜仁祖七年	1629	13
43	许筠 1569—1618	己酉西行录	明万历二十五年 朝鲜宣祖三十年	1597	13

---

① 《燕行录全集》原题作者为"金中清",今据《燕行录千种解题》改。

续表

序号	作者及生卒年	著作名	出使朝代	公元年	卷数
44	李民宬 1570—1629	壬寅朝天录	明万历三十年 朝鲜宣祖三十五年	1602	15
45		癸亥朝天录	明天启三年 朝鲜仁祖元年	1623	14
46	李景严① 1579—1652	赴沈日记	清崇德六年 朝鲜仁祖十九年	1641	15
47	李安讷 1571—1637	朝天后录	明崇祯五年 朝鲜仁祖十年	1632	15
48	尹暄 1573—1627	白沙公航海路程日记	明天启三年 朝鲜仁祖元年	1623	15
49	黄中允 1577—1648	西征日录	明万历四十八年 朝鲜光海君十二年	1620	16
50	金堉 1580—1658	朝京日录（日记）	明崇祯九年 朝鲜仁祖十四年	1636	16
51		朝天录（诗）			
52	洪翼汉 1586—1637	花浦先生朝天航海录	明天启四年 朝鲜仁祖二年	1624	17
53	成以性 1595—1664	燕行日记	清顺治二年 朝鲜仁祖二十三年	1645	18
54	金南重 1596—1663	北行酬唱②	清崇德二年 朝鲜仁祖十五年	1637	18

① 《燕行录全集》原题作者为"李景稷"，今据《燕行录千种解题》改。
② 《燕行录全集》原题"野塘燕行录"，今据《燕行录千种解题》改。

附录：本书所引《燕行录》作品的相关信息

续表

序号	作者及生卒年	著作名	出使朝代	公元年	卷数
55	吴翿 1592—1634	燕行诗 甲子朝天录	明天启四年 朝鲜仁祖二年	1624	18
56	沈之源 1593—1662	癸巳燕行日乘	清顺治十年 朝鲜孝宗四年	1653	18
57	郑太和 1602—1673	西行记	明崇祯六年 朝鲜仁祖十一年	1633	19
58		己丑饮冰录	清顺治六年 朝鲜仁祖二十七年	1649	19
59		壬寅饮冰录	清康熙元年 朝鲜显宗三年	1662	19
60	金宗一 1597—1675	沈阳日乘	清崇德二年 朝鲜仁祖十五年	1637	19
61	李𤧚 1604—1651	燕山录	清顺治六年 朝鲜仁祖二十七年	1649	19
62	姜栢年 1603—1681	燕京录 燕行路程记	清顺治十七年 朝鲜显宗元年	1660	19
63	安克孝[①] 1554—1611	朝天日录	万历三十二年 朝鲜宣祖三十七年	1604	20
64	洪命夏 1607—1667	甲辰燕行录	清康熙三年 朝鲜显宗五年	1664	20
65	赵珩 1606—1679	翠屏公燕行日记	清顺治十七年 朝鲜显宗元年	1660	20

---

① 《燕行录全集》原题作者"未详"，今据《燕行录千种解题》改。

续表

序号	作者及生卒年	著作名	出使朝代	公元年	卷数
66	申濡 1610—1665	燕台录	清顺治九年 朝鲜孝宗三年	1652	21
67	李溰 1623—1658	燕行诗	清崇德五年 朝鲜仁祖十八年	1640	21
68		燕途纪行	清顺治十三年 朝鲜孝宗七年	1656	22
69	闵鼎重 1628—1692	老峰燕行记	清康熙八年 朝鲜显宗十年	1669	22
70	申晸 1628—1688	燕行录	清康熙十九年 朝鲜肃宗六年	1680	22
71	南九万 1629—1711	丙寅燕行录	清康熙二十五年 朝鲜肃宗十二年	1686	23
72	南龙翼 1628—1692	燕行录	清康熙五年 朝鲜显宗七年	1666	23
73	朴世堂 1629—1703	西溪燕录	清康熙七年 朝鲜显宗九年	1668	23
74	李俁 1637—1693	朗善君癸卯燕京录	清康熙二年 朝鲜显宗四年	1663	24
75	金锡胄 1634—1684	捣椒录	清康熙二十二年 朝鲜肃宗九年	1683	24
76	徐文重 1634—1709	燕行日录	清康熙二十九年 朝鲜肃宗十六年	1690	24
77	未详	昭显沈阳日记	始：清崇德二年 终：清顺治元年，朝鲜仁祖十五年	始：1637 终：1644	24—26

附录：本书所引《燕行录》作品的相关信息

续表

序号	作者及生卒年	著作名	出使朝代	公元年	卷数
78	未详	沈阳日记	始：明崇祯十年，清崇德二年，朝鲜仁祖十五年 终：崇祯十六年，崇德八年，朝鲜仁祖二十一年	始：1637 终：1643	27、28
79	许遂①	沈阳日记抄	始：明崇祯九年，清崇德元年，朝鲜仁祖十四年 终：清顺治二年	始：1636 终：1645	27
80	未详	西行日记	清顺治元年 朝鲜仁祖二十二年	1644	28
81	金海一 1641—1691	燕行日记	清康熙十七年 朝鲜肃宗四年	1678	28
82		燕行日记续	清康熙二十八年 朝鲜肃宗十五年	1689	28
83	申厚命 1638—1701	燕行日记	清康熙三十二年 朝鲜肃宗十九年	1693	28
84	孙万雄 1643—1712	燕行日录	清康熙十六年 朝鲜肃宗三年	1677	28
85	任相元 1638—1697	燕行诗	清康熙二十六年 朝鲜肃宗十三年	1687	28
86	姜銑 1645—？	燕行录	清康熙三十八年 朝鲜肃宗二十五年	1699	28—29

① 《燕行录全集》原题作者"未详"，今据《燕行录千种解题》改。

续表

序号	作者及生卒年	著作名	出使朝代	公元年	卷数
87	韩泰东、韩祉 1646—1687	两世燕行录	清康熙二十一年 朝鲜肃宗八年	1682	29
88	吴道一 1645—1703	丙寅燕行日乘	清康熙二十五年 朝鲜肃宗十二年	1686	29
89	崔锡鼎 1646—1715	椒馀录	清康熙二十五年 朝鲜肃宗十二年	1686	29
90	李田秀[①] 1759—？	入沈记	清乾隆四十八年 朝鲜正祖七年	1783	30
91	金昌业 1658—1721	老稼斋燕行日记	清康熙五十一年 朝鲜肃宗三十八年	1712	31—33
92	李正臣 1660—1727	燕行录	清康熙六十年 朝鲜景宗元年	1721	34
93	闵镇远 1664—1736	燕行日记	清康熙五十一年 朝鲜肃宗三十八年	1712	34
94	李宜显 1669—1745	庚子燕行诗	清康熙五十九年 朝鲜景宗即位年	1720	35
95		庚子燕行杂识			
96		壬子燕行杂识	清雍正十年 朝鲜英祖八年	1732	
97	赵荣福 1672—1728	燕行日录	清康熙五十八年 朝鲜肃宗四十五年	1719	36
98	黄晸 1689—1753	癸卯燕行录	清雍正元年 朝鲜景宗三年	1723	37

① 《燕行录全集》原题作者为"李宜万",今据《燕行录千种解题》改。

附录：本书所引《燕行录》作品的相关信息

续表

序号	作者及生卒年	著作名	出使朝代	公元年	卷数
99	李喆辅 1691—1775	丁巳燕行日记	清乾隆二年 朝鲜英祖十三年	1737	37
100	俞拓基 1691—1767	沈行录	清乾隆十九年 朝鲜英祖三十年	1754	38
101	赵显命 1690—1752	燕行录	清乾隆十四年 朝鲜英祖二十五年	1749	38
102	金舜协 1693—1732	燕行录	清雍正七年 朝鲜英祖五年	1729	38
103	洪昌汉 1698—?	燕行日记	清乾隆五年 朝鲜英祖十六年	1740	39
104	俞彦述 1703—1773	燕京杂识	清乾隆十四年 朝鲜英祖二十五年	1749	39
105	郑光忠① 1661—?	燕行日录	清康熙四十七年 朝鲜肃宗三十四年	1708	39、61
106	崔德中 1675—1754	燕行录	清康熙五十一年 朝鲜肃宗三十八年	1712	39—40
107	蔡济恭 1720—1799	含忍录	清乾隆四十三年 朝鲜正祖二年	1778	40
108	金种正 1722—1787	沈阳日录	清乾隆二十九年 朝鲜英祖四十年	1764	41
109	俞彦镐 1730—1796	燕行录	清乾隆五十二年 朝鲜正祖十一年	1787	41
110	洪大容 1731—1783	湛轩燕记	清乾隆三十年 朝鲜英祖四十一年	1765	42—43

① 《燕行录全集》原题作者"未详"，今据《燕行录千种解题》改。

续表

序号	作者及生卒年	著作名	出使朝代	公元年	卷数
111	韩德厚	燕行日录、承旨公燕行日录	清雍正十年 朝鲜英祖八年	1732	49—50
112	赵最寿 1670—？	壬子燕行日记	清雍正十年 朝鲜英祖八年	1732	50
113	徐浩修 1736—1799	燕行纪	清乾隆五十五年 朝鲜正祖十四年	1790	50—51
114	李坤[①] 1737—1795	燕行记事	清乾隆四十二年 朝鲜正祖元年	1777	52—53
115	朴趾源 1737—1805	热河日记	清乾隆四十五年 朝鲜正祖四年	1780	53—55
116	沈乐洙 1739—1799	燕行日乘	清乾隆五十一年 朝鲜正祖十年	1786	57
117	李德懋 1741—1793	入燕记	清乾隆四十三年 朝鲜正祖二年	1778	57
118	李时秀 1745—1821	续北征诗	清嘉庆十七年 朝鲜纯祖十二年	1812	57
119	李在学 1745—1806	燕行日记	清乾隆五十八年 朝鲜正祖十七年	1790	58
120	洪景海	随槎日录	清乾隆十二年 朝鲜英祖二十三年	1747	59
121	柳得恭 1749—1807	燕台录	清乾隆五十五年 朝鲜正祖十四年	1790	60
122		并世集	清嘉庆六年 朝鲜纯祖元年	1801	60

①《燕行录全集》原题作者为"李坤",今据《燕行录千种解题》改。

续表

序号	作者及生卒年	著作名	出使朝代	公元年	卷数
123	李晚秀 1752—1820	车集	清嘉庆八年 朝鲜纯祖三年	1801	60
124	李肇源 1759—1832	黄粱吟	清嘉庆二十一年 朝鲜纯祖十六年	1816	61
125	徐有闻 1762—1822	戊午燕行录	清嘉庆三年 朝鲜正祖二十二年	1798	62
126	李基宪 1763—1804	燕行日记	清嘉庆六年 朝鲜纯祖元年	1801	65
127		燕行日记启本			
128	李海应 1775—1825	蓟山纪程	清嘉庆八年 朝鲜纯祖三年	1801	66
129	李凤秀 1778—1852	赴燕诗	清嘉庆十年 朝鲜纯祖五年	1805	67
130	崔斗灿 1779—1821	乘槎录、江海乘槎录	清嘉庆二十二年 朝鲜纯祖十七年	1817	68
131	朴来谦 1780—？	沈槎日记	清道光九年 朝鲜纯祖二十九年	1829	69
132	未详[①]	燕行日录	清道光十一年 朝鲜纯祖三十一年	1831	69
133	成祐曾 1783—1864	茗山燕诗录	清嘉庆二十三年 朝鲜纯祖十八年	1818	69
134	金照 1754—1826	观海录[②]	清乾隆四十九年 朝鲜正祖八年	1784	70

[①]《燕行录全集》原题作者为"郑元容",今据《燕行录千种解题》改。
[②]《燕行录全集》原题作者"未详"、书名"燕行录",今皆据《燕行录千种解题》改。

续表

序号	作者及生卒年	著作名	出使朝代	公元年	卷数
135	金景善 1788—？	燕辕直指	清道光十二年 朝鲜纯祖三十二年	1832	70—72
136		出疆录	清咸丰元年 朝鲜哲宗二年	1851	72
137	姜时永 1788—？	輶轩续录	清道光九年 朝鲜纯祖二十九年	1829	73
138		輶轩三录	清咸丰三年 朝鲜哲宗四年	1853	73
139	金正中[①] 1742—？	燕行录、燕行日记	清乾隆五十六年 朝鲜正祖十五年	1791	74—75
140	李有骏 1801—1867	梦游录[②]	清道光二十八年 朝鲜宪宗十四年	1848	76—77
141	朴齐寅 1818—1884	燕行日记[③]	清咸丰十年 朝鲜哲宗十一年	1860	75
142	柳寅睦[④] 1799—1876	燕行日记	清同治五年 朝鲜高宗三年	1866	75
143	申佐模 1799—1877	燕行杂记	清咸丰五年 朝鲜哲宗六年	1855	75

---

① 《燕行录全集》第74册原题作者为"金士龙",今据《燕行录千种解题》改。
② 《燕行录全集》原题作者为"李遇骏"、书名"梦游燕行录",今皆据《燕行录千种解题》改。
③ 《燕行录全集》原题作者为"朴齐仁"、书名"燕槎录",今皆据《燕行录千种解题》改。
④ 《燕行录全集》原题作者为"柳厚祚",今据孙成旭《十九世纪燕行录解题》改。

续表

序号	作者及生卒年	著作名	出使朝代	公元年	卷数
144	申锡愚 1805—1865	入燕记	清咸丰十年 朝鲜哲宗十一年	1860	77
145	姜长焕 1806—?	北辕录	清咸丰五年 朝鲜哲宗六年	1855	77
146	林翰洙 1817—1886	燕行录	清光绪二年 朝鲜高宗十三年	1876	78
147	成仁浩 1815—1887	游燕录	清同治八年 朝鲜高宗六年	1869	78
148	郑健朝 1823—?	北楂谈草	清同治十二年 朝鲜高宗十年	1873	78
149	徐有素 1775—?	燕行录	清道光二年 朝鲜纯祖二十二年	1822	79—84
150	李在洽①	赴燕日记	清道光八年 朝鲜纯祖二十八年	1828	85
151	朴思浩 1784—?	燕蓟纪程	清道光八年 朝鲜纯祖二十八年	1828	85—86
152		燕纪程②	清道光八年 朝鲜纯祖二十八年	1828	99
153	洪钟永 1839—?	燕行录	清光绪十六年 朝鲜高宗二十七年	1890	86
154	李承五 1837—1900	燕槎日记	清光绪十三年 朝鲜高宗二十四年	1887	86

---

① 《燕行录全集》原题作者"未详",今据《燕行录千种解题》改。
② 《燕行录全集》原题作者"未详",今据《燕行录千种解题》改。

续表

序号	作者及生卒年	著作名	出使朝代	公元年	卷数
155	鱼允中 1848—1896	西征记	清光绪八年 朝鲜高宗十九年	1882	89
156	未详	燕行日录	清道光二十九年 朝鲜宪宗十五年	1849	90
157	权时亨 1812—？	石湍燕记	清道光三十年 朝鲜哲宗元年	1850	90—91
158	朴显阳	燕行日记	清咸丰六年 朝鲜哲宗七年	1856	91
159	高时鸿	燕行录	清咸丰九年 朝鲜哲宗十年	1859	92
160	李恒亿	燕行钞录、燕行日记	清同治元年 朝鲜哲宗十三年	1862	93
161	金允植 1835—1922	天津谈草	清光绪七年 朝鲜高宗十八年	1881	93
162		领选日记			燕行录选集补遗
163	权复仁 1770—？	天游稿 燕行诗	清道光二年 朝鲜纯祖二十二年	1822	94
164	徐庆淳 1803—1859	梦经堂日史	清咸丰五年 朝鲜哲宗六年	1855	94
165	李尚健[①]	燕辕日录	清光绪十四年 朝鲜高宗二十五年	1888	95—96
166	李容学[②] 1818—？	燕蓟纪略	清光绪二年 朝鲜高宗十三年	1876	98

① 《燕行录全集》原题作者为"李押",今据《燕行录千种解题》改。
② 《燕行录全集》原题作者"未详",今据《燕行录千种解题》改。

附录：本书所引《燕行录》作品的相关信息

续表

序号	作者及生卒年	著作名	出使朝代	公元年	卷数
167	安孝镇	华行日记	（非出使）	1917	99
168	赵文命 1680—1732	燕行日记	清雍正三年 朝鲜英祖元年	1725	112
169	李时恒 1672—1736	燕行见闻录	清雍正六年 朝鲜英祖四年	1728	114
170	李鼎受 1783—1834	游燕录	清嘉庆十六年 朝鲜纯祖十一年	1811	123—126
171	李瑞雨 1633—1709	燕京杂咏[①]	清康熙十五年 朝鲜肃宗二年	1676	《松坡集》卷三

①《燕行录全集》《燕行录续集》未收录，《松坡集》卷三收录，题为"燕京杂咏"。《燕行录千种解题》题为《丙辰燕行录》（第548页），《韩国文集丛刊续》第41册收录。

引用古籍书目

一、中国古籍

[汉] 司马迁. 史记 [M]. 北京：中华书局，1982.

[汉] 许慎. 说文解字 [M]. 北京：中华书局，1963.

[南朝宋] 范晔. 后汉书 [M]. 北京：中华书局，1967.

[南朝梁] 沈约. 宋书 [M]. 北京：中华书局，2018.

[唐] 李延寿. 南史 [M]. 北京：中华书局，1975.

[后晋] 刘昫等. 旧唐书 [M]. 北京：中华书局，1975.

[宋] 欧阳修，宋祁. 新唐书 [M]. 北京：中华书局，1975.

[宋] 薛居正等. 旧五代史 [M]. 北京：中华书局，1976.

[宋] 黎靖德编. 杨绳其，周娴君校点. 朱子语类 [M]. 长沙：岳麓书社，1997.

[明] 冯梦龙. [清] 蔡元放改编. 东周列国志 [M]. 北京：中华书局，2009.

[明] 冯梦龙. 吴书荫校注. 三言·警世通言 [M]. 北京：中华书局，2014.

[明] 凌濛初. 初刻拍案惊奇 [M]. 北京：中华书局，2009.

[明] 凌濛初. 二刻拍案惊奇 [M]. 北京：中华书局，2009.

[明] 罗贯中. 三国演义 [M]. 北京：人民文学出版社，1985.

［明］罗贯中，冯梦龙补改，刘紫枬点校.三遂平妖传[M].北京：中华书局，2004.

［明］西周生.醒世姻缘传[M].杭州：浙江古籍出版社，1998.

［明］施耐庵，罗贯中.唐富龄标点.水浒全传[M].长沙：岳麓书社，2004.

［明］吴承恩.黄肃秋注释.李洪甫校订.西游记[M].北京：人民文学出版社，2010.

［清］孔尚任.［清］云亭山人评点.李保民点校.桃花扇[M].上海：上海古籍出版社，2016.

［清］黄宗羲.明文海[M].北京：中华书局，1987.

［清］四库未收书辑刊编纂委员会.四库未收书辑刊[M].北京：北京出版社，2000.

［清］续修四库全书编纂委员会.续修四库全书[M].上海：上海古籍出版社，2002.

二、韩国、日本古籍

复旦大学文史研究院，韩国成均馆大学东亚学术院大东文化研究院合编.韩国汉文燕行文献选编[M].上海：复旦大学出版社，2011.

复旦大学文史研究院编.朝鲜通信使文献选编[M].上海：复旦大学出版社，2015.

韩国汉籍民俗丛书[M].台北：万卷楼图书股份有限公司，2012.

汪维辉.朝鲜时代汉语教科书丛刊[M].北京：中华书局，2005.

汪维辉等.朝鲜时代汉语教科书丛刊续编[M].北京：中华书局，2011.

域外汉籍珍本文库编纂出版委员会. 域外汉籍珍本文库[M]. 重庆：西南师范大学出版社；北京：人民出版社，2011—2012.

［朝鲜］丁若镛. 雅言觉非[M]. 金钟权译注. 首尔：一志社，1976.

［朝鲜］丁若镛.（校勘·标点）定本与犹堂全书[M]. 首尔：茶山学术文化财团，2012.

［朝鲜］洪大容，李德懋. 邝健行点校. 干净同笔谈·清脾录[M]. 上海：上海古籍出版社，2010.

［朝鲜］金允植. 王鑫磊整理. 领选日记[M]. 上海：上海古籍出版社，2020.

［朝鲜］李圭景. 五洲衍文长笺散稿[M]. 首尔：明文堂，1982.

［朝鲜］李学逵. 洛下生全集[M]. 首尔：亚细亚文化社，1985.

［朝鲜］李义凤. 古今释林[M]. 首尔：亚细亚文化社，1977.

［朝鲜］李瀷. 国译·星湖僿说[M]. 首尔：民族文化推进会，1989.

［朝鲜］赵在三. 松南杂识[M]. 首尔：亚细亚文化社，1986.

［韩］国史编纂委员会. 朝鲜王朝实录[M]. 首尔：探求堂，1984.

［韩］韩国文集丛刊编辑委员会. 韩国文集丛刊[M]. 首尔：景仁文化社／民族文化推进会，1990—2005.

［韩］韩国文集丛刊编辑委员会. 韩国文集丛刊续[M]. 首尔：韩国古典翻译院，2005—2012.

［韩］韩国学文献研究所. 农书[M]. 首尔：亚细亚文化社，1981.

［韩］林基中. 燕行录全集[M]. 首尔：东国大学校出版部，2001.

［韩］林基中. 燕行录续集[M]. 首尔：尚书院，2008.

［韩］民族文化推进会. 国译·大东野乘[M]. 首尔：民族文化推进会，1989.

［韩］民族文化推进会. 国译·东文选[M]. 首尔：民族文化推进会，

1989.

[韩]民族文化推进会.国译·气测体义[M].首尔：民族文化推进会，1989.

[日]朝鲜古书刊行会编.朝鲜群书大系续[M].朝鲜京域：朝鲜古书刊行会，1914.

[日]大正一切经刊行会.大正新修大藏经[M].东京：大正一切经刊行会，1934.

[日]圆仁撰.白化文，李鼎霞，许德楠校注.入唐求法巡礼行记[M].北京：中华书局，2019.

主要参考文献

一、工具书

[1] 陈刚等. 现代北京口语词典 [M]. 北京：语文出版社, 1997.

[2] 高文德, 蔡志纯等. 中国少数民族史大辞典 [M]. 长春：吉林教育出版社, 1995.

[3] 龚延明. 中国历代职官别名大辞典 [M]. 上海：上海辞书出版社, 2006.

[4] 广西壮族自治区少数民族古籍整理出版规划领导小组办公室. 古壮字字典 [M]. 南宁：广西民族出版社, 2012.

[5] 汉语大词典编纂处. 汉语大词典 [M]. 上海：汉语大词典出版社, 1987—1993.

[6] 汉语大词典编纂处. 汉语大词典订补 [M]. 上海：上海辞书出版社, 2010.

[7] 汉语大字典编辑委员会. 汉语大字典（第二版）[M]. 武汉：崇文书局；成都：四川辞书出版社, 2010.

[8] 胡增益. 新满汉大辞典 [M]. 乌鲁木齐：新疆人民出版社, 1994.

[9] 华夫. 中国古代名物大典 [M]. 济南：济南出版社, 1993.

[10] 冷玉龙, 韦一心等. 中华字海 [M]. 北京：中国友谊出版公司, 1994.

[11] 李鹏年, 刘子扬等. 清代六部成语词典 [M]. 天津：天津人民

出版社，1990.

［12］李治亭. 关东文化大辞典 [M]. 沈阳：辽宁教育出版社，1993.

［13］刘沛霖. 韩汉大词典 [M]. 北京：商务印书馆，2007.

［14］刘子平. 汉语量词大词典 [M]. 上海：上海辞书出版社，2013.

［15］陆衣言. 中华国语大辞典 [M]. 北京：中华书局，1947.

［16］吕　浩. 韩国汉文古文献异形字研究之异形字典 [M]. 上海：上海大学出版社，2011.

［17］孙文良. 满族大辞典 [M]. 沈阳：辽宁大学出版社，1990.

［18］万　里. 湖湘文化大辞典 [M]. 长沙：湖南人民出版社，2006.

［19］万　依. 故宫辞典 [M]. 上海：文汇出版社，1996.

［20］吴国栋. 陕西烹饪大典 [M]. 西安：陕西人民出版社，1999.

［21］徐海荣. 中国美食大典 [M]. 北京：华夏出版社，2000.

［22］许宝华，［日］宫田一郎合编. 汉语方言大词典 [M]. 北京：中华书局，1999.

［23］张拱贵. 汉语委婉语词典 [M]. 北京：北京语言文化大学出版社，1996.

［24］中国社会科学院语言研究所词典编辑室. 现代汉语词典（第7版）[M]. 北京：商务印书馆，2016.

［25］[韩] 高丽大学民族文化研究院国语词典编纂室. 고려대한국어대사전（高丽大韩国语大辞典）[M]. 首尔：高丽大学民族文化研究院，2009.

［26］[韩] 国立国语研究院. 표준국어대사전（标准国语大词典）[M]. 首尔：斗山东亚，1999. 网址：https://stdict.korean.go.kr/main/main.do.

［27］[韩] 李瑢默. 中韩辞典（第三版）[M]. 坡州：民家书林，

2009.

［28］［韩］檀国大学校东洋学研究所. 韩国汉字语辞典 [M]. 首尔：檀国大学校出版部，1995—2002.

［29］［韩］NAVER 知识百科网，网址：https://terms.naver.com/.

［30］［韩］디지털 한자사전 e- 한자（e-hanja 词典 /digital 汉字词典），来自 NAVER 词典网，网址：https://dict.naver.com/.

［31］［日］Weblio 国语辞书（在线词典），网址：https://www.weblio.jp/.

二、专著

［1］安炳浩，尚玉河. 韩语发展史 [M]. 北京：北京大学出版社，2009.

［2］蔡美花，赵季. 韩国诗话全编校注 [M]. 北京：人民文学出版社，2012.

［3］陈榴. 东去的语脉——韩国汉字词语研究 [M]. 沈阳：辽宁师范大学出版社，2007.

［4］达力札布. 中国边疆民族研究 [M]. 北京：中央民族大学出版社，2008.

［5］丁锋. 如斯斋汉语史丛稿 [M]. 贵阳：贵州大学出版社，2010.

［6］董志翘.《入唐求法巡礼行记》词汇研究 [M]. 北京：中国社会科学出版社，2000.

［7］冯胜利. 汉语韵律语法研究 [M]. 北京：北京大学出版社，2005.

［8］葛振家. 崔溥《漂海录》评注 [M]. 北京：线装书局，2002.

［9］何华珍. 日本汉字和汉字词研究 [M]. 北京：中国社会科学出版社，2004.

［10］何华珍. 俗字在域外的传播研究 [M]. 北京：中国社会科学出版社，2018.

［11］黄卓明. 朝鲜时代汉字学文献研究 [M]. 上海：上海古籍出版社，2013.

［12］金荣华. 韩国俗字谱 [M]. 首尔：亚细亚文化社，1986.

［13］邝健行等. 韩国诗话中论中国诗资料选粹 [M]. 北京：中华书局，2002.

［14］李海霞. 汉语动物命名考释 [M]. 成都：巴蜀书社，2005.

［15］刘庆华. 满族姓氏踪录 [M]. 沈阳：辽宁民族出版社，2012.

［16］刘顺利. 朝鲜文人李海应《蓟山纪程》细读 [M]. 北京：学苑出版社，2010.

［17］刘顺利. 王朝间的对话——朝鲜领选使天津来往日记导读 [M]. 银川：宁夏人民出版社，2006.

［18］陆俭明. 话说汉语走向世界 [M]. 北京：商务印书馆，2019.

［19］陆宗达，王宁. 训诂与训诂学 [M]. 太原：山西教育出版社，1994.

［20］罗继祖. 枫窗脞语 [M]. 北京：中华书局，1984.

［21］漆永祥. 清学札记 [M]. 北京：北京联合出版公司，2017.

［22］漆永祥. 燕行录千种解题 [M]. 北京：北京大学出版社，2021.

［23］邱瑞中. 燕行录研究 [M]. 桂林：广西师范大学出版社，2010.

［24］王国维. 王国维讲考古学 [M]. 北京：团结出版社，2019.

［25］王鑫磊. 同文书史——从韩国汉文文献看近世中国 [M]. 上海：复旦大学出版社，2015.

［26］王一元著，靳恩全校注. 辽左见闻录 [M]. 铁岭：铁岭市政协学习宣传和文史委员会，2007.

［27］王锳. 宋元明市语汇释（增订本）[M]. 北京：中华书局，2008.

［28］王云路. 中古汉语词汇史[M]. 北京：商务印书馆，2010.

［29］闻静. 华文教学理论研究[M]. 北京：商务印书馆，2016.

［30］乌丙安. 民俗文化综论[M]. 长春：长春出版社，2014.

［31］邢澍撰，时建国校释. 金石文字辨异校释[M]. 兰州：甘肃人民出版社，2000.

［32］徐东日. 朝鲜使臣眼中的中国形象——以《燕行录》为中心[M]. 北京：中华书局，2010.

［33］徐时仪.《朱子语类》词汇研究[M]. 上海：上海古籍出版社，2013.

［34］曾昭聪. 明清俗语辞书及其所录俗语词研究[M]. 上海：上海古籍出版社，2015.

［35］张伯伟. 域外汉籍研究入门[M]. 上海：复旦大学出版社，2012.

［36］张伯伟. 作为方法的汉文化圈[M]. 北京：中华书局，2011.

［37］张美兰. 近代汉语语言研究[M]. 天津：天津教育出版社，2001.

［38］周琳娜. 词的嬗变研究：以清代为例[M]. 沈阳：辽宁人民出版社，2016.

［39］周锡保. 中国古代服饰史[M]. 北京：中国戏剧出版社，1984.

［40］周小兵. 对外汉语教学入门（第三版）[M]. 广州：中山大学出版社，2017.

［41］周有光. 汉字和文化问题[M]. 沈阳：辽宁人民出版社，2000.

［42］朱庆之. 佛教汉语研究[M]. 北京：商务印书馆，2009.

［43］朱云影. 中国文化对日韩越的影响 [M]. 桂林：广西师范大学出版社，2007.

［44］［韩］崔承熙. 韩国古文书研究 [M]. 京畿道：韩国精神文化研究院，1981.

［45］［韩］林锡东. 朝鲜译学考 [M]. 首尔：亚细亚文化社，1983.

［46］［韩］林荧泽著，李学堂译. 韩国学：理论与方法 [M]. 济南：山东大学出版社，2010.

［47］［韩］朴元熇. 崔溥漂海录校注 [M]. 上海：上海书店出版社，2013.

［48］［韩］赵东一著，李丽秋译. 东亚文明论 [M]. 北京：社会科学文献出版社，2013.

［49］［日］长泽规矩也. 明清俗语辞书集成 [M]. 上海：上海古籍出版社，1989.

［50］［日］太田辰夫著，江蓝生，白维国译. 汉语史通考 [M]. 重庆：重庆出版社，1991.

三、论文

（一）期刊论文

［1］曹炜. 现代汉语中的称谓词和称呼语 [J]. 江苏大学学报（社会科学版），2005（2）.

［2］崔希亮. 说"开心"与"关心" [J]. 中国语文，2009（5）.

［3］董秀芳. 汉语的句法演变与词汇化 [J]. 中国语文. 2009（5）.

［4］读书班. 朝鲜时代中国行纪资料解题稿（十七种）[J]. 域外汉籍研究集刊（第八辑），2012.

［5］葛兆光. 预流、立场与方法——追寻文史研究的新视野 [J]. 复

旦学报（社会科学版），2007（2）.

［6］谷小溪，刘海玲.《燕行录》文献研究综述[J].安徽文学（下半月），2018（4）.

［7］韩　东.韩国燕行文献研究综述[J].中国文学研究，2015（1）.

［8］韩振乾，金光洙.中韩文化关系之力作——评李得春教授主编的《中韩语言文字关系史研究》[J].东疆学刊，2007（4）.

［9］黄卓明.朝鲜时代汉字学文献《第五游》发微[J].河南师范大学学报（哲学社会科学版），2013（4）.

［10］蒋冀骋.近代汉语代词"伊""与么"考源[J].语文研究，2015（2）.

［11］金柄珉，金刚.对中国"燕行录"研究的历时性考察[J].东疆学刊，2016（1）.

［12］金喜成.试论古代朝鲜的"吏读"[J].满族研究，1989（4）.

［13］康　燕.域外汉籍《热河日记》的词汇来源及其形成机制探析[J].兰州大学学报（社会科学版），2018（6）.

［14］李得春.朝鲜语汉字词和汉源词[J].民族语文.2007（5）.

［15］李如龙.关注汉语口语词汇与书面语词汇的研究[J].陕西师范大学学报（哲学社会科学版）.2007（2）.

［16］林传和."浸菜"的制作[J].烹调知识，1996（8）.

［17］林　丽.《热河日记》中的几个汉语语音问题试析[J].中国学论丛（第33辑），2011.

［18］林　丽."燕行录"研究综述[J].炎黄文化研究.郑州：大象出版社，2008（4）.

［19］刘安琪，刘永连."帮子""榜子""房子"与"高丽棒子"关系考辨[J].暨南史学（第九辑），2014.

［20］刘　琳."棒子"由来的历史考察［J］.韩国研究论丛，2014（2）.

［21］刘瑞明.释元剧"邦老"［J］.古汉语研究，2006（2）.

［22］彭聃龄等.汉语逆序词的加工——词素在词加工中的作用［J］.心理学报，1999（1）.

［23］朴　丽.对《热河日记》中所反映出的一些语言现象的考察［J］.中国学论丛（第37辑），2012.

［24］漆永祥.关于《燕行录全集》之辑补与新编［J］.文献，2012（4）.

［25］漆永祥.关于"燕行录"整理与研究诸问题之我见［J］.域外汉籍研究集刊（第七辑），2011.

［26］漆永祥."燕行录学"刍议［J］.东疆学刊，2019（3）.

［27］漆永祥.《燕行录》诸家释解汉语字词例析（50条）［J］.北京大学中国古文献研究中心集刊（第十五辑），2016.

［28］钱慧真."燕行录"的语料特征及语言学价值［J］.东亚文献研究（第17辑）.CHINA HOUSE，2016.

［29］孙宝国，崔昌源.崔溥《漂海录》的汉语语篇特点分析［J］.中国语文学论集（第48辑），2008.

［30］孙成旭.十九世纪《燕行录》解题［J］.域外汉籍研究集刊（第十辑），2014.

［31］汪如东.朝鲜人崔溥《漂海录》的语言学价值［J］.东疆学刊，2002（1）.

［32］汪维辉.《汉语·华语抄略》札记［J］.中文学术前沿（第七辑），2014.

［33］汪维辉.汉语"说类词"的历时演变与共时分布［J］.中国语文，2003（4）.

［34］汪维辉.《老乞大》诸版本所反映的基本词历时替换［J］.中国

语文，2005（6）．

［35］汪维辉.《语录解》札记［J］.辞书研究.2018（3）.

［36］汪维辉，顾军.论词的"误解误用义"［J］.语言研究,2012(3).

［37］汪维辉，具民惠."赤根菜"与"시금치"——韩语中的汉语借词研究之一［J］.语言研究，2022（1）.

［38］汪银峰.朝鲜朝燕行文献与清代前期语言的使用——以金昌业《老稼斋燕行日记》为中心［J］.域外汉籍研究集刊（第十辑），2014.

［39］汪银峰.域外汉籍"燕行录"与东北方言研究［J］.长春师范学院学报（人文社会科学版），2014（1）.

［40］汪银峰.域外汉籍《入沈记》与清代盛京语言［J］.满族研究，2013（1）.

［41］汪银峰.域外视角下朝鲜燕行使对清代汉语的认知与观感［J］.湖北社会科学，2015（7）.

［42］汪银峰，姚晓娟.朝鲜朝燕行使笔下的满语［J］.满族研究，2014（2）.

［43］王　勇.从"汉籍"到"域外汉籍"［J］.浙江大学学报（人文社会科学版），2011（6）.

［44］王禹浪等.近二十年中国《燕行录》研究综述［J］.哈尔滨学院学报，2012（11）.

［45］王钟翰.释"吗法"［A］.赵阿平编.满-通古斯语言与文化研究［C］.民族出版社，2008.

［46］谢士华."房子""帮子""高丽棒子"考辨研究［J］.赣南师范大学学报.2019（1）.

［47］谢士华.韩国燕行文献所记录的语言现象撷析［J］.广西科技师

范学院学报，2016（1）.

［48］谢士华. 韩国燕行文献中的方言词撷析 [J]. 南方语言学（第10辑）. 世界图书出版公司，2016.

［49］谢士华. 韩国燕行文献中的两个特殊动词 [J]. 昆明学院学报，2021（4）.

［50］谢士华. 韩国燕行文献中的满语词研究 [J]. 满族研究，2016（2）.

［51］谢士华. 论韩国诗话《芝峰类说》语辞考释的特点及其对辞书编纂的价值 [J]. 域外汉籍研究集刊（第十一辑），2015.

［52］谢士华. 燕行文献中羼入的朝鲜语词汇撷析 [J]. 新疆大学学报（哲学·人文社会科学版），2016（6）.

［53］谢士华. 域外汉籍《燕行录》所记录的朝鲜服饰词集释 [J]. 楚雄师范学院学报，2018（4）.

［54］谢士华. 赵宪《朝天日记》与许篈《朝天记》词汇比较研究——兼论《燕行录》语言研究之意义 [J]. 汉语史研究集刊（第十八辑），2014.

［55］谢士华，王碧凤. 从燕行文献的餐食词语看朝鲜文人对汉语的接受与创新 [J]. 域外汉籍研究集刊（第18辑），2018.

［56］谢士华，王碧凤.《燕行录》中的韩国固有汉字研究 [J]. 大理大学学报，2018（7）.

［57］谢士华，余成功. 手抄本《老稼斋燕行录》异写字研究 [J]. 东亚文献研究（第24辑）. CHINA HOUSE，2019.

［58］徐宝馀. 广寒楼记版本考 [J]. 域外汉籍研究集刊（第九辑），2013.

［59］徐娟娟. 探析域外汉籍编辑整理过程中的定字问题——以《燕行录》整理为例 [J]. 传媒论坛，2020（13）.

［60］杨瑞芳.《承政院日记》载《康熙字典》研究[J].中国传统文化研究（第3辑），2021.

［61］于冬梅.《热河日记》与清代汉语官话史研究[J].东北师大学报（哲学社会科学版），2013（6）.

［62］曾昭聪.近代汉语异形词来源释例[J].汉语史学报（第十三辑），2013.

［63］张伯伟.名称·文献·方法——关于"燕行录研究的若干问题"[A].郑光，藤本幸夫，金文京.燕行使与通行使[C].首尔：博文社，2014.

［64］张伯伟.新材料·新问题·新方法——域外汉籍研究三阶段[J].史学理论研究，2016（2）.

［65］张伯伟.域外汉籍研究答客问[J].南京大学学报（哲学·人文科学·社会科学版），2006（1）.

［66］张　辉，张雯婧.《老乞大》与"燕行录"[J].华夏文化论坛（第十七辑），2017.

［67］张　磊.日韩汉字的传承与创新三题[J].中国语文，2021（6）.

［68］张　巍.韩国语同素逆序汉字词研究[J].外语与外语教学，2010（1）.

［69］张文冠.《高丽史》字词考释五则[J].域外汉籍研究集刊（第九辑），2013.

［70］张涌泉.韩、日汉字探源二题[J].中国语文，2003（4）.

［71］赵道青.论人称代词"伊"的发展演变[J].现代语文（学术综合版），2015（3）.

［72］赵兴元.康乾时期燕行使眼中的满族习俗[J].满族研究，2007（2）.

［73］郑　奠. 古代汉语中字字对换的双音词[J]. 中国语文，1964（6）.

［74］周　玳. 韩国写本《漂海录》俗字类型分析[J]. 现代语文（学术综合版），2014（12）.

［75］朱松植. 汉字与朝鲜的吏读字[J]. 延边大学学报（社会科学版），1987（4）.

［76］邹振环. "华外汉籍"及其文献系统刍议[J]. 复旦学报（社会科学版），2012（5）.

［77］［韩］河永三. 韩国固有国字之结构与文化特点——兼谈《异体字字典》之《韩国特用汉字》[J]. 中国文字研究（第六辑）. 南宁：广西教育出版社，2005.

［78］［韩］黄普基. 历史记忆的集体构建："高丽棒子"释意[J]. 南京大学学报（哲学·人文科学·社会科学版），2012（5）.

［79］［韩］姜允玉. 朝鲜时期《漂海录》及其近代汉语语文学语料[J]. 汉字研究（第28卷），2020.

［80］［韩］姜允玉. 崔溥《漂海录》六种版本俗字探讨[J]. 中国学报（第77辑），2016.

［81］［韩］李在敦. 朝鲜后期《燕行录》所反映的清代口语研究[J]. 中国语文学志（第39辑），2013.

［82］［韩］李在敦.《燕行录》早期资料所反映的明清汉语口语的特征[J]. 中国语文学志（第35辑），2011.

［83］［韩］梁世旭. 崔溥的《漂海录》在汉语方言词汇史上的价值[A]. 韩汉语言研究[C]. ［日］远藤光晓，［韩］严翼相编. 首尔：学古房，2008.

［84］［韩］梁世旭. 崔溥의《漂海录》과 明初方言语汇[J]. 中国语文学论集（第51卷），2008.

[85][韩]元钟敏.《漂海录》所记录的东亚语言[J].东西文化（第40辑），2012.

[86][韩]元钟敏.文淳得의《漂海始末》에 기록된 세 가지 외국어와 그 가치[J].中国学研究（第56卷），2011.

[87][韩]하재철.18세기 燕行录에 나타난 观光用语 -《노가재연행일기》와《열하일기》를 중심으로[J].中国文学研究（第62辑），2016.

（二）学位论文

[1]曹婷婷.《湛轩燕记》词汇研究[D].兰州大学硕士学位论文，2020.

[2]陈 婷.《北梦琐言》双音节同义词研究[D].湖南师范大学硕士学位论文，2012.

[3]陈雪莹.《荷谷朝天日记》复音词研究[D].南京师范大学硕士学位论文，2019.

[4]康 燕.《热河日记》文献整理与语言研究[D].兰州大学博士学位论文，2019.

[5]宋晓丹.《老稼斋燕行日记》词汇研究[D].兰州大学硕士学位论文，2021.

[6]许梦霞.《燕行录全集》异体字整理研究[D].延边大学硕士学位论文，2016.

[7][韩]李根硕.朝鲜的中国想象与体验（从17世纪到19世纪）——以燕行录为中心[D].北京大学博士学位论文，2012.

四、报纸、数据库及其他网络资源

[1]北京大学 CCL 语料库[DB/OL]http://ccl.pku.edu.cn:8080/ccl_

corpus/.

[2] 党怀兴. 语言学史梳理要加强断代专书研究 [N]. 中国社会科学报，2014-03-10.

[3] 葛兆光. 揽镜自鉴——从域外汉文史料看中国 [N/OL]. 光明日报，2008-01-24.

[4] 韩国古典综合数据库（한국고전종합 DB）[DB/OL].http://db.itkc.or.kr/.

[5] 韩国 NAVER 词典及知识百科网 [DB/OL].https://www.naver.com/.

[6] 韩使燕行录全文检索系统 [DB/OL].http://guji.unihan.com.cn/web#/book/YXL.

[7] 汉籍电子文献数据库 [DB/OL].http://hanchi.ihp.sinica.edu.tw/ihp/hanji.htm.

[8] 台湾《重编国语辞典修订本》网络版，2021 年更新，检索网址：https://dict.revised.moe.edu.tw/search.jsp?md=1.

[9] 吴政纬. 燕行录里的中国 [N/OL]. 羊城晚报. 2020-06-07. http://ep.ycwb.com/epaper/ycwb/html/2020-06/07/content_7_274667.htm.

[10] 西南官话语料库 [DB/OL].http://swm.yuwengu.com/.

[11] 燕行录丛刊（增补版）[DB/OL].http://www.krpia.co.kr/.

[12] 朱自奋."从周边看中国"：中国文史研究的新视野——访复旦大学葛兆光教授 [N/OL]. 文汇读书周报，2007-12-21.